财政部规划教材

全国高等院校财经类教材

报关实务

贺政国　主编

中国财政经济出版社

图书在版编目（CIP）数据

报关实务/贺政国主编. —北京：中国财政经济出版社，2014. 3
财政部规划教材. 全国高等院校财经类教材
ISBN 978 - 7 - 5095 - 5207 - 0

Ⅰ. ①报… Ⅱ. ①贺… Ⅲ. ①进出口贸易 - 海关手续 - 中国 - 高等学校 - 教材
Ⅳ. ①F752. 5

中国版本图书馆 CIP 数据核字（2014）第 056740 号

责任编辑：张　铮　　　　责任校对：杨瑞琦
封面设计：陈　瑶　　　　版式设计：汤广才

中国财政经济出版社 出版

URL：http：//www. cfeph. cn
E - mail：cfeph @ cfeph. cn

社址：北京市海淀区阜成路甲 28 号　邮政编码：100142
营销中心电话：88190406　北京财经书店电话：64033436　84041336
北京中兴印刷有限公司印刷　各地新华书店经销
787 × 1092 毫米　16 开　17 印张　404 000 字
2014 年 6 月第 1 版　2014 年 6 月北京第 1 次印刷
定价：34. 00 元
ISBN 978 - 7 - 5095 - 5207 - 0/F · 4213
（图书出现印装问题，本社负责调换）
质量投诉电话：010 - 88190744
打击盗版举报热线：010 - 88190492，QQ：634579818

编写说明

本书是财政部规划教材，由财政部教材编审委员会组织编写并审定，作为全国本科院校财经类教材。

随着经济全球化、区域经济一体化的进一步发展和我国对外开放的全面推进，将有越来越多的各种所有制企业，尤其是中小民营企业从事进出口贸易，必将推动我国对外贸易的快速发展。然而，一方面是我国急需大量报关行业的合格人才，另一方面是我国大多数进出口企业，特别是中小、民营进出口企业缺乏对报关的有关政策、法规和操作程序的了解，严重制约了进出口通关的效率和规范管理，进而影响我国对外贸易的健康发展。因此，培养大批熟悉我国进出口通关制度的外贸从业人员和掌握通关技能的操作和管理人才，则成为当务之急。

本书编者都是从事报关实务学多年的骨干教师，且具有丰富的实践经验。在总结长期实践和教学经验的基础上，立足于本科学历教育的知识要求，兼顾学生就业需取得从业资格证的现状，参照《报关员资格全国统一考试大纲》的要求，涵盖考试大纲的主要内容和实际业务中常用的基本知识和操作技能。在基本理论和基本知识的选择上以应用为出发点和落脚点，以“必须、够用”为度，服从能力培养的需求，强化报关各个环节的实际操作和技能。

本教材具有如下特点：

1. 创新性。本教材将编者的最新研究成果和独创的业务技巧融入教材之中，第一次在国内的报关实务教材中介绍了运用计税常数法快速计算进口综合税的技巧。进口业务员利用该方法可提高进口综合税的计算速度5倍以上，且不易发生综合税的计算错误。创新性是本教材的一个显著特色，计税常数法快速计算进口综合税的方法在课堂教学和实际业务中具有较大的推广应用价值，可大大提高从业人员的实际应用能力。

2. 时效性。本教材参考最新的报关员考试大纲和教材精选内容，并注意引入最新信息链接，力求向读者介绍最新的政策、法规、通关程序及现代化的通关管理方法。

3. 生动性。本教材语言精炼且通俗易懂，并力求形式生动、醒目，通过插入大量图表、小测试、提示、注意、相关链接、背景资料等，使知识更易于理解和掌握，使学习变得轻松有趣。

4. 系统性。本教材在内容的设置上注重从基础理论知识、政策、制度逐步过渡到通关程序操作、税费计算、报关单填制，遵循由浅入深、由易到难、循序渐进的原则，符合学生的学习规律，有利于学生系统掌握课程内容。

5. 实用性。本教材在每章前都注明了学习目标，在每一章节中都插入了适当案例，使学生更容易理解理论知识。本教材对各种类型的进出口货物的通关程序、进出口商品归类、税费计算的基本方法和快速计算技巧、报关单填制技巧等均作了较详细的介绍。并且还附录了最新的全国报关员统一考试试题及参考答案，有利于学生课外训练和报考报关员资格证书。

本书由湖南财政经济学院贺政国教授担任主编，负责确定本书框架、统稿、定稿。具体编写分工如下：广东金融学院李健欣编写第四章和收集附录资料；湖南财政经济学院陈晓梅编写第一、六章；湖南涉外经济学院米家龙编写第三、五章；辽东学院李茜编写第二、九章；贺政国编写第七、八章。

本书有电子课件和课后练习的参考答案，用书单位的任课老师若需要，请登陆如下网址：http：//www.zgcjjy.com（或www中国财经教育网.com），进入“下载专区”即可。本书各章后均附有“课后练习”，用书单位的任课老师若需要练习题的答案，请以电子邮件的形式向中国财政经济出版社索取，E-mail：chenbing@cfeph.cn。

本教材在编写过程中参考、吸收、借鉴了国内外许多专家学者的研究成果，尤其是借鉴了中国海关出版社出版的2012年版报关员资格全国统一考试教材的最新成果，并得到了财政部教材编审委员会的领导和专家给予的大力支持和精心指导，武汉纺织大学的刘嵩副教授对本书的修订提出了许多很好的建议，中国财政经济出版社的领导和编辑为本书的正式出版付出了辛勤的汗水，特别是许多参考文献给了编者很多启发。在此，我们一并表示衷心的感谢！

限于编者水平，书中难免存在一些不足或疏漏，恳请业内专家、同仁及广大读者批评指正。

编 者

2013年12月

目 录

第一章 DIYIZHANG

海关与报关管理

学习目标

- □ 了解海关的性质、任务、权力、管理体制与法律体系
- □ 了解报关的含义、范围与分类以及报关的基本内容
- □ 熟悉报关单位的行为规范、分类管理和法律责任
- □ 掌握报关员的资格认定、注册、执业要求及其法律责任
- □ 掌握报关单位的注册登记、行为规范、分类管理及其法律责任

第一节 海关概述

一、海关的性质和任务

我国以立法的形式明确规定了中国海关的性质与任务。《中华人民共和国海关法》（以下简称《海关法》）规定："中华人民共和国海关是国家的进出关境（以下简称进出境）监督管理机关。海关依照本法和其他有关法律、行政法规，监管进出境的运输工具、货物、行李物品、邮递物品和其他物品（以下简称进出境运输工具、货物、物品），征收关税和其他税、费，查缉走私，并编制海关统计和办理其他海关业务。"

（一）海关的性质

1. 海关是国家行政机关。海关是国家的行政机关之一，是国务院的直属机构，从属于国家行政管理体制。海关代表国家依法独立行使行政管理权。

2. 海关是国家行政监督管理机关。

（1）监督管理的对象：所有进出境的运输工具、货物、行李物品。

（2）监督管理的范围：进出关境及与之有关的活动。

提示：

关境指适用于同一海关法或实行同一关税制度的领域。国境指一个国家行使主权的领土范围，包括陆地、领水、领空和领海。

两者关系：(1) 关境的范围等于国境。目前很多国家关境等于国境。(2) 关境的范围大于国境。对于关税同盟的签署国来说，其成员国之间货物进出国境不征收关税，只对来自和运往非同盟国的货物在进出共同关境时征收关税，因而对于每个成员国来说，其关境大于国境，如欧盟。(3) 关境的范围小于国境。若在国内设立自由港、自由贸易区等特定区域，因进出这些特定区域的货物都是免税的，因而该国的关境小于国境，如我国。

3. 海关的监督管理是国家的行政执法活动。海关通过法律赋予的权力，对特定范围内的社会经济活动进行监督管理，并对违法行为依法实施行政处罚，以保证这些社会经济活动按照国家的法律规范进行。因此，海关的监督管理是保证国家有关法律、法规实施的行政执法活动。海关执法的依据是《海关法》和其他有关法律、行政法规。海关事务属于中央立法事权，立法者为全国人大及其常务委员会和国务院。海关总署也可以根据法律和国务院的法规、决定、命令，制定规章，作为执法依据的补充。省、自治区、直辖市人民代表大会和人民政府不得制定海关法律规范，地方法规、地方规章不是海关执法的依据。

（二）海关的任务

1. 监管。海关监管是指海关运用国家赋予的权力，通过一系列管理制度与管理程序，依法对进出境运输工具、货物、物品的进出境活动所实施的一种行政管理。海关监管是一项国家职能，其目的在于保证一切进出境活动符合国家政策和法律的规范，维护国家主权和利益。

2. 征税。关税是国家中央财政收入的重要来源，是国家宏观经济调控的重要工具，也是世界贸易组织允许各缔约方保护其境内经济的一种手段。关税的征收主体是国家，《海关法》明确将征收关税的权力授予海关，由海关代表国家行使征收关税的职能。海关征税工作包括征收关税和进口环节海关代征税。

3. 缉私。查缉走私是指海关依照法律赋予的权力，在海关监管场所和海关附近的沿海沿边规定地区，为发现、制止、打击、综合治理走私活动而进行的一种调查和惩处活动。国家实行联合缉私，统一处理，综合治理的缉私体制。海关是打击走私的主管机关。除海关以外，公安、工商、税务、烟草专卖等也有查缉走私的权利，但这些部门查获的走私案件，必须按法律规定，统一处理。

4. 编制海关统计。海关统计以实际进出口货物作为统计和分析的对象，通过搜集、整理、加工处理进出口货物报关单或经海关核准的其他申报单证，对进出口货物的品种、数（重）量、价格、国别（地区）、经营单位、境内目的地、境内货源地、贸易方式、运输方式、关别等项目分别进行统计和综合分析，全面、准确地反映对外贸易的运行态势，及时提供统计信息和咨询，实施有效的统计监督，开展国际贸易统计的交流与合作，促进对外贸易的发展。

我国海关的统计制度规定，列入海关统计的货物分为两大类：一是实际进出境并引起境内物质存量增加或者减少的货物；二是超过自用、合理数量的进出境物品。

相关链接：

海关统计数据的发布

1. 快报（月度初步汇总数据）：仅向国务院及有关部门提供。

2. 月度初步数据：由海关总署通过新闻媒体对外公布。

3. 月度咨询数据：海关总署对外咨询服务部提供数据咨询“海关统计咨询网”http：//www. chinacustomsstat. com/customsstat/。

4. 中文月报、中文年鉴：海关总署杂志社。

5. 为了及时向公众提供最新的海关统计月度数据，自2006年1月起，增加提供《海关统计快讯》（月度初步汇总数据），由海关总署通过《中国海关门户网站》www. customs. gov. cn 和《海关统计资讯网》www. chinacustomsstat. com 对外公布。

二、海关的权力

海关权力，是指国家为保证海关依法履行职责，通过《海关法》和其他法律、行政法规赋予海关的对进出境运输工具、货物、物品的监督管理权能。

（一）海关权力的内容

根据《海关法》及有关法律、行政法规，海关的权力主要包括如下几种权力：

1. 检查权。海关有权检查进出境运输工具，检查有走私嫌疑的运输工具和有藏匿走私货物、物品的场所，检查走私嫌疑人的身体。

海关对进出境运输工具的检查不受海关监管区域的限制；对走私嫌疑人身体的检查，应在海关监管区和海关附近沿海沿边规定地区内进行；对于有走私嫌疑的运输工具和有藏匿走私货物、物品嫌疑的场所，在海关监管区和海关附近沿海沿边规定地区内，海关人员可直接检查，超出这个范围，在调查走私案件时，须经直属海关关长或者其授权的隶属海关关长批准，才能进行检查，但不能检查公民住处。

测试 1－1：判断题

海关对进出境运输工具的检查不受海关监督区域的限制（　　）。

（2006年全国报关员考试真题）

2. 查阅、复制权。此项权力包括查阅进出境人员的证件，查阅、复制与进出境运输工具、货物、物品有关的合同、发票、账册、单据、记录、文件、业务函电、录音录像制品和其他的有关资料。

3. 查问权。海关有权对违反《海关法》或者其他有关法律、行政法规的嫌疑人进行查问，调查其违法行为。

4. 查验权。海关有权查验进出境货物、个人携带进出境的行李物品、邮寄进出境的物品。海关查验货物认为必要时，可以径行提取货样。

5. 查询权。海关在调查走私案件时，经直属海关关长或者其授权的隶属海关关长批准，可以查询案件涉嫌单位和涉嫌人员在金融机构、邮政企业的存款、汇款。

6. 稽查权。海关在法律规定的年限内，对企业进出境活动及与进出口货物有关的账务、记账凭证、单证资料等有权进行稽查。

7. 行政处罚权。海关有权对违法当事人处以行政处罚，包括对走私货物、物品及违法所得处以没收，对有走私行为和违反海关监管规定行为的当事人处以罚款，对有违法情事的报关企业和报关员处以暂停或取消报关资格的处罚等。

8. 配带和使用武器权。海关为履行职责，可以依法配带武器，海关工作人员在履行职责时可以使用武器。

9. 行政强制权。行政强制包括行政强制措施和行政强制执行。

（1）行政强制措施。行政强制措施是指行政机关在行政管理过程中，为制止违法行为、防止证据损毁、避免危害发生、控制危险扩大等情形，依法对公民的人身自由实施暂时性限制，或者对公民、法人或者其他组织的财物实施暂时性控制的行为。主要包括：①限制公民人身自由；②扣留财物；③冻结存款、汇款；④封存货物或者账簿、单证；⑤其他强制措施。

（2）海关行政强制执行。海关行政强制执行是指在有关当事人不依法履行义务的前提下，为实现海关的有效行政管理，依法强制当事人履行法定义务的行为。主要包括：①加收滞纳金；②扣缴税款；③抵缴、变价抵缴。

（二）海关权力的限制

1. 海关权力行使的基本原则。海关权力的行使必须遵循一定的原则。一般来说，海关权力行使应遵循的基本原则如下：

（1）合法原则。权力的行使要合法，这是行政法的基本原则。行政权力行使的合法性至少包括：①行使行政权力的主体资格合法，即行使权力的主体必须有法律授权；②行使权力必须有法律规范为依据；③行使权力的方法、手段、步骤、时限等程序应合法；④一切行政违法主体（包括海关及管理相对人）都应承担相应的法律责任。

（2）适当原则。行政权力的适当原则是指权力的行使应该以公平性、合理性为基础，以正义性为目标。因国家管理的需要，海关在验、放、征、减、免、罚的管理活动中拥有很大的自由裁量权，即法律仅规定一定原则和幅度，海关关员可以根据具体情况和自己的意志，自行判断和选择，采取最合适的行为方式及其内容来行使职权。因此，适当原则是海关行使行政权力的重要原则之一。

（3）依法独立行使原则。海关实行高度集中统一的管理体制和垂直领导方式，地方海关只对海关总署负责。海关无论级别高低，都是代表国家行使管理权的国家机关，海关依法独立行使权力，各地方、各部门应当支持海关依法行使职权，不得非法干预海关的执法活动。

（4）依法受到保障原则。海关权力是国家权力的一种，应受到保障，才能实现国家权能的作用。《海关法》规定：海关依法执行职务，有关单位和个人应当如实回答询问，并予以配合，任何单位和个人不得阻挠；海关执行职务受到暴力抗拒时，执行有关任务的公安机关和人民武装警察部队应当予以协助。

2. 海关权力的监督。海关权力的监督即海关执法监督，是指特定的监督主体依法对海关行政机关及其执法人员的行政执法活动实施的监察、检查、督促等，以此确保海关权力在法定范围内运行。

为确保海关能够严格依法行政，保证国家法律、法规得以正确实施，同时也使当事人的合法权益得到有效保护，《海关法》专门设立了“执法监督”一章，对海关行政执法实施监督。海关履行职责，必须遵守法律，依照法定职权和法定程序严格执法，并接受监督。这是海关的一项法定义务。

三、海关的管理体制与机构

海关机构是国务院根据国家改革开放的形势以及经济发展战略的需要，依照海关法律而设立的。改革开放以来，随着我国对外经济贸易和科技文化交流与合作的发展，海关机构不断扩大，机构的设立从沿海沿边口岸扩大到内陆和沿江、沿边海关业务集中的地点，并形成了集中统一管理的垂直领导体制。

（一）海关的管理体制

1. 海关的领导体制：集中统一的垂直领导体制。《海关法》明确规定，“国务院设立海关总署，统一管理全国海关”，“海关依法独立行使职权，向海关总署负责”，以法律形式确定了海关总署作为国务院直属部门的地位，进一步明确了海关机构的隶属关系，把海关集中统一的垂直领导体制以法律的形式予以确立。

2. 海关的设关原则：对外开放的口岸和海关监管业务集中的地点设立海关。《海关法》以法律形式明确了海关的设关原则：“国家在对外开放的口岸和海关监管业务集中的地点设立海关。海关的隶属关系，不受行政区划的限制。”

“对外开放的口岸”是指由国务院批准，允许运输工具及所载人员、货物、物品直接出入国（关）境的港口、机场、车站以及允许运输工具、人员、货物、物品出入国（关）境的边境通道。国家规定，在对外开放的口岸必须设置海关、出入境检验检疫机构。“海关监管业务集中的地点”是指虽非国务院批准对外开放的口岸，但是海关某类或者某几类监管业务比较集中的地方，如转关运输监管、保税加工监管等。

注意：海关的隶属关系，不受行政区划的限制

海关管理体制与一般性的行政管理体制的区域划分无必然联系，如果海关监督管理需要，国家可以在现有的行政区划之外考虑和安排海关的上下级关系和海关的相互关系。

（二）海关的组织机构

海关机构的设置为海关总署、直属海关和隶属海关三级。隶属海关由直属海关领导，向直属海关负责；直属海关由海关总署领导，向海关总署负责。

1. 海关总署。海关总署是国务院的直属机构，在国务院领导下统一管理全国海关机构、人员编制、经费物资和各项海关业务，是海关系统的最高领导部门。海关总署下设广东分署，在上海和天津设立特派员办事处，作为其派出机构。海关总署的基本任务是在国务院领导下，领导和组织全国海关正确贯彻实施《海关法》和国家的有关政策、行政法规，积极发挥依法行政、为国把关的职能，服务、促进和保护社会主义现代化建设。

2. 直属海关。直属海关是指直接由海关总署领导，负责管理一定区域范围内海关业务的海关。目前直属海关共有41个，除香港、澳门、台湾地区外，分布在全国31个省、自治区、直辖市。直属海关就本关区内的海关事务独立行使职权，向海关总署负责。直属海关承担着在关区内组织开展海关各项业务和关区集中审单作业，全面有效地贯彻执行海关各项政策、法律、法规、管理制度和作业规范的重要职责，在海关三级业务职能管理中发挥着承上启下的作用。

3. 隶属海关。隶属海关是指由直属海关领导，负责办理具体海关业务的海关，是海关进出境监督管理职能的基本执行单位，一般都设在口岸和海关业务集中的地点。

4. 海关缉私警察机构。为了更好地适应反走私斗争新形势的要求，充分发挥海关打击走私的整体效能，根据党中央、国务院的决定，由海关总署、公安部联合组建走私犯罪侦察局，设在海关总署。缉私局既是海关总署的一个内设局，又是公安部的一个序列局，实行海关总署和公安部双重领导，以海关领导为主的体制。

相关链接：

长沙海关

中华人民共和国长沙海关是直属国家海关总署领导的正厅级海关。1984 年经国务院批准筹建，1985 年 9 月正式开关。关区为湖南省全境，包括长沙、湘潭、株洲、常德、邵阳、娄底、湘西、怀化、益阳、岳阳、衡阳、永州、郴州、张家界等 14 个地、州、市，关区面积为 211829 平方公里。在海关业务比较集中的长沙、岳阳、衡阳、永州、常德、株洲、韶山、郴州、张家界（2012 年 1 月 5 日开关）等市建立了海关机构，能方便企业就近报关，快速通关。

四、海关的法律体系

（一）海关法

《海关法》于 1987 年 1 月 22 日由第六届全国人民代表大会常务委员会第十九次会议通过，同年 7 月 1 日起实施。为了适应形势发展的需要，2000 年 7 月 8 日第九届全国人民代表大会常务委员会第十六次会议审议通过了《关于修改（中华人民共和国海关法）的决定》，对《海关法》进行了较大范围的修改，修正后的《海关法》于 2001 年 1 月 1 日起实施。《海关法》是我国现行法律体系的一个重要组成部分，是管理海关事务的基本法律规范，以中华人民共和国主席令的形式颁布实施。

（二）行政法规

国务院根据《中华人民共和国宪法》和法律，制定行政法规，以国务院令的形式颁布实施。目前在海关管理方面主要的行政法规有：《关税条例》、《中华人民共和国海关稽查条例》、《中华人民共和国海关行政处罚实施条例》、《中华人民共和国海关统计条例》、《中华人民共和国进出口货物原产地条例》等。

（三）海关规章

海关规章是海关总署根据海关行使职权、履行职责的需要，依据《中华人民共和国立法法》的规定，单独或会同有关部门制定的，是海关日常工作中引用数量最多、内容最广、操作性最强的法律依据，其效力等级低于法律和行政法规。海关行政规章以海关总署令的形式对外公布，如《中华人民共和国海关报关员资格考试及资格证书管理办法》等。

（四）规范性文件

规范性文件，是指海关总署及各直属海关按照规定程序制定的行政管理相对人权利、义务具有普遍约束力的文件。海关总署制定的规范性文件要求行政管理相对人遵守或执行的，应当以海关总署公告形式对外发布，但不得设定对行政管理相对人的行政处罚。直属海关在限定范围内制定的关于本关区某一方面行政管理关系的涉及行政管理相对人权利义务的规范，应当以公告形式对外发布。

（五）我国签订或缔结的海关国际公约或海关行政互助协议

海关国际公约是指世界海关组织（WCO）成员方缔结的多边协议，如《京都公约》、《伊斯坦布尔公约》，以及世界贸易组织（WTO）的有关公约，如《估价协议》等。

海关行政互助协议是两国之间订立的双边协议，我国已与俄罗斯等几十个国家缔结了海关行政互助协议。

第二节　报关管理概述

一、报关的含义

报关是指进出口货物收发货人、进出境运输工具负责人、进出境物品的所有人或者他们的代理人向海关办理货物、物品或运输工具进出境手续及相关海关事务的过程。

注意：报关与通关的联系和区别

联系：两者都是针对运输工具、货物、物品的进出境而言的。

区别：报关是从海关行政管理相对人的角度，仅指向海关办理进出境手续及相关手续；通关不仅包括海关行政管理相对人向海关办理有关手续，还包括海关对进出境运输工具、货物、物品依法进行监督管理，核准其进出境的管理过程。

提示：报检

在货物进出境过程中，有时还需要办理“报检”手续。报检也称报验，一般是指对外贸易关系人按照法律、行政法规、合同的规定或根据需要向进出口商品检验检疫机构申请办理检验、检疫、鉴定工作的手续，是进出口商品检验检疫工作的一个环节。一般而言，报检手续的办理要先于报关手续。

二、报关的分类

进出口货物收发货人、进出境运输工具负责人、进出境物品的所有人或者他们的代理人等海关行政管理相对人履行报关义务时，根据其所涉及的报关对象、报关目的及报关行为性质的不同，可将报关分为以下3类。

（一）按报关对象分类

1. 进出境运输工具报关。进出境运输工具作为货物、人员及其携带物品的进出境载体，其报关主要是向海关直接交验随附的、符合国际商业运输惯例的、能反映运输工具进出境合法性及其所承运货物、物品情况的合法证件、清单和其他运输单证，其报关手续较为简单。

2. 进出境物品报关。进出境物品由于其非贸易性质，且一般限于自用、合理数量，其报关手续也很简单。

3. 进出境货物报关。进出境货物的报关较为复杂，为此，海关根据对进出境货物的监管要求，制定了一系列报关管理规范，并要求必须由具备一定专业知识和技能且经海关核准的专业人员代表报关单位专门办理。

测试1-2：单选题

按照海关法律规定，（　　）不列入报关范围。（2012年全国报关员考试真题）

A. 进境运输工具　B. 出境货物　C. 进境物品　D. 出境旅客

（二）按报关目的分类

根据报关的目的不同，可分为进境报关和出境报关。

对于运输工具、货物、物品的进境和出境，海关分别制定有不同的管理规定，运输工具、货物、物品根据进境或出境的目的分别形成了进境报关手续和出境报关手续。

（三）按报关行为性质分类

1. 自理报关。进出口货物收发货人自行办理报关业务称为自理报关。根据我国海关目前的规定，进出口货物收发货人必须依法向海关注册登记后方能自行办理报关业务。

2. 代理报关。代理报关是指接受进出口货物收发货人的委托，代理其办理报关业务的行为。我国海关法律把有权接受他人委托办理报关业务的企业称为报关企业。报关企业必须依法取得报关企业注册登记许可并向海关注册登记后方能从事代理报关业务。

测试1-3：多选题

进出口货物收发货人进出口货物，可以（　　）。（2012年全国报关员考试真题）

A. 经海关注册登记后自理报关；B. 委托报关公司代理报关；C. 委托已经海关注册登记的货代公司代理报关；D. 委托已经海关注册登记的其他进出口货物收发货人代理报关

三、报关的基本内容

（一）进出境运输工具报关的基本内容

根据海关监管要求的不同，不同种类的运输工具报关时所需递交的单证及所要申明的具体内容也不尽相同。总的来说，运输工具进出境报关时须向海关申明的主要内容有：(1) 运输工具进出境的时间、航次（车次）、停靠地点等；(2) 运输工具进出境时所载运货物情况，包括过境货物、转运货物、通运货物、溢短卸（装）货物的基本情况；(3) 运输工具服务人员名单及其自用物品、货币等情况；(4) 运输工具所载旅客情况；(5) 运输工具所载邮递物品、行李物品的情况；(6) 其他需要向海关申报清楚的情况，如由于不可抗力原因，运输工具被迫在未设关地点停泊、降落或者抛掷、起卸货物、物品等情况。

（二）进出境货物报关的基本内容

根据海关规定，进出境货物的报关业务应由依法取得报关从业资格并在海关注册的报关员办理。进出境货物的报关的主要内容有：(1) 按照规定填制报关单，如实申报进出口货物的商品编码、实际成交价格、原产地及相应的优惠贸易协定代码，并办理提交报关单证等与申报有关的事宜；(2) 申请办理缴纳税费和退税、补税事宜；(3) 申请办理加工贸易合同备案、变更和核销及保税监管等事宜；(4) 申请办理进出口货物减税、免税等事宜；(5) 办理进出口货物的查验、结关等事宜；(6) 办理应当由报关单位办理的其他事宜。

各种进出境货物的报关程序和要求详见第三、四、五章。

（三）进出境物品报关的基本内容

《海关法》规定，个人携带进出境的行李物品、邮寄进出境的物品，应当以自用合理数量为限。所谓自用合理数量，对于行李物品而言，“自用”指的是进出境旅客本人自用、馈赠亲友而非为出售或出租，“合理数量”是指海关根据进出境旅客旅行目的和居留时间所规定的正常数量；对于邮递物品，则指的是海关对进出境邮递物品规定的征、免税限制。

相关链接：

绿色通道和红色通道

我国海关规定，进出境旅客在向海关申报时，可以在分别以红色和绿色作为标记的两种通道中进行选择。带有绿色标志的通道称“无申报通道”（又称“绿色通道”），适用于携运物品在数量和价值上均不超过免税限额，且无国家限制或禁止进出境物品的旅客；带有红色标志的通道称“申报通道”（又称“红色通道”），适用于携带有应向海关申报物品的旅客。对于选择红色通道的旅客，必须填写“中华人民共和国海关进出境旅客行李物品申报单”（以下简称申报单）或海关规定的其他申报单证，在进出境地向海关作出书面申报。

第三节　报　关　单　位

一、报关单位的含义及类型

（一）报关单位的含义

报关单位是指依法在海关注册登记的进出口货物收发货人和报关企业。

《海关法》规定：“进出口货物收发货人、报关企业办理报关手续，必须依法经海关注册登记。报关人员必须依法取得报关从业资格。未依法经海关注册登记的企业和未依法取得报关从业资格的人员，不得从事报关业务。”法律明确规定了对向海关办理进出口货物报关手续的进出口货物收发货人、报关的企业实行注册登记管理制度。因此，依法向海关注册登记是法人、其他组织或者个人成为报关单位的法定要求。

（二）报关单位的类型

《海关法》将报关单位划分为两种类型，即进出口货物收发货人和报关企业。

1. 进出口货物收发货人。进出口货物收发货人是指依法直接进口或者出口货物的中华人民共和国关境内的法人、其他组织或者个人。进出口货物收发货人经向海关注册登记后，只能为本单位进出口货物报关。

提示：　**进出口货物收发货人**

一般来说，进出口货物收发货人指的是依法向国务院对外贸易主管部门或者其委托的机构办理备案登记的对外贸易经营者。对于一些未取得对外贸易经营者备案登记表，但按照国家有关规定需要从事非贸易性进出口活动的单位，如境外企业、新闻、经贸机构、文化团体等依法在中国境内设立的常驻代表机构，少量货样进出境的单位，国家机关、学校、科研院所等组织机构，临时接受捐赠、礼品、国际援助的单位，国际船舶代理企业等，在进出口货物时，海关也视其为进出口货物收发货人。

2. 报关企业。报关企业，是指按照规定经海关准予注册登记，接受进出口货物收发货人的委托，以进出口货物收发货人的名义或者以自己的名义，向海关办理代理报关业务，从事报关服务的境内企业法人。

目前，我国从事报关服务的报关企业主要有两类：一类是经营国际货物运输代理等业务，兼营进出口货物代理报关业务的国际货物运输代理公司等；另一类是主营代理报关业务的报关公司或报关行。

背景资料：

进出口货物报关是一项专业性很强的工作。有些进出口货物收发货人由于经济、时间、地点等方面的原因不能或者不愿自行办理报关手续，便在实践中产生了委托报关的需要。报关企业正是为进出口货物收发货人提供报关服务的企业。作为报关企业，必须在经营规模、管理人员素质、报关员数量、守法状况、管理制度等几个方面符合海关规定的设立条件，并经海关注册登记行政许可，依法向海关办理注册登记。

二、报关单位的注册登记

进出口货物收发货人、报关企业办理报关手续，必须依法经海关注册登记。因此，向海关注册登记是进出口货物收发货人、报关企业向海关报关的前提条件。

（一）报关单位注册登记制度的含义

报关注册登记制度是指进出口货物收发货人、报关企业依法向海关提交规定的注册登记申请材料，经注册地海关依法对申请注册登记的材料进行审核，准予其办理报关业务的管理制度。

相关链接：

临时报关注册登记单位

除了进出口货物收发货人和报关企业，海关一般不接受其他企业和单位的报关注册登记申请。海关对未取得对外贸易经营者备案登记表，但依照国家有关规定需要从事非贸易性进出口活动的有关单位，允许其向进出口口岸地或者海关监管业务集中地海关办理临时注册登记手续。临时注册登记单位，海关一般不予核发注册登记证书，仅出具临时报关单位注册登记证明。临时注册登记有效期最长为7日，法律、行政法规、海关规章另有规定的除外。

考虑到两类报关单位的不同性质，海关对其规定了不同的报关注册登记条件。对于报关企业，海关要求其必须具备规定的设立条件并取得海关报关注册登记许可。对于进出口货物收发货人则实行备案制，其办理报关注册登记的手续和条件比报关企业简单。

（二）进出口货物收发货人的注册登记

进出口货物收发货人应当按照规定到所在地海关办理报关单位注册登记手续。

进出口货物收发货人申请办理注册登记，应当提交的文件材料包括：企业法人营业执照副本复印件；对外贸易经营者登记备案表复印件；企业章程复印件；税务登记证书副本复印件；银行开户证明复印件；组织机构代码证书副本复印件；报关单位情况登记表、报关单位管理人员情况登记表；其他与注册登记有关的文件材料。

注册地海关依法对申请注册登记材料是否齐全、是否符合法定形式进行核对。申请材料齐全、符合法定形式的申请人由注册地海关核发"中华人民共和国海关进出口货物收发货人报关注册登记证书"（以下简称收发货人登记证书）。进出口货物收发货人凭以办理报关业务。

（三）报关企业的注册登记

1. 报关企业的注册登记许可。

（1）报关企业的设立条件。报关企业注册登记许可应当具备的条件包括：①具备境内企业法人资格条件；②企业注册资本不低于人民币150万元；③健全的组织机构和财务管理制度；④报关员人数不少于5名；⑤投资者、报关业务负责人、报关员均无走私记录；⑥报关业务负责人具有5年以上从事对外贸易工作经验或者报关工作经验；⑦无因走私违法行为被海关撤销注册登记许可的记录；⑧有符合从事报关服务所必需的固定经营场所和设施；⑨海关监管所需要的其他条件等。

（2）报关企业注册登记许可的程序。

①报关企业注册登记许可申请。申请报关企业注册登记许可的申请人应当到所在地直属海关对外公布受理申请的场所向海关提出申请。

提出申请时应提交的材料包括：报关企业注册登记许可申请书；企业法人营业执照副本或者企业名称预先核准通知书复印件；企业章程；出资证明文件复印件；所聘报关从业人员的报关员资格证书复印件；从事报关服务业可行性研究报告；报关业务负责人工作简历；报关服务营业场所所有权证明、租赁证明；其他与申请注册登记许可相关的材料等。

注意：

报关企业申请注册登记许可申请人可以委托代理人提出注册登记许可申请。申请人委托代理人代为提出申请的，应当出具授权委托书。

②海关对申请的处理。对申请人提出的申请，海关应当根据下列情况分别作出处理：A. 申请人不具备报关企业注册登记许可申请资格的，应当作出不予受理的决定；B. 申请材料不齐全或者不符合法定形式的，应当当场或者在签收申请材料后5日内一次告知申请人需要补正的全部内容，逾期不告知的，自收到申请材料之日起即为受理；C. 申请材料仅存在文字性、技术性或者装订等可以当场更正的错误的，应当允许申请人当场更正，并且由申请人对更正内容予以签章确认；D. 申请材料齐全、符合法定形式，或者申请人按照海关的要求提交全部补正申请材料的，海关应当受理报关企业注册登记许可申请，并作出受理决定。

③海关对申请的审查。海关受理申请后，应当根据法定条件和程序进行全面审查，并于受理注册登记许可申请之日起20日内审查完毕，将审查意见和全部申请材料报送直属海关。直属海关应当自收到接受申请的海关报送的审查意见之日起20日内作出决定。

④行政许可的作出。申请人的申请符合法定条件的，海关应当依法作出准予注册登记许可的书面决定，并通知申请人。

申请人的申请不符合法定条件的，海关应当依法作出不准予注册登记许可的书面决定，并且告知申请人享有依法申请行政复议或者提起行政诉讼的权利。

(3) 报关企业跨关区分支机构注册登记许可。报关企业如需要在注册登记许可区域外（即另一直属海关关区）从事报关服务的，应当依法设立分支机构，并且向拟注册登记地海关递交报关企业分支机构注册登记许可申请。

①申请分支机构注册登记许可的报关企业应当符合的条件。A. 报关企业自取得海关核发的“中华人民共和国海关报关企业报关注册登记证书”（以下简称报关企业登记证书）之日起满 2 年；B. 报关企业自申请之日起最近两年未因走私受过处罚；C. 报关企业每申请一项跨关区分支机构注册登记许可，应当增加注册资本人民币 50 万元。

②报关企业跨关区设立的分支机构应当具备的条件。A. 符合境内企业法人分支机构设立条件；B. 报关员人数不少于 3 名；C. 有符合从事报关服务所必需的固定经营场所和设施；D. 分支机构负责人应当具有 5 年以上从事对外贸易工作经验或者报关工作经验；E. 报关业务负责人、报关员均无走私行为记录。

海关比照报关企业注册登记许可程序规定作出是否准予跨关区分支机构注册登记许可的决定。

(4) 报关企业及其跨关区分支机构注册登记许可期限。报关企业及其跨关区分支机构注册登记许可期限均为 2 年。被许可人需要延续注册登记许可有效期的，应当办理注册登记许可延续手续。报关企业未办理注册登记许可延续手续或者海关未准予注册登记许可延续的，自丧失注册登记许可之日起，其跨关区分支机构注册登记许可自动终止。

(5) 报关企业注册登记许可的变更和延续。

①许可的变更。报关企业及其分支机构注册登记许可中的企业名称及其分支机构名称、企业注册资本、法定代表人（负责人）有变更的，应以书面形式到注册地海关申请变更注册登记许可。注册地海关对被许可人提出的变更注册登记许可申请按照注册登记许可程序进行初审，并且上报直属海关决定。直属海关依法审查后，对符合法定条件、标准的，应当准予变更，并且作出准予变更决定。

②许可的延续。报关企业及其分支机构注册登记许可需要进行延续的，应当在有效期届满 40 日前向海关提出延续申请并递交海关规定的材料。海关比照注册登记许可程序在有效期届满前对报关企业的申请予以审查，对符合注册登记许可条件的，并且符合法律、行政法规、海关规章规定的延续注册登记许可应当具备其他条件的，依法作出准予延续的决定，延续的有效期为 2 年。海关对不再具备注册登记许可的条件，或者不符合法律、行政法规、海关规章规定的延续注册登记许可应具备条件的报关企业或者其分支机构，不予延长其注册登记许可。对未按照规定申请注册登记许可延续或者海关不予延长其注册登记许可的报关企业或者其分支机构，海关不再接受其办理报关业务。

(6) 报关企业注册登记许可的撤销。有下列情形之一的，作出注册登记许可决定的直属海关，根据利害关系人的请求或者依据职权，可以撤销注册登记许可：①海关工作人员滥用职权、玩忽职守作出准予注册登记许可决定的；②超越法定职权作出准予注册登记许可决定的；③违反法定程序作出准予注册登记许可决定的；④对不具备申请资格或者不符合法定条件的申请准予注册登记许可的；⑤依法可以撤销注册登记许可的其他情形。

此外，被许可人以欺骗、贿赂等不正当手段取得注册登记许可的，应当予以撤销。

海关依照规定撤销注册登记许可，可能对公共利益造成重大损害的，不予撤销。

（7）报关企业注册登记许可的注销。有下列情形之一的，海关应当依法注销注册登记许可：①有效期届满未延续的；②报关企业依法终止的；③注册登记许可依法被撤销、撤回，或者注册登记许可证件被吊销的；④因不可抗力导致注册登记许可事项无法实施的；⑤法律、行政法规规定的应当注销注册登记许可的其他情形。

2. 报关企业注册登记手续。报关企业申请人经直属海关注册登记许可后，应当到工商行政管理部门办理许可经营项目登记，并且自工商行政管理部门登记之日起 90 日内到企业所在地海关办理注册登记手续。逾期后海关不予注册登记。

报关企业申请办理注册登记，应当提交的文件材料包括：直属海关注册登记许可文件复印件；企业法人营业执照副本复印件（分支机构提交营业执照）；税务登记证书副本复印件；银行开户证明复印件；组织机构代码证书副本复印件；报关单位情况登记表、报关单位管理人员情况登记表；报关企业与所聘报关员签订的用工劳动合同复印件；其他与报关注册登记有关的文件材料。

注册地海关依法对申请注册登记材料是否齐全、是否符合法定形式进行核对。申请材料齐全、符合法定形式的申请人由注册地海关核发报关企业登记证书。报关企业凭以办理报关业务。

（四）报关单位注册登记证书的时效及换证管理

1. 报关单位注册登记证书的时效。根据海关规定，报关企业登记证书的有效期限为 2 年，收发货人登记证书的有效期限为 3 年。

2. 报关单位注册登记换证手续。报关企业应当在办理注册登记许可延期的同时办理换领报关企业报关登记证书手续。进出口货物收发货人应当在收发货人登记证书有效期届满前 30 日到注册地海关办理换证手续。

材料齐全、符合法定形式的报关单位由注册地海关换发报关企业登记证书或者收发货人登记证书。

（五）报关单位的变更登记及注销登记

1. 变更登记。报关企业取得变更注册登记许可后或者进出口货物收发货人单位名称、企业性质、企业住所、法定代表人（负责人）等海关注册登记内容发生变更的，应当自批准变更之日起 30 日内，向注册地海关提交变更后的工商营业执照或者其他批准文件及复印件，办理变更手续。

2. 注销登记。报关单位有下列情形之一的，应当以书面形式向注册地海关报告。海关在办结有关手续后，依法办理注销注册登记手续：（1）破产、解散、自行放弃报关权或者分立成两个以上新企业的；（2）被工商行政管理部门注销登记或吊销营业执照的；（3）丧失独立承担责任能力的；（4）报关企业丧失注册登记许可的；（5）进出口货物收发货人的对外贸易经营者备案登记表或者外商投资企业批准证书失效的；（6）其他依法应当注销注册登记的情形。

三、报关单位的行为规范

（一）进出口货物收发货人的报关行为规范

1. 进出口货物收发货人报关的地域范围。进出口货物收发货人在海关办理注册登记后，可以在中华人民共和国关境内的各个口岸或者海关监管业务集中的地点办理报关业务。

2. 进出口货物收发货人报关采取的形式。

（1）自理报关。进出口收发货人可以通过本单位所属的报关员向海关办理本单位的报关业务，但不能代理其他单位报关。

（2）委托报关企业进行代理报关。进出口货物收发货人可以委托海关准予注册登记的报关企业，由报关企业所属的报关员代为办理报关业务，但不得委托未取得注册登记许可、未在海关办理注册登记的单位或者个人办理报关业务。

3. 进出口货物收发货人报关的其他行为规范。进出口货物收发货人办理报关业务时，向海关递交的纸质进出口货物报关单必须加盖本单位在海关备案的报关专用章。

进出口货物收发货人应对其所属报关员的报关行为承担相应的法律责任。进出口货物收发货人所属的报关员离职，报关员未按规定办理报关员注册注销的，进出口货物收发货人应当自报关员离职之日起 7 日内向海关报告并将报关员证件交注册地海关予以注销；报关员未交还报关员证件的，其所在单位应当在报刊上声明作废，并向注册地海关办理注销手续。

（二）报关企业的报关行为规则

1. 报关企业报关服务的地域范围。报关企业可以在依法取得注册登记许可的直属海关关区内各口岸或者海关监管业务集中的地点从事报关服务，但是应当在拟从事报关服务的口岸地或者海关监管业务集中的地点依法设立分支机构，并且在开展报关服务前按规定向直属海关备案。

报关企业如需要在注册登记许可区域以外从事报关服务的，应当依法设立分支机构，并且向拟注册登记地海关申请报关企业分支机构注册登记许可。报关企业分支机构经海关依法准予注册登记许可的，向海关办理注册登记后，可在所在地口岸或者海关监管业务集中的地点从事报关服务。报关企业对其分支机构的行为承担法律责任。

2. 报关企业从事报关服务应当履行的义务。

（1）遵守法律、行政法规、海关规章的各项规定，依法履行代理人职责，配合海关监管工作，不得违法滥用报关权。

（2）依法建立账簿和营业记录。真实、正确、完整地记录其受委托办理报关业务的所有活动，详细记录进出口时间、收发货单位、报关单号、货值、代理费等内容，完整保留委托单位提供的各种单证、票据、函电，接受海关稽查。

（3）报关企业应当与委托方签订书面的委托协议，委托协议应当载明受托报关企业名称、地址、委托事项、双方责任、期限、委托人的名称和地址等内容，由双方签章确认。

（4）报关企业接受进出口货物收发货人的委托办理报关手续时，应当承担对委托人所提供情况的真实性、完整性进行合理审查的义务。审查内容包括：证明进出口货物的实际情况的资料，如进出口货物的品名、规格、用途、产地、贸易方式等；有关进出口货物的合同、发票、运输单据、装箱单等商业单据；进出口所需的许可证件及随附单证；海关要求的加工贸易手册（纸质或电子数据）及其他进出口单证等。

（5）报关企业不得以任何形式出让其名义，供他人办理报关业务。

（6）对于代理报关的货物涉及走私违规情事的，应当接受或者协助海关进行调查。

3. 报关企业报关的其他行为规范。

（1）报关企业办理报关业务时，向海关递交的纸质进出口货物报关单必须加盖本单位在海关备案的报关专用章。报关企业的报关专用章仅限在其标明的口岸地或者海关监管业务集中地使用，每一口岸地或者海关监管业务集中地报关专用章应当只有1枚。

（2）报关企业应对其所属报关员的报关行为承担相应的法律责任。报关企业所属的报关员离职，报关员未按规定办理报关员注册注销的，报关企业应当自报关员离职之日起7日内向海关报告并将报关员证件交注册地海关予以注销；报关员未交还报关员证件的，其所在单位应当在报刊上声明作废，并向注册地海关办理注销手续。

四、报关单位的分类管理

为了鼓励企业守法自律，提高海关管理效能，保障进出口贸易的安全与便利，海关对在海关注册登记的进出口货物收发货人、报关企业的守法及进出口行为规范程度进行评估，划分出信用差别，按照AA、A、B、C、D等5个管理类别进行管理，并对企业的管理类别予以公开。海关按照守法便利原则，对适用不同管理类别的企业，制定相应的差别管理措施，其中AA类企业为经海关验证的信用突出企业，A类企业为信用良好企业，AA类企业和A类企业适用相应的通关便利措施；B类企业为信用一般企业，适用常规管理措施；C类企业为信用较差企业，D类企业为信用很差企业，C类企业和D类企业适用严格监管措施。

（一）不同类别报关单位的分类标准

1. 进出口货物收发货人管理类别的设定。

（1）AA类进出口货物收发货人，应当同时符合下列条件：①符合A类管理条件，已适用A类管理1年以上；②上一年度进出口报关差错率在3%以下；③通过海关稽查验证，符合海关管理、企业经营管理和贸易安全的要求；④每年报送“企业经营管理状况报告”和会计师事务所出具的上一年度审计报告；每半年报送“进出口业务情况表”。

（2）A类进出口货物收发货人，应当同时符合下列条件：①已适用B类管理1年以上；②连续1年无走私罪、走私行为、违反海关监管规定的行为；③连续1年未因进出口侵犯知识产权货物而被海关行政处罚；④连续1年无拖欠应纳税款、应缴罚没款项情事；⑤上一年度进出口总值50万美元以上；⑥上一年度进出口报关差错率5%以下；⑦会计制度完善，业务记录真实、完整；⑧主动配合海关管理，及时办理各项海关手续，向海关提供的单据、证件真实、齐全、有效；⑨每年报送“企业经营管理状况报告”；⑩按照规定办理“中华人民共和国海关进出口货物收发货人报关注册登记证书”的换证手续和相关变更手续；⑪在商务、人民银行、工商、税务、质检、外汇、监察等行政管理部门和机构无不良记录。

（3）进出口货物收发货人有下列情形之一的，适用C类管理：①有走私行为的；②1年内有3次以上违反海关监管规定行为，且违规次数超过上一年度报关单及进出境备案清单总票数1%以上的，或者1年内因违反海关监管规定被处罚款累计总额人民币100万元以上的；③1 年内有 2 次因进出口侵犯知识产权货物而被海关行政处罚的；④拖欠应纳税款、应缴罚没款项人民币 50 万元以下的。

（4）进出口货物收发货人有下列情形之一的，适用 D 类管理：①有走私罪的；②1 年内有 2 次以上走私行为的；③ 1 年内有 3 次以上因进出口侵犯知识产权货物而被海关行政处罚的；④拖欠应纳税款、应缴罚没款项人民币 50 万元以上的。

（5）进出口货物收发货人未发生 C 类管理和 D 类管理所列情形并符合下列条件之一的，适用 B 类管理：①首次注册登记的；②首次注册登记后，管理类别未发生调整的；③AA 类企业不符合原管理类别适用条件，并且不符合 A 类管理类别适用条件的；④A 类企业不符合原管理类别适用条件的。

（6）在海关登记的加工企业，按照进出口货物收发货人实施分类管理。

2. 报关企业管理类别的设定。

（1）AA 类报关企业，应当同时符合下列条件：①符合 A 类管理条件，已适用 A 类管理 1 年以上；②上一年度代理申报的进出口货物报关单及进出境备案清单总量在 2 万票（中西部 5000 票）以上；③上一年度代理申报的进出口报关差错率在 3% 以下；④通过海关稽查验证，符合海关管理、企业经营管理和贸易安全的要求；⑤每年报送“企业经营管理状况报告”和会计师事务所出具的上一年度审计报告；每半年报送“报关代理业务情况表”。

（2）A 类报关企业，应当同时符合下列条件：①已适用 B 类管理 1 年以上；②企业以及所属执业报关员连续 1 年无走私罪、走私行为、违反海关监管规定的行为；③连续 1 年代理报关的货物未因侵犯知识产权而被海关没收，或者虽被没收但对货物的知识产权状况履行了合理审查义务；④连续 1 年无拖欠应纳税款、应缴罚没款项情事；⑤上一年度代理申报的进出口货物报关单及进出境备案清单等总量在 3000 票以上；⑥上一年度代理申报的进出口报关差错率在 5% 以下；⑦依法建立账簿和营业记录，真实、正确、完整地记录受委托办理报关业务的所有活动；⑧每年报送“企业经营管理状况评估报告”；⑨按照规定办理注册登记许可延续及“中华人民共和国海关报关企业报关注册登记证书”的换证手续和相关变更手续；⑩在商务、人民银行、工商、税务、质检、外汇、监察等行政管理部门和机构无不良记录。

（3）报关企业有下列情形之一的，适用 C 类管理：①有走私行为的；②1 年内有 3 次以上违反海关监管规定的行为，或者 1 年内因违反海关监管规定被处罚款累计总额人民币 50 万元以上的；③1 年内代理报关的货物因侵犯知识产权而被海关没收达 2 次且未尽合理审查义务的；④上一年度代理申报的进出口报关差错率在 10% 以上的；⑤拖欠应纳税款、应缴罚没款项人民币 50 万元以下的；⑥代理报关的货物涉嫌走私、违反海关监管规定拒不接受或者拒不协助海关进行调查的；⑦被海关暂停从事报关业务的。

（4）报关企业有下列情形之一的，适用 D 类管理：①有走私罪的；②1 年内有 2 次以上走私行为的；③1 年内代理报关的货物因侵犯知识产权而被海关没收达 4 次以上的；④拖欠应纳税款、应缴罚没款项人民币 50 万元以上的。

（5）报关企业未发生 C 类管理和 D 类管理所列情形，并符合下列条件之一的，适用 B 类管理：①首次注册登记的；②首次注册登记后，管理类别未发生调整的；③AA 类企业不符合原管理类别适用条件，并且不符合 A 类管理类别适用条件的；④A 类企业不符合原管理类别适用条件的。

（二）不同类别报关单位的分类管理措施

1. AA 类或者 A 类企业涉嫌走私被立案侦查或者调查的，海关暂停其与管理类别相应的管理措施；暂停期内，按照 B 类企业的管理措施实施管理。

2. 企业仅名称或者海关注册编码发生变化的，其管理类别可以继续适用，但是有下列情形之一的，按照下列方式调整：（1）企业发生存续分立，分立后的存续企业承继分立前企业的主要权利义务或者债权债务关系的，其管理类别适用分立前企业的管理类别，其余的分立企业视为首次注册企业；（2）企业发生解散分立，分立企业视为首次注册企业；（3）企业发生吸收合并，合并企业管理类别适用合并后存续企业的管理类别；（4）企业发生新设合并，合并企业视为首次注册企业。

3. 报关企业代理进出口货物收发货人开展报关业务，海关按照报关企业和进出口货物收发货人各自适用的管理类别分别实施相应的管理措施。

因企业的管理类别不同导致与应当实施的管理措施相抵触的，海关按照下列方式实施：（1）报关企业或者进出口货物收发货人为 C 类或者 D 类的，按照较低的管理类别实施相应的管理措施；（2）报关企业和进出口货物收发货人均为 B 类及以上管理类别的，按照报关企业的管理类别实施相应的管理措施。

4. 加工贸易经营企业与承接委托加工的生产企业管理类别不一致的，海关对该加工贸易业务按照较低的管理类别实施相应的管理措施。

五、报关单位的法律责任

报关单位的海关法律责任：是指报关单位违反海关法律规范所应承担的法律后果，并由海关及有关司法机关对其违法行为依法予以追究，实施法律制裁。

（一）报关单位海关法律责任的基本规定

1. 报关单位违反《海关法》及有关法律、行政法规，逃避海关监管，偷逃应纳税款，逃避国家有关进出境的禁止性或者限制性管理，非法运输、携带、邮寄国家禁止、限制进出口或者依法应当缴纳税款的货物、物品进出境，或者未经海关许可并且未缴纳应纳税款、交验有关许可证件，擅自将保税货物、特定减免税货物以及其他海关监管货物、物品、进境的境外运输工具在境内销售，情节严重、数额较大，构成犯罪的，将被依法追究刑事责任。

2. 报关单位违反《海关法》及有关法律、行政法规，逃避海关监管，偷逃应纳税款，逃避国家有关进出境的禁止性或者限制性管理，非法运输、携带、邮寄国家禁止、限制进出口或者依法应当缴纳税款的货物、物品进出境，或者未经海关许可并且未缴纳应纳税款、交验有关许可证件，擅自将保税货物、特定减免税货物以及其他海关监管货物、物品、进境的境外运输工具在境内销售，尚不构成犯罪的，由海关没收走私货物、物品及违法所得，可以并处罚款；对专门或者多次用于掩护走私的货物、物品，专门或者多次用于走私的运输工具，海关将予以没收；对藏匿走私货物、物品的特制设备，海关将责令拆毁或者没收。

3. 报关单位有违反《海关法》及有关法律、行政法规、海关规章或海关规定程序、手续尚未构成走私的行为，海关按《海关行政处罚实施条例》的有关规定处理。

（二）报关单位违反海关监管规定的行为及处罚措施

1. 违反国家进出口管理规定，进出口国家禁止进出口的货物的，责令退运，处 100 万元以下罚款。

2. 违反国家进出口管理规定，进出口国家限制进出口的货物的，进出口货物的收发货人向海关申报时不能提交许可证件的，进出口货物不予放行，处货物价值 30% 以下罚款。

3. 违反国家进出口管理规定，进出口属于自动进出口许可管理的货物，进出口货物的收发货人向海关申报时不能提交自动许可证明的，进出口货物不予放行。

4. 报关单位在办理报关业务的过程中，进出口货物的品名、税则号列、数量、规格、价格、贸易方式、原产地、起运地、运抵地、最终目的地或者其他应当申报的项目未申报或者申报不实的，分别依照下列规定予以处罚，有违法所得的，没收违法所得：

（1）影响海关统计准确性的，予以警告或者处 1000 元以上 1 万元以下罚款；

（2）影响海关监管秩序的，予以警告或者处 1000 元以上 3 万元以下罚款；

（3）影响国家许可证件管理的，处货物价值 5% 以上 30% 以下罚款；

（4）影响国家税款征收的，处漏缴税款 30% 以上 2 倍以下罚款；

（5）影响国家外汇、出口退税管理的，处申报价格 10% 以上 50% 以下罚款。

在代理报关业务中，因进出口货物收发货人未按照规定向报关企业提供所委托报关事项的真实情况，致使发生上述情形的，有关法律责任由委托人承担；因报关企业对委托人所提供情况的真实性未进行合理审查，或者因工作疏忽致使发生上述情形的，可以对报关企业处货物价值 10% 以下罚款，暂停其 6 个月以内从事报关业务，情节严重的，撤销其报关注册登记。

5. 报关单位有下列行为之一的，处货物价值 5% 以上 30% 以下罚款，有违法所得的，没收违法所得：

（1）未经海关许可，擅自将海关监管货物开拆、提取、交付、发运、调换、改装、抵押、质押、留置、转让、更换标记、移作他用或者进行其他处置的；

（2）未经海关许可，在海关监管区以外存放海关监管货物的；

（3）经营海关监管货物的运输、储存、加工、装配、寄售、展示等业务，有关货物灭失、数量短少，或者记录不真实，不能提供正当理由的；

（4）经营保税货物的运输、储存、加工、装配、寄售、展示等业务，不依照规定办理收存、交付、结转、核销等手续，或者中止、延长、变更、转让有关合同不依照规定向海关办理手续的；

（5）未如实向海关申报加工贸易制成品单位耗料量的；

（6）未按照规定期限将过境、转运、通运货物运输出境，擅自留在境内的；

（7）未按照规定期限将暂时进出口货物复运出境或者复运进境，擅自留在境内或者境外的；

（8）有违反海关规定的其他行为，致使海关不能或者中断对进出口货物实施监管的。

上述规定中所涉货物属于国家限制进出口需要提交许可证件的，当事人在规定期限内不能提交许可证件的，另处货物价值 30% 以下罚款；漏缴税款的，可以另处漏缴税款 1 倍以下罚款。

6. 报关单位有下列行为之一的，予以警告，可以处 3 万元以下罚款：（1）擅自开启或者损毁海关封志的；（2）遗失海关制发的监管单证、手册等凭证，妨碍海关监管的。

7. 伪造、变造、买卖海关单证的，处 5 万元以上 50 万元以下罚款，有违法所得的，没收违法所得；构成犯罪的，依法追究刑事责任。

8. 进出口侵犯知识产权的货物的，没收侵权货物，并处货物价值 30% 以下罚款；构成犯罪的，依法追究刑事责任。

需要向海关申报知识产权状况，而未按规定向海关如实申报的，或者未提交合法适用有关知识产权的证明文件的，可以处 5 万元以下罚款。

9. 报关企业有下列情形之一的，责令改正，给予警告，可以暂停其 6 个月以内从事报关业务：（1）拖欠税款或者不履行纳税义务的；（2）报关企业出让其名义供他人办理进出口货物报关纳税事宜的；（3）损坏或者丢失海关监管货物，不能提供正当理由的；（4）有需要暂停其从事报关业务的其他违法行为的。

10. 报关企业有下列情形之一的，海关可以撤销其注册登记：（1）报关企业构成走私犯罪或者 1 年内有 2 次以上走私行为的；（2）所属报关员 1 年内 3 人次以上被海关暂停执业的；（3）被海关暂停从事报关业务，恢复从事报关业务后 1 年内再次发生拖欠税款或者不履行纳税义务、出让企业名义供他人办理进出口货物报关纳税事宜、损坏或丢失海关监管货物且不能提供正当理由等情形的；（4）有需要撤销其注册登记的其他违法行为的。

11. 报关企业非法代理他人报关或者超出海关准予的从业范围进行报关活动的，责令改正，处 5 万元以下罚款，暂停其 6 个月以内从事报关业务；情节严重的，撤销其报关注册登记。

12. 进出口货物收发货人、报关企业向海关工作人员行贿的，撤销其报关注册登记，并处 10 万元以下罚款；构成犯罪的，依法追究刑事责任，并不得重新注册登记为报关企业。

13. 提供虚假资料骗取海关注册登记的，撤销其注册登记，并处 30 万元以下罚款。

14. 海关对于未经海关注册登记从事报关业务的，予以取缔，没收违法所得，可以并处 10 万元以下罚款。

15. 报关单位有下列情形之一的，海关予以警告，责令其改正，并可以处人民币 1000 元以上 5000 元以下罚款：（1）报关企业取得变更注册登记许可后或者进出口货物收发货人单位名称、企业性质、企业住所、法定代表人（负责人）等海关注册登记的内容发生变更，未按照规定向海关办理变更手续的；（2）未向海关备案，擅自变更或者启用“报关专用章”的；（3）所属报关员离职，未按照规定向海关报告并办理相关手续的。

此外，根据《海关法》的规定，海关准予从事有关业务的企业，违反《海关法》有关规定的，由海关责令改正，可以给予警告、暂停其从事有关业务，直至撤销注册登记，因此与报关活动相关的其他法人在从事与报关相关的活动中，违反《海关法》及有关法律、行政法规的，也要承担相应的行政、刑事法律责任。

对于法人或者其他组织有违反《海关法》及有关法律、行政法规的行为，除处罚该法人或者组织外，对其主管人员和直接责任人员予以警告，可以处 5 万元以下罚款，有违法所得的，没收违法所得。

第四节 报 关 员

一、报关员的含义与资格认定

（一）报关员的含义

报关员是指依法取得报关员从业资格，并在海关注册，向海关办理进出口货物报关业务的人员。

提示：报关员不是自由职业者

根据我国海关规定，只有向海关注册登记的进出口货物收发货人和报关企业才可以向海关办理报关纳税业务，因此，报关员只能受雇于一个依法向海关注册登记的进出口货物收发货人或者报关企业，并代表该企业办理报关纳税手续。

（二）报关员资格

1. 报关员资格考试。海关总署组织报关员资格全国统一考试，确定考试原则，制定考试大纲、规则，统一命题；指导、监督各地海关具体实施考试；组织阅卷，公布考试成绩；管理各海关审核报关员资格申请、颁发报关员资格证书事宜。直属海关在海关总署指导下具体实施考试；受理、审查报关员资格申请，颁发报关员资格证书。

相关链接：

2012 年报关员考试优惠政策

继面向高等院校在校生以承诺书形式报考、面向拉萨考区考生放宽合格分数线后，海关总署再次推出考试优惠政策，即面向西部地区考生将报名条件放宽至高中毕业及同等学历（中专、技校、职高毕业等），放宽地区包括内蒙古、广西、重庆、四川、贵州、云南、西藏、陕西、甘肃、青海、宁夏和新疆等 12 个省（直辖市、自治区）。

（1）报关员资格考试的报名条件。①具有中华人民共和国国籍；②年满 18 周岁，具有完全民事行为能力；③具有大学专科及以上学历（普通高等学校应届毕业生可以报名参加考试）。香港、澳门特别行政区居民中的中国公民和台湾居民，可以凭有效身份证件报名参加考试。

（2）有下列情形之一的，不得报名参加考试。①因故意犯罪，受过刑事处罚，以及正在被执行刑罚或者依法被剥夺、限制人身自由的；②因在报关活动中发生走私或者严重违反海关规定的行为，被海关依法取消报关从业资格的；③在考试中发生作弊行为，被海关取消考试成绩，或者有其他违规行为，被海关以作弊论处，不满 3 年的。

2. 报关员资格的取得。海关总署核定并公布报关员资格考试合格分数线。直属海关及受委托的隶属海关根据合格分数线，公布成绩合格、可以申请报关员资格的考生名单。根据海关公布的名单可以申请报关员资格的考生，应当自考试合格分数线公布之日起 6 个月内向原报名海关申请报关员资格。海关依法对申请人授予报关员资格的申请进行受理、审查和作出决定。除当场作出决定的以外，海关应当自受理申请之日起20个工作日内作出是否授予报关员资格的决定。决定不授予报关员资格的，应当向申请人制发“中华人民共和国海关不予授予报关员资格决定书”。海关决定授予报关员资格的，应当自作出决定之日起10个工作日内颁发报关员资格证书。颁发报关员资格证书的，海关可以不再制发受理决定书和准予报关员资格决定书。

二、报关员注册

报关员注册是指报关单位所在地直属海关或受其委托的隶属海关，对通过报关员资格考试、依法取得报关员资格证书的人员提出的注册申请，依法作出准予报关员注册的决定，并颁发报关员证的行为。

（一）报关员注册的条件

1. 申请报关员注册，须同时具备以下3个基本条件：（1）申请人必须具有中华人民共和国国籍；（2）申请人必须通过报关员资格全国统一考试，取得报关员资格证书；（3）申请人必须与所在报关单位建立劳动合同关系或者聘用合同关系。

除应具备上述基本条件之外，对于首次申请报关员注册的申请人，还应当经过在一个报关单位连续3个月的报关业务实习。对于报关员注册有效期届满后连续2年未注册，再次申请报关员注册的申请人，还应当经过海关报关业务岗位考核合格。

2. 申请人有下列情形之一的，海关不予报关员注册：（1）不具有完全民事行为能力的；（2）因故意犯罪受到刑事处罚的；（3）被海关取消报关从业资格的。

3. 申请人有下列情形之一的，海关暂缓报关员注册：（1）被海关暂停执业期间注销报关员注册的；（2）被海关暂停执业期间注册有效期届满的；（3）记分达到《中华人民共和国海关对报关员记分考核管理办法》（以下简称《记分考核管理办法》）规定分值，未参加海关组织的报关业务岗位考核或者考核不合格，注销报关员注册的；（4）记分达到《记分考核管理办法》规定分值，未参加海关组织的报关业务岗位考核或者考核不合格，注册有效期届满的。

（二）报关员注册的程序

申请报关员注册的，申请人本人应当到海关提出申请。本人不能到海关提出申请的，可以委托所在报关单位提出申请。申请人委托报关单位代为提出申请的，应当出具授权委托书。

1. 注册受理机关。申请人应当到报关单位所在地直属海关提出报关员注册申请。报关单位为报关企业跨关区分支机构的，应当到报关企业跨关区分支机构所在地直属海关提出报关员注册申请。直属海关可以委托隶属海关实施报关员注册。

2. 申请注册应提交的材料。申请报关员注册，应当向海关提交下列文件、材料：（1）报关员注册申请书；（2）申请人所在报关单位的报关企业登记证书或者进出口收发货人登记证书复印件；（3）报关员资格证书复印件；（4）与所在报关单位签订的合法有效的劳动合同复印件（报关单位为非企业性质的，可以提交聘用合同复印件或者人事证明）；（5）身份证件复印件；（6）所在报关单位为其缴纳社会保险证明复印件，但是，法律、行政法规另有规定的，依照其规定。

首次申请报关员注册的，还应当提交报关单位出具的报关业务实习证明材料。海关对首次申请报关员注册人员的实习实行备案制度，该类人员的实习单位与首次申请注册的单位应当为同一报关单位。

台湾居民和香港、澳门居民中的中国公民提出申请的，还应当提交“台港澳人员就业证”复印件。

3. 注册决定的作出及报关员证的颁发。申请人的申请符合法定条件的，海关应当依法作出准予报关员注册的决定，并应当自作出决定之日起 10 日内向申请人颁发报关员证。可以当场作出决定并颁发报关员证的，海关不再制发受理决定书和准予报关员注册决定书。

申请人的申请不符合法定条件的，海关应当依法作出不予报关员注册的书面决定。

4. 注册的有效期。报关员注册有效期为 2 年。报关员需要延续报关员注册有效期的，应当办理报关员注册延续手续。报关员未办理注册延续手续或者海关未准予报关员注册延续的，自有效期届满之日起，其报关员注册自动终止。

（三）报关员注册的变更、延续和注销

1. 报关员注册的变更。报关员注册变更是指报关员姓名、身份证件号码等身份资料和所在报关单位名称、海关编码发生变更的情形。报关员应当在变更事实发生之日起的 20 日内，持报关员资格证书、报关员证和变更证明文件等材料的原件及复印件到注册地海关书面申请变更报关员注册。

对报关员提出的变更报关员注册申请，注册地海关应当按照报关员注册程序进行审核，对符合法定条件的，应当作出准予变更决定，并于作出准予变更决定后的 10 日内办结变更手续，换发报关员证。可以当场作出变更决定并换发报关员证的，海关不再制发受理决定书、准予变更报关员注册决定书。

注意：

报关注册变更不包括报关员更换报关单位的情形。

2. 报关员注册的延续。报关员办理报关员注册延续手续的，应当在注册有效期届满 30 日前向海关提出。逾期提出报关员注册延续申请的，海关不予受理。报关员在有效期届满后仍然需要从事报关业务的，应当重新向海关申请办理报关员注册手续。

报关员注册延续应提交的文件、材料有：（1）报关员注册延续申请书；（2）报关员证复印件；（3）申请人所在报关单位的报关企业登记证书或者收发货人登记证书复印件；（4）报关员资格证书复印件；（5）与所在报关单位签订的合法有效的劳动合同复印件（报关单位为非企业性质的，可以提交聘用合同复印件或者人事证明）；（6）身份证件复印件；（7）所在报关单位为其缴纳社会保险证明复印件，但是，法律、行政法规另有规定的，依照其规定。

台湾居民、香港和澳门居民中的中国公民办理报关员注册延续手续的，还应当提交“台港澳人员就业证”复印件。

海关比照报关员注册程序在有效期届满前对报关员的延续申请予以审查，对符合报关员注册条件的，依法作出准予延续 2 年有效期的决定。海关应当在报关员注册有效期届满前作出是否准予延续的决定；逾期未作出决定的，视为准予延续，依法为其办理报关员注册延续手续。

海关对不再具备报关员注册条件的，应当依法作出不予延续的决定，说明理由，并告知申请人享有依法申请行政复议或者提起行政诉讼的权利。

报关员在被海关暂停执业期间有效期届满，需要延续有效期的，应当在有效期届满30日前到海关申请暂缓办理报关员注册延续，并在暂停执业期满后30日内提出延续报关员注册的申请。

3. 报关员注册的注销。对于报关员不再从事报关业务、报关员辞职、报关单位解除与报关员的劳动合同关系（报关单位为非企业性质的，解除聘用合同关系或者人事关系）或者报关单位申请注销海关注册登记的情形，报关员应当到注册地海关申请报关员注册的注销。报关员未按照规定申请注销的，所在报关单位应向注册地海关办理报关员注册注销手续。

申请注销报关员注册的，应当提交注销报关员注册申请书、报关员证和报关员资格证书。不能提交报关员证的，应当提交在报刊刊登的作废声明。所在报关单位按规定办理报关员注册注销手续，不能提交报关员证和报关员资格证书的，应当提交报刊声明和说明材料。

对于报关员注册有效期届满未延续，报关员死亡或者丧失民事行为能力，报关员注册依法被撤销、撤回，报关员被海关依法取消从业资格，报关员所在报关单位被海关注销注册登记的情形，海关应当依法办理报关员注册的注销手续。

三、报关员执业

（一）报关员执业范围

报关员应当在一个报关单位执业。报关企业及其跨关区分支机构的报关员，应当在所在报关企业或者跨关区分支机构的报关服务的口岸地或者海关监管业务集中的地点执业。进出口货物收发货人的报关员，可以在中华人民共和国关境内的各口岸地或者海关监管业务集中的地点执业。

报关员应当在所在报关单位授权范围内执业。首次申请报关员注册人员在报关单位实习期间，不得以报关员的名义办理报关业务。报关员应当按照报关单位的要求和委托人的委托依法办理下列业务：（1）按照规定如实申报进出口货物的商品编码、商品名称、规格型号、实际成交价格、原产地及相应优惠贸易协定代码等报关单有关项目，并办理填制报关单、提交报关单证等与申报有关的事宜；（2）申请办理缴纳税费和退税、补税事宜；（3）申请办理加工贸易合同备案（变更）、深加工结转、外发加工、内销、放弃核准、余料结转、核销及保税监管等事宜；（4）申请办理进出口货物减税、免税等事宜；（5）协助海关办理进出口货物的查验、结关等事宜；（6）应当由报关员办理的其他报关事宜。

（二）报关员的权利和义务

1. 报关员的权利。（1）以所在报关单位名义执业，办理报关业务；（2）向海关查询其办理的报关业务情况；（3）拒绝海关工作人员的不合法要求；（4）对海关对其作出的处理决定享有陈述、申辩、申诉的权利；（5）依法申请行政复议或者提起行政诉讼；（6）合法权益因海关违法行为受到损害的，依法要求赔偿；（7）参加执业培训。

2. 报关员的义务。（1）熟悉所申报货物的基本情况，对申报内容和有关材料的真实性、完整性进行合理审查；（2）提供齐全、正确、有效的单证，准确、清楚、完整地填制海关单证，并按照规定办理报关业务及相关手续；（3）海关查验进出口货物时，配合海关查验；（4）配合海关稽查和对涉嫌走私违规案件的查处；（5）按照规定参加直属海关或者直属海关授权组织举办的报关业务岗位考核；（6）持报关员证办理报关业务，海关核对时，应当出示；（7）妥善保管海关核发的报关员证和相关文件；（8）协助落实海关对报关单位管理的具体措施。

（三）报关员执业禁止行为

报关员执业不得有以下行为：（1）故意制造海关与报关单位、委托人之间的矛盾和纠纷；（2）假借海关名义，以明示或者暗示的方式向委托人索要委托合同约定以外的酬金或者其他财物、虚假报销；（3）同时在2个或者2个以上报关单位执业；（4）私自接受委托办理报关业务，或者私自收取委托人酬金及其他财物；（5）将报关员证转借或者转让他人，允许他人持本人报关员证执业；（6）涂改报关员证；（7）其他利用执业之便谋取不正当利益的行为。

四、报关员的考核管理

为了维护报关秩序，提高报关质量，规范报关员的报关行为，保证通关效率，海关对报关员实行记分考核管理。根据海关规定，对记分达到规定分值的报关员，海关中止其报关员证效力，不再接受其办理报关手续。报关员应当参加注册地海关的报关业务岗位考核，经岗位考核合格之后，方可重新上岗。

（一）报关员记分考核的对象和范围

报关员记分考核管理对象是取得报关员从业资格，并按照规定程序在海关注册，持有报关员证件的报关员，即在职报关员。

注意：

报关员因为向海关工作人员行贿或有违反海关监管规定、走私行为等其他违法行为，由海关处以暂停执业、取消报关从业资格处罚的，不适用于《记分考核管理办法》，而应按照《海关行政处罚实施条例》等规定处理。

海关对出现报关单填制不规范、报关行为不规范，以及违反海关监管规定或者有走私行为未被海关暂停执业、撤销报关从业资格的报关员予以记分、考核。

（二）记分考核的性质和管理部门

1. 记分考核的性质。海关对报关员的记分考核管理从性质上讲是一种教育和管理措施，而不是行政处罚。海关对记分达到一定分值的报关员实行岗位考核管理，目的是督促其增强遵纪守法意识，提高自身业务水平。海关通过对报关员记分计满至考核合格前，中止其报关员证效力、不再接受其办理报关手续的方式，来督促报关员履行义务。

2. 记分考核的管理部门

海关企业管理部门负责对报关员记分考核的职能指导、日常监督管理以及相关协调工作。海关通关业务现场及相关业务职能部门负责具体执行记分工作。海关人员在记分时，应当将记分原因和记分分值以电子或者纸质告知单的形式告知报关员。

记分的行政行为以各级海关名义作出。

（三）记分考核量化管理

海关对报关员的记分考核，依据其报关单填制不规范、报关行为不规范的程度和行为性质，一次记分的分值分别为1分、2分、5分、10分、20分、30分。

记分周期从每年1月1日起至12月31日止，报关员在海关注册登记之日起至当年12

月31日不足1年的，按一个记分周期计算。一个记分周期期满后，记分分值累加未达到30分的，该周期内的记分分值予以消除，不转入下一个记分周期。但报关员在一个记分周期内办理变更注册登记报关单位或者注销手续的，已记分分值在该记分周期内不予消除。

1. 一次记分的分值为1分的情形。（1）电子数据报关单的有关项目填写不规范，海关退回责令更正的；（2）在海关签印放行前，因为报关员原因造成申报差错，报关单位向海关要求修改申报单证及其内容，经海关同意修改，但未对国家贸易管制政策的实施、税费征收及海关统计指标等造成危害的；（3）未按照规定在纸质报关单及随附单证上加盖报关专用章及其他印章或者使用印章不规范的；（4）未按照规定在纸质报关单及随附单证上签名盖章或者由其他人代表签名盖章的。

2. 一次记分的分值为2分的情形。（1）在海关签印放行前，因为报关员填制报关单不规范，报关单位向海关申请撤销申报单证及其内容，经海关同意撤销，但未对国家贸易管制政策的实施、税费征收及海关统计指标等造成危害的；（2）海关人员审核电子数据报关单时，要求报关员向海关解释、说明情况、补充材料或者要求提交货物样品等有关内容的，海关告知后报关员拒不解释、说明、补充材料或者拒不提供货物样品等有关内容，导致海关退回报关单的。

3. 一次记分的分值为5分的情形。（1）报关员自接到海关“现场交单”或者“放行交单”通知之日起10日内，没有正当理由，未按照规定持打印出的纸质报关单，备齐规定的随附单证，到货物所在地海关递交书面单证并办理相关海关手续，导致海关撤销报关单的；（2）在海关签印放行后，因为报关员填制报关单不规范，报关单位向海关申请修改或者撤销报关单（因出口更换舱单除外），经海关同意且不属于走私、偷逃税等违法违规性质的；（3）在海关签印放行后，海关发现因为报关员填制报关单不规范，报关单币值或者价格填报与实际不符且两者差额在100万元人民币以下，数量与实际不符且有4位数以下差值，经海关确认不属伪报，但影响海关统计的。

4. 一次记分的分值为10分的情形。（1）出借本人报关员证件、借用他人报关员证件或者涂改报关员证件内容的；（2）在海关签印放行后，海关发现因为报关员填制报关单不规范，报关单币值或者价格填报与实际不符且两者差额在100万元人民币以上，数量与实际不符且有4位数以上差值，经海关确认不属伪报的。

5. 因为违反海关监管规定行为被海关予以行政处罚，但未被暂停执业、取消报关从业资格的，记20分。

6. 因为走私行为被海关予以行政处罚，但未被暂停执业、取消报关从业资格的，记30分。

具体的记分项目在海关总署统一制定的报关员记分对照表中予以列明。

（四）记分考核的救济

报关员对记分的行政行为有异议的，应当自收到电子或纸质告知单之日起7日内向作出该记分行政行为的海关部门提出书面申辩；海关应当在接到申辩申请7日内作出答复，对记分错误的应当及时予以更正。

（五）岗位考核

根据海关规定，记分达到30分的报关员，海关中止其报关员证效力，不再接受其办理报关手续。报关员应当参加注册登记地海关的报关业务岗位考核，经岗位考核合格之后，方可重新上岗。

岗位考核由报关员注册地直属海关或者直属海关委托的单位负责组织。报关员经岗位考核合格的，可以向注册登记地海关申请将原记分分值予以消除。岗位考核不合格的，应当继续参加下一次考核。

报关员记分已达30分，拒不参加考核的，直属海关可以将报关员的姓名及所在单位等情况对外公告。

测试1-4：单选题

报关员记分达到30分的，海关（　　）。（2011年全国报关员考试真题）

A. 中止其报关员证效力　　B. 撤销其报关员注册许可

C. 注销其报关员注册　　D. 取消其报关员从业资格

五、报关员的法律责任

报关员在报关活动中违反《海关法》和相关法律、行政法规的，由海关或其他部门给予相应的处理和行政处罚，构成犯罪的，依法移送司法机关追究其刑事责任。

报关员构成走私犯罪，或者1年内有2次以上走私行为的，海关可以取消其报关从业资格。报关员违反海关监管规定的行为及其处罚如下：

1. 报关员因工作疏忽或者在代理报关业务中因对委托人所提供情况的真实性未进行合理审查，致使发生进出口货物的品名、税则号列、数量、规格、价格、贸易方式、原产地、起运地、运抵地、最终目的或者其他应当申报的项目未申报或者申报不实的，海关可以暂停其6个月执业；情节严重的，取消其报关从业资格。

2. 报关员被海关暂停报关执业，恢复从事报关业务后1年内再次被暂停报关执业的，海关可以取消其报关从业资格。

3. 报关员非法代理他人报关或者超出海关准予的从业范围进行报关活动的，责令改正，处5万元以下罚款，暂停其6个月以内报关执业；情节严重的，取消其报关从业资格。

4. 报关员向海关工作人员行贿的，取消其报关从业资格，并处10万元以下罚款；构成犯罪的，依法追究刑事责任，并不得重新取得报关从业资格。

5. 海关对未取得报关从业资格从事报关业务的，予以取缔，没收违反所得，可以并处10万元以下的罚款。

6. 提供虚假资料骗取报关从业资格的，取消其报关从业资格，并处30万元以下罚款。

7. 报关员有下列情形之一的，海关予以警告，责令其改正，并可以处人民币2000元以下罚款：（1）有报关员执业禁止行为的；（2）报关员海关注册内容发生变更，未按规定向海关办理变更手续的。

课后练习

一、单选题

1. 我国的关境和国境的关系属于（　　）。

A. 关境大于国境　　B. 关境小于国境

C. 关境等于国境　　D. 前三者都不是

2. 在海关的四项基本任务中，（　　）是海关最基本的任务。

A. 监管　　B. 征税

C. 查缉走私　　D. 编制海关统计

3. 根据我国缉私体制，不具有查缉走私权力的单位是（　　）。

A. 海关　　B. 公安部门

C. 税务部门　　D. 检察部门

4. 按法律规定，下列不列入报关范围的是（　　）。

A. 进出境运输工具　　B. 进出境货物

C. 进出境物品　　D. 进出境旅客

二、多选题

1. 进出口货物收发货人进出口货物，可以（　　）。

A. 经海关注册登记后自理报关

B. 委托报关公司代理报关

C. 委托已经海关注册登记的货代公司代理报关

D. 委托已经海关注册登记的其他进出口货物收发货人代理报关

2. 海关依法可以注销企业注册登记许可的情况有（　　）。

A. 注册登记许可有效期届满的　　B. 被工商行政管理部门吊销营业执照的

C. 提供虚假资料，骗取注册登记许可的　　D. 报关企业依法终止的

3. 报关企业注册登记许可条件中对企业人员的要求包括（　　）。

A. 报关员人数不少于5名

B. 投资者、报关业务负责人、报关员无走私记录

C. 报关业务负责人具有5年以上从事对外贸易工作经验或者报关工作经验

D. 报关业务负责人、报关员要通过海关规定的业务考核

4. 报关企业在办理报关企业注册登记许可时，下列属于应提交的材料是（　　）。

A. 报关企业注册登记许可申请书

B. 企业法人营业执照正本复印件

C. 出资证明文件复印件

D. 所聘报关从业人员的报关员资格证书复印件

三、判断题

1. 海关是国家进出国境的监督管理机关。（　　）

2. 海关对进出境运输工具的检查不受海关监督区域的限制。（　　）

3. 海关统计是国家进出口货物贸易统计，是国民经济统计的组成部分。（　　）

4. 间接代理报关只适用于经营快件业务的国际货物运输代理公司。（　　）

四、思考题

1. 海关的任务是什么？它们有什么关系？
2. 我国海关的设关原则是什么？
3. 什么是报关员？如何成为一个报关员？

五、案例分析

1. 2012 年 5 月 23 日，湖南菲其公司经湖南省商务厅批准可以经营进出口业务，第二天即成交一笔出口业务，为提高办事效率，公司当天就派小王去海关申报出口手续，结果被海关拒绝，这是什么原因？

2. 港商钱先生在南京和上海投资兴建了两家服饰公司，并在两地的海关办理了报关注册手续，取得了报关权，为了节省成本，他准备聘用一名报关员办理两家服饰公司的进出口业务。钱先生的这种做法是否可行？原因何在？

第二章 DIERZHANG

报关与对外贸易管制

学习目标

- □ 了解对外贸易管制的范围、分类、目的、特点和基本框架与法律体系
- □ 熟悉我国对外贸易管制的主要措施
- □ 掌握我国货物、技术进出口许可管理制度的内容和对外贸易经营者管理制度
- □ 掌握出入境检验检疫管理制度和进出口货物收付汇管理制度

第一节 对外贸易管制概述

对外贸易管制是指一国政府为了国家的宏观经济利益、国内外政策需要以及履行所缔结或加入国际条约的义务，确立实行各种管制制度、设立相应管制机构和规范对外贸易活动的总称。对外贸易管制是政府的一种强制性行政管理行为。它所涉及的法律、行政法规、部门规章，是强制性的法律文件，不得随意改变。

一、对外贸易管制的涉及范围与分类

（一）对外贸易管制的涉及范围

一个国家对外贸易管制制度涉及工业、农业、商业、军事、技术、卫生、环保、税务、资源保护、质量监督、外汇管理以及金融、保险、信息服务等诸多领域。

（二）对外贸易管制的分类

1. 按管理目的分为进口贸易管制和出口贸易管制。
2. 按管制手段分为关税措施和非关税措施。
3. 按管制对象分为货物进出口贸易管制、技术进出口贸易管制和国际服务贸易管制。

二、对外贸易管制的目的及特点

（一）对外贸易管制的目的

1. 保护本国经济利益，发展本国经济。发展中国家实行对外贸易管制主要是为了保护本国的民族工业，建立与巩固本国的经济体系；通过对外贸易管制的各项措施，防止外国产

品冲击本国市场而影响本国独立的经济结构的建立；同时，也是为了维护本国的国际收支平衡，使有限的外汇能有效地发挥最大的作用。发达国家实行对外贸易管制主要是为了确保本国在世界经济中的优势地位，避免国际贸易活动对本国经济产生不良影响，特别是要保持本国某些产品或技术的国际垄断地位，保证本国各项经济发展目标的实现。因此，各国的对外贸易管制措施都是与其经济利益相联系的。各国的贸易管制措施是各国经济政策的重要体现。

2. 推行本国的外交政策。不论是发达国家还是发展中国家，往往出于政治或安全上的考虑，甚至不惜牺牲本国经济利益，在不同时期，对不同国家或不同商品实行不同的对外贸易管制措施，以达到其政治上的目的或安全上的目标。因此，贸易管制往往成为一国推行其外交政策的有效手段。

3. 行使国家职能。一个主权国家，对其自然资源和经济行为享有排他的永久主权，国家对外贸易管制制度和措施的强制性是为保护本国环境和自然资源、保障国民人身安全、调控本国经济而行使国家管理职能的一个重要保证。

（二）对外贸易管制的特点

1. 贸易管制政策是一国对外政策的体现。对外贸易经营者或其代理人在报关活动中必须严格遵守这些法律、行政法规、部门规章，并按照相应的管理要求办理进出口手续，以维护国家利益不受侵害。

2. 因时间、形式不断变化。各国都要根据其不同时期的不同经济利益或安全和政治形势需要，随时调整对外贸易管制政策，因此，不同国家或同一国家的不同时期的贸易管制政策是各不相同的。

3. 以对进口的管制为重点。虽然贸易管制有效地保护了本国国内市场和本国的经济利益，但在一定程度上也阻碍了世界经济交流，抑制了国际贸易的发展。因此，如何充分发挥贸易管制的有利因素，尽量减少其带来的不利因素，变被动保护为主动、积极的保护，是衡量一个国家管理对外贸易水平的标志。

三、对外贸易管制与海关监管

对外贸易管制是一种国家管制，任何从事对外贸易的活动者都必须无条件地遵守。国家对外贸易管制的目标是以对外贸易管制法律、法规为保障，依靠有效的政府行政管理手段来最终实现的。

（一）海关监管是实现贸易管制的重要手段

海关法赋予了海关对进出口货物依法实施监督管理的权力，还明确了国家对外贸易管制政策所涉及的法律法规是海关对进出口货物监管工作的法律依据。根据我国行政管理职责的分工，与对外贸易管制相关的法律、行政法规、部门规章分别由全国人大、国务院及其所属各部、委（局）负责制定、颁发，海关则是贸易管制政策在货物进出口环节的具体执行机关。海关对进出口货物实施监管或制定有关监管程序时，必须以国家贸易管制政策所涉及的法律、法规为依据，充分重视这些法律、法规与海关实际工作之间的必然联系，以准确贯彻和执行政策作为海关开展各项管理工作的前提和原则，制定合法、高效的海关监督管理程序，充分运用《海关法》赋予的权力，确保国家各项贸易管制目标的实现。

提示：

我国《海关法》规定："中华人民共和国海关是国家的进出关境监督管理机关。海关依照本法和其他有关法律、行政法规，监管进出境的运输工具、货物、行李物品、邮递物品和其他物品，征收关税和其他税、费，查缉走私，并编制海关统计和办理其他海关业务。"《海关法》第四十条规定："国家对进出境货物、物品有禁止性或者限制性规定的，海关依据法律、行政法规、国务院的规定或者国务院有关部门依据法律、行政法规的授权作出的规定实施监管。"

（二）报关是海关确认进出口货物合法性的先决条件

由于国家进出口贸易管制政策是通过国家商务主管部门及其他政府职能主管部门依据国家贸易管制政策发放各类许可证件或者下发相关文件，最终由海关依据许可证件、相关文件及其他单证（报关单、提单、发票、合同等）对实际进出口货物的合法性实施监督管理来实现的，因此，执行贸易管制的海关管理活动也就离不开"单"（包括报关单在内的各类报关单据及其电子数据）、"证"（各类许可证件、相关文件及其电子数据）、"货"（实际进出口货物）这三大要素。"单"、"证"、"货"相符，是海关确认货物合法进出口的必要条件，也就是说对进出口受国家贸易管制的货物，只有在确认达到"单单相符"、"单货相符"、"单证相符"、"证货相符"的情况下，海关才可放行。海关通过审核"单"、"证"、"货"这三要素来确认货物进出口的合法性，而这三要素中的"单"和"证"正是通过报关环节中的申报手续向海关递交的。从法律意义上来说，申报意味着向海关报告进出口货物的情况，申请按其申报的内容放行进出口货物。

提示：

《海关法》第二十四条规定："进口货物的收货人、出口货物的发货人应当向海关如实申报，交验进出口许可证件和有关单证。国家限制进出口的货物，没有进出口许可证件的，不予放行。"

因此，报关不仅是进出口货物收发货人或其代理人必须履行的手续，也是海关确认进出口货物合法性的先决条件。

四、我国对外贸易管制的基本框架与法律体系

1949 年 9 月，中国人民政治协商会议上通过的、起临时宪法作用的《中国人民政治协商会议共同纲领》规定，"我国实行对外贸易管制，并采取保护贸易的政策。

（一）我国对外贸易管制的基本框架

我国对外贸易管制制度是一种综合管理制度，主要由海关监管制度、关税制度、对外贸易经营者管理制度、进出口许可制度、出入境检验检疫制度、进出口货物收付汇管理制度以及贸易救济制度等构成。为保障贸易管制各项制度的实施，我国已基本建立并逐步健全了以《对外贸易法》为核心的对外贸易管制的法律体系，并依照这些法律、行政法规、部门规章和我国履行国际公约的有关规定，自主实行对外贸易管制。

（二）我国对外贸易管制的法律体系

由于我国对外贸易管制是一种国家管制，因此其所涉及的法律渊源只限于宪法、法

律、行政法规、部门规章以及相关的国际条约，不包括地方性法规、规章及各民族自治区政府的地方条例和单行条例。法律是由全国人大或它的常务委员会制定的，如对外贸易法、海关法、进出口商品检验法等；行政法规是国务院为了实施宪法和其他法律而制定的行政规范文件，如进出口关税条例、知识产权海关保护条例等；部门规章是国务院各部门、部委根据法律和国务院的行政法规、决定和命令，在其行政管辖的范围内所发布的规范性文件，货物进出口许可证管理办法、货物自动进口许可管理办法等；国际条约是国家及其他国际法主体之间所缔结的以国际法为准则，并确定其相互关系中权利和义务的一种国际书面协议。我国目前所缔结或者参加的各类国际条约、协定，虽然不属于我国国内法的范畴，但就其效力而言可视为我国的法律渊源之一。如我国目前签订的京都公约、建立世界知识产权组织公约等。

相关链接：

我国现行的法律、行政法规、部门规章和我国履行国际公约的范围

法律包括《中华人民共和国对外贸易法》、《中华人民共和国海关法》、《中华人民共和国进出口商品检验法》、《中华人民共和国进出境动植物检疫法》、《中华人民共和国固体废物污染环境防治法》、《中华人民共和国国境卫生检疫法》、《中华人民共和国野生动物保护法》、《中华人民共和国药品管理法》、《中华人民共和国文物保护法》、《中华人民共和国食品卫生法》等。

行政法规包括《中华人民共和国货物进出口管理条例》、《中华人民共和国技术进出口管理条例》、《中华人民共和国进出口关税条例》、《中华人民共和国知识产权海关保护条例》、《中华人民共和国野生植物保护条例》、《中华人民共和国外汇管理条例》、《中华人民共和国反补贴条例》（以下简称《反补贴条例》）、《中华人民共和国反倾销条例》（以下简称《反倾销条例》）、《中华人民共和国保障措施条例》（以下简称《保障措施条例》）等。

部门规章包括《货物进口许可证管理办法》、《货物出口许可证管理办法》、《货物自动进口许可管理办法》、《出口收汇核销管理办法》、《进口药品管理办法》、《放射性药品管理办法》、《两用物项和技术进出口许可证管理办法》等。

国际条约、协定包括《关于简化和协调海关业务制度的国际公约》（亦称《京都公约》）、《濒危野生动植物种国际贸易公约》（亦称《华盛顿公约》）、《关于消耗臭氧层物质的蒙特利尔议定书》、关于麻醉品和精神药物的国际公约、《关于化学品国际贸易资料交换的伦敦准则》、《关于在国际贸易中对某些危险化学品和农药采用事先知情同意程序的鹿特丹公约》、《控制危险废物越境转移及其处置的巴塞尔公约》、《建立世界知识产权组织公约》等。

第二节　我国货物和技术进出口许可管理制度

进出口许可管理制度作为一项非关税措施，是世界各国管理进出口贸易的一种常见手段，在国际贸易中长期存在，并广泛运用。

货物、技术进出口许可管理制度是我国进出口许可管理制度的主体，是国家对外贸易管制中极其重要的管理制度。其管理范围包括禁止进出口的货物和技术、限制进出口的货物和技术、自由进出口的技术以及自由进出口中部分实行自动许可管理的货物。

一、自由进出口货物和技术管理

除国家禁止、限制进出口货物、技术外的其他货物、技术，均属于自由进出口范围。自由进出口货物、技术的进出口不受限制，但基于监测进出口情况的需要，国家对部分属于自由进口的货物实行自动进口许可管理，对自由进出口的技术实行技术进出口合同登记管理。

（一）货物自动进口许可管理

自动进口许可管理是在任何情况下对进口申请一律予以批准的进口许可制度。这种进口许可实际上是一种在自由进口货物进口前对其进行自动登记的许可制度，通常用于国家对这类货物的统计和监督，是我国进出口许可管理制度中的重要组成部分，也是目前各国普遍使用的一种进口管理制度。

提示：

目前，我国自动进口许可管理包括自动进口许可证管理和自动许可类可利用固体废物管理两大类。进口属于自动进口许可管理的货物，进口经营者应当在办理海关报关手续前，向国务院相关主管部门提交自动进口许可申请，凭相关部门发放的自动进口许可的批准证件，向海关办理报关手续。

（二）技术进出口合同登记管理

进出口属于自由进出口的技术，应当向国务院商务主管部门或者其委托的机构办理合同备案登记。国务院商务主管部门应当自收到规定的文件之日起3个工作日内，对技术进出口合同进行登记，颁发技术进出口合同登记证，申请人凭技术进出口合同登记证，办理外汇、银行、税务、海关等相关手续。

二、限制进出口货物和技术管理

为维护国家安全和社会公共利益，保护人民的生命健康，履行我国所缔结或者参加的国际条约和协定，国务院商务主管部门会同国务院有关部门，依照《对外贸易法》的规定，制定、调整并公布各类限制进出口货物、技术目录。海关依据国家相关法律、法规对限制进出口目录货物、技术实施监督管理。

（一）限制进出口货物的原则

1. 为维护国家安全、社会公共利益或者公共道德，需要限制进口或者出口的。

2. 为保护人的健康或者安全，保护动物、植物的生命或者健康，保护环境，需要限制进口或者出口的。

3. 为实施与黄金或者白银进出口有关的措施，需要限制进口或者出口的。

4. 国内供应短缺或者未有效保护可能用竭的自然资源，需要限制出口的。

5. 输往国家或者地区的市场容量有限，需要限制出口的。

6. 出口经营秩序出现严重混乱，需要限制出口的。

7. 为建立或者加快建立国内特定产业，需要限制进口的。

8. 对任何形式的农业、牧业、渔业产品有必要限制进口的。

9. 为保障国家国际金融地位和国际收支平衡，需要限制进口的。

10. 依照法律、行政法规的规定，其他需要限制进口或者出口的。

11. 根据我国缔结或者加入的国际条约、协定的规定，其他需要限制进口或者出口的。

（二）限制进出口货物管理

国家实行限制进口管理的货物、技术，必须依照国家有关规定，经国务院商务主管部门或者经国务院商务主管部门会同国务院有关部门许可，方可进口。

1. 限制进口货物管理。目前，我国限制进口货物的管理按照其限制方式划分为许可证件管理和关税配额管理。

（1）许可证件管理。许可证件管理系指在一定时期内根据国内政治、工业、农业、商业、军事、技术、卫生、环保、资源保护等领域的需要，以及为履行我国所加人或缔结的有关国际条约的规定，以经国家各主管部门签发许可证件的方式来实现各类限制进口的措施。

提示：

目前，许可证件管理主要包括进口许可证、两用物项和技术进口许可证、濒危物种进口、限制类可利用固体废物进口、药品进口、音像制品进口、有毒化学品进口、黄金及其制品进口等。

（2）关税配额管理。关税配额管理系指一定时期内（一般是1年），国家对部分商品的进口制定关税配额税率并规定该商品进口数量总额，在限额内，经国家批准后允许按照关税配额税率征税进口，如超出限额则按照配额外税率征税进口的措施。国家通过这种行政管理手段对一些重要商品，以关税这个成本杠杆来实现限制进口的目的，因此关税配额管理是一种相对数量的限制。

注意：

最惠国关税并不一定是最优惠的关税，而是一种使用较为普遍的关税，但其税率一定比普通关税的税率率低，而关税配额税率只是优惠税率的一种。

2. 限制出口货物管理。对于限制出口货物管理，《货物进出口管理条例》规定，国家规定有数量限制的出口货物，实行配额管理；其他限制出口货物，实行许可证件管理。目前，我国货物限制出口按照其限制方式划分为出口配额限制、出口非配额限制。

（1）出口配额限制。出口配额限制系指在一定时期内为建立公平竞争机制、增强我国商品在国际市场的竞争力、保障最大限度的收汇及保护我国产品的国际市场利益，国家对部分商品的出口数量直接加以限制的措施。我国出口配额限制有两种管理形式：即出口配额许可证管理和出口配额招标管理。

（2）出口非配额限制。出口非配额限制系指在一定时期内根据国内政治、军事、技术、卫生、环保、资源保护等领域的需要，以及为履行我国所加入或缔结的有关国际条约的规定，以经国家各主管部门签发许可证件的方式来实现的各类限制出口措施。

提示：

目前，我国非配额限制管理主要包括出口许可证、濒危物种出口、两用物项出口、黄金及其制品出口等许可管理。

（三）限制进出口技术管理

国家实行限制出口管理的货物、技术，必须依照国家有关规定，经国务院商务主管部门或者经国务院商务主管部门会同国务院有关部门许可，方可出口。

1. 限制进口技术管理。限制进口技术实行目录管理。国务院商务主管部门会同国务院有关部门，制定、调整并公布限制进口的技术目录。属于目录范围内的限制进口的技术，实行许可证管理，未经国家许可，不得进口。

进口属于限制进口的技术，应当向国务院商务主管部门提出技术进口申请。国务院商务主管部门收到技术进口申请后，应当会同国务院有关部门对申请进行审查。技术进口申请经批准的，由国务院商务主管部门发给“中华人民共和国技术进口许可意向书”，进口经营者取得技术进口许可意向书后，可以对外签订技术进口合同。进口经营者签订技术进口合同后，应当向国务院商务主管部门申请技术进口许可证。经审核符合发证条件的，由国务院商务主管部门颁发“中华人民共和国技术进口许可证”，企业持证向海关办理进口通关手续。经营限制进口技术的经营者在向海关办理申报进口手续时，必须主动递交技术进口许可证，否则将承担由此而造成的一切法律责任。

提示：

目前，列入《中国禁止进口限制进口技术目录》中属限制进口的技术包括生物技术、化工技术、石油炼制技术、石油化工技术、生物化工技术和造币技术等。

2. 限制出口技术管理。根据《对外贸易法》、《技术进出口管理条例》、《中华人民共和国生物两用品及相关设备和技术出口管制条例》、《中华人民共和国核两用品及相关技术出口管制条例》、《中华人民共和国导弹及相关物项和技术出口管制条例》、《中华人民共和国核出口管制条例》以及《禁止出口限制出口技术管理办法》等有关规定，限制出口技术实行目录管理，国务院商务主管部门会同国务院有关部门遵照有关规定制定、调整并公布限制出口的技术目录。属于目录范围内的限制出口的技术，实行许可证管理，未经国家许可，不得出口。

相关链接：

目前，我国限制出口的技术目录主要有《两用物项和技术进出口许可证管理目录》和《中国禁止出口限制出口技术目录》等，涉及农、林、牧、渔、农副食品加工制造、饮料制造、纺织、造纸、化学原料制造、医药制造、橡胶制品业、金属冶炼及压延、非金属矿物制品业、金属制品业、通用及专用设备制造、电气机械及器材制造等几十个行业领域的上百项技术。

出口属于上述限制出口的技术，应当向国务院商务主管部门提出技术出口申请，经国务院商务主管部门审核批准后取得技术出口许可证件，企业持证向海关办理出口通关手续。经营限制出口技术的经营者在向海关办理申报出口手续时必须主动递交相关技术出口许可证件，否则将承担由此而造成的一切法律责任。

三、禁止进出口货物和技术管理

（一）禁止进出口货物的原则

1. 为维护国家安全、社会公共利益或者公共道德，需要禁止进口或者出口的。

2. 为保护人的健康或者安全，保护动物、植物的生命或者健康，保护环境，需要禁止进口或者出口的。

3. 为实施与黄金或者白银进出口有关的措施，需要禁止进口或者出口的。

4. 国内供应短缺或者为有效保护可能用竭的自然资源，需要禁止出口的。

5. 依照法律、行政法规的规定，其他需要禁止进口或者出口的。

6. 根据我国缔结或者参加的国际条约、协定的规定，其他需要禁止进口或者出口的。

（二）禁止进出口货物管理

对列入国家公布的禁止进口目录以及国家法律法规明令禁止或停止进口的货物、技术，任何对外贸易经营者不得经营进口。

1. 禁止进口货物管理。我国政府明令禁止进口的货物包括：列入由国务院商务主管部门或由其会同国务院有关部门制定的禁止进口货物目录的商品、国家有关法律法规明令禁止进口的商品以及其他各种原因停止进口的商品。

（1）列入禁止进口货物目录的商品。目前，我国公布的禁止进口货物目录包括：①《禁止进口货物目录（第一批）》是为了保护我国的自然生态环境和生态资源，从我国国情出发，履行我国所缔结或者参加的与保护世界自然生态环境相关的一系列国际条约和协定而发布的。如国家禁止进口属破坏臭氧层物质的四氯化碳，禁止进口属世界濒危物种管理范畴的犀牛角、麝香、虎骨等。②《禁止进口货物目录（第二批）》均为旧机电产品类，是国家对涉及生产安全（压力容器类）、人身安全（电器、医疗设备类）和环境保护（汽车、工程及车船机械类）的旧机电产品所实施的禁止进口管理。③由原《禁止进口货物目录》第三、四、五批合并修订而成的《禁止进口固体废物目录》，所涉及的是对环境有污染的固体废物类，包括废动植物产品，矿渣、矿灰及残渣，废药物，杂项化学品废物，废橡胶和皮革，废特种纸，废织物原料及制品，废玻璃，金属和金属化合物废物，废电池，废弃机电产品和设备及其未经分炼处理的零部件、拆散件、破碎件和砸碎件等。④《禁止进口货物目录（第六批）》。是为了保护人的健康，维护环境安全，淘汰落后产品，履行《关于在国际贸易中对某些危险化学品和农药采用事先知情同意程序的鹿特丹公约》和《关于持久性有机污染物的斯德哥尔摩公约》而颁布的，如长纤维青石棉、二噁英等。

（2）国家有关法律法规明令禁止进口的商品。目前主要有：①来自动植物疫情流行的国家和地区的有关动植物及其产品和其他检疫物；②动植物病源（包括菌种、毒种等）及其他有害生物、动物尸体、土壤；③带有违反“一个中国”原则内容的货物及其包装；④以氯氟羟物质为制冷剂、发泡剂的家用电器产品和以氯氟羟物质为制冷工质的家用电器用压缩机；⑤滴滴涕、氯丹等；⑥莱克多巴胺和盐酸莱克多巴胺。

（3）其他各种原因停止进口的商品。目前主要有：①以 CFC—12 为制冷工质的汽车及以 CFC—12 为制冷工质的汽车空调压缩机（含汽车空调器）；②旧服装；③Ⅷ因子制剂等血液制品；④氯酸钾、硝酸铵。

2. 禁止出口货物管理

我国政府明令禁止出口的货物主要有列入禁止出口货物目录的商品和国家有关法律法规明令禁止出口的商品。

（1）列入禁止出口货物目录的商品。目前，我国公布的禁止出口货物目录共有5批：①《禁止出口货物目录（第一批）》是为了保护我国自然生态环境和生态资源，从我国国情出发，履行我国所缔结或者参加的与保护世界自然生态环境相关的一系列国际条约和协定而发布的。如国家禁止出口属破坏臭氧层物质的四氯化碳，禁止出口属世界濒危物种管理范畴的犀牛角、虎骨、麝香，禁止出口有防风固沙作用的发菜和麻黄草等植物。②《禁止出口货物目录（第二批）》主要是为了保护我国匮乏的森林资源，防止乱砍滥伐而发布的，如禁止出口木炭。③《禁止出口货物目录（第三批）》是为了保护人的健康，维护环境安全，淘汰落后产品，履行《关于在国际贸易中对某些危险化学品和农药采用事先知情同意程序的鹿特丹公约》和《关于持久性有机污染物的斯德哥尔摩公约》而颁布的，如长纤维青石棉、二噁英等。④《禁止出口货物目录（第四批）》主要包括硅砂、石英砂及其他天然砂。⑤《禁止出口货物目录（第五批）》包括无论是否经过化学处理过的森林凋落物以及泥炭（草炭）。

（2）国家有关法律、法规明令禁止出口的商品。目前主要有：①未定名的或者新发现并有重要价值的野生植物；②原料血浆；③商业性出口的野生红豆杉及其部分产品；④劳改产品；⑤以氯氟羟物质为制冷剂、发泡剂的家用电器产品和以氯氟羟物质为制冷工质的家用电器用压缩机；⑥滴滴涕、氯丹等；⑦莱克多巴胺和盐酸莱克多巴胺。

（三）禁止进出口技术管理

对列人国家公布的禁止出口目录以及国家法律法规明令禁止出口的货物、技术，任何对外贸易经营者不得经营出口。

1. 禁止进口技术管理。根据《对外贸易法》、《技术进出口管理条例》以及《中华人民共和国禁止进口限制进口技术管理办法》（以下简称《禁止进口限制进口技术管理办法》）的有关规定，国务院商务主管部门会同国务院有关部门，制定、调整并公布禁止进口的技术目录。属于禁止进口的技术，不得进口。

提示：

目前，《中国禁止进口限制进口技术目录》所列明的禁止进口的技术涉及钢铁冶金、有色金属冶金、化工、石油炼制、石油化工、消防、电工、轻工、印刷、医药、建筑材料生产等技术。

2. 禁止出口技术管理。根据《对外贸易法》、《技术进出口管理条例》以及《中华人民共和国禁止出口限制出口技术管理办法》（以下简称《禁止出口限制出口技术管理办法》）的有关规定，国务院商务主管部门会同国务院有关部门遵照有关规定制定、调整并公布禁止出口的技术目录。属于禁止出口的技术，不得出口。

第三节 国家对外贸易管制的主要措施

一、进出口许可证管理

进出口许可证管理属于国家限制进出口管理范畴，分为进口许可证管理和出口许可证管理。商务部是全国进出口许可证的归口管理部门，负责制定进出口许可证管理办法及规章制度，监督、检查进出口许可证管理办法的执行情况，处罚违规行为。商务部会同海关总署制定、调整和发布年度进口许可证管理货物目录及出口许可证管理货物目录。

进出口许可证是国家管理货物进出口的凭证，不得买卖、转让、涂改、伪造或变造。凡属于进出口许可证管理的货物，除国家另有规定外，对外贸易经营者应当在进口后出口前按规定向指定的发证机关申领进出口许可证，持有关进出口许可证向海关办理申报和验放手续。

（一）适用范围

1. 2012 年实施进口可证管理的货物有重点旧机电产品和消耗臭氧层物质。

（1）重点旧机电产品包括：旧化工设备、旧金属冶炼设备、旧工程机械、旧起重运输设备、旧造纸设备、旧电力电气设备、旧食品加工及包装设备、旧农业机械、旧印刷机械、旧纺织机械、旧船舶、旧矽鼓等 12 大类（84 个 10 位商品编码）。

（2）消耗臭氧层物质包括：三氯氟甲烷（CFC－11）、二氯二氟甲烷（CFC－12）等商品（48 个 10 位商品编号）。

2. 2012 年实行出口许可证管理的商品有 49 种货物，共 680 个 10 位商品编号，分别实行出口配额许可证、出口配额招标和出口许可证管理。详见表 2－1。

表 2－1　出口许可证管理的商品范围

管理方式	主要商品
出口配额许可证管理	小麦、玉米、大米、小麦粉、玉米粉、大米粉、棉花、锯材、活牛（对港澳）、活猪（对港澳）、活鸡（对港澳）、煤炭、焦炭、原油、成品油、稀土、锑及锑制品、钨及钨制品、锌矿砂、锡及锡制品、白银、铟及铟制品、钼、磷矿石。
出口配额招标管理	蔺草及蔺草制品、碳化硅、滑石块（粉）、镁砂、矾土、甘草及甘草制品。
出口许可证管理	活牛（对港澳以外市场）、活鸡（对港澳以外市场）、活猪（对港澳以外市场）、冰鲜牛肉、冻牛肉、冰鲜猪肉、冻猪肉、冰鲜鸡肉、冻鸡肉、消耗臭氧层物质、石蜡、锌及锌基合金、部分金属及制品、铂金（以加工贸易方式出口）、汽车（包括成套散件）及其底盘、摩托车（含全地形车）及其发动机和车架、天然砂（含标准砂）、钼制品、柠檬酸、维生素 C、青霉素工业盐、硫酸二钠、对港、澳、台出口天然砂。

注意：

我国实行出口许可证管理的商品中，对港澳出口活牛、活鸡、活猪实行全球许可证下的国别（地区）配额许可证管理，对港、澳、台出口标准砂实行全球出口许可证管理。

玉米、小麦、棉花、煤炭、原油、成品油等6类商品的出口许可证，由许可证局签发；大米、小麦粉、玉米粉、大米粉、锯材、活牛、活鸡、活猪、稀土、锑及锑制品、钨及钨制品、锌矿砂、锡及锡制品、白银、铟及铟制品、钼、磷矿石、焦炭、蔺草及蔺草制品、碳化硅、滑石块（粉）、镁砂、矾土、甘草及甘草制品、铂金（以加工贸易方式出口）、天然砂（含标准砂）等26类商品的出口许可证，由各地特派办签发；冰鲜牛肉、冻牛肉、冰鲜猪肉、冻猪肉、冰鲜鸡肉、冻鸡肉、消耗臭氧层物质、石蜡、锌及锌基合金、部分金属及制品、铂金（以加工贸易方式出口）、汽车（包括成套散件）及其底盘、摩托车（含全地形车）及其发动机和车架、钼制品、柠檬酸、维生素C、青霉素工业盐、硫酸二钠等11类商品的出口许可证由各地方发证机构签发。

（二）进出口许可证的发证机构

商务部统一管理、指导全国各发证机构的进出口许可证签发工作，商务部配额许可证事务局（以下简称许可证局）、商务部驻各地特派员办事处（以下简称特派办）和商务部授权的地方主管部门发证机构［以下简称地方发证机构，包括各省、自治区、直辖市、计划单列市，以及商务部授权的其他省会城市商务厅（局）、外经贸委（厅、局）］为进出口许可证的发证机构，负责在授权范围内签发“中华人民共和国进口许可证”（以下简称进口许可证）或“中华人民共和国出口许可证”（以下简称出口许可证）。

提示：

其中许可证局负责签发重点旧机电产品的进口许可证；地方机构负责签发消耗臭氧层物质的进口许可证；在京中央企业的进出口许可证由许可证局签发。

（三）进出许可证的申领与使用

1. 出口许可证及消耗臭氧层物质进口许可证的申领。在组织进出口该类应证商品前，经营者应事先向主管部门申领进（出）口许可证，可通过网上和书面两种形式申领。

背景资料：

申请进（出）口许可证时须提交加盖经营者公章相对应的进（出）口许可证申请表、主管机关签发的进（出）口批准文件、进（出）口合同正本复印件［进（出）口商与收（发）货人不一致的，应当提交委托代理协议正本复印件、商务部规定的其他应当提交的材料。网上申请的，领取进（出）口许可证时提交上述材料；书面申请的，申请时提交。如果为年度内初次申请进（出）口许可证的，还应提交“企业法人登记营业执照”、加盖对外贸易经营者备案登记专用章的“对外贸易经营者备案登记表”或“中华人民共和国进出口企业资格证书”；经营者为外商投资企业的，还应当提交“外商投资企业批准证书”。

资料来源：《进出口许可证证书管理规定》

发证机构自收到符合规定的申请之日起 3 个工作日内发放进（出）口许可证。特殊情况下，进口许可证最多不超过 10 个工作日。发证机构凭加盖经营者公章的申请表取证联和领证人员本人身份证明材料发放进（出）口许可证。

2. 重点旧机电产品进口许可证的申领。在组织进口列入《重点旧机电产品进口目录》的旧机电产品前，经营者应事先向许可证局申领进口许可证，可通过网上和书面两种形式申领。

背景资料：

进口许可证应由旧机电产品进口的最终用户提出申请，并且申请企业应具备从事重点旧机电产品用于翻新（含再制造）的资质。申请时进口单位应当向许可证局提交申请进口的重点旧机电产品用途说明，机电产品进口申请表，营业执照复印件，申请进口的重点旧机电产品的制造年限证明材料，申请进口单位提供设备状况说明，其他相关法律、行政法规规定需要提供的文件。从事翻新业务进口重点旧机电产品的单位，国家规定有资质要求的，还须提供资质证明文件；旧船舶的申请进口单位，还须提供海事局出具的“旧船舶进口技术评定书”或渔业船舶检验局出具的“旧渔业船舶进口技术评定书”。

资料来源：《进出口许可证证书管理规定》

申请进口单位的申请材料齐全后，许可证局应正式受理，并向申请进口单位出具受理通知单。许可证局认为申请材料不符合要求的，应在收到申请材料后的 5 个工作日内一次性告知申请进口单位，要求申请进口单位说明有关情况、补充相关文件或对相关填报内容进行调整。许可证局应在正式受理后 20 日内决定是否批准进口申请；如需征求相关部门或行业协会意见的，商务部应在正式受理后 35 天内决定是否批准进口申请。

（四）报关规范和要求

1. 进口许可证的有效期为 1 年，当年有效。特殊情况需要跨年度使用时，有效期最长不得超过次年 3 月 31 日，逾期自行失效。

2. 出口许可证的有效期最长不得超过 6 个月，且有效期截止时间不得超过当年 12 月 31 日。商务部可视具体情况，调整某些货物出口许可证的有效期。出口许可证应当在有效期内使用，逾期自行失效。

3. 进出口许可证一经签发，不得擅自更改证面内容。如需更改，经营者应当在许可证有效期内提出更改申请，并将许可证交回原发证机构重新换发许可证。

4. 进出口许可证实行“一证一关”（指进出口许可证只能在一个海关报关，下同）管理。一般情况下，进出口许可证为“一批一证”（指进出口许可证在有效期内一次报关使用，下同）。如要实行“非一批一证”（指进出口许可证在有效期内可多次报关使用，下同），应当同时在进出口许可证备注栏内打印“非一批一证”字样，但最多不超过 12 次，由海关在许可证背面“海关验放签注栏”内逐一签注核减进出口数量。

5. 对实行“一批一证”进出口许可证管理的大宗、散装货物，以出口为例，其溢装数量在货物总量 3% 以内的原油、成品油予以免证，其他货物溢装数量在货物总量 5% 以内的予以免证；对实行“非一批一证”制的大宗、散装货物，在每批货物出口时，按其实际出口数量进行许可证证面数量核扣，在最后一批货物出口时，应按该许可证实际剩余数量溢装上限，即 5%（原油、成品油在溢装上限 3%）以内计算免证数额。

6. 外商投资企业出口货物、加工贸易方式出口货物、补偿贸易项下出口货物（包括大米、玉米、小麦、活牛、活猪、活鸡、牛肉、猪肉、鸡肉、原油、成品油、煤炭、汽车及其底盘、摩托车及其发动机和车架）实行“非一批一证”管理。

7. 消耗臭氧层物质的货样广告品须凭出口许可证出口。

8. 企业以一般贸易、加工贸易、边境贸易和捐赠贸易方式出口汽车产品须申领出口许可证；企业以工程承包方式出口汽车产品应申领出口许可证，但不受出口资质限制。

9. 我国政府在对外援助项下提供的目录产品不纳入配额和许可证管理。

10. 国家对部分出口货物实行指定出口报关口岸管理。出口此类货物，均须到指定的口岸报关出口。

二、进口关税配额管理

关税配额管理属限制进口，实行关税配额证管理。对外贸易经营者经国家批准取得关税配额证后允许按照关税配额税率征税进口，如超出限额则按照配额外税率征税进口。

2012 年我国实施进口关税配额管理的农产品有小麦、玉米、稻谷和大米、食糖、羊毛及毛条、棉花；实施进口关税配额管理的工业品有尿素、磷酸氢二铵、复合肥等 3 种农用肥料。

（一）实施关税配额管理的农产品

1. 农产品进口关税配额为全球关税配额，其国家主管部门为商务部及国家发展改革委员会，企业通过一般贸易、加工贸易、易货贸易、边境小额贸易、援助、捐赠等贸易方式进口上述农产品均列入关税配额管理范围。海关凭商务部、国家发展改革委员会各自授权机构向最终用户发放的，并加盖“商务部农产品进口关税配额证专用章”或“国家发展和改革委员会农产品进口关税配额证专用章”的“农产品进口关税配额证”办理验放手续。其中，以加工贸易方式进口上述农产品，海关凭企业提交的在“贸易方式”栏目中注明“加工贸易”的进口关税配额证办理通关验放手续。由境外进入保税仓库、保税区、出口加工区的上述农产品，无须提交“农产品进口关税配额证”，海关按现行规定验放并实施监管。从保税仓库、保税区、出口加工区出库或出区进口的关税配额农产品，企业持进口关税配额证向海关办理进口手续。

2. “农产品进口关税配额证”实行“一证多批”制，即最终用户需分多批进口的，有效期内凭“农产品进口关税配额证”可多次办理通关手续，直至海关核注栏填满为止。

3. 农产品进口关税配额的申请期为每年 10 月 15 日至 30 日（凭合同先来先领分配方式除外）。商务部、国家发展改革委分别于申请期前 1 个月在《国际商报》、《中国经济导报》以及商务部和国家发展改革委网站上公布每种农产品下一年度进口关税配额总量、关税配额申请条件及国务院关税税则委员会确定的关税配额农产品税则号列和适用税率。其中食糖、羊毛、毛条由商务部公布并由商务部授权机构负责受理本地区内申请；小麦、玉米、大米、棉花由国家发展改革委公布并由国家发展改革委授权机构负责受理本地区内的申请。

4. 农产品进口关税配额的分配是根据申请者的申请数量和以往进口实绩、生产能力、其他相关商业标准或根据先来先领的方式进行分配。分配的最小数量将以每种农产品商业上可行的装运量确定。每年 1 月 1 日前，商务部、国家发展改革委通过各自授权机构向最终用户发放“农产品进口关税配额证”，并加盖“商务部农产品进口关税配额证专用章”或“国家发展和改革委员会农产品进口关税配额证专用章”。

（二）实施关税配额管理的工业品

1. 化肥进口关税配额为全球配额，商务部负责全国化肥关税配额管理工作。商务部的化肥进口关税配额管理机构负责管辖范围内化肥进口关税配额的发证、统计、咨询和其他授权工作。关税配额内化肥进口时，海关凭进口单位提交的“化肥进口关税配额证明”，按配额内税率征税，并验放货物。

2. 商务部负责在化肥进口关税配额总量内，根据国民经济综合平衡及资源合理配置的要求，对化肥进口关税配额进行分配。凡在中华人民共和国工商行政管理部门登记注册的企业（以下简称申请单位），在其经营范围内均可向所在地区的授权机构申请化肥进口关税配额。商务部于每年的9月15日至10月14日公布下一年度的关税配额数量。申请单位应当在每年的10月15日至10月30日向商务部提出化肥关税配额的申请。商务部根据各地区生产和市场需求，并参考申请单位以往的进口实绩（申请单位的生产能力、经营规模、销售状况）、以往分配的配额是否得到充分使用、新的进口经营者的申请情况、申请配额的数量情况等因素，于每年12月31日前将化肥关税配额分配到进口用户。

三、自动进口许可证管理

商务部根据监测货物进口情况的需要，对部分自由进口货物实行自动进口许可管理。许可证局、各地特派办、地方发证机构及地方机电产品机构负责自动进口许可货物管理和自动进口许可证的签发工作。目前涉及的管理目录是商务部公布的《自动进口许可证管理货物目录》，对应的许可证件为“中华人民共和国自动进口许可证”（以下简称自动进口许可证）。

（一）管理范围

1. 自动进口许可证管理的商品范围。2012年实施自动进口许可证管理的商品包括非机电产品、机电产品（包括旧机电产品）两大类，分为3个管理目录。

（1）目录一（非机电产品）：牛肉、猪肉及副产品、羊肉、肉鸡、鲜奶、奶粉、乳清、大豆、油菜子、植物油、玉米酒精、豆粕、烟草、二醋酸纤维丝束、铜精矿、煤、废纸、废钢、废铝、铜、铁矿石、铝土矿、原油、成品油、天然气、氧化铝、化肥、钢材，共28类。

（2）目录二（机电产品）：①由商务部发证的机电产品涉及光盘生产设备、烟草机械、移动通信产品、卫星广播电视设备及关键部件、汽车产品、飞机、船舶、游戏机等8类商品；②地方、部门机电产品进出口办公室发证的机电产品涉及锅炉、汽轮机、发动机（非第八十七章车辆用）及关键部件、水轮机及其他动力装置、化工装置、食品机械、工程机械、造纸及印刷机械、纺织机械、金属冶炼及加工设备、金属加工机床、电气设备、铁路机车、汽车产品、飞机、船舶、医疗设备等17类商品。

（3）目录三（旧机电产品）：目前只涉及旧胶印机一类。由商务部签发自动进口许可证。

2. 免交自动进口许可证的情形。进口列入《自动进口许可管理货物目录》的商品，在办理报关手续时须向海关提交自动进口许可证，但下列情形免交：（1）加工贸易项下进口并复出口的（原油、成品油除外）；（2）外商投资企业作为投资进口或者投资额内生产自用的（旧机电产品除外）；（3）货样广告品、实验品进口，每批次价值不超过5000元人民币的；(4) 暂时进口的海关监管货物；(5) 进入保税区、出口加工区等海关特殊监管区域及进入保税仓库、保税物流中心的属自动进口许可证管理的货物；(6) 加工贸易项下进口的不作价设备监管期满后留在原企业使用的；(7) 国家法律法规规定其他免领自动进口许可证的。

（二）办理程序

进口属于自动进口许可证管理的货物，收货人（包括进口商和进口用户）在办理海关报关手续前，应向所在地或相应的发证机构提交自动进口许可证申请，并取得自动进口许可证。其中属于法律法规规定应当招标采购的，收货人还应当依法招标。

背景资料：

收货人申请自动进口许可证，应当提交从事货物进出口的资质证书、备案登记文件或者外商投资企业批准证书（以上证书、文件仅限公历年度内初次申领者提交），自动进口许可证申请表，货物进口合同（属于委托代理进口的，应当提交委托代理进口协议正本）。对进口货物用途或者最终用户法律法规有特定规定的，应当提交进口货物用途或者最终用户符合国家规定的证明材料、针对不同商品在管理目录中列明的应当提交的材料，以及商务部规定的其他应当提交的材料。同时收货人应当对所提交材料的真实性负责，并保证其有关经营活动符合国家法律规定。

资料来源：《进出口许可证证书管理规定》

收货人可以直接向发证机构书面申请自动进口许可证，也可以通过网上申请。申请内容正确且形式完备的，发证机构收到后应当予以签发自动进口许可证，最多不超过 10 个工作日。对于收货人已申领的自动进口许可证，如未使用，应当在有效期内交回原发证机构，并说明原因，发证机构对收货人交回的自动进口许可证予以撤销。自动进口许可证如有遗失，收货人应当立即向原发证机构以及自动进口许可证正面注明的进口口岸地海关书面报告挂失。原发证机构收到挂失报告后，经核实无不良后果的，予以重新补发。对于自动进口许可证自签发之日起 1 个月后未领证的，发证机构可予以收回并撤销。

（三）报关规范

1. 自动进口许可证有效期为 6 个月，但仅限公历年度有效。

2. 自动进口许可证项下货物原则上实行“一批一证”管理，对部分货物也可实行“非一批一证”管理。对实行“非一批一证”管理的，在有效期内可以分批次累计报关使用，但累计使用不得超过 6 次。每次报关时，海关在自动进口许可证原件“海关验放签注”栏内批注后，留存复印件，最后一次使用后，海关留存正本。同一进口合同项下，收货人可以申请并领取多份自动进口许可证。

3. 对实行“一批一证”的自动进口许可证管理的大宗、散装货物，其溢装数量在货物总量 3% 以内的原油、成品油、化肥、钢材等 4 种大宗散装货物予以免证，其他货物溢装数量在货物总量 5% 以内的予以免证；对“非一批一证”的大宗散装货物，每批货物进口时，按其实际进口数量核扣自动进口许可证额度数量，最后一批货物进口时，应按该自动进口许可证实际剩余数量的允许溢装上限，即 5%（原油、成品油、化肥、钢材在溢装上限 3%）以内计算免证数额。

四、两用物项和技术进出口许可证管理

为维护国家安全和社会公共利益，履行我国在缔结或者参加的国际条约、协定中所承担的义务，国家限制两用物项和技术进出口，对两用物项和技术实行进出口许可证管理。商务部是全国两用物项和技术进出口许可证的归口管理部门，负责制定两用物项和技术进出口许可证管理办法及规章制度，监督、检查两用物项和技术进出口许可证管理办法的执行情况，处罚违规行为。

（一）管理范围

为便于对两用物项和技术的进出口实施管制，商务部和海关总署依据上述法规联合颁布了《两用物项和技术进出口许可证管理办法》，并发布了《两用物项和技术进出口许可证管理目录》，规定对列入该目录的物项及技术的进出口统一实行两用物项和技术进出口许可证管理。

提示：

两用物项和技术是指《中华人民共和国核出口管制条例》、《中华人民共和国核两用品及相关技术出口管制条例》、《中华人民共和国导弹及相关物项和技术出口管制条例》、《中华人民共和国生物两用品及相关设备和技术出口管制条例》、《中华人民共和国监控化学品管理条例》、《中华人民共和国易制毒化学品管理条例》、《中华人民共和国放射性同位素与射线装置安全和防护条例》及《有关化学品及相关设备和技术出口管制办法》所规定的相关物项及技术。

商务部指导全国各发证机构的两用物项和技术进出口许可证发证工作。商务部配额许可证事务局和受商务部委托的省级商务主管部门为两用物项和技术进出口许可证发证机构。两用物项和技术进出口前，进出口经营者应当向发证机关申领“中华人民共和国两用物项和技术进口许可证”（以下简称两用物项和技术进口许可证）或“中华人民共和国两用物项和技术出口许可证”（以下简称两用物项和技术出口许可证），凭以向海关办理进出口通关手续。

2012年两用物项和技术进出口许可证管理目录，分为《两用物项和技术进口许可证管理目录》和《两用物项和技术出口许可证管理目录》两个部分。

相关链接：

实施两用物项和技术进出口许可证管理的商品范围

2012年目录中实施两用物项和技术进口许可证管理的商品包括：监控化学品管理条例名录所列物项（65种）、易制毒化学品（42种）、放射性同位素（8种）共3类；列名的实施两用物项和技术出口许可证管理的商品包括：核出口管制清单所列物项和技术（153种）、核两用品及相关技术出口管制清单所列物项和技术（170种）、生物两用品及相关设备和技术出口管制清单所列物项和技术（144种）、监控化学品管理条例名录所列物项（65种）、有关化学品及相关设备和技术出口管制清单所列物项和技术（37种）、导弹及相关物项和技术出口管制清单所列物项和技术（185种）、易制毒化学品（59种）、计算机（6种）等共8类。

如果出口经营者拟出口的物项和技术存在被用于大规模杀伤性武器及其运载工具风险的，无论该物项和技术是否列入管理目录，都应当办理两用物项和技术进出口许可证。出口经营者在出口过程中，如发现拟出口的物项和技术存在被用于大规模杀伤性武器及其运载工具风险的，应及时向国务院相关行政主管部门报告，并积极配合采取措施中止合同的执行。

（二）办理程序

1. 进出口属于两用物项和技术进出口许可证管理的货物，进出口经营者在进出口前获相关行政主管部门批准文件后，凭批准文件到所在地发证机构申领两用物项和技术进出口许可证（在京的中央管理企业向许可证局申领），其中：

（1）核、核两用品、生物两用品、有关化学品、导弹相关物项、易制毒化学品和计算机的批准文件为商务主管部门签发的两用物项和技术进口或者出口批复单。其中，核材料的出口凭国防科工局（原国防科工委）的批准文件办理相关手续，外商投资企业进出口易制毒化学品凭“商务部外商投资企业易制毒化学品进口批复单”或“商务部外商投资企业易制毒化学品出口批复单”申领两用物项和技术进口或出口许可证。

（2）监控化堂品进出口的批准文件为国家履行禁止化学武器公约工作领导小组办公室签发的监控化学品进口或者出口核准单。监控化学品进出口经营者向许可证局申领两用物项和技术进口或出口许可证。

（3）进口放射性同位素须报环境保护部审批后，在商务部配额许可证事务局申领两用物项和技术进口许可证。

2. 两用物项和技术进出口许可证实行网上申领。

3. 发证机构收到相关行政主管部门批准文件（含电子文本、数据）和相关材料并经核对无误后，应在3个工作日内签发两用物项和技术进口或者出口许可证。

（三）报关规范

1. 对以任何方式进口或出口，以及过境、转运、通运列入《两用物项和技术进出口许可证管理目录》的商品，两用物项和技术的进出口经营者应当主动向海关出具有效的两用物项和技术进出口许可证，进出口经营者未向海关出具两用物项和技术进出口许可证而产生的相关法律责任由其自行承担。

2. 海关有权对进出口经营者进出口的货物是否属于两用物项和技术提出质疑，进出口经营者应按规定向有关行政主管部门申请进口或者出口许可证，或者向商务主管部门申请办理不属于管制范围的相关证明。省级商务主管部门受理其申请，提出处理意见后报商务部审定。对进出口经营者未能出具两用物项和技术进口或者出口许可证或者商务部相关证明的，海关不予办理有关手续。

3. 目录列明的物项和技术，不论该物项和技术是否在管理目录中列明海关商品编号，均应依法办理两用物项和技术进出口许可证。

4. 两用物项和技术进口许可证实行“非一批一证”制和“一证一关”制，并在其备注栏内打印“非一批一证”字样；两用物项和技术出口许可证实行“一批一证”制和“一证一关”制。

5. 两用物项和技术进出口许可证有效期一般不超过1年。跨年度使用时，在有效期内只能使用到次年3月31日：逾期发证机构将根据原许可证有效期换发许可证。

6. 两用物项和技术进出口许可证仅限于申领许可证经营者使用，不得买卖、转让、涂改、伪造或变造；两用物项和技术进出口许可证应在批准的有效期内使用，逾期自动失效，海关不予验放。

7. 两用物项和技术进出口许可证一经签发，任何单位和个人不得更改证面内容，如需对证面内容进行更改，进出口经营者应当在许可证有效期内向相关行政主管部门重新申请进出口许可，并凭原许可证和新的批准文件向发证机构申领两用物项和技术进出口许可证。

8. 两用物项和技术进口许可证证面的进口商、收货人应分别与海关进口货物报关单的经营单位、收货单位相一致；两用物项和技术出口许可证证面的出口商、发货人应分别与海关出口货物报关单的经营单位、发货单位相一致。

五、固体废物进口管理

为了防治固体废物污染环境，保障人体健康，促进社会主义现代化建设的发展，根据《中华人民共和国固体废物污染环境防治法》、《控制危险废物越境转移及其处置的巴塞尔公约》及《固体废物进口管理办法》等法律法规，我国对可以弥补境内资源短缺，且根据国家经济、技术条件能够以无害化方式利用的可用做原料的固体废物，按照其加工利用过程的污染排放强度，实行限制进口和自动许可进口分类管理；对危险废物，以热能回收为目的的固体废物，不能用做原料或者不能以无害化方式利用的固体废物，我国境内产生量或者堆存量大且尚未得到充分利用的固体废物，经入境检验检疫不符合进口可用做原料的固体废物环境保护控制标准或者相关技术规范等强制性要求的或尚无适用国家环境保护控制标准或者相关技术规范等强制性要求的固体废物，以及凭指示交货（TO ORDER）方式承运入境的固体废物，实施禁止进口管理。

提示：

固体废物是指《中华人民共和国固体废物污染环境防治法》管理范围内的废物，即在生产建设、日常生活和其他活动中产生的污染环境的废弃物质，包括工业固体废物（指在工业、交通等生产活动中产生的固体废物）、城市生活垃圾（指在城市日常生活中或者为城市日常生活提供服务的活动中产生的固体废物以及法律、行政法规规定视为城市生活垃圾的固体废物）、危险废物（指列入国家危险废物名录或者根据国家规定的危险废物鉴别标准和鉴别方法认定的具有危险特性的废物）以及液态废物和置于容器中的气态废物。

（一）管理范围

目前，我国对进口废物实施分类目录管理，分别实施限制进口、自动许可进口和禁止进口三类管理。环境保护部对全国固体废物进口环境管理工作实施统一监督管理，商务部、国家发改委、海关总署和国家质量监督检验检疫总局在各自的职责范围内负责固体废物进口相关管理工作，定期公布调整相关管理目录。

相关链接：

目录内产品的具体管理方式

对列入《限制进口类可用做原料的废物目录》的固体废物实施限制进口管理；对列入《自动许可进口类可用做原料的废物目录》的固体废物实施自动进口管理；对列入《禁止进口固体废物目录》且未列入《限制进口类可用做原料的废物目录》及《自动许可进口类可用做原料的废物目录》或虽列入《限制进口类可用做原料的废物目录》及《自动许可进口类可用做原料的废物目录》但经入境检验检疫不符合进口可用做原料的固体废物环境保护控制标准或者相关技术规范等强制性要求的固体废物实施禁止进口管理。

（二）办理程序

国家对进口可用做原料的固体废物的国内收货人以及国外供货商实行注册登记制度。向中国出口可用做原料的固体废物的国外供货商，应当取得国务院质量监督检验检疫部门颁发的注册登记证书。固体废物利用单位在组织进口列入限制进口目录和自动许可进口目录的固体废物前，应当直接向环境保护部提出固体废物进口申请，由环境保护部审查批准，取得环境保护部签发的“中华人民共和国限制进口类可用做原料的固体废物进口许可证”或“中华人民共和国自动许可进口类可用做原料的固体废物进口许可证”（以下统称为废物进口许可证）后才可组织进口。

进口固体废物境外起运前，应当由国务院质量监督检验检疫部门指定的装运前检验机构实施装运前检验，检验合格的，出具装运前检验证书；进口的固体废物运抵固体废物进口相关许可证列明的口岸后，国内收货人应当持固体废物进口相关许可证报检验检疫联、装运前检验证书以及其他必要单证，向口岸出入境检验检疫机构报检。出入境检验检疫机构经检验检疫，对符合国家环境保护控制标准或者相关技术规范等强制性要求的，出具入境货物通关单，并备注“经初步检验检疫，未发现不符合国家环境保护控制标准要求的物质”；对不符合国家环境保护控制标准或者相关技术规范等强制性要求的，出具检验检疫处理通知书，并及时通知口岸海关和口岸所在地省、自治区、直辖市环境保护行政主管部门。海关凭有效废物进口许可证及入境货物通关单办理通关手续。

（三）报关规范

不论以何种方式进口列入上述管理范围的固体废物，包括由境外进入保税区、出口加工区、保税物流园区、保税港区等海关特殊监管区域和保税物流中心、保税仓库等海关保税监管场所的，均须事先申领废物进口许可证。

1. 向海关申报进口列入《限制进口类可用做原料的废物目录》和《自动进口许可管理类可用做原料的废物目录》的废物，报关单位应主动向海关提交有效的废物进口许可证、口岸检验检疫机构出具的入境货物通关单及其他有关单据。

2. 废物进口许可证当年有效，因故在有效期内未使用完的，使用企业应当在有效期届满30日前向发证机关提出延期申请。发证机关扣除已使用的数量后，重新签发固体废物进口相关许可证，并在备注栏中注明“延期使用”和原证证号，且只能延期一次，延期最长不超过60日。

3. 固体废物进口相关许可证实行“一证一关”管理。一般情况下固体废物进口相关许可证为“非一批一证”制，如要实行“一批一证”，应当同时在固体废物进口相关许可证备注栏内打印“一批一证”字样。

4. 对废金属、废塑料、废纸进口实施分类装运管理。进口时不得与其他非重点固体废物及不属于固体废物的货物混合装运于同一集装箱内；因特殊原因无法分装的，进口企业应在境外起运地装运前向口岸直属海关提出申请，报经海关总署批准后，须在具备监管条件的口岸现场或园区按类别进行分拣，并按分拣后的状态，按规范申报的要求逐项申报。对未按上述规定进口的废物，如无走私或违反海关监管规定嫌疑，进口企业可申请办理直接退运。

5. 海关怀疑进口货物的收货人申报的进口货物为固体废物的，可以要求收货人送口岸检验检疫部门进行固体废物属性检验，必要时，海关可以直接送口岸检验检疫部门进行固体废物属性检验，并按照检验结果处理。口岸检验检疫部门应当出具检验结果，并注明是否属于固体废物。海关或者收货人对口岸所在地检验检疫部门的检验结论有异议的，国务院环境保护行政主管部门会同海关总署、国务院质量监督检验检疫部门指定专门鉴别机构对进口的货物、物品是否属于固体废物和固体废物类别进行鉴别。

6. 固体废物从海关特殊监管区域和场所进口到境内区外或者在海关特殊监管区域和场所之间进出的，无需办理固体废物进口相关许可证。

7. 海关特殊监管区域和场所内单位不得以转口货物为名存放进口固体废物。

六、野生动植物种进出口管理

野生动植物种进出口管理是指国家濒危物种进出口管理办公室会同国家其他部门，依法制定或调整《进出口野生动植物种商品目录》并以签发“濒危野生动植物种国际贸易公约允许进出口证明书”（以下简称公约证明）、“中华人民共和国濒危物种进出口管理办公室野生动植物允许进出口证明书”（以下简称非公约证明）或“非《进出口野生动植物种商品目录》物种证明”（以下简称物种证明）的形式，对该目录列明的依法受保护的珍贵、濒危野生动植物及其产品实施的进出口限制管理。

凡进出口列入《进出口野生动植物种商品目录》的野生动植物或其产品，必须严格按照有关法律、行政法规的程序进行申报和审批，并在进出口报关前取得国家濒危物种进出口管理办公室或其授权的办事处签发的公约证明、非公约证明或物种证明后，向海关办理进出口手续。

（一）非公约证明管理范围及报关规范

非公约证明是我国进出口许可管理制度中具有法律效力，用来证明对外贸易经营者经营列入《进出口野生动植物种商品目录》中属于我国自主规定管理的野生动植物及其产品合法进出口的证明文件，是海关验放该类货物的重要依据。

1. 管理范围。对列入《进出口野生动植物种商品目录》中属于我国自主规定管理的野生动植物及其产品，不论以何种方式进出口，均须事先申领非公约证明。

2. 报关规范。(1) 向海关申报进出口列入《进出口野生动植物种商品目录》中属于我国自主规定管理的野生动植物及其产品，报关单位应主动向海关提交有效的非公约证明及其他有关单据。(2) 非公约证明实行“一批一证”制度。

（二）公约证明管理范围及报关规范

公约证明是我国进出口许可管理制度中具有法律效力，用来证明对外贸易经营者经营列入《进出口野生动植物种商品目录》中属于《濒危野生动植物种国际贸易公约》成员国

（地区）应履行保护义务的物种合法进出口的证明文件，是海关验放该类货物的重要依据。

1. 管理范围。对列入《进出口野生动植物种商品目录》中属于《濒危野生动植物种国际贸易公约》成员国（地区）应履行保护义务的物种，不论以何种方式进出口，均须事先申领公约证明。

2. 报关规范。（1）向海关申报进出口列入《进出口野生动植物种商品目录》中属于《濒危野生动植物种国际贸易公约》成员国（地区）应履行保护义务的物种，报关单位应主动向海关提交有效的公约证明及其他有关单据。（2）公约证明实行“一批一证”制度。

（三）物种证明适用范围及报关规范

由于受濒危物种进出口管理的动植物种很多，认定工作的专业性很强，为使濒危物种进出口监管工作做到既准确又严密，海关总署和国家濒危物种进出口管理办公室共同商定启用物种证明，由国家濒危物种进出口管理办公室指定机构进行认定并出具物种证明，报关单位凭以办理报关手续。

1. 适用范围。对于进出口列入《进出口野生动植物种商品目录》中适用公约证明、非公约证明管理的《濒危野生动植物种国际贸易公约》附录及国家重点保护野生动植物以外的其他列入商品目录的野生动植物及相关货物或物品和含野生动植物成分的纺织品，均须事先申领物种证明。

2. 报关规范。

（1）物种证明由国家濒危物种管理办公室统一按确定的格式制作，不得转让或倒卖。证面不得涂改、伪造。

（2）物种证明分为“一次使用”和“多次使用”两种。①一次使用的物种证明有效期自签发之日起不得超过6个月；②多次使用的物种证明只适用于同一物种、同一货物类型、在同一报关口岸多次进出口的野生动植物。多次使用的物种证明有效期截至发证当年12月31日。持证者须于1月31日之前将上一年度使用多次物种证明进出口有关野生动植物标本的情况汇总上报发证机关。

（3）进出口企业必须按照物种证明规定的口岸、方式、时限、物种、数量和货物类型等进出口野生动植物。对于超越物种证明中任何一项许可范围的申报行为，海关均不予受理。

（4）海关对经营者进出口列入《进出口野生动植物种商品目录》的商品以及含野生动植物成分的纺织品是否为濒危野生动植物种提出质疑的，经营者应按海关的要求，向国家濒危物种管理办公室或其办事处申领物种证明；属于公约证明或非公约证明管理范围的，应申领公约证明或非公约证明。经营者未能出具证明书或物种证明的，海关不予办理有关手续。

（5）对进出境货物或物品包装或说明中标注含有商品目录所列野生动植物成分的，经营者应主动、如实向海关申报，海关按实际含有该野生动植物的商品进行监管。

七、进出口药品管理

进出口药品管理是指为加强对药品的监督管理，保证药品质量，保障人体用药安全，维护人民身体健康和用药合法权益，国家食品药品监督管理局依照《中华人民共和国药品管理法》、有关国际公约以及国家其他法规，对进出口药品实施监督管理的行政行为。

进出口药品管理是我国进出口许可管理制度的重要组成部分，属于国家限制进出口管理范畴，实行分类和目录管理。进出口药品从管理角度可分为进出口麻醉药品、进出口精神药品、进出口兴奋剂，以及进口一般药品。国家食品药品监督管理局会同国务院商务主管部门对上述药品依法制定并调整管理目录，以签发许可证件的形式对其进出口加以管制。

目前，我国公布的药品进出口管理目录有：《进口药品目录》、《生物制品目录》、《精神药品管制品种目录》、《麻醉药品管制品种目录》、《兴奋剂目录》等。

药品必须经由国务院批准的允许药品进口的口岸进口。

提示：

目前，允许进口药品的口岸有北京、天津、上海、大连、青岛、成都、武汉、重庆、厦门、南京、杭州、宁波、福州、广州、深圳、珠海、海口、西安、南宁等19个城市所在地直属海关所辖关区口岸。

（一）精神药品进出口管理范围及报关规范

精神药品进出口准许证是我国进出口精神药品的管理批件，国家食品药品监督管理局为主管部门，并以签发“精神药品进口准许证”或“精神药品出口准许证”的形式对《精神药品管制品种目录》商品实行进出口限制管理。

1. 管理范围。（1）进出口列入《精神药品管制品种目录》的药品，包含精神药品标准品及对照品，如咖啡因、去氧麻黄碱、复方甘草片等；（2）对于列入《精神药品管制品种目录》的药品可能存在的盐、酯、醚，虽未列入该目录，但仍属于精神药品管制范围；（3）任何单位以任何贸易方式进出口列入上述范围的药品，不论用于何种用途，均须事先申领精神药品进出口准许证。

2. 报关规范。（1）向海关申报进出口精神药品管理范围内的药品，报关单位应主动向海关提交有效的精神药品进出口准许证及其他有关单据；（2）精神药品的进出口准许证仅限在该证注明的口岸海关使用，并实行“一批一证”制度，证面内容不得自行更改，如需更改，应到国家食品药品监督管理局办理换证手续。

（二）麻醉药品进出口管理范围及报关规范

麻醉药品进出口准许证是我国进出口麻醉药品的管理批件，国家药品监督管理部门为主管部门，并以签发“麻醉药品进口准许证”或“麻醉药品出口准许证”的形式对该目录商品实行进出口限制管理。

1. 管理范围。（1）进出口列入《麻醉药品管制品种目录》的麻醉药品，包括鸦片、可卡因、大麻、吗啡、海洛因以及合成麻醉药类和其他易成瘾癖的药品、药用原植物及其制剂；（2）对于列入《麻醉药品管制品种目录》的麻醉药品可能存在的盐、酯、醚，虽未列入该目录，但仍属于麻醉药品管制范围；（3）任何单位以任何贸易方式进出口列入上述范围的药品，不论用于何种用途，均须事先申领麻醉药品进出口准许证。

2. 报关规范。（1）向海关申报进出口麻醉药品管理范围内的药品，报关单位应主动向海关提交有效的麻醉药品进出口准许证及其他有关单据；（2）麻醉药品的进出口准许证仅限在该证注明的口岸海关使用，并实行“一批一证”制度，证面内容不得自行更改，如需更改，应到国家食品药品监督管理局办理换证手续。

（三）兴奋剂进出口管理范围及报关规范

为了防止在体育运动中使用兴奋剂，保护体育运动参加者的身心健康，维护体育竞赛的公平竞争，根据《中华人民共和国体育法》和其他有关法律，我国制定颁布了《反兴奋剂条例》。依据该条例及有关法律法规的规定，国家体育总局会同商务部、卫生部、海关总署、国家食品药品监督管理局制定颁布了《兴奋剂目录》。

1. 管理范围。列入《兴奋剂目录》的药品，包括：蛋白同化制剂品种、肽类激素品种、麻醉药品品种、刺激剂（含精神药品）品种、药品类易制毒化学品品种、医疗用毒性药品品种、其他品种等共7类。

2. 报关规范。

（1）进出口列入《兴奋剂目录》的精神药品、麻醉药品、易制毒化学品、医疗用毒性药品，应按照现行规定向海关办理通关验放手续。对《兴奋剂目录》中的"其他品种"，海关暂不按照兴奋剂实行管理。

（2）根据《蛋白同化制剂、肽类激素进出口管理办法（暂行）》的相关规定，国家对进出口蛋白同化制剂和肽类激素分别实行进口准许证和出口准许证管理：①进出口蛋白同化制剂、肽类激素，进出口单位应当事先向国家食品药品监督管理局申领进口准许证或出口准许证；②进出口单位在办理报关手续时，应多提交一联报关单，并向海关申请签退该联报关单。海关凭药品进口准许证或出口准许证验放货物后，在该联报关单上加盖"验讫章"后退进出口单位，进出口单位应当在海关验放后1个月内，将进口准许证或出口准许证的第一联、海关签章的报关单退回发证机关；③进口准许证有效期1年。出口准许证有效期不超过3个月（有效期时限不跨年度）。取得药品进出口准许证后未进行相关进出口贸易的，进出口单位应当于准许证有效期满后1个月内将原准许证退回发证机关；④进口准许证、出口准许证实行"一证一关"制度，证面内容不得更改。因故延期进出口的，可以持原进出口准许证办理一次延期换证手续；⑤个人因医疗需要携带或邮寄进出境自用合理数量范围内的蛋白同化制剂和肽类激素药品，凭医疗机构处方予以验放。无法出具处方，或超出处方剂量的，均不准进出境；⑥以加工贸易方式进出口蛋白同化制剂、肽类激素的，海关凭药品进口准许证、出口准许证办理验放手续并实施监管；⑦从境内区外进入保税区、出口加工区及其他海关特殊监管区域和保税监管场所的蛋白同化制剂、肽类激素，应当办理药品出口准许证；从保税区、出口加工区及其他海关特殊监管区域、保税监管场所进入境内区外的蛋白同化制剂、肽类激素，应当办理药品进口准许证。

注意：

保税区、出口加工区及其他海关特殊监管区域、保税监管场所与境外进出及海关特殊监管区域、保税监管场所之间进出的蛋白同化制剂、肽类激素，免予办理药品进口准许证、出口准许证，由海关实施监管。

（四）一般药品进口管理范围及报关规范

国家对一般药品进口的管理实行目录管理。国家食品药品监督管理局依据《中华人民共和国药品管理法》、《中华人民共和国药品管理法实施条例》制定和调整《进口药品目录》、《生物制品目录》；国家食品药品监督管理局授权的口岸药品检验所以签发进口药品通关单的形式对列入管理目录的商品实行进口限制管理。

进口药品通关单是我国进出口许可管理制度中具有法律效力，用来证明对外贸易经营者经营列入管理目录的商品合法进口的证明文件，是海关验放的重要依据。

1. 管理范围。（1）进口列入《进口药品目录》的药品，指用于预防、治疗、诊断人的疾病，有目的地调节人的生理机能并规定有适应症、用法和用量的物质，包括中药材、中药饮品、中成药、化学原料药及其制剂、抗生素、生化药品、血清疫苗、血液制品等；(2) 进口列入《生物制品目录》的商品，包括疫苗类、血液制品类及血源筛查用诊断试剂等；(3) 首次在我国境内销售的药品；(4) 进口暂未列入《进口药品目录》的原料药的单位，必须遵守《进口药品管理办法》中的各项有关规定，主动到各口岸药品检验所报验。

注意：

首次在我国销售的药品，既包括药品的第一次在我国销售，也包括对于企业而言的第一次销售药品。

2. 报关规范。(1) 向海关申报进口列入管理目录中的药品，报关单位应主动向海关提交有效的进口药品通关单及其他有关单据；(2) 进口药品通关单仅限在该单注明的口岸海关使用，并实行“一批一证”制度，证面内容不得更改；(3) 任何单位以任何贸易方式进口列入管理目录的药品，不论用于何种用途，均须事先申领进口药品通关单。

八、音像制品进口管理

为了加强对音像制品进口的管理，对音像制品实行许可管理制度。新闻出版总署负责全国音像制品进口的监督管理和内容审查等工作，县级以上地方人民政府新闻出版行政部门负责本行政区域内的进口音像制品的监督管理工作，各级海关在其职责范围内负责音像制品进口的监督管理工作。

新闻出版总署设立音像制品内容审查委员会，负责审查进口音像制品的内容。委员会下设办公室，负责进口音像制品内容审查的日常工作。音像制品应在进口前报新闻出版总署进行内容审查，审查批准取得“进口音像制品批准单”后方可进口。

(一) 管理范围

1. 进口音像制品，是指从外国进口音像制品成品和进口用于出版（包括利用信息网络出版）及其他用途的音像制品。包括录有内容的录音带、录像带、唱片、激光唱盘、激光视盘等。2012 年列入我国首批音像制品进口管理目录的商品有：重放声音或图像信息的磁带、已录制的其他磁带、其他磁性媒体、仅用于重放声音信息的已录制光学媒体、其他录制光学媒体、已录制唱片及其他媒体共涉及 7 个海关 10 位商品编号。

2. 音像制品用于广播电视播放的，适用广播电视法律、行政法规。

背景资料：

我国禁止进口的音像制品范围

①反对宪法确定的基本原则的；②危害国家统一、主权和领土完整的；③泄漏国家秘密、危害国家安全或者损害国家荣誉和利益的；④煽动民族仇恨、民族歧视，破坏民族团结，或者侵害民族风俗、习惯的；⑤宣扬邪教、迷信的；⑥扰乱社会秩序，破坏社会稳定的；⑦宣扬淫秽、赌博、暴力或者教唆犯罪的；⑧侮辱或者诽谤他人，侵害他人合法权益的；⑨危害社会公德或者民族优秀文化传统的；⑩有法律、行政法规和国家规定禁止的其他内容的。

（二）办理程序

1. 进口音像制品实行许可管理制度，应在进口前报新闻出版总署进行内容审查。

相关链接：

进口音像制品须报送的材料

1. 音像制品成品进口报送的材料包括：进口录音或录像制品报审表，进口协议草案或订单，节目样片，中外文歌词，以及内容审查所需的其他材料。

2. 进口用于出版的音像制品，报送的材料包括：进口录音或录像制品报审表，版权贸易协议中外文文本草案、原始版权证明书、版权授权书和国家版权局的登记文件，节目样片，中外文曲目、歌词或对白，以及内容审查所需的其他材料。

3. 进口用于展览、展示的音像制品报送的材料包括：音像制品目录和样片，海关按暂时进口货物管理。

2. 进口单位不得擅自更改报送新闻出版总署进行内容审查样片原有的名称和内容。

3. 新闻出版总署自受理进口音像制品申请之日起 30 日内作出批准或者不批准的决定。批准的，发给“进口音像制品批准单”；不批准的，应当说明理由。

4. 国家对设立音像制品成品进口单位实行许可制度，音像制品成品进口业务由新闻出版总署批准的音像制品成品进口单位经营；未经批准，任何单位或者个人不得从事音像制品成品进口业务。

5. 图书馆、音像资料馆、科研机构、学校等单位进口供研究、教学参考的音像制品成品，应当委托新闻出版总署批准的音像制品成品进口经营单位办理进口审批手续。

（三）报关规范

1. 向海关申报进口音像制品，报关单位应主动向海关提交有效的“进口音像制品批准单”及其他有关单据。

2. “进口音像制品批准单”内容不得更改，如需修改，应重新办理。“进口音像制品批准单”一次报关使用有效，不得累计使用。其中，属于音像制品成品的，批准单当年有效；属于用于出版的音像制品的，批准单有效期限为 1 年。

3. 在经批准进口出版的音像制品版权授权期限内，音像制品进口经营单位不得进口该音像制品成品。

4. 随机器设备同时进口以及进口后随机器设备复出口的记录操作系统、设备说明、专用软件等内容的音像制品，无须申领“进口音像制品批准单”，海关凭进口单位提供的合同、发票等有效单证验放。

第四节　其他贸易管制制度

一、对外贸易经营者管理制度

对外贸易经营者，是指依法办理工商登记或者其他执业手续，依照《对外贸易法》

和其他有关法律、行政法规、部门规章的规定从事对外贸易经营活动的法人、其他组织或者个人。

为了鼓励对外经济贸易的发展，发挥各方面的积极性，保障对外贸易经营者的对外经营自主权，国家制定了一系列法律、行政法规、部门规章，对对外贸易经营活动中涉及的相应内容进行规范，对外贸易经营者在进出口经营活动中必须遵守相应的法律、行政法规、部门规章。这些法律、行政法规、部门规章构成了我国的对外贸易经营者管理制度。对外贸易经营者管理制度是我国对外贸易管理制度之一。

目前，我国对对外贸易经营者的管理，实行备案登记制。也就是法人、其他组织或者个人在从事对外贸易经营活动前，必须按照国家的有关规定，依法定程序在国务院商务主管部门备案登记，取得对外贸易经营资格后，方可在国家允许的范围内从事对外贸易经营活动。国务院商务主管部门可以对部分进出口商品实施国营贸易管理。

从事货物进出口或者技术进出口的对外贸易经营者，应当向国务院商务主管部门或者其委托的机构办理备案登记，但法律、行政法规和国务院商务主管部门规定不需要备案登记的除外。备案登记的具体实施办法由国务院商务主管部门规定。对外贸易经营者未按照规定办理备案登记的，海关不予办理进出口货物的报关验放手续。

为对关系国计民生的重要进出口商品实行有效的宏观管理，国家可以对部分货物的进出口实行国营贸易管理。实行国营贸易管理的货物的进出口业务只能由经授权的企业经营，但国家允许部分数量的国营贸易管理的货物的进出口业务由非授权企业经营的除外。实行国营贸易管理的货物和经授权经营企业的目录，由国务院商务主管部门会同国务院其他有关部门确定、调整并公布。未经批准擅自进出口实行国营贸易管理的货物，海关不予放行。

提示：

目前我国实行国营贸易管理的商品主要包括：玉米、大米、煤炭、原油、成品油、棉花、锑及锑制品、钨及钨制品、白银等。

二、出入境检验检疫制度

出入境检验检疫制度是指由国家出入境检验检疫部门依据我国有关法律和行政法规以及我国政府所缔结或者参加的国际条约、协定，对出入境的货物、物品及其包装物，交通运输工具，运输设备和出入境人员实施检验检疫监督管理的法律依据和行政手段的总和。其国家主管部门是国家质量监督检验检疫总局。

（一）出入境检验检疫职责范围

1. 我国出入境检验检疫制度实行目录管理，由国家质量监督检验检疫总局根据对外贸易需要，公布并调整《出入境检验检疫机构实施检验检疫的进出境商品目录》（简称《法检目录》）。《法检目录》所列名的商品称为法定检验商品，即国家规定实施强制性检验的进出境商品。

2. 对关系国计民生、价值较高、技术复杂或涉及环境及卫生、疫情标准的重要进出口商品，收货人应当在对外贸易合同中约定，在出口国装运前进行预检验、监造或监装，以及保留到货后最终检验和索赔的条款。

3. 对于法定检验以外的进出境商品是否需要检验，由对外贸易当事人决定。对外贸易合同约定或者进出口商品的收发货人申请检验检疫时，检验检疫机构可以接受委托，实施检验检疫并制发证书。此外，检验检疫机构对法检以外的进出口商品，可以以抽查的方式予以监督管理。

（二）出入境检验检疫制度的组成

我国出入境检验检疫制度内容包括进出口商品检验制度、进出境动植物检疫制度以及国境卫生监督制度。

1. 进出口商品检验制度。进出口商品检验制度是根据《中华人民共和国进出口商品检验法》及其实施条例的规定，国家质检总局及口岸出入境检验检疫机构对进出口商品所进行的品质、质量检验和监督管理的制度。商品检验机构实施进出口商品检验的内容包括商品的质量、规格、数量、重量、包装，以及是否符合安全、卫生的要求。我国商品检验的种类分为4种，即法定检验、合同检验、公证鉴定和委托检验。对法律、行政法规、部门规章规定有强制性标准或者其他必须执行的检验标准的进出口商品，依照法律、行政法规、部门规章规定的检验标准检验；对法律、行政法规、部门规章未规定有强制性标准或者其他必须执行的检验标准的，依照对外贸易合同约定的检验标准检验。

2. 进出境动植物检疫制度。进出境动植物检疫制度是根据《中华人民共和国进出境动植物检疫法》及其实施条例的规定，国家质检总局及口岸出入境检验检疫机构对进出境动植物、动植物产品的生产、加工、存放过程实行动植物检疫的进出境监督管理制度。

提示：

口岸出入境检验检疫机构实施动植物检疫监督管理的方式有：实行注册登记、疫情调查、检测和防疫指导等。其内容主要包括：进境检疫、出境检疫、过境检疫、进出境携带和邮寄物检疫以及出人境运输工具检疫等。

3. 国境卫生监督制度。国境卫生监督制度是指出入境检验检疫机构根据《中华人民共和国国境卫生检疫法》及其实施细则，以及其他的卫生法律、法规和卫生标准，在进出口口岸对出入境的交通工具、货物、运输容器以及口岸辖区的公共场所、环境、生活设施、生产设备所进行的卫生检查、鉴定、评价和采样检验的制度。

三、对外贸易救济措施

我国于2001年底正式成为世界贸易组织成员国，世界贸易组织允许成员方在进口产品倾销、补贴和过激增长等给其国内产业造成损害的情况下，使用反倾销、反补贴和保障措施手段来保护国内产业不受损害。为充分利用世界贸易组织规则，维护国内市场上的国内外商品的自由贸易和公平竞争秩序，我国依据世界贸易组织《反倾销协议》、《补贴与反补贴措施协议》、《保障措施协议》以及我国《对外贸易法》的有关规定，制定颁布了《反补贴条例》、《反倾销条例》以及《保障措施条例》。

（一）反倾销措施

反倾销措施包括临时反倾销措施和最终反倾销措施。

1. 临时反倾销措施。临时反倾销措施是指进口方主管机构经过调查，初步认定被指控产品存在倾销，并对国内同类产业造成损害，据此可以依据世界贸易组织所规定的程序进行调查，在全部调查结束之前，采取临时性的反倾销措施，以防止在调查期间国内产业继续受到损害。

临时反倾销措施有两种形式：一是征收临时反倾销税；二是要求提供保证金、保函或者其他形式的担保。

征收临时反倾销税，由商务部提出建议，国务院关税税则委员会根据其建议作出决定，商务部予以公告；要求提供保证金、保函或者其他形式的担保，由商务部作出决定并予以公告。海关自公告规定实施之日起执行。临时反倾销措施实施的期限，自临时反倾销措施决定公告规定实施之日起，不超过4个月；在特殊情形下，可以延长至9个月。

2. 最终反倾销措施。对终裁决定确定倾销成立并由此对国内产业造成损害的，可以征收反倾销税。征收反倾销税应当符合公共利益。

征收反倾销税，由商务部提出建议，国务院关税税则委员会根据其建议作出决定，商务部予以公告。海关自公告规定实施之日起执行。

（二）反补贴措施

反补贴与反倾销的措施相同，也分为临时反补贴措施和最终反补贴措施。

1. 临时反补贴措施。初裁决定确定补贴成立并由此对国内产业造成损害的，可以采取临时反补贴措施。临时反补贴措施采取以保证金或者保函作为担保的征收临时反补贴税的形式。

采取临时反补贴措施由商务部提出建议，国务院关税税则委员会根据其建议作出决定，商务部予以公告。海关自公告规定实施之日起执行。临时反补贴措施实施的期限，自临时反补贴措施决定公告规定实施之日起，不超过4个月。

2. 最终反补贴措施。在为完成磋商的努力没有取得效果的情况下，终裁确定补贴成立并由此对国内产业造成损害的，可征收反补贴税。征收反补贴税应符合公共利益。

征收反补贴税，由商务部提出建议，国务院关税税则委员会根据其建议作出决定，商务部予以公告。海关自公告规定实施之日起执行。

（三）保障措施

保障措施分为临时保障措施和最终保障措施。

1. 临时保障措施。临时保障措施是指在有明确证据表明进口产品数量增加，将对国内产业造成难以补救的损害的紧急情况下，进口国与成员国之间可不经磋商而作出初裁决定，并采取临时性保障措施。临时保障措施的实施期限，自临时保障措施决定公告规定实施之日起，不得超过200天，并且此期限计入保障措施总期限。

临时保障措施采取提高关税的形式，如果事后调查不能证实进口激增对国内有关产业已经造成损害的，已征收的临时关税应当予以退还。

2. 最终保障措施。最终保障措施可以采取提高关税、数量限制等形式。但保障措施应当限于防止、补救严重损害并便利调整国内产业所必要的范围内。

保障措施的实施期限一般不超过4年，在此基础上如果继续采取保障措施则必须同时满足4个条件，即对于防止或者补救严重损害仍有必要；有证据表明相关国内产业正在进行调整；已经履行有关对外通知、磋商的义务；延长后的措施不严于延长前的措施。保障措施全部实施期限（包括临时保障措施期限）不得超过10年。

测试 2-1：反倾销、反补贴、保障措施三种措施的区别

1. 针对对象不同：反倾销、反补贴主要针对的是不公平竞争，而保障措施主要针对的是公平贸易下数量猛增的进口产品；

2. 具体条件不同：反倾销措施的实施条件是客观上存在低价倾销并且已经达到相当的幅度，对于我国造成了实质性损害以及倾销与损害之间存在着因果关系；反补贴措施的实施条件是进口产品因为得到政府经济性补贴或财政支持而具有价格上的竞争优势，导致我国同类产品及其生产行业受到损害；保障措施的实施条件是进口产品的数量激增极大的挤占了我国同类产品的市场份额并且造成了不利影响；

3. 具体实施形式不同：反倾销、反补贴措施的实施形式分别有保证金、价格承诺、保函以及最终加征相应的税赋，而保障措施的形式是加征关税、实行配额数量限制或者最终加征关税或实行关税配额等。

四、进出口货物收付汇管理制度

对外贸易经营者在对外贸易经营活动中，应当依照国家有关规定结汇、用汇。这里所提的国家有关规定就是我国的外汇管理制度，即国家外汇管理局、中国人民银行及国务院其他有关部门，依据国务院《中华人民共和国外汇管理条例》及其他有关规定，对包括经常项目外汇业务、资本项目外汇业务、金融机构外汇业务、人民币汇率的生成机制和外汇市场等领域实施的监督管理。进出口货物收付汇管理是我国实施外汇管理的主要手段，也是我国外汇管理制度的重要组成部分。

（一）出口货物收汇管理

我国对出口收汇管理采取的是外汇核销形式。为完善企业货物贸易出口收结汇管理，明确通过出口收结汇联网核查系统进行出口电子数据联网核查的方式。具体内容是：核查系统依据海关提供的企业出口货物报关单有关数据和外汇管理局提供的企业出口预收货款数据，结合企业贸易类别及行业特点等，产生企业与出口对应的可收汇额；企业出口收汇，应当先进入银行直接以该企业名义开立的出口收汇待核查账户，对需要结汇或者划出的外汇应当如实填写“出口收汇说明”，连同中国电子口岸操作员 IC 卡，一并提交银行办理；银行应当凭企业及自身操作员 IC 卡登录核查系统，对企业出口收汇进行联网核查后在企业相应出口可收汇额内办理结汇或划出资金手续，同时在核查系统中核减其对应出口可收汇额。

（二）进口货物付汇管理

进口货物付汇管理采取外汇核销形式。国家为了防止汇出外汇而实际不进口商品的逃汇行为的发生，通过海关对进口货物的实际监管来监督进口付汇情况。其具体程序为：进口企业在进口付汇前需向付汇银行申请国家外汇管理局统一制发的“贸易进口付汇核销单”，凭以办理付汇。货物进口后，进口单位或其代理人凭海关出具的进口货物报关单付汇证明联及其相关电子数据等向国家外汇管理局指定银行办理核销付汇。

课后练习

一、单选题

1. 下列进出口许可证件中实行非“一批一证”管理的是（　　）。
A. 进出口废物批准证书
B. 濒危野生动植物国际贸易公约允许进出口证明书
C. 精神药品进口准许证
D. 进口药品通关单

2. 下列进口的废物中，可以申请转关运输的是（　　）。
A. 木制品废料　　B. 废纸
C. 废电机、电器产品　　D. 纺织品废物

3. 保障措施是对外贸易救济措施的一种方式，其实施期限最长不超过（　　）。
A. 200 天　　B. 4 个月
C. 4 年　　D. 10 天

4. 下列哪一选项应不属于我国贸易管制的法律体系范围（　　）。
A. 由国家权力机关指定的法律规范
B. 由国务院制定的行政法律规范
C. 由省、自治区、直辖市制定的地方性行政法律规范
D. 由国务院有关部委制定的行政规章

5. 实行“非一批一证”管理的出口许可证，其使用次数最多不超过（　　）。
A. 3 次　　B. 6 次
C. 5 次　　D. 12 次

二、多选题

1. 下列对两用物项和技术进出口许可证管理表述正确的是（　　）。
A. 两用物项和技术进出口前，进出口经营者应当向发证机关申领两用物项和技术进出口许可证，凭以向海关办理进出口报关手续
B. 两用物项和技术进口许可证实行“非一批一证”制和“一证一关”制
C. 两用物项和技术出口许可证实行“一批一证”制和“一证一关”制
D. 两用物项和技术进出口许可证有效期一般不超过 2 年，跨年度使用时，在有效期内只能使用到次年 3 月 31 日

2. 目前，列入我国《禁止出口货物目录》的商品有（　　）。
A. 麝香　　B. 铁矿石
C. 木炭　　D. 硅砂

3. 入境货物通关单适用于（　　）。
A. 列入《法检目录》的商品　　B. 进口可用作原料的废物
C. 进口旧机电产品　　D. 进口捐赠的医疗器械

4. 货物、技术进出口许可管理制度是我国进出口许可制度的主体，管理范围为（　　）。

A. 禁止进出口货物和技术

B. 限制进出口货物和技术

C. 自由进出口的技术

D. 自由进口中部分实行自动许可管理的货物

5. 对下列实行自动进口许可管理的大宗、散装货物，溢装数量在货物总量3%以内的，免予另行申领自动进口许可证（　　）。

A. 原油　　B. 成品油

C. 化肥　　D. 钢材

三、判断题

1. 自动进口许可管理是在任何情况下对进口申请一律予以批准的进口许可制度。（　　）

2. 列入《自动进口许可管理类可用作原料的废物目录》的废物，不论以何种方式进口，均应申领废物进口许可证。（　　）

3. 列入2012年《进口许可证管理货物目录》的有监控化学品、易制毒化学品和消耗臭氧层物质3类。（　　）

4. 对外贸易管制是政府一种强制性行政管理行为。我国对外贸管制按管制对象可分为货物进出口贸易管制、技术进出口贸易管制和国际服务贸易管制。（　　）

5. 对外贸易经营者只能在国家允许的范围内为本企业从事对外贸易经营活动，不可以接受他人的委托，在经营范围内代为办理对外贸易业务。（　　）

四、思考题

1. 国产钢材应该主要满足国内消费还是争取扩大出口、占领国际市场？我国政府对部分钢材实施出口管制的目的是什么？

2. 配额管理与许可证管理是什么关系？有什么异同？请举一种商品，谈谈配额管理或许可证管理对其产业影响。

3. 木质包装的检验是属于商品检验还是动植物检疫，或是卫生检疫？为什么？

五、实训题

2005年1月12日，华威进出口有限责任公司（以下简称华威公司）以一般贸易方式向某海关申报进口农药一批，总价值人民币50万元。某海关经审查发现，华威公司所进口农药属于国家限制进口货物，该公司申报时未提交有关许可证件，其行为违反了《海关法》的有关规定。2005年1月25日，某海关根据《海关行政处罚实施条例》（以下简称《处罚条例》）第十四条的规定，认定华威公司的上述行为违反海关监管规定，对该公司处以人民币5万元的罚款，同时决定不予放行涉案货物。华威公司对海关的行政处罚决定未提出异议，在规定期限内如数缴纳了罚款，并在此后多次向海关申请办理该批货物的通关放行手续。因华威公司一直不能提交涉案农药的进口许可证，某海关对其放行申请未予批准。华威公司认为某海关对进口农药所作处理决定没有法律依据，致使有关货物长时间滞留港口无法通关，给该公司造成了巨大经济损失，请复议机关依法纠正某海关上述违法行为，尽快放行涉案货物，同时责令该海关赔偿其经济损失人民币10万元。

请问：

1. 华威公司行政复议的内容是否具有法律依据，为什么？

2. 海关的处罚是否合理，为什么？

第三章 DISANZHANG

一般进出口货物报关实务

学习目标

- □ 了解海关监管货物的含义、分类和程序
- □ 了解一般进出口货物的含义、特征及范围
- □ 熟悉电子报关和电子通关系统
- □ 掌握一般进出口货物报关的四个环节

第一节 海关监管货物概述

一、海关监管货物的含义

国际贸易、国际交流和交往活动往往是通过运输工具、货物、物品和人员的进出境来实现的。《中华人民共和国海关法》（以下简称《海关法》）规定："进出境运输工具、货物、物品，必须通过设立海关的地点进境或者出境。"因此，由设立海关的地点进出境并办理规定的海关手续是运输工具、货物、物品进出境的基本规则，也是进出境运输工具负责人、进出口货物收发货人、进出境物品的所有人应履行的一项基本义务。

海关监管货物是指自进境起到办结海关手续止的进口货物，自向海关申报起到出境止的出口货物，以及自进境起到出境止的过境、转运和通运货物等应当接受海关监管的货物，包括一般进出口货物、保税货物、特定减免税货物、暂准进出境货物，以及过境、通运、转运货物和其他尚未办结海关手续的货物。这是海关对进出境货物实施监督管理在法律意义上的时间、范围的限制规定。

二、海关监管货物的分类

根据货物进出境的不同目的，海关监管货物大体上可以分成以下六大类：

（一）一般进出口货物

一般进出口货物，包括一般进口货物和一般出口货物，一般进口货物是指办结海关手续进入国内生产、消费领域流通的进口货物；一般出口货物是指办结海关手续离境到境外生产、消费领域流通的出口货物。

（二）保税货物

保税货物，是指经海关批准未办理纳税手续进境，在境内储存、加工、装配后复运出境

的货物。保税货物又分为保税加工货物和保税物流货物两大类。

（三）特定减免税货物

特定减免税货物，是指经海关依法准予免税进口的用于特定地区、特定企业，有特定用途的货物。

（四）暂准进出境货物

暂准进出境货物，包括暂准进境货物和暂准出境货物，暂准进境货物是指经海关批准凭担保进境在境内使用后原状复运出境的货物；暂准出境货物是指经海关批准凭担保出境在境外使用后原状复运进境的货物。

（五）过境、通运、转运货物

过境、通运、转运货物是指由境外起运，通过中国境内继续运往境外的货物。

（六）其他进出境货物

其他进出境货物，是指其他尚未办结海关手续的进出境货物。

根据以上分类，海关按照对各种监管货物的不同要求，分别建立了相应的海关监管制度。

三、海关监管货物的报关程序

（一）含义

报关程序是指进出口货物收发货人、运输工具负责人、物品所有人或其代理人按照海关的规定，办理货物、物品、运输工具进出境及相关海关事务的手续和步骤。本章所指的报关程序主要限于进出境货物的报关程序。货物进出境应当经过审单、查验、征税、放行四个海关作业环节。

与之相适应，进出口货物收发货人或其代理人应当按程序办理相对应的进出口申报、配合查验、缴纳税费、提取或装运货物等手续，货物才能进出境。但是，这些程序还不能满足海关对所有进出境货物的实际监管要求。比如加工贸易原材料进口，海关要求事先备案，因此不能在“申报”和“审单”这一环节完成上述工作，必须有一个前期办理手续的阶段；如果上述进口原材料加工成成品出口，在“放行”和“装运货物”离境的环节也不能完成所有的海关手续，必须有一个后期办理核销结案的阶段。因此，从海关对进出境货物进行监管的全过程来看，报关程序按时间先后可以分为三个阶段：前期阶段、进出口阶段、后续阶段。

（二）基本程序

1. 前期阶段。前期阶段是指进出口货物收发货人或其代理人根据海关对进出境货物的监管要求，在货物进出口以前，向海关办理备案手续的过程，主要包括：

（1）保税加工货物进口之前，进口货物收货人或其代理人办理加工贸易备案手续，申请建立加工贸易电子账册、电子化手册或者申领加工贸易纸质手册。

（2）特定减免税货物在进口之前，进口货物收货人或其代理人办理货物的减免税申请手续，申领减免税证明。

（3）暂准进出境货物进出日之前，进出口货物收发货人或其代理人办理货物暂准进出境备案申请手续。

（4）其他进出境货物中的出料加工货物出口之前，出口货物发货人或其代理人办理出料加工的备案手续。

2. 进出口阶段。进出口阶段是指进出口货物收发货人或其代理人根据海关对进出境货物的监管要求，在货物进出境时，向海关办理进出口申报、配合查验、缴纳税费、提取或装运货物手续的过程。

在进出口阶段中，进出口货物收发货人或其代理人需要完成以下四个环节的工作：

（1）进出口申报。进出口申报是指进出口货物的收发货人或其代理人在海关规定的期限内，按照海关规定的形式，向海关报告进出口货物的情况，提请海关按其申报的内容放行进出口货物的工作环节。

（2）配合查验。配合查验是指申报进出口的货物经海关决定查验时，进出口货物的收发货人或其代理人到达查验现场，配合海关查验货物，按照海关要求搬移货物，开拆包装，以及重新封装货物的工作环节。

（3）缴纳税费。缴纳税费是指进出口货物的收发货人或其代理人接到海关发出的税费缴纳通知书后，向海关指定的银行办理税费款项的缴纳手续，通过银行将有关税费款项缴入海关专门账户的工作环节。

（4）提取或装运货物。提取货物即提取进口货物，是指进口货物的收货人或其代理人，在办理了进口申报、配合查验、缴纳税费等手续，海关决定放行后，凭海关加盖放行章的进口提货凭证或海关通过计算机发送的放行通知书，提取进口货物的工作环节。

装运货物即装运出口货物，是指出口货物的发货人或其代理人，在办理了出口申报、配合查验、缴纳税费等手续，海关决定放行后，凭海关加盖放行章的出口装货凭证或凭海关通过计算机发送的放行通知书，通知港区、机场、车站及其他有关单位装运出口货物的工作环节。

3. 后续阶段。后续阶段是指进出口货物收发货人或其代理人根据海关对进出境货物的监管要求，在货物进出境储存、加工、装配、使用、维修后，在规定的期限内，按照规定的要求，向海关办理上述进出口货物核销、销案、申请解除监管等手续的过程，主要包括：

（1）保税加工货物，进口货物收货人或其代理人在规定期限内办理申请核销的手续。

（2）特定减免税货物，进口货物收货人或其代理人在海关监管期满，或者在海关监管期内经海关批准出售、转让、退运、放弃并办妥有关手续后，向海关申请办理解除海关监管的手续。

提示：报关各阶段的适用范围

1. 前期阶段的适用范围。前期报关阶段适用于保税储存进境货物、保税加工进境货物、特定减免税进口货物、暂准进口货物、暂准出口货物。

2. 后续阶段的适用范围。后续阶段适用于前期阶段中经过备案、申领登记手册或减免税证明的货物。

3. 进出口阶段的适用范围。进出口阶段适用所有的进出口货物。从申报进出口货物的性质来看，主要有以下几大类：①一般进出口货物；②保税进出口货物；③特定减免税进口货物；④暂准进出口货物；⑤过境、通运、转运货物；⑥其他进出境货物。

(3) 暂准进境货物，收货人或其代理人在暂准进境规定期限内，或者在经海关批准延长暂准进境期限到期前，办理复运出境手续或正式进口手续，然后申请办理销案手续；暂准出境货物，发货人或其代理人在暂准出境规定期限内，或者在经海关批准延长暂准出境期限到期前，办理复运进境手续或正式出口手续，然后申请办理销案手续。

(4) 其他进出境货物中的出料加工货物、修理货物、部分租赁货物等，进出口货物收发货人或其代理人在规定的期限内办理销案手续。

四、电子报关及电子通关系统

我国海关通关作业历经了纸质报关、电子和纸质报关（即电子报关单、纸质随附单证）、分类通关（实现差别化作业），再到如今的无纸化通关。

（一）电子报关

电子报关是指进出口货物收发货人或其代理人通过计算机系统，按照《中华人民共和国海关进出口货物报关单填制规范》（以下简称《报关单填制规范》）的有关要求，向海关传送报关单电子数据，并备齐随附单证的申报方式。

《海关法》规定："办理进出口货物的海关申报手续，应当采用纸质报关单和电子数据报关单的形式。"这一规定确定了电子报关的法律地位，使电子数据报关单和纸质报关单具有同等的法律效力。

在一般情况下，进出口货物收发货人或其代理人应当采用纸质报关单形式和电子数据报关单形式向海关申报，即进出口货物收发货人或其代理人先向海关计算机系统发送电子数据报关单，接收到海关计算机系统发送的表示接受申报的信息后，凭以打印向海关提交的纸质报关单，并准备必需的随附单证。

特殊情况下经海关同意，允许先采用纸质报关单形式申报，电子数据事后补报。在向未使用海关信息化管理系统作业的海关申报时，可以采用纸质报关单申报形式。在特定条件下，进出口货物收发货人或其代理人可以单独使用电子数据报关单向海关申报，保存纸质报关单证。

（二）电子通关系统

我国海关已经在进出境货物通关作业中全面使用计算机进行信息化管理，成功地开发运用了多个电子通关系统。

1. 海关 H883/EDI 通关系统。1995 年以前，海关一直实行纸质报关。1995 年，全国海关推广应用 H883 通关作业系统，开始在全国海关实行报关单电子报关，同时企业需要准备纸质报关单及随附单证，在现场作业环节，向海关提交。H883/EDI 通关系统是中国海关报关自动化系统的简称，是我国海关利用计算机对进出口货物进行全面信息化管理，实现监管、征税、统计三大海关业务一体化管理的综合性信息利用项目。

2. 海关 H2000 通关系统。2000 年总署完善开发了海关通关作业系统（H2000），于 2002 年在全国海关推广，海关应用计算机管理系统更加完善和成熟。H2000 通关系统是对 H883/EDI 通关系统的全面更新换代项目。

H2000 通关系统在集中式数据库的基础上建立了全国统一的海关信息作业平台，不但提高了海关管理的整体效能，而且使进出口企业真正享受到简化报关手续的便利。进出口企业可以在其办公场所办理加工贸易登记备案、特定减免税证明申领、进出境报关等各种海关手续。

3. 中国电子口岸系统。中国电子口岸系统又称口岸电子执法系统，简称电子口岸，是利用现代计算机信息技术，将与进出口贸易管理有关的政府机关分别管理的进出口业务信息电子底账数据集中存放在公共数据中心，为管理部门提供跨部门、跨行业联网数据核查，为企业提供网上办理各种进出口业务的国家信息系统。

电子口岸系统和 H2000 通关系统联接起来，构成了覆盖全国的进出口贸易服务和管理的信息网络系统。进出口企业在其办公室就可以上网向海关及国家其他有关管理机关办理与进出口贸易有关的各种手续；与进出口贸易有关的海关及国家其他有关管理机关也能在网上对进出口贸易进行有效管理。

（三）分类通关

2009 年，海关启动了分类通关改革，对低风险货物采取快速放行的方式办理手续，对高风险加大监管力度。简单地说，分类通关就是“该放的快放”，“该管的就要严管”。判断货物风险高低主要取决于企业的资信程度，同时综合考虑其他一些风险要素。分类通关改革进一步缩短了货物的通关时间，降低了企业的成本，同时通关差别化作业突出监管重点，海关监管的针对性和有效性不断提高，落实国家进出口政策的能力也不断提高。通过分类通关改革进一步优化了海关人力资源的配置，更多的力量充实到一线的监管。

（四）无纸化通关

通关作业无纸化改革，顾名思义就是要将通关作业由纸质报关单和纸质的随附单证都转变为电子单证，在通关作业过程中实现全程的无纸化。这一次通关作业无纸化改革试点是在分类通关改革的基础上推出的，在报关单电子化的同时，报关单随附单证也实现电子化，从而实现通关全过程的无纸化。对海关来说，通过共享电子数据，各岗位共同开展风险分析，监管重点更加突出。原有的纸质报关转变为电子数据的报关，调阅更加方便，报关的成本更低，实现了海关和企业的双赢。

相关链接：

无纸化通关

从 2012 年 8 月 1 日起，我国海关在北京、天津、上海、黄埔、宁波、杭州、福州、青岛、深圳、拱北、南京等 12 个海关开展通关作业无纸化改革的试点。由各试点海关选择部分 AA 类、A 类企业开展通关无纸化。海关初步计划用三年左右的时间在全国海关全面推开通关无纸化作业改革，于 2015 年在全国海关实现通关作业无纸化。从海关综合评估来看，经过 2009—2011 三年的分类通关改革，2011 年全国出口平均通关的时间为 1.5 小时，比 2009 年节省了 25 分钟。进口平均通关时间为 17.9 小时，比 2009 年节省了 15.3 小时，这个体现分类通关改革的成果。而通关无纸化改革，减少了企业到海关递交纸质单证这个环节，无纸化通关的效率会进一步提高、通关时间会进一步缩短。

第二节 一般进出口货物概述

一、一般进出口货物的含义

一般进出口货物是指在进出境环节缴纳了应征的进出口税费并办结了所有必要的海关手续，海关放行后不再进行监管的进出口货物。一般进出口货物包括一般进口货物和一般出口货物。

注意："一般进出口"货物与"一般贸易"货物的区别

"一般进出口"货物：指纳税、放行后，不再监管的货物（针对监管方式而言）。"一般贸易"货物：即货物单边进口或出口的贸易（针对贸易方式而言）。

"一般贸易"货物：其在进口时可能按"一般进出口"货物监管制度办理海关手续，此时，它就是"一般进出口"货物；其也可能享受特定减免税的优惠，按"特定减免税"监管制度办理海关手续，即为特定减免税货物；也可能按"保税"监管制度办理海关手续，即为保税货物。

二、一般进出口货物的特征

（一）进出境时缴纳进出口税费

一般进出口货物的收发货人应当按照《海关法》和其他有关法律法规的规定，在货物进出境时向海关缴纳应当缴纳的税费。

（二）进出口时提交相关的许可证件

货物进出口应受国家法律、行政法规管制的，进出口货物收发货人或其代理人应当向海关提交相关的进出口许可证件。

（三）海关放行即办结海关手续

海关征收了全额的税费，审核了相关的进出口许可证件，并对货物进行实际查验（或做出不予查验的决定）以后，按规定签章放行。这时，进出口货物收发货人或其代理人才能办理提取进口货物或者装运出口货物的手续。

对一般进出口货物来说，海关放行就意味着海关手续已经全部办结，海关不再监管，可以直接进入生产和消费领域流通。

三、一般进出口货物的范围

实际进出口的货物，除特定减免税货物外，都属于一般进出口货物的范围，主要包括以下 10 种货物：

1. 一般贸易进口。
2. 一般贸易出口。
3. 转为实际进口的保税货物、暂准进境货物或转为实际出口的暂准出境货物。

4. 易货贸易、补偿贸易进出口货物。

5. 不批准保税的寄售代销贸易货物。

6. 承包工程项目实际进出口货物。

7. 外国驻华商业机构进出口陈列用的样品。

8. 外国旅游者小批量订货出口的商品。

9. 随展览品进境的小卖品。

10. 免费提供的进口货物，如：(1) 外商在经济贸易活动中赠送的进口货物；(2) 外商在经济贸易活动中免费提供的试车材料等；(3) 我国在境外的企业、机构向国内单位赠送的进口货物。

第三节　一般进出口货物的报关程序

一般进出口货物报关程序由4个环节构成，即：进出口申报、配合查验、缴纳税费、提取或装运货物。

一、进出口申报

(一) 进出口申报概述

1. 申报的含义。申报是指进出口货物收发货人、受委托的报关企业，依照《海关法》以及有关法律、行政法规的要求，在规定的期限、地点，采用电子数据报关单和纸质报关单形式，向海关报告实际进出口货物的情况，并接受海关审核的行为。

2. 申报的地点。进口货物应当由收货人或其代理人在货物的进境地海关申报；出口货物应当由发货人或其代理人在货物的出境地海关申报。

经收发货人申请，海关同意，进口货物的收货人或其代理人可以在设有海关的货物指运地申报，出口货物的发货人或其代理人可以在设有海关的货物起运地申报。

特定减免税货物和暂准进境货物申报进境的货物，因故改变使用目的从而以保税货物、改变货物性质转为一般进口时，进口货物的收货人或其代理人应当在货物所在地的主管海关申报。

3. 申报的期限。进口货物的申报期限为自装载货物的运输工具申报进境之日起14日内。申报期限的最后一天是法定节假日或休息日的，顺延至法定节假日或休息日后的第一个工作日。进口货物自装载货物的运输工具申报进境之日起超过3个月仍未向海关申报的，货物由海关提取并依法变卖。对属于不宜长期保存的货物，海关可以根据实际情况提前处理。

出口货物的申报期限为货物运抵海关监管区后、装货的24小时以前。

经海关批准准予集中申报的，进口货物自装载货物的运输工具申报进境之日起14日内，出口货物在运抵海关监管区后、装货的24小时前，按“中华人民共和国海关进出口货物集中申报清单”（以下简称“集中申报清单”）格式录入电子数据向海关申报，自海关审结“集中申报清单”电子数据之日起3日内，持“集中申报清单”及随附单证到货物所在地海关办理交单验放手续，在次月10日（保税货物在次月底）之前，对一个月内以“集中申报清单”申报的数据进行归并，填制进出口货物报关单到海关办理集中申报手续。

经电缆、管道或其他特殊方式进出境的货物，进出口货物收发货人或其代理人按照海关规定定期申报。

4. 申报的日期。进出口货物收发货人或其代理人的申报数据自被海关接受之日起，其申报的数据就产生法律效力，即进出口货物收发货人或其代理人应当向海关承担“如实申报”、“如期申报”等的法律责任。因此，海关接受申报数据的日期非常重要。

申报日期是指申报数据被海关接受的日期。不论以电子数据报关单方式申报或以纸质报关单方式申报，海关接受申报数据的日期即为接受申报的日期。

采用先电子数据报关单申报，后提交纸质报关单，或者仅以电子数据报关单方式申报的，申报日期为海关计算机系统接受申报数据时记录的日期，该日期将反馈给原数据发送单位，或公布于海关业务现场，或通过公共信息系统发布。电子数据报关单经过海关计算机检查被退回的，视为海关不接受申报，进出口货物收发货人或其代理人应当按照要求修改后重新申报，申报日期为海关接受重新申报的日期。海关已接受申报的报关单电子数据，送人工审核后，需要对部分内容修改的，进出口货物收发货人或其代理人应当按照海关规定进行修改并重新发送，申报日期仍为海关原接受申报的日期。

先纸质报关单申报，后补报电子数据，或只提供纸质报关单申报的，海关工作人员在报关单上作登记处理的日期，为海关接受申报的日期。

5. 滞报金。进口货物收货人未按规定期限向海关申报产生滞报的，由海关按规定征收滞报金。进口货物滞报金按日计征，起始日和截止日均计入滞报期间。进口货物收货人在向海关传送报关单电子数据申报后，未在规定期限或核准的期限内提交纸质报关单，海关予以撤销电子数据报关单处理，进口货物收货人因此重新向海关申报产生滞报的，滞报金的征收，以自运输工具申报进境之日起第 15 日为起始日，以海关重新接受申报之日为截止日。

进口货物收货人申报并经海关依法审核，必须撤销原电子数据报关单重新申报，产生滞报的，经进口货物收货人申请并经海关审核同意，滞报金的征收，以撤销原电子数据报关单之日起第 15 日为起始日，以海关重新接受申报之日为截止日。进口货物因收货人在运输工具申报进境之日起超过 3 个月未向海关申报，被海关提取作变卖处理后，收货人申请发还余款的，滞报金的征收，以自运输工具申报进境之日起第 15 日为起始日，以该 3 个月期限的最后一日为截止日。

滞报金的日征收金额为进口货物完税价格的 0.5‰，以我国货币“元”为计征单位，不足人民币 1 元的部分免予计收。征收滞报金的计算公式为：

滞报金额 = 进口货物完税价格 × 0.5‰ × 滞报期间（滞报天数）

滞报金的起征点为人民币 50 元。滞报金的计征起始日如遇法定节假日，则顺延至其后第一个工作日。

根据海关规定，因不可抗力等特殊情况产生的滞报可以向海关申请减免滞报金。

（二）进出口申报步骤

1. 准备申报单证。准备申报单证是报关员开始进行申报工作的第一步，是整个报关工作能否顺利进行的关键一步。申报单证可以分为报关单和随附单证两大类，其中随附单证包括基本单证和特殊单证。

报关单是由报关员按照海关规定格式填制的申报单，是指进出口货物报关单或者带有进出口货物报关单性质的单证，比如特殊监管区域进出境备案清单、ATA 单证册、过境货物报关单、快件报关单等等。任何货物的申报，都必须有报关单。

基本单证是指进出口货物的货运单据和商业单据，主要有进口提货单据、出口装货单据、商业发票、装箱单等。一般来说，任何货物的申报都必须有基本单证。

特殊单证主要有进出口许可证件、加工贸易手册（包括纸质手册、电子账册和电子化手册）、特定减免税证明、作为有些货物进出境证明的原进出口货物报关单证、出口收汇核销单、原产地证明书、贸易合同等。某些货物的申报，必须有特殊单证，比如租赁贸易货物进口申报，必须有租赁合同，别的货物进口申报则不一定需要贸易合同。所以贸易合同对于租赁贸易货物申报来说是一种特殊单证。

进出口货物收发货人或其代理人应向报关员提供基本单证、特殊单证，报关员审核相应单证后据此填制报关单。

准备申报单证的原则是：基本单证、特殊单证必须齐全、有效、合法；填制报关单要真实、准确、完整；报关单与随附单证数据必须一致。

2. 申报前看货取样。进口货物的收货人，在向海关申报前，为了确定货物的品名、规格、型号等，可以向海关提出查看货物或者提取货样的书面申请。海关审核同意的，派员到场监管。涉及动植物及其产品以及其他须依法提供检疫证明的货物，如需提取货样，应当按照国家的有关法律规定，事先取得主管部门签发的书面批准证明。提取货样后，到场监管的海关工作人员与进口货物的收货人在海关开具的取样记录和取样清单上签字确认。

3. 申报。

（1）电子数据申报。进出口货物收发货人或其代理人可以选择终端申报方式、委托 EDI 方式、自行 EDI 方式、网上申报方式等四种电子申报方式中适用的一种，将报关单内容录入海关电子计算机系统，生成电子数据报关单。

进出口货物收发货人或其代理人在委托录入或自行录入报关单数据的计算机上接收到海关发送的接受申报信息，即表示电子申报成功；接收到海关发送的不接受申报信息后，则应当根据信息提示修改报关单内容后重新申报。

（2）提交纸质报关单及随附单证。海关审结电子数据报关单后，出口货物收发货人或其代理人应当自接到海关“现场交单”或“放行交单”信息之日起 10 日内，持打印的纸质报关单，备齐规定的随附单证并签名盖章，到货物所在地海关提交书面单证，办理相关海关手续。

4. 修改申报内容或撤销申报。海关接受进出口货物申报后，电子数据和纸质的进出口货物报关单不得修改或者撤销；确有正当理由的，经海关审核批准，可以修改或撤销。修改或撤销申报有两种情况。

（1）进出口货物收发货人要求修改或撤销。进出口货物收发货人或其代理人确有如下正当理由的，可以向原接受申报的海关申请修改或者撤销进出口货物报关单：①由于报关人员操作或书写失误造成所申报的报关单内容有误，并且未发现有走私违规或者其他违法嫌疑的；②出口货物放行后，由于装运、配载等原因造成原申报货物部分或全部退关、变更运输工具的；③进出口货物在装载、运输、存储过程中因溢短装、不可抗力的灭失、短损等原因造成原申报数据与实际货物不符的；④根据贸易惯例先行采用暂时价格成交、实际结算时按商检品质认定或国际市场实际价格付款方式需要修改申报内容的；⑤由于计算机、网络系统等方面的原因导致电子数据申报错误的；⑥其他特殊情况经海关核准同意的。

海关已经决定布控、查验的，以及涉案的进出口货物的报关单在办结前不得修改或者撤销。

进出口货物收发货人或其代理人申请修改或者撤销进出口货物报关单的，应当向海关提交“进出口货物报关单修改/撤销申请表”，并相应提交可以证明进出口实际情况的合同、发票、装箱单等相关单证，外汇管理、国税、检验检疫、银行等有关部门出具的单证，应税货物的“海关专用缴款书”、用于办理收付汇和出口退税的进出口货物报关单证明联等海关出具的相关单证。

因修改或者撤销进出口货物报关单导致需要变更、补办进出口许可证件的，进出口货物收发货人或其代理人应当向海关提交相应的进出口许可证件。

(2) 海关发现进出口货物报关单需要进行修改或者撤销。海关发现进出口货物报关单需要进行修改或者撤销，但进出口货物收发货人或者其代理人未提出申请的，海关应当通知进出口货物的收发货人或者其代理人。海关在进出口货物收发货人或者其代理人填写“进出口货物报关单修改/撤销确认书”，对进出口货物报关单修改或者撤销的内容进行确认后，对进出口货物报关单进行修改或者撤销。

同样，因修改或者撤销进出口货物报关单导致需要变更、补办进出口许可证件的，进出口货物收发货人或其代理人应当向海关提交相应的进出口许可证件。

二、配合查验

(一) 海关查验

海关查验是指海关根据海关法确定进出境货物的性质、价格、数量、原产地、货物状况等是否与报关单上已申报的内容相符，对货物进行实际检查的行政执法行为。

海关通过查验，核实有无伪报、瞒报、申报不实等走私、违规行为。同时也为海关的征税、统计、后继管理提供可靠的资料。

海关查验时，进出口货物的收、发货人或其代理人应当到场。

(二) 查验地点

查验一般在海关监管区内进行。对进出口大宗散货、危险品、鲜活商品、落驳运输的货物，经货物的收、发货人或其代理人申请，海关也可同意在装卸作业的现场进行查验。在特殊情况下，经货物的收、发货人或其代理人申请，海关可派员到海关监管区以外的地方查验货物。

(三) 查验时间

当海关决定查验时，即将查验的决定以书面通知的形式通知进出口货物的收、发货人或其代理人，约定查验的时间。查验时间一般约定在海关正常工作时间内。但是在一些进出口业务繁忙的口岸，海关也可应进出口货物的收、发货人或其代理人的要求，在海关正常工作时间以外安排查验作业。

(四) 查验方式

海关查验的方式一般分为 3 种：

1. 彻底查验。即对货物逐件开箱、开包查验。对货物的品名、规格、数量、重量、原产地、货物状况等逐一与申报的数据进行详细核对。

2. 抽查。即按一定的比例，对货物有选择的开箱、开包查验。

3. 外形查验。即对货物的包装、唛头等进行核查、核验。

海关认为必要时，可以依法对已经完成查验的货物进行复验，即第二次查验。海关复验时，进出口货物的收、发货人或其代理人仍然应当到场。

（五）径行开验

开验是指海关在进出口货物的收、发货人或其代理人不在场的情况下，自行开拆货物进行查验。海关行使“径行开验”的权力时，应当通知货物存放场所的管理人员或其他见证人到场，并由其在海关的查验记录上签字。

（六）查验通知

进出口货物的收、发货人或其代理人接到海关的查验通知后，应当向海关的查验部门办理确定查验的具体地点和具体时间的手续。

（七）配合查验

海关查验货物时，进出口货物的收、发货人或其代理人应当到场，配合海关查验，并负责搬移货物、开拆或重封货物的包装。

配合是陪同查验的报关员应当了解和熟悉所申报货物的情况，并回答海关的询问，提供海关查验货物时所需要的单证或其他资料。

（八）确认查验结果

查验完毕后，海关实施查验的关员应当填写《海关进出境货物查验记录单》一式两份。配合海关查验的报关员应当注意阅读查验记录是否如实反映查验情况。特别注意以下情况的记录是否符合实际：（1）开箱的具体情况；（2）货物残损情况及造成残损的原因；（3）提取货样的情况；（4）查验结论。

配合查验的报关员审阅查验记录准确清楚的，亦即签字确认。海关在查验中如需要提取货样作进一步检验化验或鉴定的，应当向进出口货物的收、发货人或其代理人开具《取样清单》，并履行相应手续。

（九）货物损坏赔偿

在查验过程中，或者证实海关在径行查验过程中，因为海关关员的责任造成被查验货物损坏的，进口货物的收货人、出口货物的发货人或其代理人可以要求海关赔偿。海关赔偿的范围仅限于在实施查验过程中，由于海关关员的责任造成被查验货物损坏的直接经济损失。直接经济损失的金额根据被损坏货物及其部件的受损程度确定，或者根据修理费确定。以下情况不属于海关赔偿范围：

1. 进出口货物的收发货人或其代理人搬移、开拆、重封包装或保管不善造成的损失。

2. 易腐、易失效货物在海关正常工作程序所需时间内（含扣留或代管期间）所发生的变质或失效。

3. 海关正常查验时产生的不可避免的磨损。

4. 在海关查验之前已发生的损坏和海关查验之后发生的损坏。

5. 由于不可抗拒的原因造成货物的损坏、损失。

进出口货物的收发货人或其代理人在海关查验时对货物是否受损坏未提出异议，事后发现货物有损坏的，海关不负赔偿的责任。

三、缴纳税费

缴纳税费的方式主要有两种：一种是凭缴款书和收费票据缴纳税费；另一种是网上缴税和付费。

进出口货物收发货人或其代理人将报关单及随附单证提交给货物进出境地指定海关，海关对报关单进行审核，对需要查验的货物先由海关查验，然后核对计算机计算的税费，开具税款缴款书和收费票据。进出口货物收发货人或其代理人在规定时间内，持缴款书或收费票据向指定银行办理税费交付手续；在试行中国电子口岸网上缴税和付费的海关，进出口货物收发货人或其代理人可以通过电子口岸接收海关发出的税款缴款书和收费票据，在网上向指定银行进行电子支付税费。一旦收到银行缴款成功的信息，即可报请海关办理货物放行手续。有关税费的计算与缴纳的具体操作见第七章相关内容。

四、提取或装运货物

《海关法》第二十九条规定："除海关特准的外，进出口货物在收发货人缴清税款或者提供担保后，由海关签印放行。"

（一）海关放行

1. 海关放行的含义。海关放行是指海关接受进出口货物的申报、审核电子数据报关单和纸质报关单及随附单证、查验货物、征收税费或接受担保以后，对进出口货物作出结束海关进出境现场监管决定，允许进出口货物离开海关监管现场的工作环节。

2. 结关的含义。结关是"办结海关手续"的简称，是指进出口货物的收、发货人或其代理人向海关办理完进出口货物通关的所有手续，履行了法律规定的与进出口有关的义务，有关货物一旦办结海关手续，海关就不再进行监管。

3. 海关放行的形式。海关在进口货物提货凭证或者出口货物装货凭证上签盖"海关放行章"，进出口货物的收、发货人或其代理人签收进口提货凭证和出口装货凭证，凭以提取进口货物或将出口货物装运到运输工具上离境。

在试行"无纸通关"申报方式的海关，海关作出放行决定时，通过计算机将"海关放行"报文发送给进出口货物的收、发货人或其代理人和海关监管货物保管人。进出口货物的收、发货人或其代理人从计算机上自行打印海关通知放行的凭证，凭以提取进口货物或将出口货物装运到运输工具上离境。

4. 海关放行和结关。对于一般进出口货物，放行时进出口货物的收、发货人或其代理人已经办理了所有申报、纳税手续。因此，海关放行即等于结关。但是对于保税货物、特定减免税货物、暂准进口货物等，海关在一定期限内还需进行后继管理。因为该类货物的收、发货人或其代理人并未办结海关手续，所以此时海关对于该类货物的放行不等于结关。

（二）提取货物

进口货物的收货人或其代理人签收海关加盖"海关放行章"戳记的进口提货凭证，这些凭证根据运输工具的不同，名称也不一样，一般有提单、运单、提货单等，凭以到货物进境地的港区、机场、车站、邮局等地的海关监管仓库提取进口货物。

（三）装运货物

出口货物的发货人或其代理人签收海关加盖"海关放行章"戳记的出口提货凭证，这些凭证一般有运单、装货单、场站收据等，凭以到货物出境地的港区、机场、车站、邮局等地的海关监管仓库办理将货物装运上运输工具运离关境的手续。

（四）申请签发证明

进出口货物收发货人或其代理人，办理了提取进口货物或装运完出口货物手续后，如需海关签发有关货物的进口、出口报关单证明联或办理其他证明手续的，均可向海关提出申请。常见的证明主要有：

1. 进口付汇证明联。对需要在银行或国家外汇管理部门办理进口付汇核销的进口货物，报关员应当向海关申请签发《进口货物报关单（付汇证明联）》。海关经审核，对符合条件的，即在《进口货物报关单》上签名，加盖“海关验讫章”，作为进口付汇证明联签发给报关员。同时，通过海关电子通关系统向银行或国家外汇管理部门发送证明联电子数据。

2. 出口收汇证明联。对需要在银行或国家外汇管理部门办理出口收汇核销的口出货物，报关员应当向海关申请签发《出口货物报关单（收汇证明联）》。海关经审核，对符合条件的，即在《出口货物报关单》上签名，加盖“海关验讫章”，作为出口收汇证明联签发给报关员。同时，通过海关电子通关系统向银行或国家外汇管理部门发送证明联电子数据。

3. 出口收汇核销单。对需要办理出口收汇核销的出口货物，报关员还应当在申报时向海关提交由国家外汇管理部门核发的《出口收汇核销单》。海关放行货物后，由海关关员在《出口收汇核销单》上签章。出口货物发货人凭《出口货物报关单（收汇证明联）》和《出口收汇核销单》办理出口收汇核销手续。

4. 出口退税证明联。对需要在国家税务机构办理出口退税的出口货物，报关员应当向海关申请签发《出口货物报关单（出口退税证明联）》。海关经审核，对符合条件的，在出口退税证明联上签章。同时，通过海关电子通关系统向国家税务机构发送证明联电子数据。

5. 进口货物证明书。对进口汽车、摩托车等，报关员应当向海关申请签发《进口货物证明书》，进口货物收货人凭以向国家交通管理部门办理汽车、摩托车的牌照申领手续。海关放行汽车、摩托车后，向报关员签发《进口货物证明书》。同时，将《进口货物证明书》上的内容通过计算机发送给海关总署，再传输给国家交通管理部门。

课后练习

一、单选题

1. 报关是指进出境运输工具的负责人、进出境物品的所有人、进出口货物的收发货人或其代理人向（　　）办理进出境手续的全过程。

A. 边检　　B. 海关

C. 进出境商品检验检疫局　　D. 外经部门

2. 出口货物的发货人或其代理人除海关特准的外，根据规定应当在货物运抵监管区后，（　　）向海关申报。

A. 装货前 24 小时　　B. 装货的 24 小时以前

C. 货物运抵口岸 24 小时内　　D. 承载的运输工具起运（或起航）的 24 小时前

3. 根据《海关法》的规定，（　　）是海关对进出境物品监管的基本原则，也是对进出境物品报关的基本要求。

A. 合理在境内使用原则　　　　B. 合法进出境原则

C. 自用合理数量原则　　　　D. 不在转让原则

4. 按照法律规定，下列不列入报关范围的是（　　）。

A. 进出境运输工具　　　　B. 进出境货物

C. 进出境物品　　　　D. 进出境旅客

5. 一般进出口货物是指在进出境环节缴纳了应征的进出口税费并办结了所有必要的海关手续，海关放行后不再进行监管，可以直接进入生产和消费领域流通的货物。请指出下列哪一类货物不属于一般进出口货物？（　　）

A. 一般贸易进出口货物　　　　B. 易货贸易货物

C. 寄售维修货物　　　　D. 随展览品进境的小卖品

二、多选题

1. 目前，以下哪些货物进出境需向海关办理报关手续（　　）。

A. 一般进出口货物　　　　B. 通过电缆输送进出境的电

C. 通过管道方式输送进出境的石油　　D. 以货品为载体的软件

2. 报关的范围包括（　　）。

A. 进出境货物　　　　B. 进出境物品

C. 进出境运输工具　　　　D. 通过国际速递企业进出境的快件等

3. 关于进出口货物的申报方式，下列表述正确的有（　　）。

A. 申报形式分为两种，即电子数据报关单申报和纸质报关单申报。但电子数据报关单的法律效力低于纸质报关单

B. 在向未使用海关信息化管理系统作业的海关申报时，可以采用纸质报关单申报

C. 在向已使用海关信息化管理系统作业的海关申报时，进出口货物的收发货人、受委托的报关企业应先以电子数据报关单形式向海关申报，之后补交随附纸质报关单证

D. 特殊情况下经海关同意，允许先采用纸质报关单形式申报，电子数据事后补报，补报的电子数据应当与纸质报关单内容一致

4. 在电子数据申报中，进出口货物收发货人或其代理人可以选择以下哪些方式向海关申报？（　　）

A. 终端申报方式　　　　B. 委托 EDI 方式

C. 自行 EDI 方式　　　　D. 网上申报方式

5. 使馆和使馆人员携运进出境物品进出境时，下列（　　）情形不准进出境。

A. 携运进镜的物品超出海关核准的直接需用数量范围的

B. 未依照规定向海关办理有关备案、申报手续的

C. 未经海关批准，擅自将已免税进境的物品进行转让、出售等处置后，再次申请进境同类物品的

D. 携运中国政府禁止或者限制进出境物品进出境，应当提交有关证件而不能提供的

三、判断题

1. 海关监管货物是指进入中国境内的货物。 （　　）
2. 所有的货物进出口报关都要经过前期的备案阶段。 （　　）
3. 进出境物品超过自用、合理数量的，列入海关统计。 （　　）
4. 进出口时，需要办理报检的货物，办理完报关手续后，再办理报检手续。 （　　）
5. 一般进出口货物就是一般贸易货物。 （　　）

四、思考题

1. 简述海关监管货物的分类。
2. 简述我国的电子通关系统。
3. 论述一般进出口货物报关的基本程序。

五、案例分析题

江苏某港口机械制造股份有限公司（320193××××）向香港某船务有限公司出口集装箱半挂车5辆，总价HKD608000。经海关批准，该批货物运抵启运地海关监管现场前，先向该海关录入出口货物报关单电子数据，货物运至海关监管现场后，转关至上海吴淞口岸装运出境。上述货物出口后，其中1辆因质量不良被香港某船务有限公司拒收而退运进口，整批货物因此未能收汇。

根据上述案例，选择回答下列问题（不定项选择题）：

1. 该批货物出口申报应符合下列海关规定：（　　）。

A. 应同时以电子数据报关单和纸质报关单向海关申报，然后由海关进行电子审单

B. 应先向海关提交纸质报关单，由海关预审，再以电子数据报关单向海关正式申报

C. 应以电子数据报关单向海关申报，海关审结后，再向海关提交纸质报关单并随附其他单证

D. 由发货人或其代理人选择使用电子数据报关单或纸质报关单向海关申报

2. 该批货物申报时，除出口货物报关单以外还应向海关提交下列随附单证：（　　）。

A. 商业发票　　B. 出口货物许可证

C. 出口装货单据　　D. 出口收汇核销单

3. 该批出口货物报关单“贸易方式”与“征免性质”两栏目分别填报为：（　　）。

A. 一般贸易，一般征税　　B. 一般贸易，中外合资

C. 合资合作设备，一般征税　　D. 合资合作设备，中外合资

第四章 DISIZHANG

保税货物报关实务

学习目标

□ 了解保税货物、保税加工货物、各类保税物流货物的含义
□ 熟悉保税货物报关的基本环节、保税物流货物的报关程序
□ 掌握电子化手册、电子账册监管下的保税加工货物报关程序

第一节 保税货物概述

保税制度是国家为鼓励发展加工生产产品出口或在境内进行特定储存而设立的一项特殊的海关业务制度。我国海关的保税制度是实行对外开放政策以后，随着各种新型贸易方式的发展逐步建立和完善起来的。目前，随着加工贸易的飞速发展，加工贸易已成为海关监管的主要贸易方式之一。

一、保税货物的含义与类型

（一）保税货物的含义

保税货物是指那些在境内从事特定方式加工或储存的进口货物，在其没有确定最终去向的前提下，进口申报时，经海关批准给予在海关监管前提下暂时免予纳税的待遇。

（二）保税货物的类型

保税货物可以分为保税加工货物和保税物流货物两大类。

1. 保税加工货物。

（1）含义。保税加工货物是指经海关批准未办理纳税手续进境，在境内加工、装配后复运出境的货物。

背景资料：我国加工贸易发展概况

改革开放以来，随着我国加工贸易的迅猛发展，加工贸易产业已占进出口贸易的“半壁江山”，是推动我国产业结构升级和促进经济增长的重要力量，也是海关监管的主要贸易方式之一。2012 年，我国加工贸易进出口总值达 13439.5 亿美元，较 1979 年的 2.35 亿美元增长了 5719 倍。最近 10 年，我国加工贸易发展取得显著成就。高新技术产品

占加工贸易进出口比重从2002年的26%提高到2011年的44.9%；来料加工占比从2000年的30%降至2011年的15%；2011年，加工贸易内销额达到410.3亿元。过去10年，加工贸易产业链条也得到不断延伸，从事深加工结转业务的加工贸易企业2011年占比超过70%，带动国内相关产业产值超过5400亿元。加工贸易毛增值率由2002年的47.2%提高到2011年的77.8%。

资料来源：据“海关总署：我国加工贸易规模32年增长超5000倍”，http://news.xinhuanet.com，2012年8月20日及海关总署2012年的月度数据整理。

（2）主要形式。①来料加工。是指由境外企业提供料件，经营企业不需要付汇进口，按照境外企业的要求进行加工或装配，只收取加工费，制成品由境外企业销售的经营活动。②进料加工。是指经营企业用外汇购买料件进口，制成成品后外销出口的经营活动。

（3）主要范围。①专为加工、装配出口产品而从国外进口且海关准予保税的原材料、零部件、元器件、包装物料、辅助材料（简称料件）；②用进口保税料件生产的成品、半成品；③在保税加工生产过程中产生的副产品、残次品、边角料和剩余料件。

提示：来料加工与进料加工的区别

①是否动用外汇：来料加工不动用外汇，料件进口由外商提供而不是我方购买；进料加工则由我方经营单位动用外汇购买进口料件。

②是否拥有货物所有权：来料加工是由外商提供料件，料件及加工的成品所有权归外商所有，我方无处置权；进料加工业务由我方经营单位购买料件，拥有货物的所有权。

③签订合同的性质：来料加工的合同不是以货物所有权转移为内容的买卖合同，外商既是料件的供应者又是产成品的接收者，双方往往签订一份合同，却涉及进出口两个方向；进料加工则由我方经营单位以买主身份与外商签订进口合同，随后又以卖方身份对外签订出口合同，进口与出口体现为两笔涉及货物所有权的交易。

④进出口双方的关系：来料加工的双方是委托加工关系，其交易的经济效果由外商承担，我方不负责盈亏；而进料加工则由我方自购料件、自销产品、自负盈亏。

2. 保税物流货物。

（1）含义。保税物流货物是指经海关批准未办理纳税手续进境，在境内进行分拨、配送或储存后复运出境的货物，也称作保税仓储货物。

已办结海关出口手续尚未离境，经海关批准存放在海关保税监管场所或特殊监管区域的货物，带有保税物流货物的性质。

（2）范围。①进境经海关批准进入海关保税监管场所或特殊监管区域，保税储存后转口境外的货物；②已经办理出口报关手续尚未离境，经海关批准进入海关保税监管场所或特殊监管区域储存的货物；③经海关批准进入海关保税监管场所或特殊监管区域保税储存的加工贸易货物，供应国际航行船舶和航空器的油料、物料和维修用零部件，供维修外国产品所进口寄售的零配件，外商进境暂存货物；④经海关批准进入海关保税监管场所或特殊监管区域保税的其他未办结海关手续的进境货物。

二、保税货物的基本特征

（一）暂缓纳税

保税货物料件进口时，暂缓缴纳进口关税及进口环节海关代征税，成品出口时除另有规定外无需缴纳关税。

（二）免予交验进口许可证件

保税货物料件进口时，除国家另有规定外免予交验进口许可证件，成品出口时凡属许可证件管理的，必须交验出口许可证件。

（三）监管延伸

因为保税货物进境时办理了暂缓纳税手续，所以保税货物自进境之日起到结关手续办理完毕之前，海关在监管地点与监管时间上都要对其实施延伸管理。

（四）核销结关

保税货物在进出境海关现场得到放行并未代表已结关，只有办完核销手续，才算结束全部的通关程序。

三、保税货物的监管期限

（一）准予保税的期限

准予保税的期限是指经海关批准保税后在境内储存、加工、装配的时间限制。

电子化手册管理的保税加工期限，原则上不超过1年，经批准可以延长，延长的期限原则上也是1年。具体执行中根据合同期限、加工期限和其他情况而定。

电子账册管理的料件保税期限，从企业的电子账册记录第一批料件进口之日起到该电子账册被撤销止。海关特殊监管区域保税的期限，原则上是从料件进区到成品出区办结海关手续止。保税货物准予保税期限如表4－1所示。

表4－1　保税货物准予保税和申请核销期限

		保税期限或存放保税物流时间	申请核销的期限
保税加工	非物理围网型的中小型加工贸易企业（电子手册）	原则上为1年，经批准可延长1年	在手册到期之日起或最后一批成品出运后30天内向海关报核
	非物理围网型的大型加工贸易企业（电子账册）	企业电子账册记录第一批料件进口之日起到该电子账册被核销止	按时间段核销，一般180天核销一次，满180天后30天内核销
	出口加工区	加工贸易料件进区到成品出区结关止	180天报核一次
	珠海园区	加工贸易料件进区到成品出区结关止	每年报核一次
保税物流	保税仓库	1年，可申请延长，最长延1年	每月的5日前报核
	出口监管仓库	6个月，可申请延长，最长延6个月	编制仓库月度进、出、转存情况表和年度财务会计报告，并定期报送海关
	保税物流中心	2年，可申请延长，最长延1年	每年一次
	保税物流园区	没有限制	
	保税区	没有限制	
	保税港区	没有限制	

（二）申请核销的期限

申请核销的期限是指加工贸易经营人向海关申请核销的最后日期。电子化手册管理的保税加工报核期限是在电子化手册有效期到期之日起或最后一批成品出运后30天内。

电子账册管理的保税加工报核期限，一般以180天为1个报核周期，首次报核是从海关批准电子账册建立之日起算，满180天后的30天内报核；以后则从上一次的报核日期起算，满180天后的30天内报核。企业向海关报核是法定义务，报核的期限是一种法定期限，如果企业不按时报核，海关有权依法处理。

四、保税货物报关的基本环节

（一）商务审批

1. 商务主管部门审批加工贸易合同。加工贸易经营企业在向海关办理加工贸易合同备案设立电子化手册之前，先要到商务主管部门办理合同审批手续。经审批后，凭商务主管部门出具的“加工贸易业务批准证书”和“加工贸易企业经营状况和生产能力证明”及商务主管部门审批同意的加工贸易合同到海关备案。

2. 商务主管部门审批加工贸易经营范围。加工贸易经营企业在向海关申请联网监管和建立电子账册、电子化手册之前，先要到商务主管部门办理审批加工贸易经营范围的手续，由商务主管部门对加工贸易企业做出前置审批，凭商务主管部门出具的“经营范围批准证书”和“加工贸易企业经营状况和生产能力证明”到海关申请建立电子账册、电子化手册。

（二）备案保税

加工贸易料件经海关批准才能保税进口。海关批准保税是通过受理备案来实现的。凡是准予备案的加工贸易料件进口时可以暂不办理纳税手续，即保税进口。

电子化手册和电子账册管理下的保税加工货物报关都有备案程序，海关通过受理备案实现批准保税。海关特殊监管区域的保税加工货物报关也有备案程序，主要体现在建立加工贸易电子账册。

海关受理加工贸易料件备案的原则是：合法经营、复运出境、可以监管。

（三）纳税暂缓

国家规定专为加工出口产品而进口的料件，按实际加工复出口成品所耗用料件的数量准予免缴进口关税和进口环节增值税、消费税。这里所指的免税，是指用在出口成品上的料件可以免税。

料件进境时未办理纳税手续，适用海关事务担保（具体内容见本章第二节中的加工贸易银行保证金台账制度）。

（四）监管延伸

海关对保税加工货物的监管无论是地点，还是时间，都需要延伸。

从地点上说，保税加工的料件运离进境地口岸海关监管场所后进行加工、装配的地方，都是海关监管的场所。

从时间上说，保税加工的料件在进境地被提取并不是海关保税监管的结束，而是继续，海关一直要监管到加工、装配后复运出境或者办结正式进口手续最终核销结案为止。

（五）核销结关

保税加工货物经过海关核销后才能结关。

保税加工货物的核销是非常复杂的工作。保税加工的料件进境后要进行加工、装配，改变原进口料件的形态，复出口的商品不再是原进口的商品。这样，向海关的报核，不仅要确认进出数量是否平衡，而且还要确认成品是否由进口料件生产。

第二节 保税加工货物报关实务

一、加工贸易银行保证金台账制度

加工贸易料件进境时未办理纳税手续的货物，适用海关事务担保，具体担保手续按加工贸易银行保证金台账制度执行。

（一）加工贸易银行保证金台账制度的含义

加工贸易银行保证金台账制度是指经营加工贸易的单位或企业凭海关核准的手续，按合同备案金额向指定银行申请设立保证金台账，加工成品在规定的期限内全部出口，经海关核销合同后，由银行核销保证金台账。

（二）加工贸易银行保证金台账制度的分类管理

加工贸易银行保证金台账制度的核心是对不同地区的加工贸易企业和加工贸易涉及的进出口商品实行分类管理，对部分企业进口的部分料件，由银行按照海关根据规定计算的金额征收保证金（参见表4－2）。

表4－2　加工贸易银行保证金台账分类管理

<table>
<tr><th rowspan="2">分类</th><th rowspan="2">禁止类</th><th colspan="2">限制类商品</th><th colspan="2">允许类商品</th><th rowspan="2">1万美元及以下
零星料件</th><th rowspan="2">5千美元及以下
78种客供辅料</th></tr>
<tr><th>东部</th><th>中西部</th><th>东部</th><th>中西部</th></tr>
<tr><td>AA类企业</td><td>—</td><td colspan="2" rowspan="2">空转</td><td colspan="2">不转</td><td rowspan="3">不转</td><td rowspan="3">不转/免册
（海关备案）</td></tr>
<tr><td>A类企业</td><td rowspan="3">不准开展加工贸易</td><td colspan="2">空转</td></tr>
<tr><td>B类企业</td><td>半实转</td><td>空转</td><td colspan="2">空转</td></tr>
<tr><td>C类企业</td><td colspan="6">实转</td></tr>
<tr><td>D类企业</td><td colspan="7">不准开展加工贸易</td></tr>
</table>

注：表中“不转”指不设台账，“空转”指设台账不付保证金，“实转”指设台账付保证金，“半实转”指设台账减半支付保证金。

地区分为东部地区和中西部地区。东部地区包含辽宁省、北京市、天津市、河北省、山东省、江苏省、上海市、浙江省、福建省、广东省。中西部地区指东部地区以外的中国其他地区。

加工贸易企业按报关单位分类管理中“收发货人的审定标准”分为5个类别，海关监管的信誉度由高到低依次为AA类、A类、B类、C类、D类，其中D类企业被取消加工贸易经营资格。

商品分为禁止类、限制类、允许类3类。

进口料件金额在1万美元及以下的，适用AA类、A类、B类管理的加工贸易企业可以不设台账，也不必向银行交付保证金。

适用AA类、A类、B类管理的加工贸易企业进口金额在5000美元及以下的列名的78种客供服装辅料，如拉链、纽扣、鞋机、机绊、摁机垫肩、胶袋、花边等，即一般贸易出口合同中订明由境外厂商提供的，不仅可以不设台账，还可免领手册，但必须凭出口合同向主管海关备案。

测试4-1：下列关于加工贸易保证金台账制度的表述，错误的是（　　）。

A. 海南省、广西壮族自治区、河北省属中部地区

B. 加工贸易企业分为AA类、A类、B类、C类、D类5个管理类别

C. 商品分为禁止类、限制类、允许类、鼓励类4类

D. 中西部地区C类企业进出口允许类商品，按应征税款的50%征收保证金

二、电子化手册管理下的保税加工货物报关程序

电子化手册管理模式的主要特征是以合同为单元进行监管，其基本程序是合同备案、进出口报关、合同报核。分述如下：

（一）合同备案

1. 合同备案的含义。加工贸易合同备案是指加工贸易企业持经批准的加工贸易合同到主管海关备案，申请保税并领取加工贸易手册或其他准予备案凭证的行为。

2. 合同备案的企业。国家规定开展加工贸易业务应当由经营企业到加工企业的所在地主管海关办理加工贸易合同备案手续。经营企业和加工企业有可能是同一个企业，也可能不是同一个企业。

（1）经营企业。经营企业是指负责对外签订加工贸易进出口合同的各类进出口企业和外商投资企业，以及经批准获得来料加工经营许可的对外加工装配服务公司。

（2）加工企业。加工企业是指接受经营企业委托，负责对进口料件进行加工或者装配，且具有法人资格的生产企业，以及由经营企业设立的虽不具有法人资格，但实行相对独立核算并已经办理工商营业证（执照）的工厂。

3. 合同备案的步骤。企业办理加工贸易合同备案前需要报商务主管部门审批合同，领取“加工贸易业务批准证”和“加工贸易企业经营状况和生产能力证明”；需要领取其他许可证件的还要向有关主管部门申领许可证件，然后进入海关合同备案的程序。

其步骤包括：内容预录入→海关审核→开立台账→建立手册。

4. 合同备案的内容。

（1）备案单证。①商务主管部门按照权限签发的“加工贸易业务批准证”和“加工贸易企业经营状况和生产能力证明”；②加工贸易合同或合同副本；③加工贸易合同备案申请表及企业加工贸易合同备案呈报表；④属加工贸易国家管制商品的需交验主管部门的许可证件或许可证件复印件；⑤为确定单耗和损耗率所需的有关资料；⑥其他备案所需要的单证。

（2）备案商品。①加工贸易禁止类商品不准备案；②进出口消耗臭氧层物质、易制毒

化学品、监控化学品，在备案时需要提供进出口许可证或两用物项进出口许可证复印件；③进出口音像制品、印刷品、地图产品及附有地图的产品，进口工业再生废料等，在备案时需要提供有关主管部门签发的许可证件或批准文件。

除上述以外的为允许保税加工的商品，具体规定如表 4－3 所示。

表 4－3　　加工贸易备案商品的规定

禁止类 （不准予开展加工贸易类商品）	限制类加工贸易进口商品 （需提供许可证或其他许可证件的）	允许类
1. 国家明令禁止进出口的商品； 2. 为种植、养殖而进口的商品； 3. 高能耗、高污染的商品； 4. 低附加值、低技术含量的商品； 5. 其他列名的加工贸易禁止类商品。	消耗臭氧层物质、易制毒化学品、监控化学品； 进出口音像制品、印刷品、地图产品及附有地图的产品，进口工业再生废料等； 需要其他许可证件的。	除禁止类和限制类以外的； 以加工贸易深加工结转方式转出、转入的商品属限制类的按允许类商品管理。

（3）保税额度。加工贸易合同项下海关准予备案的料件，全额保税。加工贸易合同项下海关不予备案的料件，以及试车材料、未列名消耗性物料等，不予保税，进口时按照一般进口货物照章征税。

（4）台账制度。按加工贸易银行保证金台账分类管理的原则，或不设台账，或设台账不付保证金，或设台账并付保证金（具体内容参见本节表 4－2）。

5. 合同备案的凭证。海关受理并准予备案后，企业应当领取海关准予备案的凭证。这些凭证主要包括：电子化手册编号（适用不设台账的情况）、银行保证金台账登记通知单（适用开设台账的情况）。

对为生产出口产品而进口属于国家规定的 78 种列名服装辅料，且金额不超过 5000 美元的合同，除 C 类企业外，免予建立电子化手册，直接凭出口合同备案准予保税后，凭海关在备案出口合同上的签章和编号直接进入进出口报关阶段。

6. 合同备案的变更。已经海关登记备案的加工贸易合同，其品名、规格、金额、数量、加工期限、单耗、商品编码等发生变化的，须向主管海关办理合同备案变更手续，开设台账的合同还须变更台账。

合同变更应在合同有效期内报原商务审批部门批准。为简化合同变更手续，对贸易性质不变、商品品种不变，合同变更的金额小于 1 万美元（含 1 万美元）和合同延长不超过 3 个月的合同，企业可直接到海关和银行办理变更手续，不需再经商务主管部门重新审批。

若企业管理类别发生调整的，银行保证金台账也要做相应的调整。

7. 与合同备案相关的事宜。

（1）异地加工贸易合同备案。异地加工贸易是指一个直属海关的关区内加工贸易经营企业，将进口料件委托另一个直属海关关区内的加工生产企业加工，并组织出口的加工贸易。

开展异地加工贸易应在加工企业所在地设立台账，由加工贸易经营企业向加工企业所在地主管海关办理合同备案手续。海关对开展异地加工贸易的经营企业和加工企业实行分类管理，如果两者的管理类别不相同，按其中较低类别管理。

异地加工贸易合同备案的步骤是：①经营企业凭所在地商务主管部门核发的“加工贸易业务批准证”和加工企业所在地县级以上商务主管部门出具的“加工贸易加工企业经营状况和生产能力证明”，填制“异地加工贸易申请表”，向经营企业所在地主管海关提出异地加工贸易申请，经海关审核后领取经营企业所在地主管海关的关封。②经营企业持关封和合同备案的必要单证，到加工企业所在地主管海关办理合同备案手续。

（2）加工贸易单耗申报。加工贸易单耗申报是指加工贸易企业进行备案时，在货物出口、深加工结转、内销及报核前填写“中华人民共和国海关加工贸易单耗申报单”向海关如实申报加工贸易单耗的行为。经海关批准后，加工贸易企业也可以在报核前向海关申报单耗。

相关链接：

加工贸易单耗的相关概念

单耗是指加工贸易企业在正常加工条件下加工单位成品所耗用的料件量，单耗包括净耗和工艺损耗。

净耗是指在加工后，料件通过物理变化或者化学反应存在或者转化到单位成品中的量。

工艺损耗是指因加工工艺原因，料件在正常加工过程中除净耗外所必需耗用，但不能存在或者转化到成品中的量，包括有形损耗和无形损耗。

工艺损耗率是指工艺损耗占所耗用料件的百分比。

上述几个概念之间的关系可用公式表示如下：单耗＝净耗/（1－工艺损耗率）

（3）加工贸易外发加工申请。外发加工是指经营企业因受自身生产特点和条件限制，经海关批准并办理有关手续，委托承揽企业对加工贸易货物进行加工，在规定期限内将加工后的产品运回本企业并最终复出口的行为。

外发加工的成品、剩余料件及生产过程中产生的边角料、残次品、副产品等工贸易货物，经经营企业所在地主管海关批准，可以不运回本企业，直接出口至境外、海关特殊监管区域或保税监管场所，或者以深加工结转方式出口。

经营企业申请开展外发加工业务，应当向海关提交下列单证：①经营企业签章的“加工贸易货物外发加工申请表”；②经营企业与承揽企业签订的加工合同或者协议；③承揽企业营业执照复印件；④经营企业签章的“承揽企业经营状况和生产能力证明”；⑤海关需要收取的其他单证和材料。

经营企业申请开展外发加工业务，应当如实填写“加工贸易货物外发加工申请审批表”及“加工贸易外发加工货物外发清单”，经海关审核批准后，方可进行外发加工。

（4）加工贸易串料申请。加工贸易货物应当专料专用。因加工出口产品急需，经海关核准，经营企业保税料件之间、保税料件与非保税料件之间可以进行串换，但料件串换限于同一企业，并应当遵循同品种、同规格、同数量、不牟利的原则。

来料加工保税进口料件不得串换。

（5）加工贸易抵押申请。经经营企业申请，海关批准，加工贸易货物可以抵押。但有下列情形之一的，不予办理抵押手续：①抵押影响加工贸易货物生产正常开展的；②抵押加工贸易货物或其他使用的保税料件涉及进出口许可证件管理的；③抵押加工贸易属来料加工货物的；④以合同为单元进行管理，抵押期限超过手册有效期限的；⑤以企业为单元进行管理，抵押期限超过1年的；⑥经营企业或加工企业涉嫌走私、违规，已被海关立案调查、侦查，案件未审结的；⑦经营企业或加工企业因为管理混乱被海关要求整改，在整改期内的；⑧海关认为不予批准的其他情形。

经审核符合条件的，经营企业在缴纳相应保证金或者银行保函后，主管海关准予其向境内银行办理加工贸易货物抵押，并将抵押合同、贷款合同复印件留存主管海关备案。

保证金或者银行保函按抵押加工贸易货物对应成品所使用全部保税料件应缴税款金额计算。

（二）进出口报关

电子化手册管理下的保税加工货物报关，适用进出口报关阶段程序的有进出境货物报关、深加工结转货物报关和其他保税加工货物报关3种情形。

1. 进出境货物报关。保税加工货物进出境的报关程序与一般进出口货物一样，包括：申报→查验→征税→放行4个环节，只是在第3个环节不是缴纳税费，而是暂缓纳税，即保税。除此以外，还有以下区别：加工贸易企业在主管海关备案的情况在计算机系统中已生成电子底账，有关电子数据通过网络传输到相应的口岸海关。因此企业在口岸海关报关时提供的有关单证内容必须与电子底账数据相一致，只要有某一方面不一致，报关就不能通过。

保税加工货物进出境报关的许可证件管理和税收征管要求如下：

（1）关于进出口许可证件管理。①进口料件，除易制毒化学品、监控化学品、消耗臭氧层物质、原油、成品油等个别规定商品外，均可以免予交验进口许可证件。这里所称"免予交验进口许可证件"，并不包括涉及公共道德、公共卫生、公共安全所实施的进出口管制证件。②出口成品，属于国家规定应交验出口许可证件的，在出口报关时必须交验出口许可证件。

（2）关于进出口税收征管。准予保税的加工贸易料件进口时暂缓纳税。加工贸易项下出口应税商品，如系全部使用进口料件加工生产的产（成）品，不征收出口关税。加工贸易项下出口应税商品，如系部分使用进口料件、部分使用国产料件加工的产（成）品，则按海关核定的比例征收出口关税。具体计算公式如下：

出口关税 = 出口货物完税价格 × 出口关税税率 × 出口产（成）品中使用的国产料件和全部料件的价值比例

出口货物完税价格由海关根据《中华人民共和国海关审定进出口货物完税价格办法》（以下简称《审价办法》）的规定审核确定。

2. 深加工结转货物报关。加工贸易深加工结转是指加工贸易企业将保税进口料件加工的产品转至另一加工贸易企业进一步加工后复出口的经营活动。其程序分为计划备案、收发货登记、结转报关3个环节。

（1）计划备案。加工贸易企业开展深加工结转，转入、转出企业应当向各自主管海关提交保税加工货物深加工结转申请表，申报结转计划：①转出企业在申请表（一式四联）中填写本企业的转出计划并签章，凭申请表向转出地海关备案。②转出地海关备案后，留存申请表第一联，其余三联退转出企业交转入企业。③转入企业自转出地海关备案之日起20日内，持申请表其余三联，填制本企业的相关内容后，向转入地海关办理报备手续并签章。

转入企业在20日内未递交申请表，或者虽向海关递交但因申请表的内容不符合海关规定而未获准的，该份申请表作废。转出、转入企业应当重新填报和办理备案手续。④转入地海关审核后，将申请表第二联留存，第三、第四联交转入、转出企业凭以办理结转收发货登记及报关手续。

（2）收发货登记。转出、转入企业办理结转计划申报手续后，应当按照经双方海关核准后的申请表进行实际收发货。

转出、转入企业的每批次收发货记录应当在保税货物实际结转情况登记表上进行如实登记，并加盖企业结转专用名章。

结转货物退货的，转入、转出企业应当将实际退货情况在登记表中进行登记，同时注明“退货”字样，并各自加盖企业结转专用名章。

（3）结转报关。转出、转入企业实际收发货后，应按以下规定办理结转报关手续：

①转出、转入企业分别在转出地、转入地海关办理结转报关手续。转出、转入企业可以凭一份申请表分批或者集中办理报关手续。

转出企业每批实际发货后在90日内办结该批货物的报关手续，转入企业每批实际收货后在90日内办结该批货物的报关手续。

②转入企业凭申请表、登记表等单证向转入地海关办理结转进口报关手续，并在结转进口报关后的第二个工作日内将报关情况通知转出企业。

③转出企业自接到转入企业通知之日起10日内，凭申请表、登记表等单证向转出地海关办理结转出口报关手续。

④结转进口、出口报关的申报价格为结转货物的实际成交价格。

⑤一份结转进口货物报关单对应一份结转出口货物报关单，两份报关单之间对应的申报序号、商品编号、数量、价格和手册号应当一致。

⑥结转货物分批报关的，企业应当同时提供申请表和登记表的原件及复印件。

提示：

经营企业要对加工贸易合同下的成品或半成品结转，必须履行备案手续，备案的程序是：转出企业填报申请表→转出地海关备案→转入企业申请备案→转入地海关审核准予备案。

货物实际发运后的结转报关程序是：转入企业在转入地海关办理进口报关手续→转出企业接到转入企业通知后在转出地海关办理出口报关手续。

3. 其他保税加工货物的报关。其他保税加工货物是指履行加工贸易合同过程中产生的剩余料件、边角料、残次品、副产品和受灾保税货物。

相关链接：

其他保税加工货物的相关概念

剩余料件是指加工贸易企业在从事加工复出口业务过程中剩余的可以继续用于加工制成品的加工贸易进口料件。

边角料是指加工贸易企业从事加工复出口业务，在海关核定的单耗标准内、加工过程中产生的、无法再用于加工该合同项下出口制成品的数量合理的废、碎料及下脚料。

残次品是指加工贸易企业从事加工复出口业务，在生产过程中产生的有严重缺陷或者达不到出口合同标准，无法复出口的制成品（包括完成品和未完成品）。

副产品是指加工贸易企业从事加工复出口业务，在加工生产出口合同规定的制成品（主产品）过程中同时产生的，且出口合同未规定应当复出口的一个或一个以上的其他产品。

受灾保税货物是指在加工贸易企业从事加工出口业务中，因不可抗力原因或其他经海关审核认可的正当理由造成损毁、灭失、短少等导致无法复出口的保税进口料件和加工制成品。

对于履行加工贸易合同中产生的上述剩余料件、边角料、残次品、副产品、受灾保税货物，企业必须在手册有效期内处理完毕。处理的方式有内销、结转、退运、放弃、销毁等。除销毁处理外，其他处理方式都必须填制报关单报关。有关报关单是企业报核的必要单证（参见表4－4）。

表4－4　　其他保税加工货物内销处理相关规定

<table>
<tr><th>其他保税加工货物</th><th>征税数量</th><th>完税价格</th><th>税　率</th><th>征税利息</th></tr>
<tr><td>剩余料件</td><td>申报数量</td><td>进料加工：料件原进口成交价格；
不能确定的：相同或类似进口成交价格；
来料加工：相同或类似的货物的进口成交价格</td><td rowspan="4">海关接受申报办理纳税手续之日实施的税率。如内销商品属关税配额管理而在办理纳税手续时又没有配额证的，应当按该商品配额外适用的税率缴纳进口税。</td><td rowspan="4">除边角料不加征缓税利息外，缓税利息计息期限的起始日期为内销料件或制成品所对应的加工贸易合同项下首批料件进口之日，终止日期为海关填发税款缴款书之日。</td></tr>
<tr><td>边角料</td><td>申报数量</td><td>内销价格</td></tr>
<tr><td>残次品</td><td>单耗关系折算耗用掉的保税进口料件数量</td><td>进料加工：料件原进口成交价格；
不能确定的：相同或类似进口成交价格；
来料加工：相同或类似的货物的进口成交价格</td></tr>
<tr><td>副产品</td><td>申报时实际状态</td><td>内销价格</td></tr>
</table>

（1）内销。保税加工货物转内销应经商务主管部门审批，加工贸易企业凭“加工贸易保税进口料件内销批准证”办理内销料件正式进口报关手续，缴纳进口税和缓税利息。

经批准允许转内销的保税加工货物属进口许可证件管理的，企业还应按规定向海关补交进口许可证件；申请内销的剩余料件，如果金额占该加工贸易合同项下实际进口料件总额3%及以下且总值在人民币1万元及以下的，免予审批，免予交验许可证件。

（2）结转。加工贸易企业可以向海关申请将剩余料件结转至另一个加工贸易合同项下生产出口，但应当在同一经营单位、同一加工厂、同样的进口料件和同一加工贸易方式的情况下结转。

加工贸易企业申办剩余料件结转时应向海关提供以下单证：①企业申请剩余料件结转的

书面材料；②企业拟结转的剩余料件清单；③海关按规定需收取的其他单证和材料。

海关将依法对企业结转申请予以审核，对不符合规定的会做出不予结转决定，并告知企业按照规定将不予结转的料件退出境外、征税内销、放弃或者销毁；对符合规定的会做出准予结转的决定，并向企业签发加工贸易剩余料件结转联系单，由企业在转出手册的主管海关办理出口报关手续，在转入手册的主管海关办理进口报关手续。

加工贸易企业因合同变更、外商毁约等原因无法履行原出口合同，申请将尚未加工的剩余保税料件结转到另一个加工贸易合同项下加工复出口的，可以比照上述剩余料件结转的办法办理报关手续。

（3）退运、放弃、销毁。其他保税加工货物退运、放弃、销毁的处理见表 4－5。

表 4－5　　其他保税加工货物退运、放弃、销毁的处理

保税货物类别	报关	报核	备注
退运	持手册等有关单证向口岸海关报关，办理出口手续	留存有关报关单证，以备报核	
放弃	符合放弃规定的，海关开具“加工贸易企业放弃加工贸易货物交接单”，企业凭以在规定的时间内将放弃的货物运至指定的仓库，并办理货物的报关手续	主管海关凭接受放弃货物的部门签章的“加工贸易企业放弃加工贸易货物交接单”及其他有关单证，核销企业的放弃货物	不予放弃的情况：①申请放弃的货物属于国家禁止或限制进口的废物的；②申请放弃的货物属于对环境造成污染的；③法律、行政法规、规章规定不予放弃的其他情形
销毁	不需填制报关单； 企业向海关提出销毁申请，海关经核实同意销毁的，由企业按规定销毁，必要时海关可派员监督	货物销毁后，企业应当收取有关部门出具的销毁证明材料，以备报核	类别：被海关做出不予结转决定或不予放弃决定的加工贸易货物或涉及知识产权等原因企业要求销毁的加工贸易货物

注意：

放弃不是简单的丢弃，而是在规定的时间内将放弃的货物运至指定的仓库，并办理海关手续。此外，要记住不能放弃的三种情况。

测试 4－2：多选题

加工贸易剩余料件如作（　　）处理，必须填制报关单报关。

A. 内销　　B. 结转　　C. 退运　　D. 放弃

（4）受灾保税加工货物的处理。对于受灾保税加工货物，加工贸易企业须在灾后 7 日内向主管海关书面报告，并提供如下证明材料，海关可视情况派员核查取证：①商务主管部门的签注意见；②有关主管部门出具的证明文件；③保险公司出具的保险赔款通知书或检验检疫部门出具的有关检验检疫证明文件。

因不可抗力造成的受灾保税加工货物灭失，或者已完全失去使用价值无法再利用的，可由海关审定，并予以免税。因不可抗力造成的受灾保税货物需销毁处理的，同其他保税加工货物的销毁处理一样。因不可抗力造成的受灾保税加工货物虽失去原使用价值但可再利用的，按海关审定的受灾保税货物价格，按对应的进口料件适用的税率，缴纳进口税和缓税利息。其对应进口料件属于实行关税配额管理的，按照关税配额税率计征税款。

对非不可抗力因素造成的受灾保税加工货物，海关按照原进口货物成交价格审定完税价格照章征税。属于实行关税配额管理，无关税配额证的，按关税配额外适用的税率计征税款。

因不可抗力造成的受灾保税货物对应的原进口料件内销征税时，如属进口许可证件管理的，免予交验许可证件；反之，不是因不可抗力造成的受灾保税货物对应的原进口料件内销征税时，如属进口许可证件管理的，应当交验进口许可证件。

注意：

对受灾的保税加工货物要分两类来看待：①不可抗力所致，②非不可抗力所致。对①的情况转内销时一切从宽处理，可享受多种优惠；对②的情况转内销时的管理则严格很多。

（三）合同报核

1. 报核和核销的含义。加工贸易合同报核是指加工贸易企业在加工贸易合同履行完毕或终止合同并按规定对未出口的货物进行处理后，按照规定的期限和规定的程序，向加工贸易主管海关申请核销、结案的行为。

加工贸易合同核销是指加工贸易经营企业加工复出口并对未出口的货物办妥有关海关手续后，凭规定单证向海关申请解除监管，海关经审查、核查属实且符合有关法律、行政法规的规定，予以办理解除监管手续的海关行政许可事项。

2. 报核的时间。经营企业应当在规定的期限内将进口料件加工复出口，并自加工贸易手册项下最后一批成品出口之日起或者加工贸易手册到期之日起30日内向海关报核。经营企业对外签订的合同因故提前终止的，应当自合同终止之日起30日内向海关报核。

3. 报核的单证。企业报核所需的单证包括：企业合同核销申请表、加工贸易手册、进出口货物报关单、核销核算表、其他海关需要的资料。

4. 报核的步骤。企业报核的步骤如下：（1）合同履约后，及时收集、整理、核对手册和进出口货物报关单；（2）根据有关账册记录、仓库记录、生产工艺资料等查清此合同加工生产的实际单耗，并据以填写核销核算表（产品的实际单耗如与合同备案单耗不一致，应在最后一批成品出口前进行单耗的变更）；（3）填写核销预录入申请单，办理报核预录入手续；（4）携带有关报核需要的单证，到主管海关报核，并填写报核签收回联单。

5. 特殊情况的报核。

（1）遗失进出口货物报关单的合同报核。按规定企业应当用报关单留存联报核，在遗失报关单的情况下，可凭报关单复印件向原报关地海关申请加盖海关印章后报核。

（2）无需建议手册的5000美元及以下的78种列名服装辅料的合同报核。企业直接持进出口货物报关单、合同、核销核算表报核。报核的出口货物报关单应当是注明备案编号的一般贸易出口货物报关单。

(3) 撤销合同报核。加工贸易合同备案后因故提前终止执行、未发生进出口而申请撤销的，应报商务主管部门审批，企业凭审批件和手册报核。

(4) 有走私违规行为的加工贸易合同报核。加工贸易企业因走私行为被海关缉私部门或者法院没收保税加工货物的，凭相关证明材料，如“行政处罚决定书”、“行政复议决定书”、“判决书”、裁决书”等向海关报核。

加工贸易企业因违规等行为被海关缉私部门或法院处以警告、罚款等处罚但不没收保税加工货物的，不予免除加工贸易企业办理相关海关手续的义务。

6. 海关受理报核和核销。海关对企业的报核依法进行审核，对不符合规定的，书面告知企业不予受理的理由，并要求企业重新报核；符合规定的，予以受理。

海关自受理企业报核之日起 20 个工作日内核销完毕，特殊情况下，可由直属海关的关长批准或者由直属海关关长授权的隶属海关关长批准，延长 10 个工作日。

三、电子账册管理下的保税加工货物报关程序

(一) 电子账册管理简介

1. 含义。电子账册管理是加工贸易联网监管中海关以加工贸易企业的整体加工贸易业务为单元对保税加工货物实施监管的一种模式。

海关为联网企业建立电子底账，联网企业只设立一个电子账册。根据联网企业的生产情况和海关的监管需要确定核销周期，并按照该核销周期对实行电子账册管理的联网企业进行核销。

2. 电子账册的建立。电子账册的建立要经过加工贸易经营企业的联网监管申请和审批、加工贸易业务的申请和审批、建立商品归并关系和电子账册等 3 个步骤。

(1) 联网监管的申请和审批。符合联网监管条件的加工贸易企业，应当先向企业所在地商务主管部门办理前置审批手续，由商务主管部门对申请联网监管企业的加工贸易经营范围依法进行审批。

经商务主管部门审批同意后，加工贸易企业向所在地直属海关提出书面申请，并提交相关资料。主管海关在接到加工贸易企业电子账册管理模式的联网监管申请后，对申请实施联网监管的企业进口料件、出口成品的归类和商品归并关系进行预先审核和确认。经审核符合联网监管条件的，主管海关制发“海关实施加工贸易联网监管通知书”。

(2) 加工贸易业务的申请和审批。联网企业的加工贸易业务由商务主管部门审批。商务主管部门总体审定联网企业的加工贸易资格、业务范围和加工生产能力。

商务主管部门收到联网企业申请后，对非国家禁止开展的加工贸易业务，予以批准，并签发“联网监管企业加工贸易业务批准证”。

(3) 建立商品归并关系和电子账册。联网企业凭商务主管部门签发的“联网监管企业加工贸易业务批准证”向所在地主管海关申请建立电子账册。海关以商务主管部门批准的加工贸易经营范围、年生产能力等为依据，建立电子账册。

电子账册包括加工贸易“经营范围电子账册”和“便捷通关电子账册”。“经营范围电子账册”用于检查控制“便捷通关电子账册”进出口商品的范围，不能直接报关。“便捷通关电子账册”用于加工贸易货物的备案、通关和核销。

“经营范围电子账册”叫“IT 账册”；“便捷通关电子账册”叫“E 账册”。

电子账册是在商品归并关系确立的基础上建立起来的，没有商品归并关系就不能建立电子账册，所以联网监管的实现依靠商品归并关系的确立。

商品归并关系，是指海关与联网企业根据监管的需要按照中文品名、HS 编码、价格、贸易管制等条件，将联网企业内部管理的“料号级”商品与电子账册备案的“项号级”商品归并或拆分，建立“一对多”或“多对一”的对应关系。

（二）报关程序

1. 备案。

（1）“经营范围电子账册”备案。企业凭商务主管部门的批准证通过网络向海关办理“经营范围电子账册”备案手续，备案内容为：①经营单位名称及代码；②加工单位名称及代码；③批准证件编号；④加工生产能力；⑤加工贸易进口料件和成品范围（商品编码前4位）。

企业在收到海关的备案信息后，应将商务主管部门的纸质批准证交海关存档。

（2）“便捷通关电子账册”备案。企业可通过网络向海关办理“便捷通关电子账册”备案手续。“便捷通关电子账册”的备案包括以下内容：①企业基本情况表，包括经营单位及代码、加工企业及代码、批准证编号、经营范围账册号、加工生产能力等；②料件、成品部分，包括归并后的料件、成品名称、规格、商品编码、备案计量单位、币制、征免方式等；③单耗关系，包括出口成品对应料件的净耗、损耗率等。

其他部分可同时申请备案，也可分阶段申请备案，但料件必须在相关料件进口前备案，成品和单耗关系最迟在相关成品出口前备案。海关将根据企业的加工能力设定电子账册最大周转金额，并对部分高风险或需要重点监管的料件设定最大周转数量。电子账册进口料件的金额、数量，加上电子账册剩余料件的金额、数量，不得超过最大周转金额和最大周转数量。

（3）备案变更。

①“经营范围电子账册”变更。企业的经营范围、加工能力等发生变更时，经商务主管部门批准后，企业可通过网络向海关申请变更，海关予以审核通过，并收取商务主管部门出具的“联网监管企业加工贸易业务批准证变更证明”等相关书面材料。

②“便捷通关电子账册”变更。“便捷通关电子账册”的最大周转金额、核销期限等需要变更时，企业应向海关提交申请，海关批准后直接变更。“便捷通关电子账册”的基本情况表中的内容、料件成品发生变化的，包括料件、成品品种、单损耗关系的增加等，只要未超出经营范围和加工能力的，企业不必报经商务主管部门审批，可通过网络直接向海关申请变更，海关予以审核通过。

表 4-6　　电子化手册和电子账册的比较

情况 / 序号	比较情况	电子化手册模式	电子账册模式
1	管理单元	以加工贸易合同为管理单元	以企业为管理单元
2	电子底账	为联网企业建立电子底账，一个加工贸易合同建立一个电子化手册	为联网企业建立电子底账，联网企业只设立一个电子账册

续表

序号＼情况	比较情况	电子化手册模式	电子账册模式
3	银行保证金台账制度	执行银行保证金台账制度	执行银行保证金台账制度
4	基本管理原则	总量控制，一次核销、联网检查	一次审批、分段备案、滚动核销、控制周转、联网核查
5	征税	加工贸易货物进口时全额保税	加工贸易货物进口时全额保税

2. 进出口报关。电子账册模式下联网监管企业的保税加工货物报关与电子化手册模式一样，适用进出口报关阶段程序的，也有进出境货物报关、深加工结转货物报关和其他保税加工货物报关3种情形。

（1）进出境货物报关。

①报关清单的生成。使用“便捷通关电子账册”办理报关手续，企业应先根据实际进出口情况，从企业系统导出料号级数据生成归并前的报关清单，通过网络发送到电子口岸。报关清单应按照加工贸易合同填报监管方式，进口报关清单填制的总金额不得超过电子账册最大周转金额的剩余值，其余项目的填制参照报关单的填制规范。

②报关单的生成。联网企业进出口保税加工货物，应使用企业内部的计算机，采用计算机原始数据形成报关清单，报送中国电子口岸。电子口岸将企业报送的报关清单根据归并原则进行归并，并分拆成报关单后发送回企业，由企业填报完整的报关单内容后，通过网络向海关正式申报。

③报关单的修改、撤销。不涉及报关清单的报关单内容可直接进行修改，涉及报关清单的报关单内容修改必须先修改报关清单，再重新进行归并。

报关单申报后，一律不得修改，只能删除。

④填制报关单要求。联网企业备案的进口料件和出口成品等内容，是货物进出口时与企业实际申报货物进行核对的电子底账，因此申报数据与备案数据应一致。

企业按实际进出口的“货号”（料件号和成品号）填报报关单，并按照加工贸易货物的实际性质填报监管方式。海关按照规定审核申报数据，进口货物报关单的总金额不得超过电子账册最大周转金额的剩余值，如果电子账册对某项下料件的数量进行限制，那么报关单上该项商品的申报数量不得超过其最大周转量的剩余值。

⑤申报方式选择。联网企业可根据需要和海关规定分别选择有纸报关或无纸报关方式申报。联网企业进行无纸报关的，海关凭同时盖有申报单位和其代理企业的提货专用章的放行通知书办理“实货放行”手续；报关单位凭同时盖有经营单位、报关单位及报关员印章的纸质单证办理“事后交单”事宜。联网企业进行有纸报关的，应由本企业的报关员办理现场申报手续。有关许可证件管理和税收征管的规定与纸质手册管理下的保税加工货物进出境报关一样，参照电子化手册的有关内容。

（2）深加工结转货物报关。电子账册管理下的联网企业深加工结转货物报关与电子化手册管理下的保税加工货物深加工结转报关一样，参照电子化手册的有关内容。

(3) 其他保税加工货物报关。经主管海关批准，联网监管企业可按月度集中办理内销征税手续。

按月度集中办理内销征税手续的联网企业，在每个核销周期结束前，必须办结本期所有的内销征税手续。

联网企业以内销、结转、退运、放弃、销毁等方式处理保税进口料件、成品、副产品、残次品、边角料和受灾货物的报关手续，参照电子化手册管理。后续缴纳税款时，缓税利息计息日为电子账册上期核销之日（未核销过的为“便捷通关电子账册”记录首次进口料件之日）的次日至海关开具税款缴纳证之日。

3. 报核和核销。电子账册采用的是以企业为单元的管理方式，一个企业只有一个电子账册，因此，对电子账册模式的核销实行滚动核销的形式，即对电子账册按照时间段进行核销，将某个确定的时间段内企业的加工贸易进出口情况进行平衡核算。

企业必须在规定的期限内完成报核手续，确有正当理由不能按期报核的，经主管海关批准可以延期，但延长期限不得超过60天。

企业报核和海关核销程序如下：

(1) 企业报核。

①预报核。预报核是加工贸易联网企业报核的组成部分。企业在向海关正式申请核销前，在电子账册本次核销周期到期之日起30天内，将本核销期内申报的所有的电子账册进出口报关数据按海关要求的内容，包括报关单号、进出口岸、扣减方式、进出标志等以电子报文形式向海关申请报核。

②正式报核。正式报核是指企业预报核通过海关审核后，以预报核海关核准的报关数据为基础，准确、详细地填报本期保税进口料件的应当留存数量、实际留存数量等内容，以电子数据向海关正式申请报核。

经海关认定企业实际库存多于应存数，有合理正当理由的，可以计入电子账册下期核销，对其他原因造成的，依法处理。联网企业不再使用电子账册的，应当向海关申请核销。电子账册核销完毕，海关予以注销。

(2) 海关核销。海关核销的基本目的是掌握企业在某个时段所进口的各项保税加工料件的使用、流转、损耗的情况，确认是否符合以下的平衡关系：

进口保税料件（含深加工结转进口）＝出口成品折料（含深加工结转出口）＋内销料件＋内销成品折料＋剩余料件＋损耗－退运成品折料

经核对，企业报核数据与海关底账数据及盘点数据相符的，海关通过正式报核审核，打印核算结果，系统自动将本期结余数转为下期期初数。

企业实际库存量多于电子底账核算结果的，海关会按照实际库存量调整电子底账的当期结余数量；企业实际库存量少于电子底账核算结果且可以提供正当理由的，对短缺部分，联网企业按照内销处理；企业实际库存量少于电子底账核算结果且联网企业不能提供正当理由的，对短缺部分，海关将移交缉私部门处理。

四、出口加工区进出货物报关程序

（一）出口加工区简介

1. 含义。出口加工区是指经国务院批准在中华人民共和国境内设立的，由海关对保税加工进出口货物进行封闭式监管的特定区域。

2. 功能。出口加工区具有从事保税加工、保税物流及研发、检测、维修等业务的功能。

出口加工区内设置出口加工企业，仓储物流企业，以及经海关核准专门从事区内货物进、出的运输企业。

3. 管理。出口加工区是海关监管的特定区域，实行封闭式监管。出口加工区与境外之间进出的货物，除国家另有规定的外，不实行进出口许可证件管理。国家禁止进出口的货物，不得进出出口加工区。因国内技术无法达到产品要求，须将国家禁止出口商品运至出口加工区内进行某项工序加工的，应报经商务主管部门批准，海关比照出料加工管理办法进行监管，其运入出口加工区的货物，不予签发出口退税报关单。

境内区外进入出口加工区的货物视同出口。办理出口报关手续，除属于取消出口退税的基建物资外，可以办理出口退税手续。

从境外运入出口加工区的加工贸易货物全额保税。出口加工区区内企业开展加工贸易业务不实行加工贸易银行保证金台账制度，适用电子账册管理，出口加工区内企业从境外进口的自用的生产、管理所需设备、物资，除交通车辆和生活用品外，予以免税。

（二）报关程序

出门加工区内企业在进出口货物前，应向出口加工区主管海关申请建立电子账册。出口加工区企业电子账册包括“加工贸易电子账册（H 账册）”和“企业设备电子账册”。出口加工厂区进出境货物和进出区货物通过电子账册办理报关手续。

1. 与境外之间。出口加工区企业从境外运进货物或运出货物到境外，由收发货人或其代理人填写进、出境货物备案清单，向出口加工区海关报关。

对于跨越关区进出境的出口加工区货物，除邮递物品、个人随身携带物品、跨越关区进口车辆和出区在异地口岸拼箱出口货物以外，可以按转关运输中的直转转关方式办理转关。

对于同一直属海关关区内的出口加工区进出境货物，可以按直通式报关。

2. 与境内区外其他地区之间。

（1）出口加工区货物运往境内区外。出口加工区运往境内区外的货物，按照对进口货物的有关规定办理报关手续。由区外企业录入进口货物报关单，凭发票、装箱单、相应的许可证件等单证向出口加工区海关办理进口报关手续。

进口报关结束后，区内企业填制出口加工区出境货物备案清单，凭发票、装箱单、电子账册编号等向出口加工区海关办理出区报关手续。

出口加工区海关放行货物后，向区外企业签发进口货物报关单付汇证明联，向区内企业签发出口加工区出境货物备案清单收汇证明联。

（2）境内区外货物运入出口加工区。境内区外运入出口加工区的货物，按照对出口货物的有关规定办理报关手续。由区外企业录入出口货物报关单，凭购销合同（协议）、发票、装箱单等单证向出口加工区海关办理出口报关手续。出口报关结束后，区内企业填制出口加工区进境货物备案清单，凭购销发票、装箱单、电子账册编号等单证向出口加工区海关办理进区报关手续。

出口加工区海关查验、放行货物后，向区外企业签发出口货物报关单收汇证明联和出口退税证明联，向区内企业签发出口加工区进境货物备案清单付汇证明联。

(3) 出口加工区出区深加工结转。出口加工区货物出区深加工结转是指出口加工区内企业经海关批准并办理相关的手续，将本企业加工生产的产品直接或者通过保税仓库转入其他出口加工区、保税区等海关特殊监管区域内及区外加工贸易企业进一步加工后复出口的经营活动。

出口加工区企业开展深加工结转时，转出企业凭出口加工区管委会批复，向所在地的出口加工区海关办理海关备案手续后方可开展货物的实际结转；对转入其他出口加工区、保税区等海关特殊监管区域的，转入企业凭其所在区域管委会的批复办理结转手续，对转入出口加工区、保税区等海关特殊监管区域外加工贸易企业的，转入企业凭商务主管部门的批复办理结转手续。

对结转至海关特殊监管区域外的加工贸易企业的货物，海关按照对保税加工进口货物的有关规定办理手续。

对转入特殊监管区域的，转出、转入企业分别在自己的主管海关办理结转手续；对转入特殊监管区域外加工贸易企业的，转出、转入企业在转出地主管海关办理结转手续。

对转入特殊监管区域的深加工结转，除特殊情况外，比照转关运输方式办理结转手续；不能比照转关运输方式办理结转手续的，在向主管海关提供相应的担保后，由企业自行运输。

对转入特殊监管区域外加工贸易企业的深加工结转报关程序如下：①转入企业在“中华人民共和国海关出口加工区出区深加工结转申请表”（一式四联）中填写本企业的转入计划，凭申请表向转入地海关备案。②转入地海关备案后，留存申请表第一联，其余3联退还转入企业，由转入企业送交出口加工区转出企业。③转出企业自转入地海关备案之日起30天内，持申请表其余3联，填写本企业的相关内容后，向主管海关办理备案手续。④转出地海关审核后，留存申请表第二联，将第三、第四联分别交给转出企业、转入企业。⑤转出、转入企业办理结转备案手续后，凭双方海关核准的申请表进行实际收发货。转出企业的每批次发货记录应当在一式三联的“出口加工区货物实际结转情况登记表”上如实登记，转出地海关在卡口签注登记表后，货物出区。⑥转出、转入企业每批实际发货、收货后，可以凭申请表和转出地卡口海关签注的登记表分批或者集中办理报关手续。转出、转入企业每批实际发货、收货后，应当在实际发货、收货之日起30天内办结该批货物的报关手续。转入企业填报结转进口货物报关单，转出企业填报结转出口备案清单。一份结转进口货物报关单对应一份结转出口备案清单。

区内转出的货物因质量不符等原因发生退运、退换的，转入企业为特殊监管区以外的加工贸易企业的，按退运货物或退换货物办理相关手续。

提示：

出口加工区与境外货物的交流手续比较简便，实际上不视为真正的进、出口，只需填制进、出境货物备案清单，不填制正规的报关单。

出口加工区与境内区外货物的交流视同进、出口，要填制真正的进、出口货物报关单，向出口加工区海关正式申报。

(4) 出口加工区机器设备出区处理。①从境外进入出口加工区的特定减免税设备。从境外进入出口加工区按规定予以免税的机器设备，海关在规定的监管年限内实施监管。监管年限自货物进境放行之日起计算，期限5年。使用完毕，原则上应退运出境。需在监管年限内出区内销的，海关按照特定减免税货物的管理规定征收税款。监管年限届满的，出区时不再征收税款。从境外进入出口加工区时免予提交机电产品进口许可证件的，在其出区时，海关凭与其入境状态一致的机电产品进口许可证件验放。②从境内区外采购入区予以退税的机器设备。从境内区外采购入区予以退税的机器设备如需内销出区的，在办理进口手续时，按报验状态征税，免予提交相应的进口许可证件。其中，从境内区外采购入区的海关监管年限内的特定减免税进口的机器设备和加工贸易不作价设备，监管年限连续计算，监管年限届满的，出区时不再征收税款；在海关监管年限内的，出区时海关按照特定减免税货物的管理规定征收税款。

测试4－3：判断题

从境外进入出口加工区的免税设备无监管期限。　（　　）

第三节　保税物流货物报关实务

一、保税物流货物概述

（一）保税物流货物的特征

1. 进境时暂缓缴纳进口关税及进口环节海关代征税，复运出境免税，内销应当缴纳进口关税和进口环节海关代征税，不征收缓税利息。

2. 进出境时除国家另有规定外，免予交验进出口许可证件。

3. 进境海关现场放行不是结关，进境后必须进入海关保税监管场所或特殊监管区域，运离这些场所或区域必须办理结关手续。

（二）保税物流货物的范围

保税物流货物包括：

1. 进境经海关批准进入海关保税监管场所或特殊监管区域，保税储存后转口境外的货物；

2. 已经办理出口报关手续尚未离境，经海关批准进入海关保税监管场所或特殊监管区域储存的货物；

3. 经海关批准进入海关保税监管场所或特殊监管区域保税储存的加工贸易货物，供应国际航行船舶和航空器的油料、物料和维修用零部件，供维修外国产品所进口寄售的零配件，外商进境暂存货物；

4. 经海关批准进入海关保税监管场所或特殊监管区域保税的其他未办结海关手续的进境货物。

（三）保税物流货物的管理

海关对保税物流货物的监管模式有两大类：一类是非物理围网的监管模式，包括保税仓库、出口监管仓库；另一类是物理围网的监管模式，包括保税物流中心、保税物流园区、保税区、保税港区、综合保税区。

对各种监管形式的保税物流货物的管理，主要可以归纳为以下5点：

1. 设立审批。保税物流货物必须存放在经过法定程序审批设立的保税监管场所或者特殊监管区域。保税仓库、出口监管仓库、保税物流中心，要经过海关审批，并核发批准证书，凭批准证书设立及存放保税物流货物；保税物流园区、保税区、保税港区要经过国务院审批，凭国务院同意设立的批复设立，并经海关等部门验收合格才能进行保税物流货物的运作。

未经法定程序审批同意设立的任何场所或者区域都不得存放保税物流货物。

2. 准入保税。保税物流货物通过准予进入保税监管场所或特殊监管区域来实现保税。海关对于保税物流货物的监管通过对保税监管场所和特殊监管区域的监管来实现，海关应当依法监管这些场所或者区域，按批准存放范围准予货物进入这些场所或者区域，不符合规定存放范围的货物不准进入。

3. 纳税暂缓。凡是进境进入保税物流监管场所或特殊监管区域的保税物流货物在进境时都可以暂不办理进口纳税手续，等到运离海关保税监管场所或特殊监管区域时才办理纳税手续，或者征税，或者免税。在这一点上，保税物流监管制度与保税加工监管制度是一致的，但保税物流货物在运离海关保税监管场所或特殊监管区域征税时不需同时征收缓税利息，而保税加工货物（特殊监管区域内的加工贸易货物和边角料除外）内销征税时要征收缓税利息。

4. 监管延伸。①监管地点延伸。进境货物从进境地海关监管现场，已办结海关出口手续尚未离境的货物从出口申报地海关现场，分别延伸到保税监管场所或者特殊监管区域。②监管时间延伸。货物在进境地海关现场放行不是结关，海关监管时间延伸管理见表4－1。

5. 运离结关。除外发加工和暂准运离（维修、测试、展览等）需要继续监管以外，每一批货物运离保税监管场所或者特殊监管区域，都必须根据货物的实际流向办结海关手续。各种监管形式下的保税物流货物的某些管理要点比较可见表4－7。

表4－7　　保税物流货物的管理要点比较

监管场所、区域名称	存货范围	储存期限	服务功能	注册资本（不低于）	面积（不低于）		审批权限	入区退税	备注
					东部	中西部			
保税仓库	进口	1年＋1年	储存	300万元人民币	公用/维修2000m^2 液体5000m^3		直属海关	否	按月报表
出口监管仓库	出口①	半年＋半年	储存/出口配送/国内结转		配送5000m^2 结转1000m^2		直属海关	否②	退换货物
保税物流中心	进出口	2年＋1年	储存/全球采购配送/国内结转/转口/中转③	5000万元人民币	100000m^2	50000m^2	海关总署等四部委	是	

续表

监管场所、区域名称	存货范围	储存期限	服务功能	注册资本（不低于）	面积（不低于）		审批权限	入区退税	备注
					东部	中西部			
保税物流园区	进出口	无限期	储存/国际转口贸易/全球采购配送/中转/展示				国务院	是	按年报核
保税区	进出口	无限期	物流区功能+维修/加工				国务院	否	离境退税
保税港区	进出口	无限期	保税区功能+港口功能				国务院	是	

注：①出口配送型仓库可以存放为拼装出口货物而进口的货物。②经批准享受入仓即退税政策的除外。③保税物流中心的经营者不得开展物流业务。

二、保税仓库货物的报关程序

（一）保税仓库简介

1. 含义。保税仓库是指经海关批准设立的专门存放保税货物及其他未办结海关手续货物的仓库。

我国的保税仓库根据使用对象分为公用型和自用型两种：①公用型保税仓库。由主营仓储业务的中国境内独立企业法人经营，专门向社会提供保税仓储服务。②自用型保税仓库。由特定的中国境内独立法人经营，仅存储供本企业自用的保税货物。

根据所存货物的特定用途，公用型保税仓库和自用型保税仓库下面还衍生出一种专用型保税仓库，是专门用来存储具有特定用途或特殊种类商品的保税仓库，包括液体危险品保税仓库、备料保税仓库、寄售维修保税仓库和其他专用保税仓库。

2. 功能。保税仓库的功能单一，就是仓储，而且只能存放进境货物。保税仓库存放货物范围见表4－8。

表4－8　保税仓库存放货物范围

可存入保税仓库的进境货物范围	禁止存入保税仓库的货物范围
（1）加工贸易进口货物； （2）转口货物； （3）供应船舶和航空器的油料、物料和维修用零部件； （4）供维修外国产品所进口寄售的零配件； （5）外面进境暂存货物； （6）未办结海关手续的一般贸易进口货物； （7）经海关批准的其他未办结海关手续的进境货物。	（1）国家禁止进境货物； （2）未经批准的影响公共安全、公共卫生或健康、公共道德或秩序的国家限制进境货物； （3）其他不得存入保税仓库的货物。

3. 设立。保税仓库应设立在设有海关机构、便于海关监管的区域。申请设立保税仓库的企业应当是已在海关办理进出口收发货人注册登记的，不同时拥有报关企业身份的企业，同时还应当具备下列条件：

①经工商行政管理部门注册登记，具有企业法人资格。

②注册资本最低限额为300万元人民币。

③具备向海关缴纳税款的能力。

④经营特殊许可商品存储的，应当持有规定的特殊许可证件。

⑤经营备料保税仓库的加工贸易企业，年出口额最低为1000万美元。

⑥具有专门存储保税货物的营业场所并达到：符合海关对保税仓库布局的要求；具备符合海关监管要求的安全隔离设施、监管设施和办理业务必需的其他设施；具备符合海关监管要求的保税仓库计算机管理系统并与海关联网；具备符合海关监管要求的保税仓库管理制度，符合《会计法》要求的会计制度；符合国家土地管理、规划、交通、消防、安全、质检、环保等方面法律、行政法规及有关规定；公用保税仓库面积最低为2000平方米，液体危险品保税仓库容积最低为5000立方米，寄售维修保税仓库面积最低为2000平方米。

企业申请设立保税仓库的，应向仓库所在地主管海关提交书面申请，提供能够证明上述条件已经具备的有关文件，由主管海关受理并报直属海关审批。

4. 管理。

（1）保税仓库所存货物的储存期限为1年。需要延长储存期限，应向主管海关申请延期，经海关批准可以延长，无特殊情形，延长的期限最长不超过1年。

特殊情况下，延期后货物存储期超过2年的，由直属海关审批。

保税仓库货物超出规定的存储期限未申请延期或海关不批准延期申请的，经营企业应当办理超期货物的退运、纳税、放弃、销毁等手续。

（2）保税仓库所存货物，是海关监管货物，未经海关批准并按规定办理有关手续，任何人不得出售、转让、抵押、质押、留置、移作他用或者进行其他处置。

（3）货物在仓库储存期间发生损毁或者灭失，除不可抗力原因外，保税仓库应当依法向海关缴纳损毁、灭失货物的税款，并承担相应的法律责任。

（4）保税仓库货物可以进行分级分类、分拆分拣、分装、计量、组合包装、打膜、加刷或刷贴运输标志、改换包装、拼装等辅助性简单作业。在保税仓库内从事上述作业必须事先向主管海关提出书面申请，经主管海关批准后方可进行。

（5）保税仓库经营企业应于每月前5个工作日内，向海关提交月报关单报表、库存总额报表及其他海关认为必要的月报单证，将上月仓库货物入、出、转、存、退等情况以计算机数据和书面形式报送仓库主管海关。

（二）保税仓库货物的报关程序

保税仓库货物报关包括进仓报关、出仓报关、流转报关，具体要点见表4－9。

表 4－9　　保税仓库货物报关

<table>
<tr><td rowspan="2">进仓报关</td><td rowspan="2">进口报关</td><td>仓库主管海关与进境口岸海关是同一直属海关</td><td colspan="2">在进口口岸海关报关，免领进口许可证件</td></tr>
<tr><td>仓库主管海关与进境口岸海关品不是同一直属海关</td><td colspan="2">按照“直接转关”或“提前报关转关”的方式报关</td></tr>
<tr><td rowspan="7">出仓报关</td><td rowspan="4">进口报关（进入国内市场）</td><td>出仓用于加工贸易</td><td>按保税加工货物的报关程序办理进口报关手续</td><td rowspan="4">转为正式进口的同一批货物，填制两份报关单，一份办结出仓报关手续，填制出口货物报关单；一份办理进口申报手续，按照实际进口监管方式，填制进口货物报关单</td></tr>
<tr><td>用于特定减免税用途</td><td>按特定减免税货物的报关程序办理进口报关手续</td></tr>
<tr><td>进入国内市场或用于境内其他方面</td><td>按一般进口货物的报关程序办理进口报关手续</td></tr>
<tr><td>寄售维修零件保修期内免税出仓</td><td>按无代价抵偿货物办理</td></tr>
<tr><td rowspan="2">出口报关（复运出口）</td><td>仓库主管海关与进境口岸海关是同一直属海关</td><td colspan="2">（1）按照转关运输方式办理出仓手续；
（2）经直属海关批准，企业自行提取货物出仓到口岸海关办理出口报关手续</td></tr>
<tr><td>仓库主管海关与进境口岸海关品不是同一直属海关</td><td colspan="2">按照转关运输方式办理出仓手续</td></tr>
<tr><td>集中报关</td><td colspan="3">保税货物出仓批量少、批次频繁的，经海关批准可以办理定期集中报关手续；
集中报关出仓的，保税仓库经营企业应当向主管海关提出书面申请，写明集中报关的商品名称、发货流向、发货频率、合理理由</td></tr>
<tr><td>流转报关</td><td colspan="4">（1）保税仓库与海关特殊监管区域或其他海关保税监管场所往来流转的货物，按转关运输的有关规定办理相关手续；
（2）保税仓库和特殊监管区域或其他海关保税监管场所在同一直属关区内的，经直属海关批准，可不按转关运输方式办理；
（3）保税仓库货物转往其他保税仓库的，应当各自在仓库主管海关报关，报关时应先办理进口报关，再办理出口报关。</td></tr>
</table>

三、出口监管仓库货物的报关程序

（一）出口监管仓库简介

1. 含义。出口监管仓库，是指经海关批准设立，对已办结海关出口手续的货物进行存储、保税货物配送，提供流通性增值服务的海关专用监管仓库。

出口监管仓库分为出口配送型仓库和国内结转型仓库：出口配送型仓库是指存储以实际离境为目的的出口货物的仓库；国内结转型仓库是指存储用于国内结转的出口货物的仓库。

2. 功能。出口监管仓库的功能也只有仓储，主要用于存放出口货物。出口监管仓库的存放货物范围见表 4－10。

表 4-10　出口监管仓库存放货物范围

可存入出口监管仓库的货物范围	禁止存入出口监管仓库的货物范围
(1) 一般贸易出口货物； (2) 加工贸易出口货物； (3) 从其他海关特殊监管区域、场所转入的出口货物； (4) 其他已办结海关出口手续的货物	(1) 国家禁止进出境货物； (2) 未经批准的国家限制进出境货物； (3) 海关规定不得存放的货物

3. 设立。出口监管仓库的设立应当符合区域物流发展和海关对出口监管仓库布局的要求，符合国家土地管理、规划、交通、消防、安全、环保等有关法律、行政法规的规定。申请设立出口监管仓库的经营企业，应当具备下列条件：

（1）经工商行政管理部门注册登记，具有企业法人资格；

（2）具有进出口经营权和仓储经营权；

（3）注册资本在300万元人民币以上；

（4）具备向海关缴纳税款的能力；

（5）具有专门存储货物的场所，其中出口配送型仓库面积不得低于5000平方米，国内结转型仓库面积不得低于1000平方米。

4. 管理。

（1）出口监管仓库必须专库专用，不得转租、转借给他人经营，不得下设分库。

（2）出口监管仓库经营企业应当如实填写有关单证、仓库账册，真实记录并全面反映其业务活动和财务状况，编制仓库月度进、出、转、存情况表和年度财务会计报告，并定期报送主管海关。

（3）出口监管仓库所存货物的储存期限为6个月。如因特殊情况需要延长储存期限，应在到期之前10日向主管海关申请延期，经海关批准可以延长，延长的期限最长不超过6个月。

货物存储期满前，仓库经营企业应当通知发货人或其代理人办理货物的出境或者进口手续。

（4）出口监管仓库所存货物，是海关监管货物，未经海关批准并按规定办理有关手续，任何人不得出售、转让、抵押、质押、留置、移作他用或进行其他处置。

（5）货物在仓库储存期间发生损毁或者灭失，除不可抗力原因外，出口监管仓库应当依法向海关缴纳损毁、灭失货物的税款，并承担相应的法律责任。

（6）经主管海关同意，可以在出口监管仓库内进行品质检验、分级分类、分拣分装、印刷运输标志、改装包装等流通性增值服务。

（二）出口监管仓库货物报关程序

出口监管仓库货物报关，大体可以分为进仓报关、出仓报关、结转报关和更换报关。

1. 进仓报关。出口货物存入出口监管仓库时，发货人或其代理人应当向主管海关办理出口报关手续，填制出口货物报关单。按照国家规定应当提交出口许可证件和缴纳出口关税的，发货人或其代理人必须提交许可证件和缴纳出口关税。

发货人或其代理人按照海关规定提交报关必需单证和仓库经营企业填制的“出口监管仓库货物入仓清单”。

对经批准享受入仓即退税政策的出口监管仓库，海关在货物入仓办结出口报关手续后予以签发出口货物报关单退税证明联；对不享受入仓即退税政策的出口监管仓库，海关在货物实际离境后签发出口货物报关单退税证明联。

经主管海关批准，对批量少、批次频繁的入仓货物，可以办理集中报关手续。

2. 出仓报关。出口监管仓库货物出仓可能出现出口报关和进口报关两种情况。

(1) 出口报关。出口监管仓库货物出仓出境时，仓库经营企业或其代理人应当向主管海关申报。仓库经营企业或其代理人按照海关规定提交报关必需的单证，并提交仓库经营企业填制的“出口监管仓库货物出仓清单”。

出仓货物出境口岸不在仓库主管海关的，经海关批准，可以在口岸所在地海关办理相关手续，也可以在主管海关办理相关手续。

入仓没有签发出口货物报关单退税证明联的，出仓离境后海关按规定签发出口货物报关单退税证明联。

(2) 进口报关。出口监管仓库货物转进口的，应当经海关批准，按照进口货物的有关规定办理相关手续：①用于加工贸易的，由加工贸易企业或其代理人按保税加工货物的报关程序办理进口报关手续。②用于可以享受特定减免税的特定地区、特定企业和特定用途的，由享受特定减免税的企业或其代理人按特定减免税货物的报关程序办理进口报关手续。③进入国内市场或用于境内其他方面，由收货人或其代理人按进口货物的报关程序办理进口报关手续。

3. 结转报关。经转入、转出方所在地主管海关批准，并按照转关运输的规定办理相关手续后，出口监管仓库之间，出口监管仓库与保税区、出口加工区、珠海园区、保税物流园区、保税港区、保税物流中心、保税仓库等特殊监管区域和保税监管场所之间可进行货物流转。

4. 更换报关。对已存入出口监管仓库因质量等原因要求更换的货物，经仓库所在地主管海关批准，可以进行更换。被更换货物出仓前，更换货物应当先行入仓，并应当与原货物的商品编码、品名、规格型号、数量和价值相同。

测试 4－4：判断题

对已存入出口监管仓库因质量等原因要求更换的货物，经仓库所在地主管海关批准，可以更换货物。更换货物入仓前，被更换货物应当先行出仓。　（　　）

四、保税物流中心货物的报关程序

（一）保税物流中心简介

1. 含义。保税物流中心是指经海关总署批准，由中国境内一家企业法人经营，多家企业进入并从事保税仓储物流业务的海关集中监管场所。

2. 功能。保税物流中心的功能是保税仓库和出口监管仓库功能的叠加，既可以存放进口货物，也可以存放出口货物，还可以开展多项增值服务。保税物流中心的存放货物和业务范围见表 4－11。

表 4-11 保税物流中心存放货物和业务的范围

存放货物的范围	开展业务的范围	禁止开展业务的范围
1. 国内出口货物； 2. 转口货物和国际中转货物； 3. 外商暂存货物； 4. 加工贸易进出口货物； 5. 供应国际航行船舶和航空器的物料、维修用零部件； 6. 供维修外国产品所进口寄售的零配件； 7. 未办结海关手续的一般贸易进口货物； 8. 经海关批准的其他未办结海关手续的货物	1. 保税存储进出口货物及其他未办结海关手续货物； 2. 对所存货物开展流通性简单加工和增值服务； 3. 全球采购和国际分拨、配送； 4. 转口贸易和国际中转业务； 5. 经海关批准的其他国际物流业务	1. 商业零售； 2. 生产和加工制造； 3. 维修、翻新和拆解； 4. 存储国家禁止进出口货物，以及危害公共安全、公共卫生或者健康、公共道德或者秩序的国家限制进出口货物； 5. 存储法律、行政法规明确规定不能享受保税政策的货物； 6. 其他与保税物流中心无关的业务

3. 设立。

（1）保税物流中心的设立。保税物流中心应当设在靠近海港、空港、陆路枢纽及内陆国际物流需求量较大交通便利，设有海关机构且便于海关集中监管的地方。

经营企业需满足以下资格条件：①经工商行政管理部门注册登记，具有独立的企业法人资格；②注册资本不低于 5000 万元人民币；③具备对中心内企业进行日常管理的能力；④具有协助海关对进出保税物流中心的货物和中心内企业的经营行为实施监管的能力。

申请设立保税物流中心需满足以下条件：①符合海关对保税物流中心的监管规划建设要求；②仓储面积，东部地区不低于 10 万平方米，中西部地区不低于 5 万平方米；③经省级人民政府确认，符合地方发展总体布局，满足加工贸易发展对保税物流的需求；④建立符合海关监管要求的计算机管理系统，提供海关查阅数据的终端设备，并按照海关规定的认证方式和数据标准，通过电子口岸平台与海关联网，以便海关在统一平台上与国税、外汇管理等部门实现数据交换及信息共享；⑤设置符合海关监管要求的安全隔离设施、视频监控系统等监管、办公设施。

保税物流中心的申请由直属海关受理，报海关总署审批，并由海关总署出具批准申请企业筹建保税物流中心的文件。保税物流中心验收合格后，由海关总署向企业核发“保税物流中心验收合格证书”和“保税物流中心注册登记证书”，颁发保税物流中心标牌。

保税物流中心在验收合格后方可开展有关业务。

（2）保税物流中心内企业的设立。企业进入保税物流中心的条件是：①具有独立的法人资格或特殊情况下的中心外企业的分支机构；②具有独立法人资格的企业注册资本最低限额为 500 万元人民币，属企业分支机构的，该企业注册资本不低于 1000 万人民币；③具备向海关缴纳税款和履行其他法律义务的能力；④建立符合海关监管要求的计算机管理系统并与海关联网；⑤在保税物流中心内有专门存储海关监管货物的场所。

企业申请进入保税物流中心应当向所在地主管海关提交书面申请，提供能够证明上述条件已经具备的有关文件。主管海关受理后报直属海关审批。直属海关对经批准的企业核发

“中华人民共和国海关保税物流中心企业注册登记证书”。中心内企业需变更有关事项的，由主管海关受理后报直属海关审批。

4. 管理。

（1）保税物流中心经营企业应当设立管理机构负责物流中心的日常工作，制定完善的物流中心管理制度，协助海关实施对进出物流中心的货物及中心内企业经营行为的监管。

（2）保税物流中心经营企业不得在本中心内直接从事保税仓储物流的经营活动。

（3）保税物流中心内货物保税存储期限为 2 年，确有正当理由的，经主管海关同意可以予以延期，除特殊情况外，延期不得超过 1 年。

（4）企业根据需要经主管海关批准，可以分批进出口货物，月度集中报关，但集中报关不得跨年度办理。实行集中申报的进出口货物，应当适用每次货物进出口时海关接受申报之日实施的税率、汇率。

（5）未经海关批准，保税物流中心不得擅自将所存货物抵押、质押、留置、移作他用或者进行其他处置。

保税物流中心内的货物可以在中心内企业之间进行转让、转移，但必须办理相关海关手续。

（6）保税仓储货物在存储期间发生损毁或者灭失的，除不可抗力外，保税物流中心经营企业应依法向海关缴纳损毁、灭失货物的税款，并承担相应的法律责任。

（二）保税物流中心进出货物的报关程序

1. 保税物流中心与境外之间的进出货物报关。

（1）保税物流中心与境外之间进出的货物，应当在保税物流中心主管海关办理相关手续。保税物流中心与口岸不在同一主管海关的，经主管海关批准，可以在口岸海关办理相关手续。

（2）保税物流中心与境外之间进出的货物，除实行出口被动配额管理和中华人民共和国参加或者缔结的国际条约及国家另有明确规定的以外，不实行进出口配额、许可证件管理。

（3）从境外进入保税物流中心内的货物，凡属于规定存放范围内的货物予以保税；属于保税物流中心企业进口自用的办公用品、交通运输工具、生活消费品等，以及保税物流中开展综合物流服务所需进口的机器、装卸设备、管理设备等，按照进口货物的有关规定和税收政策办理相关手续。

2. 保税物流中心与境内之间的进出货物报关。保税物流中心内货物运往所在关区外，或者跨越关区提取保税物流中心内货物，可以在保税物流中心主管海关办理进出中心的报关手续．也可以按照境内监管货物转关运输的方式办理相关手续。

保税物流中心与境内之间的进出货物报关按下列规定办理；

（1）出中心。①出中心进入关境内的其他地区。保税物流中心货物出中心进入关境内的其他地区视同进口，按照货物进入境内的实际流向和实际状态填制进口货物报关单，办理进口报关手续；属于许可证件管理的商品，企业还应当向海关出具有效的许可证件。进口申报流程同保税仓库出库进入境内货物的报关手续一样，具体手续见保税仓库有关内客。从保税物流中心进入境内用于在保修期限内免费维修有关外国产品并符合无代价抵偿货物有关规定的零部件或者用于国际航行船舶和航空器的物料或者属于国家规定可以免税的货物，免征进口关税和进口环节海关代征税。②出中心运往境外。保税物流中心货物出中心运往境外填制出口货物报关单，办理出口报关手续，具体流程同保税仓库和出口监管仓库出库运往境外货物的报关流程一样。

（2）进中心。货物从境内进入保税物流中心视同出口，办理出口报关手续。如需缴纳出口关税的，应当按照规定纳税；属于许可证件管理的商品，还应当向海关出具有效的出口许可证件。

从境内运入保税物流中心的原进口货物，境内发货人应当向海关办理出口报关手续，经主管海关验放；已经缴纳的关税和进口环节海关代征税，不予退还。

从境内运入保税物流中心已办结报关手续的货物或者从境内运入中心供中心企业自用的国产机器设备、装卸设备、管理设备、检测检验设备等及转关出口货物（起运地海关在已收到保税物流中心主管海关确认转关货物进入物流中心的转关回执后），海关签发出口货物报关单退税证明联。

从境内运入保税物流中心的下列货物，海关不签发出口货物报关单退税证明联：①供中心企业自用的生活消费品、交通运输工具；②供中心企业自用的进口的机器设备、装卸设备、管理设备、检测检验设备等；③保税物流中心之间，保税物流中心与出口加工区、保税物流园区和已实行国内货物入仓环节出口退税政策的出口监管仓库等海关特殊监管区域或者海关保税监管场所往来的货物。

五、保税物流园区进出货物的报关程序

（一）保税物流园区简介

1. 含义。保税物流园区是指经国务院批准，在保税区规划面积内或者毗邻保税区的特定港区内设立的、专门发展现代国际物流的海关特殊监管区域。

2. 功能。保税物流园区的主要功能是保税物流，可以开展以下保税物流业务：①存储进出口货物及其他未办结海关手续的货物；②对所存货物开展流通性简单加工和增值服务，如分级分类、分拆分拣、分装、计量、组合包装、打膜、印刷运输标志、改换包装、拼装等具有商业增值的辅助性服务；③国际转口贸易；④国际采购、分销和配送；⑤国际中转；⑥商品展示；⑦经海关批准的其他国际物流业务。

3. 管理。保税物流园区是海关监管的特定区域。

（1）禁止事项。①除安全人员和相关部门、企业值班人员外，其他人员不得在园区内居住。②园区内不得建立工业生产加工场所和商业性消费设施。③园区内不得开展商业零售、加工制造、翻新、拆解及其他与园区无关的业务。④法律、行政法规禁止进出口的货物、物品不得进出园区。

（2）企业管理。保税物流园区行政机构及其经营主体、在保税物流园区内设立的企业等单位的办公场所应设置在园区规划面积内、围网外的园区综合办公区内。

海关对园区企业实行电子账册监管制度和计算机联网管理制度。

（3）物流管理。园区内设立仓库、堆场、查验场和必要的业务指挥调度操作场所。园区货物不设存储期限。但园区企业自开展业务之日起，应当每年向园区主管海关办理报核手续。园区主管海关应当自受理报核申请之日起 30 天内予以核库。企业有关账册、原始数据应当自核库结束之日起至少保留 3 年。园区企业须编制月度货物进、出、转、存情况表和年

度财务会计报告，并定期报送园区主管海关。

经主管海关批准，园区企业可以在园区综合办公区专用的展示场所举办商品展示活动。展示的货物应当在园区主管海关备案，并接受海关监管。

园区内货物可以自由流转。园区企业转让、转移货物时应当将货物的具体品名、数量、金额等有关事项向海关进行电子数据备案，并在转让、转移后向海关办理报核手续。

未经园区主管海关许可，园区企业不得将所存货物抵流、质押、留置、移作他用或者进行其他处置。

园区与区外非海关特殊监管区域或者保税监管场所之间货物的往来，企业可以使用其他非海关监管车辆承运。承运车辆进出园区通道时应当经海关登记，海关对货物和承运车辆进行查验、检查。

提示：保税物流园区与保税物流中心的区别

两者大部分功能重合，以保税仓储和保税物流为主，比较时有以下区别点：

①规模上，保税物流园区的规模更大、功能更广；

②审批上，保税物流园区由国务院审批，保税物流中心由海关总署审批；

③货物存储上，保税物流园区没有期限的要求，保税物流中心的限制较多；

④设立要求上，保税物流园区要在保税区规划面积内或毗邻保税区的特定港区内，保税物流中心没有特别要求。

（二）保税物流园区进出货物的报关程序

1. 保税物流园区与境外之间进、出货物。海关对园区与境外之间进出的货物实行备案制度管理，但园区自用的免税进口货物、国际中转货物或者法律、行政法规另有规定的货物除外。

园区与境外之间进出货物应当向园区主管海关申报。园区货物的进出境口岸不在园区主管海关管辖区域的，经主管海关批准，可以在口岸海关办理申报手续。

园区内开展整箱进出、二次拼箱等国际中转业务的，由开展此项业务的企业向海关发送电子舱单数据，园区企业向园区主管海关申请提箱、集运等，提交舱单等单证，办理进出境申报手续。

保税物流园区与境外之间进、出货物的报关程序如下：

（1）境外运入园区。境外货物到港后，园区企业及其代理人可以先提交舱单将货物直接运到园区，再凭进境货物备案清单向园区主管海关办理申报手续。除法律、行政法规另有规定的外，境外运入园区的货物不实行许可证件管理。

（2）园区运往境外。从园区运往境外的货物，除法律、行政法规另有规定外，免征出口关税，不实行许可证件管理。进境货物未经流通性简单加工，需原状退运出境的，园区企业可以向园区主管海关申请办理退运手续。

2. 保税物流园区与境内区外之间进出货物。园区与区外之间进出的货物，由区内企业或区外的收发货人或其代理人在园区主管海关办理申报手续。园区企业在区外从事进出口贸易且货物不实际进出园区的，可在收发货人所在地的主管海关或货物实际进出境口岸的海关办理申报手续。

除法律、行政法规规定不得集中申报的货物外，园区企业少批量、多批次进出货物的，经主管海关批准可以办理集中申报手续。并适用每次货物进出口时海关接受该货物申报之日实施的税率、汇率。集中申报的期限不得超过 1 个月，且不得跨年度办理。

保税物流园区与区外之间进出货物的报关程序如下；

（1）园区货物运往区外。园区货物运往区外，视同进口。园区企业或者区外收货人或其代理人按照进口货物的有关规定向园区主管海关申报，海关按照货物出园区时的实际监管方式办理相关手续。

（2）区外货物运入园区。区外货物运入园区，视同出口，由区内企业或者区外的发货人或其代理人向园区主管海关办理出口申报手续。属于应当缴纳出口关税的商品，应当照章纳税；属于许可证件管理的商品，应当同时向海关出具有效的许可证件。

园区与其他特殊监管区域、保税监管场所之间的货物交易、流转，不征收进出口环节和国内流通环节的有关税收。

六、保税区进出货物的报关程序

（一）保税区简介

1. 含义。保税区是指经国务院批准在中华人民共和国境内设立的由海关进行监管的特定区域。

注意：

保税区是经国务院批准，集保税加工和保税物流为一体的特殊监管区域，规模巨大，功能齐全，集合了前述一些特殊区域的大部分功能，在管理上与前述的特殊区域有很多一致的地方。

2. 功能。保税区具有出口加工、转口贸易、商品展示、仓储运输等功能。

3. 管理。保税区与境内其他地区之间，设置符合海关监管要求的隔离设施。

（1）禁止事项。①除安全保卫人员外，其他人员不得在保税区居住。②国家禁止进出口的货物、物品，不得进出保税区。③国家明令禁止进出口的货物和列入加工贸易禁止类商品目录的商品在保税区内也不准开展加工贸易。

（2）物流管理。在保税区内设立的企业，必须向海关办理注册手续。区内企业必须与海关实行电子计算机联网，进行电子数据交换。

从非保税区进入保税区的货物，按照出口货物办理手续。出口退税必须在货物实际报关离境后才能办理。保税区内的转口货物可以在区内仓库或者区内其他场所进行分级、挑选、印刷运输标志、改换包装等简单加工。

（3）加工贸易管理。保税区企业开展加工贸易，除进口易制毒化学品、监控化学品、消耗臭氧层物质要提供进口许可证件，生产激光光盘要主管部门批准外，其他加工贸易料件进口免予交验许可证件。

保税区内企业开展加工贸易，不实行银行保证金台账制度。

（二）保税区进出货物的报关程序

保税区货物报关分进出境报关和进出区报关。

1. 进出境报关。进出境报关采用报关制和备案制相结合的运行机制，即保税区与境外之间进出境货物，属自用的，采取报关制，填写进出口货物报关单；属非自用的，包括加工出口、转口、仓储和展示，采取备案制，填写进出境货物备案清单，即保税区内企业的加工贸易料件、转口贸易货物、仓储货物进出境，由收货人或其代理人填写进出境货物备案清单向海关报关；对保税区内企业进口自用合理数量的机器设备、管理设备、办公用品及工作人员所需自用合理数量的应税物品及货样，由收货人或其代理人填写进口货物报关单向海关报关。

保税区与境外之间进出的货物，除易制毒化学品、监控化学品、消耗臭氧层物质等国家规定的特殊货物外，不实行进出口许可证件管理，免予交验许可证件。

为保税加工、保税仓储、转口贸易、展示而从境外进入保税区的货物可以保税。

区内基础建设、区内企事业自用的生产管理设备、区内行政机构办公及管理设备从境外进入保税区免税。

2. 进出区报关。进出区报关要根据不同的情况按不同的报关程序报关。

（1）保税加工货物进出区。进区，报出口，要有加工贸易电子化手册或者加工贸易电子账册编号，填写出口货物报关单，提供有关的许可证件。出区，报进口，按不同的流向填写不同的进口货物报关单。

（2）进出区外发加工。保税区企业货物外发到区外加工，或区外企业货物外发到保税区加工，需经主管海关核准。

进区提交外发加工合同向保税区海关备案，加工出区后核销，不填写进出口货物报关单，不缴纳税费。

出区外发加工的，须由区外加工贸易经营企业所在地海关办理加工贸易备案手续，建立电子化手册或者电子账册，需要建立银行保证金台账的应当设立台账。加工期限最长6个月，情况特殊，经海关批准可以延长，延长的最长期限是6个月。备案后按保税加工货物出区进行报关。

（3）设备进出区。不管是施工还是投资设备，进出区均需向保税区海关备案，设备进区不填写报关单，不缴纳出口税，海关不签发出口货物报关单退税证明联，设备系从国外进口已征进口税的，不退进口税；设备退出区外，也不必填写报关单进行申报，但要报保税区海关销案。

注意：

1. 保税区与境外之间的货物进出境报关手续简便，采取备案制，填写进出境货物备案清单；

2. 保税区与境内区外之间货物的进出区报关视同进出口，填写正规的报关单，提供必要的许可证件，缴纳税费；

3. 境内区外进入保税区的货物，在填制报关单办理报关时，海关不会签发出口货物报关单退税证明联，只有在货物实际报关离境后才办理出口退税手续。

七、保税港区进出货物的报关程序

（一）保税港区简介

1. 含义。保税港区是指经国务院批准，设立在国家对外开放的口岸港区和与之相连的特定区域内，具有口岸、物流、加工等功能的海关特殊监管区域。

2. 功能。(1) 存储进出口货物和其他未办结海关手续的货物;(2) 国际转口贸易;(3) 国际采购、分销和配送;(4) 国际中转;(5) 检测和售后服务维修;(6) 商品展示;(7) 研发、加工、制造;(8) 港口作业;(9) 经海关批准的其他业务。

3. 管理。保税港区实行封闭式管理。保税港区享受的税收和外汇管理政策为:国外货物入港区保税;货物出港区进入国内销售按货物进口的有关规定办理报关手续,并按货物实际状态征税;国内货物入港区视同出口,实行退税;港区内企业之间的货物交易不征增值税和消费税。

(1) 禁止事项。①保税港区内不得居住人员;②除保障保税港区内人员正常工作、生活需要的非营利性设施外,保税港区内不得建立商业性生活消费设施和开展商业零售业务;③国家禁止进出口的货物、物品不得进出保税港区;④区内企业的生产经营活动应当符合国家产业发展要求,不得开展高耗能、高污染和资源性产品及列入《加工贸易禁止类商品目录》商品的加工贸易业务。

(2) 物流管理。海关对进出保税港区的运输工具、货物、物品及保税港区内企业、场所进行监管。保税港区内货物可以自由流转。区内企业转让、转移货物的,双方企业应当及时向海关报送转让、转移货物的品名、数量、金额等电子数据信息。

保税港区货物不设存储期限。但存储期限超过 2 年的,区内企业应当每年向海关备案。经海关核准,区内企业可以办理集中申报手续。实行集中申报的区内企业应当对 1 个自然月内的申报清单数据进行归并,填制进出口货物报关单,在次月底前向海关办理集中申报手续。集中申报适用报关单集中申报之日实施的税率、汇率。集中申报不得跨年度办理。

(3) 加工贸易管理。区内企业不实行加工贸易银行保证金台账和合同核销制度,海关对保税港区内加工贸易货物不实行单耗标准管理。区内企业应当自开展业务之日起,定期向海关报送货物的进区、出区和储存情况。

(二) 进出保税港区货物的报关程序

保税港区企业向海关申报货物进出境、进出区,以及在同一区域内或者不同特殊区域之间流转货物的双方企业,应填制海关进(出)境货物备案清单。保税港区与境内(区外)之间进出的货物,区外企业应同时填制进(出)口货物报关单,向保税港区主管海关办理进出口报关手续。

货物在同一保税港区企业之间、不同特殊区域企业之间或保税港区与区外之间流转的,应先办理进口报关手续,后办理出口报关手续。

综合保税区以及被整合到国务院新批准设立的综合保税区或保税港区内的出口加工区、保税物流园区、保税区或保税物流中心,按照保税港区模式运作。具体程序如下:

1. 保税港区与境外之间。保税港区与境外之间进出的货物应当在保税港区主管海关办理海关手续;进出境口岸不在保税港区主管海关辖区内的,经保税港区主管海关批准,可以在口岸海关办理海关手续。

海关对保税港区与境外之间进出的货物实行备案制管理,对从境外进入保税港区的货物予以保税。货物的收发货人或代理人应如实填写进出境货物备案清单,向海关备案。

从保税港区运往境外的货物免征出口关税。保税港区与境外之间进出的货物,除法律、行政法规和规章另有规定的外,不实行进出口配额、许可证件管理。

2. 保税港区与区外非特殊监管区域或场所之间。保税港区与区外之间进出的货物,区内企业或区外收发货人按照进出口货物的有关规定向保税港区主管海关办理申报手续。需征税的，区内企业或者区外收发货人按照货物进出区时的实际状态缴纳税款；属于配额、许可证件管理商品的，区内企业或区外收货人还应向海关出具配额、许可证件。对于同一配额、许可证件项下的货物，海关在进境环节已经验核配额、许可证件的，在出区环节不再要求企业出具配额、许可证件原件。

（1）出区。①一般贸易货物出区。一般贸易货物出区直接进入生产或消费领域流通的，按一般进口货物的报关程序办理海关手续。②加工贸易货物出区。区内企业生产的加工贸易成品及在加工生产过程中产生的残次品、副产品出区内销的，按进口货物办理进口手续，海关按内销时的实际状态征税。属于进口配额、许可证件管理的，企业应当向海关出具进口配额、许可证件。③出区展示。区内企业在区外其他地方举办商品展示活动的，比照海关对暂准进境货物的管理规定办理有关手续。④出区检测、维修。保税港区内使用的机器、设备、模具和办公用品等海关监管货物，可以比照进境修理货物的有关规定，运往区外进行检测、维修。⑤出区外发加工。区内企业需要将模具、原材料、半成品等运往区外进行加工的，应当在开展外发加工前，凭承揽加工合同或者协议、承揽企业营业执照复印件和区内企业签章确认的承揽企业生产能力状况等材料，向保税港区主管海关办理外发加工手续。

委托区外企业加工的期限不得超过6个月，加工完毕后的货物应当按期运回保税港区。在区外开展外发加工产生的边角料、废品、残次品、副产品不运回保税港区的，海关应当按照实际状态征税。区内企业凭出区时委托区外加工申请书及有关单证，向海关办理验放核销手续。

（2）进区。区外货物进入保税港区的，按照货物出口的有关规定办理缴税手续，并按照下列规定签发用于出口退税的出口货物报关单证明联：①从区外进入保税港区供区内企业开展业务的国产货物及其包装物料，海关按照对出口货物的有关规定办理，签发出口货物报关单证明联。货物转关出口的，起运地海关在收到保税港区主管海关确认转关货物已进入保税港区的电子回执后，签发出口货物报关单证明联。②从区外进入保税港区供保税港区行政管理机和区内企业使用的国产基建物资、机器、装卸设备、管理设备、办公用品等，海关按照对出口货物的有关规定办理，除属于取消出口退税的基建物资外，签发出口货物报关单证明联；从区外进入保税港区的原进口货物、包装物料、设备、基建物资等，区外企业应当向海关提供上述货物或者物品的清单，按照出口货物的有关规定办理申报手续，海关不予签发出口货物报关单退税证明联，原已缴纳的关税、进口环节海关代征税不予退还。

3. 保税港区与其他海关特殊监管区域或者保税监管场所之间。海关对于保税港区与其他海关特殊监管区域或者保税监管场所之间往来的货物，实行保税监管，不予签发用于办理出口退税的出口货物报关单证明联。但货物从未实行国内货物入区（仓）环节出口退税制度的海关特殊监管区域或者保税监管场所转入保税港区的，视同货物实际离境，由转出地海关签发出口货物报关单退税证明联。

保税港区与其他海关特殊监管区域或者保税监管场所之间的流转货物，不征收进出口环节的有关税收。承运保税港区与其他海关特殊监管区域或者保税监管场所之间往来货物的运输工具，应当符合海关监管要求。

综上所述，各种特殊监管区域在其批准部门、功能、监管方式、监管措施等方面既有许多相同之处，也存在较多差异，其主要异同点见表4－12。

表4－12　各种特殊监管区域监管制度要点汇总

		出口加工区	保税仓库	出口监管仓库	保税物流中心	保税物流园区	保税区	保税港区
批准部门		国务院	直属海关	直属海关	海关总署	国务院	国务院	国务院
功能		保税加工	专门存放保税进境货物及未办结海关手续货物	储存、出口配送、国内结转	储存、全球采购配送、国内结转、转口、中转	储存、全球采购配送、贸易、中转、展示	保税加工＋保税物流	保税区功能＋港口功能
区内经营企业		有加工、仓储、运输企业	仓库由独立法人经营	仓库由独立法人经营	一家法人经营中心，多家企业从事仓储物流	有仓储、贸易、运输型企业	加工、仓储、运输	加工、仓储、运输、维修、研发、港口等企业
监管方式		封闭式监管	联网	联网	封闭式监管	封闭式监管	封闭式监管	封闭式监管
进境出境		填写备案清单	进口报送手续	出境填出仓清单	办理相关手续	备案制	备案制	备案制
进区出区		视同进出口	出口、进口报关单	进仓填出口报关单	视同进出口	视同进出口	视同进出口	视同进出口
入区退税		是	否	否	是	是	否	是
许可证配额		与境外交易不实行	除易制毒、监控化学品、耗臭氧外免领	进仓提供许可证	与境外交易不实行	与境外交易不实行	与境外交易不实行	与境外交易不实行
		与境内交易实行		出仓不需要	与境内交易实行	与境内交易实行	与境内交易实行	与境内交易实行
监管措施		电子账册管理	账册、联网监管	账册、联网监管	联网	账册、联网监管	联网	联网
货物范围		保税加工进出口货物	进口	出口	进出口	进出口	进出口	进出口
停留期限		6个月核销一次	1年＋1年 2年要直批	6个月延 6个月批	2年，延长1年	无期限	无期限	无期限
注册资金		—	300万元	300万元	5000万元人民币	—	—	—
面积	东部	—	公用2000m^2	配送5000m^2	100000m^2	—	—	—
	中西部	—	液体50000m^3	结转1000m^2	50000m^2	—	—	—
备注		出区深加工结转	按月报核	退换货物、先入后出	—	按年报核	离境退税	—

提示：何谓中国自由贸易区？

中国自由贸易区是指在国境内关外设立的，以优惠税收和海关特殊监管政策为主要手段，以贸易自由化、便利化为主要目的的多功能经济性特区。原则上是指在没有海关“干预”的情况下允许货物进口、制造、再出口。其核心是营造一个符合国际惯例的建立一套对内外资的投资都具有国际竞争力的国际商业环境。

中国第一个自由贸易区——中国（上海）自由贸易试验区于2013年8月22日经国务院正式批准设立，于9月29日正式挂牌。试验区总面积为28.78平方公里，范围涵盖上海市外高桥保税区、外高桥保税物流园区、洋山保税港区和上海浦东机场综合保税区等4个海关特殊监管区域。

课后练习

一、单选题

1. 深圳某加工贸易经营企业（B类管理企业）进口11950美元的涤纶长丝，委托东莞某加工企业（A类管理）加工丝袜后返销出口。该异地加工贸易的银行保证金台账应当（　　）。

A. 由加工企业到经营企业所在地银行设台账，空转

B. 由加工企业到所在地银行设台账，空转

C. 由经营企业到所在地银行设台账，半实转

D. 由经营企业到加工企业所在地银行设台账，半实转

2. 加工贸易从事加工出口业务中，因不可抗力原因造成损毁导致无法复出口的保税进口和加工制成品内销，应当（　　）。

A. 按受灾货物免税，免纳缓税利息，免于交验许可证件

B. 按原进口货物纳税，缴纳缓税利息，交验相应的许可证件

C. 按受灾货物纳税，缴纳缓税利息，免于交验许可证件

D. 按原进口货物纳税，免纳缓税利息，交验相应的许可证件

3. 出口监管仓库所存货物的存储期限为（　　）。如因特殊情况需要延长储存期限，应在到期之前向主管海关申请延期，延长的期限最长不超过（　　）。

A. 6个月；3个月　　　　B. 1年；1年

C. 6个月；6个月　　　　D. 2年；1年

4. 下列货物中，不得存入保税仓库的是（　　）。

A. 加工贸易出口货物　　　　B. 进境转口货物

C. 供应国际航行船舶的进口油料　　　　D. 外商进境暂存货物

5. 从境内运往物流中心的原进口货物，应当（　　）。

A. 办理出口报关手续，退还原进口税

B. 办理出口报关手续，不退还原进口税

C. 办理进口报关手续，退还原进口税

D. 办理进口报关手续，不退还原进口税

二、多选题

1. 下列贸易形式中，属于加工贸易的是（　　）。

A. 来料加工　　B. 来料养殖

C. 进料加工　　D. 出料加工

2. （　　），海关不予批准办理抵押手续。

A. 不涉及进口许可证件管理的进料加工进口料件

B. 涉及出口许可证件管理的进料加工出口成品

C. 不涉及进口许可证件管理的来料加工进口料件

D. 涉及出口许可证件管理的来料加工出口成品

3. 海关对保税物流货物监管的基本特征，除监管延伸、纳税暂缓外，还有（　　）。

A. 设立审批　　B. 准入保税

C. 复运出境　　D. 运离结关

4. 保税区进境的（　　），使用进出境货物备案清单报关。

A. 加工贸易料件　　B. 加工贸易设备

C. 转口贸易　　D. 仓储货物

5. 保税港区可以开展下列（　　）业务。

A. 对外贸易和国际采购，分销和配送

B. 商品加工，制造

C. 商品展示与商业零售

D. 港口作业

三、判断题

1. 在加工贸易银行保证金台账制度中，以加工贸易深加工结转方式转出、转入的商品属于限制类的，按限制类商品管理。（　　）

2. 保税加工货物，是指经海关批准未办理纳税手续进境，在境内储存、加工、装配后复运出境的货物。（　　）

3. 保税物流园区企业在区外其他地方举办商品展示活动的，应当比照海关对暂准进境货物的管理规定办理有关手续。（　　）

4. 保税仓库可以自己报关，也可以代他人报关。（　　）

5. 保税区与境外之间进出境货物，属自用的，采取报关制，填写进出口货物报关单；属非自用的，采取备案制，填写进出境货物备案清单。（　　）

四、案例分析题

江苏新创轮胎有限公司（加工贸易B类管理企业），使用现汇从境外购进天然橡胶和炭黑一批（价值100000美元），用于生产挖掘机轮胎出口。合同执行过程中，由于市场原因，申请将手册延期3个月。加工生产完毕后，尚剩余炭黑若干（价值1000美元）。新创公司办理了相关海关手续后，将轮胎销至山东卡特机械有限公司，用作卡特公司进料加工手册项下料件，装配挖掘机后出口。

根据上述资料，解答下列问题：

1. 经营企业在办理登记备案手续时，银行保证金台账应如何处理？

2. 在合同执行过程中，企业办理变更手续的必要程序包括哪些？

3. 对于新创公司剩余的炭黑，在手册有效期内，该企业可以按照什么方式处理？

第五章 DIWUZHANG

其他特殊货物报关实务

学习目标

- ☐ 了解转关运输货物报关程序
- ☐ 熟悉暂准进出口货物的分类及相应的报关程序
- ☐ 熟悉出料加工、无代价抵偿货物、退运货物、溢卸货物、放弃货物等的报关程序
- ☐ 掌握特定减免税的范围、特征与程序

第一节　特定减免税货物报关实务

一、特定减免税货物概述

（一）特定减免税货物的含义

特定减免税货物是指海关根据国家的政策规定准予减免税进口，用于特定地区、特定企业、特定用途的货物。

（二）特定减免税货物的特征

1. 特定条件下减免进口关税。特定减免税是我国关税优惠政策的重要组成部分，是国家无偿向符合条件的进口货物使用企业提供的关税优惠，其目的是优先发展特定地区的经济，鼓励外商在我国的直接投资，促进国有大中型企业和科学、教育、文化、卫生事业的发展。因而，这种关税优惠具有鲜明的特定性，只能在国家行政法规规定的特定条件下实施。

2. 进口申报应当提交进口许可证件。特定减免税货物是实际进口货物。按照国家有关进出境管理的法律法规，凡属于进口需要交验许可证件的货物，收货人或其代理人都应当在进口申报时向海关提交进口许可证件，法律、行政法规另有规定的除外。

3. 进口后在特定的海关监管期限内接受海关监管。进口货物享受特定减免税的条件之一就是在规定的期限内，用于规定的地区、企业和用途，并接受海关的监管。特定减免税进口货物的海关监管期限按照货物种类的不同，分为以下几种：（1）船舶、飞机，8 年；（2）机动车辆，6 年；（3）其他货物，5 年。

（三）特定减免税货物的范围

特定减免税货物大体有以下三大类：

1. 特定地区减免税货物。特定地区是指我国关境内由行政法规规定的某一特别区域，享受减免税优惠的货物只能在这一专门规定的区域内使用。例如，对两区的自用设备予以免税，即对保税区、出口加工区进口区内自用的机器和设备予以免税。

2. 特定企业减免税货物。特定企业是指由国务院制定的行政法规专门规定的企业，享受减免税优惠的进口货物只能由这些专门规定的企业使用，如“三资”企业。

3. 特定用途减免税货物。特定用途是指国家规定可以享受减免税优惠的进口货物只能用于行政法规专门规定的用途。特定用途的进出口货物主要包括：国家重点投资项目、利用外资项目、科教用品项目、残疾人专用品项目的货物，等等。

（四）特定减免税货物的管理

1. 特定减免税货物一般应提交进口许可证件，外商投资企业在投资总额内进口涉及机电产品自动进口许可管理的，可以免予交验有关许可证件。

2. 特定减免税进口设备可以在两个享受特定减免税优惠的企业之间结转。结转手续应当分别向企业主管海关办理。

提示：特定减免税货物的报关要点

1. 特定减免税货物涉及报关程序的三个阶段。

2. 特定减免税货物不豁免进口许可证，但是：① 对外资企业和香港、澳门、台湾及华侨的投资企业进口本企业自用的机器设备可以豁免进口许可证；② 外商投资企业在投资总额内进口涉及机电产品自动进口许可证的也可以豁免。

3. 外商投资企业在投资总额内进口的自用机器设备在填制报关单的上“贸易方式”栏目时，应当分别填写“合资合作设备”或“外资设备物品”；在投资总额外用自有资金进口的自用机器设备，则应填写“一般贸易”。

4. 特定减免税进口设备可以在两个享受特定减免税优惠的企业之间结转。

5. 出口加工区企业进口免税的机器设备等应当填制“出口加工区备案清单”；但保税区企业进口免税的机器设备等则仍填制“进口货物报关单”。

二、特定减免税货物的报关程序

特定减免税货物的报关程序大体有减免税申请、进口报关和申请解除监管3个阶段。

（一）减免税申请

减免税申请阶段包括减免税备案和减免税证明申领两个环节，基本程序为：减免税申请人到主管海关办理减免税备案手续，海关对申请享受减免税优惠政策的减免税申请人进行资格确认，对项目是否符合减免税政策要求进行审核，确定项目的减免税额度等事项。

减免税备案后，货物进口前，减免税申请人向主管海关申领减免税证明，主管海关进行审核，确定其所申请货物的减免税方式，依据其是否符合减免税政策要求决定签发进出口货物征免税证明。

1. 特定地区减免税申请。

（1）减免税备案。①保税区。保税区企业向保税区海关办理减免税备案时，应当提交企业批准证书、营业执照、企业合同、章程等，并将有关企业情况输入海关计算机系统。海关审核后准予备案的，即签发企业征免税手册，企业凭以办理货物减免税申请手续。②出口加工区等其他特殊监管区域。出口加工区等其他特殊监管区域内企业向主管海关办理减免税备案时，应当提交出口加工区等管理委员会的批准文件、营业执照等，并将有关企业情况输入海关计算机系统。海关审核后准予备案的，即建立企业设备电子账册，企业凭以办理货物减免税申请手续。

（2）进出口货物征免税证明申领。①保税区。企业在进口特定减免税机器设备等货物以前，向保税区海关提交企业征免税手册、发票、装箱单等，并将申请进口货物的有关数据输入海关计算机系统。海关核准后签发进出口货物征免税证明交申请企业。②出口加工区等其他特殊监管区域。企业在进口特定减免税机器设备等货物以前，向特殊监管区域海关提交发票、装箱单等，海关核准后在企业设备电子账册中进行登记，不核发进出口货物征免税证明。

2. 特定企业减免税申请。

（1）减免税备案。特定企业主要是外商投资企业，包括外资企业、中外合资企业和中外合作企业。外商投资企业向企业主管海关办理减免税备案，应提交商务主管部门的批准文件、营业执照、企业合同、章程等，海关审核后准予备案的，即签发“外商投资企业征免税手册”，企业凭以办理货物减免税申请手续。

（2）进出口货物征免税证明申领。外商投资企业在进口特定减免税机器设备等货物以前，向主管海关提交“外商投资企业征免税手册”、发票、装箱单等，并将申请进口货物的有关数据输入海关计算机系统。海关核准后签发进出口货物征免税证明交申请企业。

3. 特定用途减免税申请。

（1）国内投资项目减免税申请。国内投资项目经批准以后，减免税货物进口企业应当持国务院有关部门或省、自治区、直辖市人民政府签发的“国家鼓励发展的内外资项目确认书”、发票、装箱单等单证向项目主管直属海关提出减免税申请。海关审核后签发进出口货物征免税证明交申请企业。

（2）利用外资项目减免税申请。利用外资项目经批准以后，减免税货物进口企业应当持国务院有关部门或省、自治区、直辖市人民政府签发的“国家鼓励发展的内外资项目确认书”、发票、装箱单等单证向项目主管直属海关提出减免税申请。海关审核后签发进出口货物征免税证明交申请企业。

（3）科教用品减免税申请。科教单位办理科学研究和教学用品免税进口申请时，应当持有关主管部门的批准文件，向单位所在地主管海关申请办理资格认定手续。经海关审核批准的，签发“科教用品免税手册”。科教单位在进口特定减免税科教用品以前，向主管海关提交科教用品免税手册、合同等单证，并将申请进口货物的有关数据输入海关计算机系统。海关核准后签发进出口货物征免税证明。

（4）残疾人专用品减免税申请。残疾人在进口特定减免税专用品以前，向主管海关提交民政部门的批准文件。海关审核批准后签发进出口货物征免税证明。

民政部门或中国残疾人联合会所属单位批量进口残疾人专用品，应当向所在地直属海关申请，提交民政部（包括省、自治区、直辖市的民政部门）或中国残疾人联合会（包括省、自治区、直辖市的残疾人联合会）出具的证明函，海关凭以审核签发进出口货物征免税证明。

4. 进出口货物征免税证明的使用。进出口货物征免税证明的有效期为6个月，持证人应当在海关签发征免税证明的6个月内进口经批准的特定减免税货物。如情况特殊，可以向海关申请延长，延长的最长期限为6个月。

进出口货物征免税证明实行一份证明只能验放一批货物的原则，即一份征免税证明上的货物只能在一个进口口岸一次性进口。如果一批特定减免税货物需要分两个或两个以上口岸进口，或者分两次或两次以上进口的，应当事先分别申领征免税证明。

（二）进口报关

特定减免税货物进口报关程序与一般进出口货物的报关有所不同：

1. 特定减免税货物进口报关时，进口货物收货人或其代理人除了向海关提交报关单及随附单证以外，还应当向海关提交进出口货物征免税证明。海关在审单时从计算机查阅征免税证明的电子数据，核对纸质进出口货物征免税证明。

特殊监管区域企业进口免税的机器设备等，除保税区企业仍应当填制进口货物报关单外，均应当填制特殊监管区域进境货物备案清单。

2. 特定减免税货物进口，填制报关单时，应当在报关单“备案号”栏内填写进出口货物征免税证明的12位编号，12位编号写错将不能通过海关计算机逻辑审核，或者在提交纸质报关单证时无法顺利通过海关审单。

（三）申请解除监管

特定减免税进口货物监管年限届满时，自动解除海关监管。纳税义务人需要解除监管证明的，可以自监管年限届满之日起1年内，持有关单证向海关申请领取解除监管证明。海关应当自接到纳税义务人的申请之日起20日内核实情况，并填发解除监管证明。

1. 监管期满申请解除监管。特定减免税货物监管期满，原减免税申请人可以向主管海关申请解除海关对减免税进口货物的监管。主管海关经审核批准，签发“减免税进口货物解除监管证明”。至此，特定减免税进口货物办结了全部海关手续。

2. 监管期内申请解除监管。特定减免税货物在海关监管期内要求解除监管的，主要是为了在国内销售、转让、放弃，或者退运境外。

特定减免税货物在海关监管期限以内，因特殊原因要求出售、转让的，原征免税证明的申请人应当向原签发征免税证明的海关提出解除监管申请，海关按照使用时间审查确定完税价格征税后，签发解除监管证明书，办理结关手续，企业即可将原减免税货物在国内销售、转让。

企业如将货物转让给同样享受进口减免税优惠的企业，接受货物的企业应当先向主管海关申领进出口货物征免税证明，凭以办理货物的结转手续。转让企业应当填制出口货物报关单、受让企业应当填制进口货物报关单向各自的主管海关申报。转让企业留存出口货物报关单办理解除监管手续，转让货物的减免税幅度额度不再恢复；受让企业的受让货物继续受海关监管，监管年限不扣除转让企业已经使用的时间。

企业要求将特定减免税货物退运出境的，应当向出境地海关办理货物出口退运申报手续。出境地海关监管货物出境后，签发出口货物报关单，企业持该报关单及其他有关单证向主管海关申领解除监管证明。

企业要求放弃特定减免税货物的，应当向主管海关提交放弃货物的书面申请，经海关核准后，按照海关处理放弃货物的有关规定办理手续。海关将货物拍卖，所得款项上缴国库后签发收据，企业凭以向主管海关申领解除监管证明。

破产清算、变卖、拍卖处理尚在海关监管期限内的特定减免税货物，企业应当事先向主管海关申请，主管海关审批同意并按规定征收税款后，签发解除监管证明；如该货物已经改变其进口时的状态，经海关实际查验并做查验记录后，也可照此办理解除监管手续。只有在解除监管后，有关货物才可以进入破产清算、变卖、拍卖程序。对进入法律程序清算、变卖、拍卖的特定减免税货物，如属于许可证件管理的原进口时未申领许可证件的，海关凭人民法院的判决或国家法定仲裁机关的仲裁证明，免予交验进口许可证件。

3. 保税区内企业免税进口货物申请解除监管。保税区内企业免税进口货物未满海关监管年限，申请提前解除监管的，应按规定缴纳进口税，完税价格的确定同保税区外；其中涉及国家实行许可证件管理的商品还需向海关提交有效的许可证件。

第二节　暂准进出口货物报关实务

一、暂准进出口货物概述

（一）含义

暂准进出境货物是暂准进境货物和暂准出境货物的合称。暂准进境货物是指为了特定目的，经海关批准暂时进境，按规定的期限原状复运出境的货物。暂准出境货物是指为了特定目的，经海关批准暂时出境，按规定的期限原状复运进境的货物。

（二）暂准进出口货物的特征

1. 有条件暂时免予缴纳税费。暂准进出境货物在向海关申报进出境时，不必缴纳进出口税费，但收发货人须向海关提供担保。

2. 免予提交进出口许可证件。暂准进出境货物不是实际进出口货物，只要按照暂准进出境货物的有关法律、行政法规办理进出境手续，可以免予交验进出口许可证件。但是，涉及公共道德、公共安全、公共卫生所实施的进出境管制制度的暂准进出境货物应当凭许可证件进出境。

3. 规定期限内按原状复运进出境。暂准进出境货物应当自进境或者出境之日起 6 个月内复运出境或者复运进境；经收发货人申请，海关可以根据规定延长复运出境或者复运进境的期限。

4. 按货物实际使用情况办结海关手续。暂准进出境货物都必须在规定期限内，由货物的收发货人根据货物不同的情况向海关办理核销结关手续。

（三）暂准进出口货物的范围

暂准进出境货物分为两大类。

第一类是指经海关批准暂时进境，在进境时纳税义务人向海关缴纳相当于应纳税款的保证金或者提供其他担保可以暂不缴纳税款，并按规定的期限复运出境的货物和经海关批准暂时出境，在出境时纳税义务人向海关缴纳相当于应纳税款的保证金或者提供其他担保可以暂不缴纳税款，并按规定的期限复运进境的货物。主要有：

1. 在展览会、交易会、会议及类似活动中展示或者使用的货物；

2. 文化、体育交流活动中使用的表演、比赛用品；

3. 进行新闻报道或者摄制电影、电视节目使用的仪器、设备及用品；

4. 开展科研、教学、医疗活动使用的仪器、设备和用品；

5. 上述4项所列活动中使用的交通工具及特种车辆；

6. 货样；

7. 慈善活动使用的仪器、设备及用品；

8. 供安装、调试、检测、修理设备时使用的仪器及工具；

9. 盛装货物的容器；

10. 旅游用自驾交通工具及其用品；

11. 工程施工中使用的设备、仪器及用品；

12. 海关批准的其他暂准进出境货物。

上述12项暂准进出境货物按照我国海关的监管方式可以归纳为以下几种：（1）使用ATA单证册报关的暂准进出境货物（使用ATA单证册报关的上述第1项货物）；（2）不使用ATA单证册报关的展览品（不使用ATA单证册报关的上述第1项货物）；（3）集装箱箱体（上述第9项“盛装货物的容器”中暂准进出境的集装箱箱体）；（4）其他暂准进出境货物（上述12项货物中除以上3种监管方式以外的暂准进出境货物）。

第二类是指第一类以外的暂准进出境货物。第二类暂准进出境货物应当按照该货物的完税价格和其在境内、境外滞留时间与折旧时间的比例，按月缴纳进、出口税。

二、暂准进出境货物的报关程序

（一）使用ATA单证册的暂准进出境货物

1. ATA单证册概述。

（1）ATA单证册含义。ATA单证册是“暂准进口单证册”的简称，是指世界海关组织通过的《货物暂准进口公约》及其附约A和《关于货物暂准进口的ATA单证册海关公约》（以下简称《ATA公约》）中规定使用的，用于替代各缔约方海关暂准进出口货物报关单和税费担保的国际性通关文件。

（2）ATA单证册格式。一份ATA单证册一般由8页ATA单证组成：一页绿色封面单证、一页黄色出口单证、一页白色进口单证、一页白色复出口单证、两页蓝色过境单证、一页黄色复进口单证、一页绿色封底。我国海关只接受用中文或者英文填写的ATA单证册。

（3）ATA单证册的适用。在我国，使用ATA单证册的范围仅限于展览会、交易会、会议及类似活动项下的货物。除此以外的货物，我国海关不接受持ATA单证册办理进出口申报手续。

（4）ATA单证册的管理。①出证担保机构。中国国际商会是我国ATA单证册的出证和担保机构，负责签发出境ATA单证册，向海关报送所签发单证册的中文电子文本，协助海关确认ATA单证册真伪，并且向海关承担ATA单证册持证人因违反暂准进出境规定而产生的相关税费、罚款。②管理机构。海关总署在北京海关设立ATA核销中心。ATA核销中心对ATA单证册的进出境凭证进行核销、统计以及追索，应成员国担保人的要求，依据有关原始凭证，提供ATA单证册项下暂准进出境货物已经进境或者从我国复运出境的证明，并且对全国海关ATA单证册的有关核销业务进行协调和管理。③延期审批。使用ATA单证册报关的货物暂准进出境期限为自货物进出境之日起6个月。超过6个月的，ATA单证册持证人可以向海关申请延期。延期最多不超过3次，每次延长期限不超过6个月。延长期届满应当复运出境、进境或者办理进出口手续。

ATA单证册项下货物延长复运出境、进境期限的，ATA单证册持证人应当在规定期限届满30个工作日前向货物暂准进出境申请核准地海关提出延期申请，并提交"货物暂时进/出境延期申请书"以及相关申请材料。直属海关受理延期申请的，应当于受理申请之日起20个工作日内制发"中华人民共和国海关货物暂时进/出境延期申请批准决定书"或者"中华人民共和国海关货物暂时进/出境延期申请不予批准决定书"。

参加展期在24个月以上展览会的展览品，在18个月延长期届满后仍需要延期的，由主管地直属海关报海关总署审批。ATA单证册项下暂时进境货物申请延长期限超过ATA单证册有效期的，ATA单证册持证人应当向原出证机构申请续签ATA单证册。续签的ATA单证册经主管地直属海关确认后可替代原ATA单证册。

续签的ATA单证册只能变更单证册有效期限，其他项目均应当与原单证册一致。续签的ATA单证册启用时，原ATA单证册失效。

④追索。ATA单证册项下暂时进境货物未能按照规定复运出境或者过境的，ATA核销中心向中国国际商会提出追索。自提出追索之日起9个月内，中国国际商会向海关提供货物已经在规定期限内复运出境或者已经办理进口手续证明的，ATA核销中心可以撤销追索；9个月期满后未能提供上述证明的，中国国际商会应当向海关支付税款和罚款。

2. 报关程序。

(1) 进出口申报。持ATA单证册向海关申报进出境货物，不需向海关提交进出口许可证件，也不需另外再提供担保。但如果进出境货物受公共道德、公共安全、公共卫生、动植物检疫、濒危野生动植物保护、知识产权保护等限制的，展览品收发货人或其代理人应当向海关提交相关的进出口许可证件。

①进境申报。进境货物收货人或其代理人持ATA单证册向海关申报进境展览品时，先在海关核准的出证协会中国国际商会以及其他商会，将ATA单证册上的内容预录进海关与商会联网的ATA单证册电子核销系统，然后向展览会主管海关提交纸质ATA单证册、提货单等单证。

海关在白色进口单证上签注，并留存白色进口单证（正联），将存根联和ATA单证册其他各联退还给货物收货人或其代理人。

②出境申报。出境货物发货人或其代理人持ATA单证册向海关申报出境展览品时，向出境地海关提交国家主管部门的批准文件、纸质ATA单证册、装货单等单证。

海关在绿色封面单证和黄色出口单证上签注，并留存黄色出口单证（正联），将存根联和ATA单证册其他各联退还给出境货物发货人或其代理人。

③异地复运出境、进境申报。使用ATA单证册进出境的货物异地复运出境、进境申报，ATA单证册持证人应当持主管地海关签章的海关单证向复运出境、进境地海关办理手续。货物复运出境、进境后，主管地海关凭复运出境、进境地海关签章的海关单证办理核销结案手续。

④过境申报。过境货物承运人或其代理人持ATA单证册向海关申报将货物通过我国转运至第三国参加展览会的，不必填制过境货物报关单。海关在两份蓝色过境单证上分别签注

后，留存蓝色过境单证（正联），将存根联和ATA单证册其他各联退还给运输工具承运人或其代理人。

（2）结关。

①正常结关。持证人在规定期限内将进境展览品和出境展览品复运进出境，海关在白色复出口单证和黄色复进口单证上分别签注，留存单证（正联），将存根联和ATA单证册其他各联退还给持证人，正式核销结关。

②非正常结关。ATA单证册项下暂时进境货物复运出境时，因故未经我国海关核销、签注的，ATA核销中心凭由另一缔约国海关在ATA单证上签注的该批货物从该国进境或者复运进境的证明，或者我国海关认可的能够证明该批货物已经实际离开我国境内的其他文件，作为已经从我国复运出境的证明，对ATA单证册予以核销。

发生上述情形的，ATA单证册持证人应当按照规定向海关交纳调整费。在我国海关尚未发出"ATA单证册追索通知书"前，如果持证人凭其他国海关出具的货物已经运离我国关境的证明要求予以核销单证册的，海关免予收取调整费。

使用ATA单证册暂准进出境货物因不可抗力的原因受损，无法原状复运出境、进境的，ATA单证册持证人应当及时向主管地海关报告，可以凭有关部门出具的证明材料办理复运ATA出境、进境手续；因不可抗力的原因灭失或者失去使用价值的，经海关核实后可以视为该货物已经复运出境、进境。

使用ATA单证册暂准进出境货物因不可抗力以外的原因灭失或者受损的，ATA单证册持证人应当按照货物进出口的有关规定办理海关手续。

（二）不使用ATA单证册报关的进出境展览品

进出境展览品的海关监管有使用ATA单证册的，也有不使用ATA单证册直接按展览品填制进出口货物报关单报关的。以下介绍不使用ATA单证册报关的展览品。

1. 进出境展览品的范围。

（1）进境展览品。进境展览品包含在展览会中展示或示范用的货物、物品，为示范展出的机器或器具所需用的物品，展览者设置临时展台的建筑材料及装饰材料，供展览品做示范宣传用的电影片、幻灯片、录像带、录音带、说明书、广告、光盘、显示器材等。

下列在境内展览会期间供消耗、散发的用品（以下简称展览用品），由海关根据展览会性质、参展商规模、观众人数等情况，对其数量和总值进行核定，在合理范围内的，按照有关规定免征进口关税和进口环节税：①在展览活动中的小件样品，包括原装进口的或者在展览期间用进口的散装原料制成的食品或者饮料的样品；②为展出的机器或者器件进行操作示范被消耗或者损坏的物料；③布置、装饰临时展台消耗的低值货物；④展览期间免费向观众散发的有关宣传品；⑤供展览会使用的档案、表格及其他文件。

上述货物、物品应当符合下列条件：①由参展人免费提供并在展览期间专供免费分送给观众使用或者消费的；②单价较低，作广告样品用的；③不适用于商业用途，并且单位容量明显小于最小零售包装容量的；④食品及饮料的样品虽未包装分发，但确实在活动中消耗掉的。

展览用品中的酒精饮料、烟草制品及燃料不适用有关免税的规定。

展览会期间出售的小卖品，属于一般进口货物范围，进口时应当缴纳进口关税和进口环节海关代征税，属于许可证件管理的商品，应当交验许可证件。

（2）出境展览品。出境展览品包含国内单位赴国外举办展览会或参加外国博览会、展览会而运出的展览品，以及与展览活动有关的宣传品、布置品、招待品，以及其他公用物品。

与展览活动有关的小卖品、展卖品，可以按展览品报关出境，不按规定期限复运进境的办理一般出口手续，提交出口许可证件，缴纳出口关税。

2. 展览品的暂准进出境期限。进境展览品的暂准进境期限是6个月，即自展览品进境之日起6个月内复运出境。出境展览品的暂准出境期限为自展览品出境之日起6个月内复运进境。超过6个月的，进出境展览品的收发货人可以向海关申请延期。延期最多不超过3次，每次延长期限不超过6个月。延长期届满应当复运出境、进境或者办理进出口手续。

展览品申请延长复运出境、进境期限的，展览品收发货人应当在规定期限届满30个工作日前向货物暂准进出境申请核准地海关提出延期申请，并提交“货物暂时进/出境延期申请书”以及相关申请材料。

直属海关受理延期申请的，应当于受理申请之日起20个工作日内制发“中华人民共和国海关货物暂时进/出境延期申请批准决定书”或者“中华人民共和国海关货物暂时进/出境延期申请不予批准决定书”。参加展期在24个月以上展览会的展览品，在18个月延长期届满后仍需要延期的，由主管地直属海关报海关总署审批。

3. 展览品的进出境申报。

（1）进境申报。境内展览会的办展人或者参加展览会的办展人、参展人（以下简称办展人、参展人）应当以在展览品进境20个工作日前，向主管地海关提交有关部门备案证明或者批准文件及展览品清单等相关单证办理备案手续。展览会不属于有关部门行政许可项目的，办展人、参展人应当向主管地海关提交展览会邀请函、展位确认书等其他证明文件以及展览品清单办理备案手续。

展览品进境申报手续可以在展出地海关办理。从非展出地海关进境的，可以申请在进境地海关办理转关运输手续，将展览品在海关监管下从进境口岸转运至展览会举办地主管海关办理申报手续。展览会主办单位或其代理人应当向海关提交报关单、展览品清单、提货单、发票、装箱单等。展览品中涉及检验检疫等管制的，还应当向海关提交有关许可证件。展览会主办单位或其代理人应当向海关提供担保。在海关指定场所或者海关派专人监管的场所举办展览会的，经主管地直属海关批准，参展的展览品可以免予向海关提供担保。

海关一般在展览会举办地对展览品进行开箱查验。在展览品开箱前，展览会主办单位或其代理人应当通知海关。海关查验时，展览品所有人或其代理人应当到场，并负责搬移、开拆、封装货物。展览会展出或使用的印刷品、音像制品及其他需要审查的物品，还要经过海关的审查，才能展出或使用。对我国政治、经济、文化、道德有害的以及侵犯知识产权的印刷品、音像制品，不得展出，由海关没收、退运出境或责令更改后使用。

（2）出境申报。境内出境举办或者参加展览会的办展人、参展人应当在展览品出境20个工作日前，向主管地海关提交有关部门备案证明或者批准文件及展览品清单等相关单证办理备案手续。展览会不属于有关部门行政许可项目的，办展人、参展人应当向主管地海关提交展览会邀请函、展位确认书等其他证明文件以及展览品清单办理备案手续。

展览品出境申报手续应当在出境地海关办理。在境外举办展览会或参加国外展览会的企业应当向海关提交国家主管部门的批准文件、报关单、展览品清单（一式两份）等单证。

展览品属于应当缴纳出口关税的，向海关缴纳相当于税款的保证金；属于核用品、核两用品及相关技术的出口管制商品的，应当提交出口许可证。

海关对展览品进行开箱查验，核对展览品清单。查验完毕，海关留存一份清单，另一份封入“关封”交还给发货人或其代理人，凭以办理展览品复运进境申报手续。

4. 进出境展览品的核销结关。

(1) 复运进出境。进境展览品按规定期限复运出境，出境展览品按规定期限复运进境后，海关分别签发报关单证明联，展览品所有人或其代理人凭以向主管海关办理核销结关手续。异地复运出境、进境的展览品，进出境展览品的收发货人应当持主管地海关签章的海关单证向复运出境、进境地海关办理手续。货物复运出境、进境后，主管地海关凭复运出境、进境地海关签章的海关单证办理核销结案手续。

展览品未能按规定期限复运进出境的，展览会主办单位或出国举办展览会的单位应当向主管海关申请延期，在延长期内办理复运进出境手续。

(2) 转为正式进出口。进境展览品在展览期间被人购买的，由展览会主办单位或其代理人向海关办理进口申报、纳税手续，其中属于许可证件管理的，还应当提交进口许可证件。出口展览品在境外参加展览会后被销售的，由海关核对展览品清单后要求企业补办有关正式出口手续。

(3) 展览品放弃或赠送。展览会结束后，进口展览品的所有人决定将展览品放弃交由海关处理的，由海关依法变卖后将款项上缴国库。展览品的所有人决定将展览品赠送的，受赠人应当向海关办理进口手续，海关根据进口礼品或经贸往来赠送品的规定办理。

(4) 展览品毁坏、丢失、被窃。进境展览品因毁坏、丢失、被窃等原因不能复运出境的，展览会主办单位或其代理人应当向海关报告。对于毁坏的展览品，海关根据毁坏程度估价征税；对于丢失或被窃的展览品，海关按照进口同类货物征收进口税。

进出境展览品因不可抗力的原因受损，无法原状复运出境、进境的，进出境展览品的收发货人应当及时向主管地海关报告，可以凭有关部门出具的证明材料办理复运出境、进境手续；因不可抗力的原因灭失或者失去使用价值的，经海关核实后可以视为该货物已经复运出境、进境。进出境展览品因不可抗力以外其他原因灭失或者受损的，进出境展览品的收发货人应当按照货物进出口的有关规定办理海关手续。

（三）集装箱箱体

1. 集装箱箱体的范围。集装箱箱体既是一种运输设备，又是一种货物。当货物用集装箱装载进出口时，集装箱箱体就作为一种运输设备；当一个企业购买进口或销售出口集装箱时，集装箱箱体就是普通的进出口货物。

集装箱箱体作为货物进出口是一次性的，而在通常情况下，是作为运输设备暂准进出境的。这里介绍的是后一种情况。

2. 集装箱箱体的报关程序。暂准进出境的集装箱箱体报关有以下两种情况：

(1) 境内生产的集装箱及我国营运人购买进口的集装箱在投入国际运输前，营运人应当向其所在地海关办理登记手续。海关准予登记并符合规定的集装箱箱体，无论是否装载货物，海关准予暂时进境和异地出境，营运人或其代理人无需对箱体单独向海关办理报关手续，进出境时也不受规定的期限限制。

(2) 境外集装箱箱体暂准进境，无论是否装载货物，承运人或其代理人应当对箱体单独向海关申报，并应当于入境之日起 6 个月内复运出境。如因特殊情况不能按期复运出境的，营运人应当向暂准进境地海关提出延期申请，经海关核准后可以延期，但延长期最长不得超过 3 个月，逾期应按规定向海关办理进口报关纳税手续。

（四）其他暂准进出境货物

1. 概述。

（1）范围。可以暂不缴纳税款的上述 12 项暂准进出境货物，除使用 ATA 单证册报关的货物、不使用 ATA 单证册报关的展览品、集装箱箱体按各自的监管要求由海关进行监管外，其余的均按其他暂准进出境货物进行监管，均属于其他暂准进出境货物的范围。

（2）期限。其他暂准进出境货物应当自进出境之日起 6 个月内复运出境或复运进境。超过 6 个月的，收发货人可以向海关申请延期。延期最多不超过 3 次，每次延长期限不超过 6 个月。延长期届满应当复运出境、进境或者办理进出口手续。

国家重点工程、国家科研项目使用的暂准进出境货物，在 18 个月延长期届满后仍需要延期的，由主管地直属海关报海关总署审批。

（3）管理。其他暂准进出境货物进出境核准属于海关行政许可事项，应当按照海关行政许可的程序办理。

①暂准进出境申请和审批。暂准进出境货物收发货人向海关提出货物暂准进出境申请时，应当按照海关要求提交“货物暂时进/出境申请书”、暂准进出境货物清单、发票、合同或者协议以及其他相关单据。海关就暂准进出境货物的暂准进出境申请做出是否批准的决定后，应当制发“中华人民共和国海关货物暂时进/出境申请批准决定书”或者“中华人民共和国海关货物暂时进/出境申请不予批准决定书”。

②延期申请和审批。暂准进出境货物申请延长复运出境、进境期限的，收发货人应当在规定期限届满 30 个工作日前向货物暂准进出境申请核准地海关提出延期申请，并提交“货物暂时进/出境延期申请书”以及相关申请材料。直属海关做出决定并制发相应的决定书。申请延长超过 18 个月的由海关总署做出决定。

2. 报关程序。

（1）进出境申报。

①进境申报。其他暂准进境货物进境时，收货人或其代理人应当向海关提交主管部门允许货物为特定目的而暂时进境的批准文件、进口货物报关单、商业及货运单据等，向海关办理暂时进境申报手续。其他暂准进境货物不必提交进口货物许可证件，但对国家规定需要实施检验检疫的，或者为公共安全、公共卫生等实施管制措施的，仍应当提交有关的许可证件。其他暂准进境货物在进境时，收货人或其代理人免予缴纳进口税，但必须向海关提供担保。

②出境申报。其他暂准出境货物出境，发货人或其代理人应当向海关提交主管部门允许货物为特定目的而暂时出境的批准文件、出口货物报关单、货运和商业单据等，向海关办理暂时出境申报手续。

其他暂准进境货物，除易制毒化学品、监控化学品、消耗臭氧层物质、有关核出口、核两用品及相关技术的出口管制条例管制的商品以及其他国际公约管制的商品外，不需交验许可证件。

③异地复运出境、进境申报。异地复运出境、进境的其他暂准进出境货物，收发货人应

当持主管地海关签章的海关单证向复运出境、进境地海关办理手续。货物复运出境、进境后，主管地海关凭复运出境、进境地海关签章的海关单证办理核销结案手续。

（2）结关。①复运进出境。其他暂准进境货物复运出境，其他暂准出境货物复运进境，进出口货物收、发货人或其代理人必须留存由海关签章的复运进出境的报关单，准备报核。②转为正式进出口。其他暂准进出境货物因特殊情况，改变特定的暂准进出境目的转为正式进出口，收发货人应当在货物复运出境、进境期限届满30个工作日前向主管地海关申请，经主管地直属海关批准后，按照规定提交有关许可证件，办理货物正式进口或者出口的报关纳税手续。③放弃。其他暂准进境货物在境内完成暂时进境的特定目的后，如货物所有人不准备将货物复运出境的，可以向海关声明将货物放弃，海关按放弃货物的有关规定处理。

其他暂准进出境货物复运出境或进境，或者转为正式进口或出口，或者放弃后，收发货人向海关提交经海关签注的进出口货物报关单，或者处理放弃货物的有关单据，以及其他有关单证，申请报核。海关经审核，情况正常的，退还保证金或办理其他担保销案手续，予以结关。

第三节　转关运输货物报关实务

一、转关运输概述

（一）转关的含义

转关是指海关监管货物在海关监管下，从一个海关运至另一个海关办理某项海关手续的行为，包括货物由进境地入境，向海关申请转关，运往另一个设关地点进口报关；货物在起运地出口报关运往出境地，由出境地海关监管出境；已经办理入境手续的海关监管货物从境内一个设关地点运往境内另一个设关地点报关。

（二）转关的条件

1. 申请转关应符合的条件。申请转关应符合以下条件：（1）转关的指运地和起运地必须设有海关；（2）转关的指运地和起运地应当设有经海关批准的监管场所；（3）转关承运人应当在海关注册登记。承运车辆符合海关监管要求，并承诺按海关对转关路线范围和途中运输时间所作的限定将货物运往指定的场所。

2. 不得申请转关的货物。下列货物不得申请转关：（1）进口固体废物（废纸除外）；（2）进口易制毒化学品、监控化学品、消耗臭氧层物质；（3）进口汽车整车，包括成套散件和二类底盘；（4）国家检验检疫部门规定必须在口岸检验检疫的商品。

（三）转关的方式

1. 提前报关转关。提前报关转关是指进口货物在指运地先申报，再到进境地办理进口转关手续，出口货物在未运抵起运地监管场所前先申报，货物运抵监管场所后再办理出口转关手续的转关。

2. 直转转关。进口直转转关是指进口货物在进境地海关办理转关手续，货物运抵指运地再在指运地海关办理申报手续的转关。出口直转转关是指出口货物在运抵起运地海关监管场所申报后，在起运地海关办理出口转关手续再到出境地海关办理出境手续的转关。

3. 中转转关。进口中转转关是指持全程提运单需换装境内运输工具的进口中转货物由收货人或其代理人先向指运地海关办理进口申报手续，再由境内承运人或其代理人批量向进境地海关办理转关手续的转关。

出口中转转关是指持全程提运单需换装境内运输工具的出口中转货物由发货人或其代理人先向起运地海关办理出口申报手续，再由境内承运人或其代理人按出境工具分列舱单向起运地海关批量办理转关手续，并到出境地海关办理出境手续的转关。

注意：三种转关方式的异同点

1. 提前报关方式与直接报关方式区别：前者必须先向指运地或启运地海关申报，而后者可直接向进境地或启运地海关直接申请；

2. 中转方式与提前报关、直转转关的区别：中转货物必须换装境内运输工具，而提前报关或直接转关方式无需换装境内运输工具。

二、转关运输货物的报关程序

（一）进口货物的转关

1. 提前报关的转关。进口货物的收货人或其代理人在进境地海关办理进口货物转关手续前，向指运地海关传送进口货物报关单电子数据。指运地海关提前受理电子申报，接受申报后，计算机自动生成进口转关货物申报单，向进境地海关传输有关数据。提前报关的转关货物收货人或其代理人应向进境地海关提供进口转关货物申报单编号，并提交下列单证办理转关运输手续：(1)“进口转关货物核放单”（广东省内公路运输的，提交进境汽车载货清单）；(2)“汽车载货登记簿”或“船舶监管簿”；(3) 提货单。

提前报关的进口转关货物，进境地海关因故无法调阅进口转关数据时，可以按直转方式办理转关手续。

2. 直转方式的转关。货物的收货人或其代理人在进境地录入转关申报数据，持下列单证直接办理转关手续：(1)“进口转关货物申报单”（广东省内公路运输的，提交进境汽车载货清单）；(2)“汽车载货登记簿”或“船舶监管簿”。

3. 中转方式的转关。中转方式的进口转关一般采用提前报关转关。具有全程提运单、需要换装境内运输工具的中转转关货物的收货人或其代理人向指运地海关办理进口报关手续后，由境内承运人或其代理人向进境地海关提交“进口转关货物申报单”、“进口货物中转通知书”、按指运地目的港分列的纸质舱单（空运方式提交联程运单）等单证办理货物转关手续。

（二）出口货物的转关

1. 提前报关的转关。由货物的发货人或其代理人在货物未运抵起运地海关监管场所前，先向起运地海关传送出口货物报关单电子数据，由起运地海关提前受理电子申报，生成出口转关货物申报单数据，传输至出境地海关。

发货人或其代理人应持下列单证向起运地海关办理出口转关手续：(1) 出口货物报关单；(2)“汽车载货登记簿”或“船舶监管簿”；(3) 广东省内公路运输的，提交出境汽车载货清单。

货物到达出境地后，发货人或其代理人应持下列单证向出境地海关办理转关货物出境手续：(1) 起运地海关签发的“出口货物报关单”；(2)“出口转关货物申报单”或“出境汽车载货清单”；(3)“汽车载货登记簿”或“船舶监管簿”。

2. 直转方式的转关。由发货人或其代理人在货物运抵起运地海关监管场所后，向起运地海关传送出口货物报关单电子数据，起运地海关受理电子申报，生成“出口转关货物申报单”数据，传输至出境地海关。发货人或其代理人应持下列单证在起运地海关办理出口转关手续：(1)“出口货物报关单”；(2)“汽车载货登记簿”或“船舶监管簿”；(3) 广东省内运输的，提交出境汽车载货清单。

直转的出口转关货物到达出境地后，发货人或其代理人应持下列单证向出境地海关办理转关货物的出境手续：(1) 起运地海关签发的“出口货物报关单”；(2)“出口转关货物申报单”或“出境汽车载货清单”；(3)“汽车载货登记簿”或“船舶监管簿”。

3. 中转方式的转关。具有全程提运单、需要换装境内运输工具的出口中转转关货物，货物的发货人或其代理人向起运地海关办理出口报关手续后，由承运人或其代理人向起运地海关传送并提交“出口转关货物申报单”、凭出境运输工具分列的“电子或纸质舱单”、“汽车载货登记簿”或“船舶监管簿等单证”，向起运地海关办理货物出口转关手续。经起运地海关核准后，签发“出口货物中转通知书”，承运人或其代理人凭以办理中转货物的出境手续。

（三）境内监管货物的转关

境内监管货物的转关运输，除加工贸易深加工结转按有关规定办理外，均应按进口转关方式办理，具体如下：

1. 提前报关的，由转入地（相当于指运地）货物收货人或其代理人，在转出地（相当于进境地）海关办理监管货物转关手续前，向转入地海关传送进口货物报关单电子数据。

由转入地海关提前受理电子申报，并生成“进口转关货物申报单”，向转出地海关传输。转入地货物收货人或其代理人应持“进口转关货物核放单”和“汽车载货登记簿”或“船舶监管簿”，并提供进口转关货物申报单编号，向转出地海关办理转关手续。

2. 直转的，由转入地货物收货人或其代理人在转出地录入转关申报数据，持“进口转关货物申报单”和“汽车载货登记簿”或“船舶监管簿”，直接向转出地海关办理转关手续。

三、海关对转关运输的监管要求

（一）转关运输的期限

1. 直转方式转关的期限。直转方式转关的进口货物应当自运输工具申报进境之日起 14 日内向进境地海关办理转关手续，在海关限定期限内运抵指运地之日起 14 日内，向指运地海关办理报关手续。逾期按规定征收滞报金。在进境地办理转关手续逾期的，以自载运进口货物的运输工具申报进境之日起第 15 日为征收滞报金的起始日；在指运地申报逾期的，以自货物运抵指运地之日起第 15 日为征收滞报金的起始日。

2. 提前报关方式转关的期限。(1) 进口转关货物应在电子数据申报之日起的 5 日内，向进境地海关办理转关手续，超过期限仍未到进境地海关办理转关手续的，指运地海关撤销提前报关的电子数据。(2) 出口转关货物应于电子数据申报之日起 5 日内，运抵起运地海关监管场所，办理转关和验放等手续，超过期限的，起运地海关撤销提前报关的电子数据。

（二）转关运输申报单证的法律效力

转关货物申报的电子数据与书面单证具有同等的法律效力，对确实因为填报或传输错误的数据，有正当的理由并经海关同意，可作适当的修改或者撤销。对海关已决定查验的转关货物，则不再允许修改或撤销申报内容。

第四节　其他进出口货物报关实务

一、过境、转运、通运货物报关实务

（一）过境货物

1. 过境货物概述。

（1）过境货物的含义。过境货物是指从境外起运，在我国境内不论是否换装运输工具，通过陆路运输，继续运往境外的货物。

（2）过境货物的范围。下列货物准予过境：①与我国签有过境货物协定的国家的过境货物；②在同我国签有铁路联运协定的国家收、发货的过境货物；③未与我国签有过境货物协定但经国家商务、运输主管部门批准，并向入境地海关备案后准予过境的货物。

提示：我国海关禁止过境的货物

①来自或运往我国停止或禁止贸易的国家和地区的货物；

②各种武器、弹药、爆炸品及军需品（通过军事途径运输的除外）；

③各种烈性毒药、麻醉品和鸦片、吗啡、海洛因、可卡因等毒品；

④我国法律、法规禁止过境的其他货物、物品。

（3）过境货物的管理。海关对过境货物监管的目的是防止过境货物在我国境内运输过程中滞留在国内，或将我国货物混入过境货物随运出境；防止禁止过境货物从我国过境。

过境货物经营人应当按下列要求开展相关业务：①过境货物经营人应当持主管部门的批准文件和工商行政管理部门颁发的营业执照，向海关主管部门申请办理注册登记手续；②装载过境货物的运输工具，应当具有海关认可的加封条或装置，海关认为必要时，可以对过境货物及其装载装置进行加封；③运输部门和过境货物经营人应当负责保护海关封志的完整，任何人不得擅自开启或损毁。

对过境货物管理的其他规定如下：①民用爆炸品、医用麻醉品等的过境运输，应经海关总署商有关部门批准后，方可过境；②有伪报货名和国别，借以运输我国禁止过境货物的，以及其他违反我国法律、行政法规情事的，海关可依法将货物扣留处理；③海关可以对过境货物实施查验，海关在查验过境货物时，经营人或承运人应当到场，负责搬移货物，开拆、封装货物；④过境货物在境内发生损毁或者灭失的（除不可抗力原因造成的外），经营人应当负责向出境地海关补办进口纳税手续。

2. 过境货物的报关程序。

(1) 进出口报关。①进境报关。过境货物进境时，过境货物经营人或报关企业应当向海关递交“过境货物报关单”和运单、转载清单、载货清单，以及发票、装箱清单等，办理过境手续。过境货物经进境地海关审核无误后，进境地海关在提运单上加盖“海关监管货物”戳记，并将过境货物报关单和过境货物清单制作“关封”后加盖“海关监管货物”专用章，连同上述提运单一并交经营人或报关企业。过境货物经营人或承运人应当负责将上述单证及时交出境地海关验核。②出境报关。过境货物出境时，过境货物经营人或报关企业应当及时向出境地海关申报，并递交进境地海关签发的“关封”和其他单证。

出境地海关审核有关单证、关封和货物，确认无误后，加盖放行章，监管货物出境。

(2) 过境期限。过境货物的过境期限为6个月，因特殊原因，可以向海关申请延期，经海关同意后，最长可延期3个月。过境货物超过规定期限3个月仍未过境的，海关按规定依法提取变卖，变卖后的货款按有关规定处理。

(3) 在境内暂存和运输。关于过境货物在境内暂存和运输有以下规定：①过境货物进境后因换装运输工具等原因需卸下地储存时，应当经海关批准并在海关监管下存入海关指定或同意的仓库或场所；②过境货物在进境以后、出境以前，应当按照运输主管部门规定的路线运输，运输部门没有规定的，由海关指定；③海关可根据情况派员押运过境货物运输。

(二) 转运货物

1. 转运货物概述。

(1) 转运货物的含义。转运货物是指由境外起运，通过我国境内设立海关的地点换装运输工具，不通过境内陆路运输，继续运往境外的货物。

(2) 转运货物的范围。进境运输工具载运的货物具备下列条件之一的，可以办理转运手续：①持有转运或联运提货单的；②进口载货清单上注明是转运货物的；③持有普通提货单，但在卸货前向海关声明转运的；④误卸下的进口货物，经运输工具经理人提供确实证件的；⑤因特殊原因申请转运，获海关批准的。

(3) 转运货物的管理。海关对转运货物实施监管的主要目的在于防止货物在口岸换装过程中误进口或误出口。海关对转运货物有以下监管规定：①外国转运货物在中国口岸存放期间，不得开拆、改换包装或进行加工；②转运货物必须在3个月之内办理海关有关手续并转运出境，超出规定期限3个月仍未转运出境或办理其他海关手续的，海关将提取依法变卖处理；③海关对转运的外国货物有权进行查验。

2. 转运货物的报关程序。转运货物的报关程序如下：(1) 载有转运货物的运输工具进境后，承运人应当在进口载货清单上列明转运货物的名称、数量、起运地和到达地，并向主管海关申报进境。(2) 申报经海关同意后，在海关指定的地点换装运输工具。(3) 在规定时间内运送出境。

(三) 通运货物

1. 通运货物的含义。通运货物是指从境外起运，不通过我国境内陆路运输，运进境后由原运输工具载运出境的货物。

2. 通运货物的报关程序。通运货物的报关程序如下：(1) 运输工具进境时，运输工具的负责人应凭注明通运货物名称和数量的“船舶进口报告书”或国际民航机使用的“进口载货舱单”向进境地海关申报；(2) 进境地海关在接受申报后，在运输工具抵、离境时对申报的货物予以核查，并监管货物实际离境。

二、出料加工货物报关实务

（一）出料加工货物概述

1. 出料加工货物的含义。出料加工货物是指我国境内企业运到境外进行技术加工后复运进境的货物。

2. 出料加工货物的原则。出料加工的目的是借助国外先进的加工技术提高产品的质量和档次，因此只有在国内现有的技术手段无法或难以达到产品质量要求而必须运到境外进行某项工序加工的情况下，才可开展出料加工业务。出料加工原则上不能改变原出口货物的物理形态。对完全改变原出口货物物理形态的出境加工，需按一般贸易办理出口、进口的有关手续。

3. 出料加工货物的管理。出料加工货物自运出境之日起 6 个月内应当复运进境；因正当理由不能在海关规定期限内将出料加工货物复运进境的，应当在到期之前书面向海关说明情况，申请延期。经海关批准可以延期，延长的期限最长不得超过 3 个月。

（二）出料加工货物的报关程序

1. 备案。开展出料加工的经营企业应当到主管海关办理出料加工合同的备案申请手续。海关根据出料加工的有关规定审核决定是否受理备案，受理备案的应当核发“出料加工手册”。

2. 进出口报关。（1）出境申报。出料加工货物出境，发货人或其代理人应当向海关提交手册、出口货物报关单、货运单据及其他海关需要的单证申报出口，属许可证件管理的商品，免交许可证件；属应征出口税的，应提供担保。为实现有效监管，海关可以对出料加工出口货物附加标志、标记或留取货样。（2）进境申报。出料加工货物复运进口，收货人或其代理人应当向海关提交手册、进口报关单、货运单据及其他海关需要的单证申报进口，海关对出料加工复进口货物以境外加工费、材料费、复运进境的运输及其相关费用和保险费审查确定完税价格征收进口关税和进口环节海关代征税。

3. 核销。出料加工货物全部复运进境后，经营人应当向海关报核，海关进行核销，提供担保的，应当退还保证金或者撤销担保。出料加工货物未按海关允许期限复运进境的，海关按照一般进出口货物办理，将货物出境时收取的税款担保金转为税款，货物进境时按一般进出口货物征收进口关税和进口代征税。

三、无代价抵偿货物报关实务

（一）无代价抵偿货物概述

1. 无代价抵偿货物的含义。无代价抵偿货物是指进出口货物在海关放行后，因残损、短少、品质不良或者规格不符，由进出口货物的发货人、承运人或者保险公司免费补偿或者更换的与原货物相同或者与合同规定相符的货物。

收发货人申报进出口的无代价抵偿货物，与退运出境或者退运进境的原货物不完全相同或者与合同规定不完全相符的，经收发货人说明理由，海关审核认为理由正当且税则号列未发生改变的，仍属于无代价抵偿货物范围。

2. 无代价抵偿货物的特征。无代价抵偿货物海关监管的基本特征如下：（1）进出口无代价抵偿货物免予交验进出口许可证件。（2）进口无代价抵偿货物，不征收进口关税和进口环节海关代征税；出口无代价抵偿货物，不征收出口关税。但是进出口与原货物或合同规定不完全相符的无代价抵偿货物，应当按规定计算与原进出口货物的税款差额，高出原征收税款数额的应当征收超出部分的税款，低于原征收税款，原进出口货物的发货人、承运人或者保险公司同时补偿货款的，应当退还补偿货款部分的税款，未补偿货款的，不予退还。（3）现场放行后，海关不再进行监管。

（二）无代价抵偿货物的报关程序

无代价抵偿大体上可以分为两种，一种是短少抵偿，一种是残损、品质不良或规格不符抵偿。对两种抵偿引起的两类进出口无代价抵偿货物在报关程序上有所区别。

1. 残损、品质不良或规格不符引起的无代价抵偿货物进出口海关手续。残损、品质不良或规格不符引起的无代价抵偿货物，进出口前应当先办理被更换的原进出口货物中残损、品质不良或规格不符货物的有关海关手续。

（1）退运进出境。原进口货物的收货人或其代理人应当办理被更换的原进口货物中残损、品质不良或规格不符货物的退运出境的报关手续。被更换的原进口货物退运出境时不征收出口关税。原出口货物的发货人或其代理人应当办理被更换的原出口货物中残损、品质不良或规格不符货物的退运进境的报关手续。被更换的原出口货物退运进境时不征收进口关税和进口环节海关代征税。

（2）放弃，交由海关处理。被更换的原进口货物中残损、品质不良或规格不符货物不退运出境，但原进口货物的收货人愿意放弃，交由海关处理的，海关应当依法处理并向收货人提供依据，凭以申报进口无代价抵偿货物。

（3）不退运出境，也不放弃，或不退运进境。被更换的原进口货物中残损、品质不良或规格不符货物不退运出境且不放弃交由海关处理的，或者被更换的原出口货物中残损、品质不良或规格不符的货物不退运进境，原进出口货物的收发货人应当按照海关接受无代价抵偿货物申报进出口之日适用的有关规定申报出口或进口，并缴纳出口关税或进口关税和进口环节海关代征税，属于许可证件管理的商品还应当交验相应的许可证件。

2. 向海关申报办理无代价抵偿货物进出口手续的期限。向海关申报进出口无代价抵偿货物应当在原进出口合同规定的索赔期内，而且不超过原货物进出口之日起3年。

3. 无代价抵偿货物报关应当提供的单证。收发货人向海关申报无代价抵偿货物进出口时除应当填制报关单和提供基本单证外，还应当提供其他特殊单证。

（1）进口申报需要提交的特殊单证：①原进口货物报关单；②原进口货物退运出境的出口货物报关单，或者原进口货物交由海关处理的货物放弃处理证明，或者已经办理纳税手续的单证（短少抵偿的除外）；③原进口货物税款缴纳书或者进出口货物征免税证明；④买卖双方签订的索赔协议。

海关认为需要时，纳税义务人还应当提交具有资质的商品检验机构出具的原进口货物残损、短少、品质不良或者规格不符的检验证明书或者其他有关证明文件。

（2）出口申报需要提交的特殊单证：①原出口货物报关单；②原出口货物退运进境的进口货物报关单或者已经办理纳税手续的单证（短少抵偿的除外）；③原出口货物税款缴纳书；④买卖双方签订的索赔协议。

海关认为需要时，纳税义务人还应当提交具有资质的商品检验机构出具的原出口货物残损、短少、品质不良或者规格不符的检验证明书或者其他有关证明文件。

四、退运、退关货物报关实务

退关货物又称出口退关货物，是指向海关申报出口并获准放行，但因故未能装上运输工具，经发货单位请求，退运出海关监管区域不再出口的货物。

退关货物的报关手续：①出口货物的发货人及其代理人应当在得知出口货物未装上运输工具，并决定不再出口之日起 3 天内，向海关申请退关；②经海关核准且撤销出口申报后方能将货物运出海关监管场所；③已缴纳出口关税的退关货物，可以在缴纳税款之日起 1 年内，提出书面申请，向海关申请退税；④出口货物的发货人及其代理人办理出口货物退关手续后，海关应对所有单证予以注销，并删除有关报关电子数据。

退运货物是指原出口货物或进口货物因各种原因造成退运进口或者退运出口的货物。退运货物包括一般退运货物和直接退运货物。

（一）一般退运货物

一般退运货物是指已办理申报或退运出口的货物。

1. 一般退运进口货物的报关手续。

（1）报关。一般退运货物的报关分为以下几种情况：①原出口货物已收汇。原出口货物退运进境时，若该批出口货物已收汇、已核销，原发货人或其代理人应填写进口货物报关单向进境地海关申报，并提供原货物出口时的出口货物报关单，现场海关应凭加盖有已核销专用章的“外汇核销单出口退税专用联”（正本），或税务部门出具的“出口商品退运已补税证明”，保险公司证明或承运人溢装、漏卸的证明等有关资料办理退运进口手续，同时签发一份进口货物报关单。②原出口货物未收汇。原出口货物退运进口时，若出口未收汇，原发货人或其代理人在办理退运手续时，提交原出口货物报关单、出口收汇核销单、报关单退税证明联向进口地海关申报退运进口，同时填制一份进口货物报关单；若出口货物部分退运进口，海关应在原出口货物报关单上批注退运的实际数量、金额后退回企业并留存复印件，海关核实无误后，验放有关货物进境。

（2）税收。因品质或者规格原因，出口货物自出口之日起 1 年内原状退货复运进境的，经海关核实后不予征收进口税，原出口时已经征收出口关税的，只要重新缴纳因出口而退还的国内环节税，自缴纳出口税款之日起 1 年内准予退还。

2. 一般退运出口货物的报关手续。

（1）报关。因故退运出口的进口货物，原收货人或其代理人应填写出口货物报关单申报出境，并提供原货物进口时的进口货物报关单，保险公司证明或承运人溢装、漏卸的证明等有关资料，经海关核实无误后，验放有关货物出境。

（2）税收。因品质或者规格原因，进口货物自进口之日起 1 年内原状退货复运出境的，经海关核实后可以免征出口关税，已征收的进口关税和进口环节海关代征税，自缴纳进口税款之日起 1 年内准予退还。

（二）直接退运货物

直接退运货物是指在进境后、办结海关放行手续前，进口货物收发货人、原运输工具负责人或者其代理人（以下统称当事人）申请直接退运境外，或者海关根据国家有关规定责令直接退运境外的全部或者部分货物。

进口转关货物在进境地海关放行后，当事人申请办理退运手续的，不属于直接退运货物，应当按照一般退运货物办理退运手续。

1. 当事人申请直接退运的货物。

（1）范围。在货物进境后、办结海关放行手续前，有下列情形之一的，当事人可以向海关申请办理直接退运手续：①因国家贸易管理政策调整，收货人无法提供相关证件的；②属于错发、误卸或者溢卸货物，能够提供发货人或者承运人书面证明文书的；③收发货人双方协商一致同意退运，能够提供双方同意退运的书面证明文书的；④有关贸易发生纠纷，能够提供法院判决书、仲裁机构仲裁决定书或者无争议的有效货物所有权凭证的；⑤货物残损或者国家检验检疫不合格，能够提供国家检验检疫部门根据收货人申请而出具的相关检验证明文书的。

对在当事人申请直接退运前，海关已经确定查验或者认为有走私违规嫌疑的货物，不予办理直接退运，待查验或者案件处理完毕后，按照海关有关规定处理。

（2）报关程序。当事人向海关申请直接退运，应当按照海关要求提交“进口货物直接退运申请书”、证明进口实际情况的合同、发票、装箱清单、已报关货物的原报关单、提运单或者载货清单等相关单证、符合申请条件的相关证明文书以及海关要求当事人提供的其他文件。海关按行政许可程序受理或者不予受理，受理并批准直接退运的，制发“准予直接退运决定书”。

办理进口货物直接退运手续，应当按照报关单填制规范填制进出口货物报关单，并符合下列要求：①“标记唛码及备注”栏填写“准予直接退运决定书”编号；②“贸易方式”栏填写“直接退运”（代码 4500）。当事人办理进口货物直接退运的申报手续时，应当先填写出口货物报关单向海关申报，再填写进口货物报关单，并在进口货物报关单的“标记唛码及备注”栏填报关联报关单（出口报关单）号。

因进口货物收发货人或者承运人的责任造成货物错发、误卸或者溢卸，经海关批准直接退运的，当事人免予填制报关单，凭“准予直接退运决定书”向海关办理直接退运手续。

经海关批准直接退运的货物不需要交验进出口许可证或者其他监管证件，免予征收各种税费及滞报金，不列入海关统计。

对货物进境申报后经海关批准直接退运的，在办理进口货物直接退运出境申报手续前，海关应当将原进口货物报关单或者转关单数据予以撤销。

进口货物直接退运应当从原进境地口岸退运出境。对因运输原因需要改变运输方式或者由另一口岸退运出境的，应当经由原进境地海关批准后，以转关运输方式出境。

2. 海关责令直接退运的货物。

（1）范围。在货物进境后、办结海关放行手续前，有下列情形之一，依法应当退运的，由海关责令当事人将进口货物直接退运境外：①进口国家禁止进口的货物，经海关依法处理后的；②违反国家检验检疫政策法规，经国家检验检疫部门处理并且出具“检验检疫处理通知书”或者其他证明文书后的；③未经许可擅自进口属于限制进口的固体废物用做原料，经海关依法处理后的；④违反国家有关法律、行政法规，应当责令直接退运的其他情形。

对需要责令进口货物直接退运的，由海关根据相关政府行政主管部门出具的证明文书，向当事人制发“中华人民共和国海关责令进口货物直接退运通知书”。

（2）报关程序。办理进口货物直接退运手续，应当按照报关单填制规范填制进出口货物报关单，并符合下列要求：①“标记唛码及备注”栏填写“责令直接退运通知书”编号；②“贸易方式”栏填写“直接退运”（代码 4500）。

当事人办理进口货物直接退运的申报手续时，应当先填写出口货物报关单向海关申报，再填写进口货物报关单，并在进口货物报关单的“标记唛码及备注”栏填报关联报关单（出口报关单）号。

因进口货物收发货人或者承运人的责任造成货物错发、误卸或者溢卸，经海关责令直接退运的，当事人免予填制报关单，凭“责令直接退运通知书”向海关办理直接退运手续。

经海关责令直接退运的货物不需要交验进出口许可证或者其他监管证件；免予征收各种税费及滞报金，不列入海关统计。

进口货物直接退运应当从原进境地口岸退运出境。对因运输原因需要改变运输方式或者由另一口岸退运出境的，应当经由原进境地海关批准后，以转关运输方式出境。

五、货样、广告品报关实务

（一）货样、广告品概述

1. 货样、广告品的含义。货样是指专供订货参考的进出口货物样品；广告品是指用以宣传有关商品的进出口广告宣传品。

2. 货样、广告品的分类。有进出口经营权的企业价购或售出货样、广告品为货样广告品 A；没有进出口经营权的企业（单位）进出口以及免费提供进出口的货样、广告品为货样广告品 B。

（二）货样、广告品的报关程序

进出口货样、广告品的报关程序除暂准进出境的货样、广告品外只有进出口报关阶段的 4 个环节，即申报、配合查验、缴纳税费、提取或装运货物。其要点如下：

1. 证件管理。

（1）有进出口经营权的企业，在其经营范围内进口非许可证件管理的货样、广告品（不论价购、价售或免费提供），凭经营权，向海关申报。

没有进出口经营权的单位进口数量合理且价值在人民币 1000 元以下的非许可证件管理的货样、广告品，凭其主管司局级以上单位证明向海关申报。数量不合理或价值在人民币 1000 元以上的，凭省级商务主管部门的审批证件向海关申报。

（2）进口属于许可证管理的货样、广告品，凭进口许可证向海关申报。

（3）进口货样、广告品属自动进口许可管理的机电产品和一般商品，每批次价值 5000 元以下免领自动进口许可证。进口的货样、广告品属旧机电产品，需按程序审批并按有关旧机电产品进口的规定申报。

（4）出口货样每批次货值人民币 3 万元以下免领出口许可证；运出境外的两用物项和技术的货样或实验用样品，按规定办理两用物项和技术出口许可证，凭两用物项和技术出口许可证向海关申报。

（5）列入《法检目录》范围内的进出口货样、广告品，凭货物报关地出入境检验检疫局签发的出入境货物通关单向海关申报。

2. 税收管理。进出口货样、广告品，除法定减免税外，一律照章征税。

六、溢卸货物和误卸货物报关实务

（一）溢卸货物和误卸货物概述

1. 溢卸货物和误卸货物的含义。溢卸货物是指未列入进口载货清单、提单或运单的货物，或者多于进口载货清单、提单或运单所列数量的货物。误卸货物是指将指运境外港口、车站或境内其他港口、车站而在本港（站）卸下的货物。

2. 溢卸货物和误卸货物的管理。经海关核实的溢卸货物和误卸货物，由载运该货物的原运输工具负责人，自运输工具卸货之日起 3 个月内，向海关申请办理退运出境手续；或者由该货物的收发货人，自运输工具卸货之日起 3 个月内，向海关申请办理退运或者申报进口手续。经载运该货物的原运输工具负责人或者该货物的收发货人申请，海关批准，可以延期 3 个月办理退运出境或者申报进口手续。

超出上述规定的期限，未向海关办理退运或者申报进口手续的，由海关提取依法变卖处理。溢卸货物、误卸货物属于危险品或者鲜活、易腐、易烂、易失效、易变质、易贬值等不宜长期保存的货物的，海关可以根据实际情况，提前提取依法变卖处理，变卖所得价款按有关规定处理。

（二）溢卸货物和误卸货物的报关程序

溢卸、误卸货物报关程序的适用是根据该货物的处置来决定的，大体有以下几种情况：

1. 退运境外。属于溢卸或误卸货物，能够提供发货人或者承运人书面证明文书的，当事人可以向海关申请办理直接退运手续。

2. 溢短相补。运输工具负责人或其代理人要求将溢卸货物抵补短卸货物的，应与短卸货物原收货人协商同意，并限于同一运输工具、同一品种的货物。

非同一运输工具或同一运输工具非同一航次之间抵补的，只限于同一运输公司、同一发货人、同一品种的进口货物。上述两种情况都应由短卸货物原收货人或其代理人按照无代价抵偿货物的报关程序办理进口手续。

3. 物归“原主”。指运境外港口、车站的误卸货物，运输工具负责人或其代理人要求运往境外时，经海关核实后按照转运货物的报关程序办理海关手续，转运至境外。

指运境内其他港口、车站的误卸货物，可由原收货人或其代理人就地向进境地海关办理进口申报手续，也可以经进境地海关同意办理转关运输手续。

4. 就地进口。溢卸货物由原收货人接受的，原收货人或其代理人应按一般进口货物报关程序办理进口手续，填写进口货物报关单向进境地海关申报，并提供相关的溢卸货物证明，如属于许可证件管理商品的，应提供有关的许可证件；海关征收进口关税和进口环节海关代征税后，放行货物。

5. 境内转售。原收货人不接受溢卸货物、误卸货物，或不办理溢卸货物、误卸货物退运手续的，运输工具负责人或其代理人可以要求在国内进行销售，由购货单位向海关办理相应的进口手续。

七、放弃货物和超期未报关货物报关实务

（一）放弃货物

1. 放弃货物概述。

（1）放弃货物的含义。放弃货物又称放弃进口货物，是指进口货物的收货人或其所有人声明放弃，由海关提取依法变卖处理的货物。

（2）放弃货物的范围。放弃交由海关处理的货物范围如下：①没有办结海关手续的一般进口货物；②保税货物；③在监管期内的特定减免税货物；④暂准进境货物；⑤其他没有办结海关手续的进境货物。

国家禁止或限制进口的废物、对环境造成污染的货物不得声明放弃。

2. 放弃货物的处理。放弃进口货物由海关提取依法变卖处理。由海关提取依法变卖处理的放弃进口货物的所得价款，优先拨付变卖处理实际支出的费用后，再扣除运输、装卸、储存等费用。所得价款不足以支付运输、装卸、储存等费用的，按比例支付。变卖价款扣除相关费用后尚有余款的，上缴国库。

（二）超期未报关货物

1. 超期未报关货物概述。

（1）超期未报关货物的含义。超期未报关货物是指在规定的期限内未办结海关手续的海关监管货物。

（2）超期未报关货物的范围。超期未报关货物的范围如下：①自运输工具申报进境之日起，超过3个月未向海关申报的进口货物；②在海关批准的延长期满仍未办结海关手续的溢卸货物、误卸货物；③超过规定期限3个月未向海关办理复运出境或者其他海关手续的保税货物；④超过规定期限3个月未向海关办理复运出境或者其他海关手续的暂准进境货物；⑤超过规定期限3个月未运输出境的过境、转运和通运货物。

2. 超期未报关货物的处理。超期未报关进口货物由海关提取依法变卖处理。

（1）被决定变卖处理的货物如属于《法检目录》范围的，由海关在变卖前提请出入境检验检疫机构进行检验检疫，检验检疫的费用与其他变卖处理实际支出的费用从变卖款中支付。

（2）变卖所得价款，在优先拨付变卖处理实际支出的费用后，按照以下顺序扣除相关费用和税款，所得价款不足以支付同一顺序的相关费用的，按照比例支付：①运输、装卸、储存等费用；②进口关税；③进口环节海关代征税；④滞报金。

（3）按照规定扣除相关费用和税款后，尚有余款的，自货物依法变卖之日起1年内，经进口货物收货人申请，予以发还。其中被变卖货物属于许可证件管理商品的，应当提交许可证件而不能提供的，不予发还；不符合进口货物收货人资格、不能证明其对进口货物享有权利的，申请不予受理。逾期无进口货物收货人申请、申请不予受理或者不予发还的，余款上缴国库。

（4）经海关审核符合被变卖进口货物收货人资格的发还余款的申请人，应当按照海关对进口货物的申报规定，补办进口申报手续。

课后练习

一、单选题

1. 进境快件应当自运输工具申报进境之日起（　　）向海关申报，出境快件在运输工具离境（　　）之前，向海关申报。

A. 14 日内，7 日内　　B. 14 日内，3 小时

C. 7 日内，15 日内　　D. 7 日内，3 小时

2. 租赁进口货物按租金分期缴纳税款的，在租期届满之日起（　　）内，向海关办结海关手续。

A. 10 日　　B. 15 日

C. 20 日　　D. 30 日

3. 无代价抵偿进口货物进口时，必须填写进口报关单，提供原进口报关单、税款缴纳证，海关认为需要时，还应提交哪一个机构的检验证明文件（　　）。

A. 海关　　B. 进口单位

C. 使用单位　　D. 国家进出口商检机构

4. 下列关于过境货物叙述错误的是（　　）。

A. 过境货物从境外起运，需要在我国境内通过陆路运输运往国外

B. 过境货物经营人办理进境报关时要填写“进口货物报关单”

C. 过境货物的过境期限为 6 个月，特殊原因可延长 3 个月

D. 过境货物在境内暂存的，应存入海关同意的仓库或场所

5. 下列关于货样、广告品报关所述错误的是（　　）。

A. 有进出口经营权的企业，进口属于非许可证件管理的货样、广告品，凭经营权向海关申报

B. 没有进出口经营权的企业进口数量合理且价值在人民币 1000 元以下的非许可证件管理的货样、广告品，凭省级商务主管部门的审批证件向海关申报

C. 进口货样、广告品如为旧机电产品，不可免领自动进口许可证

D. 出口两用物项和技术的货样要申领两用物项和技术出口许可证

二、多选题

1. 下列哪类货物不得声明放弃？（　　）

A. 国家禁止进口的废物　　B. 国家限制进口的废物

C. 对环境造成污染的货物　　D. 监控化学品

2. 关于无代价抵偿货物，下列表述中正确的是（　　）。

A. 进出口无代价抵偿货物免交验进出口许可证

B. 进出口与原货物不完全相符的无代价抵偿货物，应当按规定计算与原进出口货物的税款差额，高出原征收税款数额的应当征收超出部分的税款

C. 进出口与原货物不完全相符的无代价抵偿货物，应当按规定计算与原进出口货物的税款差额，低于原征收税款，一律予以退还

D. 无代价抵偿货物，现场放行后，海关不再按照无代价抵偿货物进行监管

3. 进境运输工具载运的货物必须具备下列（　　）条件之一，方可按转运手续办理。

A. 持有转运或联运提单的

B. 进口载货清单上注明是转运货物的

C. 持有普通提货单，但在卸货前向海关声明转运的

D. 因特殊原因申请转运，获海关批准的

4. 出料加工货物按规定期限复进口，海关审定完税价格时，其价格因素包括（　　）。

A. 原出口料件成本价　　B. 境外加工费

C. 境外加工的材料费　　D. 复运进境的运输及其相关费用、保险费

5. 经海关核实的溢卸货物，按溢短相补情况处理，如为非同一运输工具，则仅限于（　　）的货物。

A. 同一收货人　　B. 同一品种

C. 同一运输公司　　D. 同一发货人

三、判断题

1. 出料加工货物未按海关允许期限复运进境的，海关按照一般进口货物办理。（　　）

2. 通运货物是由境外起运，不通过我国境内陆运，并由原运载工具运载出境。（　　）

3. 货样、广告品进口属于自动进出口许可证管理的均免领自动进口许可证。（　　）

4. 不在加工贸易合同或者协议里订明的单独进口的不作价设备及其零配件、零部件不予备案。（　　）

5. 直接退运是指在进境办结海关放行手续后，当事人申请直接退运境外，或者海关根据国家有关规定责令直接退运境外的全部或者部分货物。（　　）

四、思考题

1. 简述特定减免税货物的范围。

2. 区别三种转关方式的异同点。

3. 区别溢卸货物和误卸货物。

五、案例分析题

深圳瑞宁公司要从国外运入一批车辆以参加珠海车展，该批车辆属于《ATA 单证册》项下的货物，属于许可证件管理。除了展览品以外，还需要运入一些为展览品做宣传用的印刷品等。展览会结束以后，深圳瑞宁公司又将该批货物运输出境。

根据以上资料，选择回答下列问题（不定项选择题）。

1. 题中所说的展览品在进出境过程中的特点有（　　）。

A. 免予缴纳税费

B. 规定期限内按原状复运进出境

C. 按货物实际使用情况办结海关手续

D. 除另有规定外，免于提交进出口许可证件

2. 深圳瑞宁公司在展览会结束后，如果该车辆由境内人员购买，下列说法中正确的是（　　）。

A. 应当由展览会的主办方单位向海关办理进口申报、纳税手续

B. 应当由实际购买的企业自行办理进口申报、纳税手续

C. 如果购买的企业属于特定企业，可以免交相关证件

D. 该汽车属于自动进口许可证管理的范围，应提交进口许可证件

3. 使用 ATA 单证册报关的展览品，暂准进出境期限为自进出境之日起（　　）。超过期限的，ATA 单证册持证人可以向海关申请延期。参加展期的 24 个月以上展览会的展览品，在 18 个月延长期届满后仍需要延期的，由（　　）审批。

A. 6 个月；主管地直属海关　　B. 6 个月；海关总署

C. 12 个月；主管地直属海关　　D. 12 个月；海关总署

第六章 DILIUZHANG

进出口商品归类

学习目标

- □ 了解《商品名称及编码协调制度》的基本结构和编排规律
- □ 熟悉进出口货物商品归类的海关管理
- □ 掌握商品归类的简便方法、《商品名称及编码协调制度》归类总规则及具体运用

第一节 《商品名称及编码协调制度》概述

海关进出口商品归类是指在《商品名称及编码协调制度公约》（以下简称《协调制度公约》）商品分类目录体系下，以《中华人民共和国进出口税则》（以下简称《进出口税则》）为基础，按照《进出口税则商品及品目注释》（以下简称《商品及品目注释》）、《中华人民共和国进出口税则本国子目注释》（以下简称《本国子目注释》）以及海关总署发布的关于商品归类的行政裁定、商品归类决定的要求，确定进出口货物商品编码的活动。

海关监管、海关征税及海关统计都是在对进出口商品归类的基础上进行的，正确申报商品的归类是进出口收发货人或其代理人应尽的法律义务，归类的正确与否与报关人的切身利益密切相关，并直接影响到进出口货物的通关效率。因此，进出口商品归类是报关员必须掌握的基本技能之一。

一、《商品名称及编码协调制度》的产生和发展

海关进出口商品归类是建立在商品分类目录基础上的。早期的国际贸易商品分类目录只是因为对进出本国的商品征收关税而产生的，其结构较为简单。后来随着社会化大生产的发展，进出口商品品种与数量的增加，除了税收的需要，人们还要进行贸易统计，因此，海关合作理事会（1995 年更名为世界海关组织）与联合国统计委员会分别编制了两个独立的商品分类目录，即《海关合作理事会商品分类目录》（简称 CCCN）和《国际贸易标准分类目录》（简称 SITC）。

由于商品分类目录的不同，一种商品在一次国际贸易过程中有时要使用不同的编码，给国际贸易带来极大的不便。因此，海关合作理事会于 1983 年 6 月通过了《协调制度公约》

及其附件《商品名称及编码协调制度》（Harmonized Commodity Description and Coding System，简称《协调制度》或 HS）。

相关链接：

《协调制度》既满足了海关税则和贸易统计需要，又包容了运输及制造业等要求，因此，该目录自 1988 年 1 月 1 日起正式生效后，即被广泛应用于海关税则、国际贸易统计、原产地规则、国际贸易谈判、贸易管制等多个领域。截至 2010 年 3 月，已有 204 个国家、地区和国际组织采用《协调制度》分类目录。

二、HS 的基本结构

HS 协调制度总体结构包括三大部分：归类总规则、注释和商品编码表。

为了保证《协调制度》解释的统一性，设立了归类总规则，作为整个《协调制度》商品归类的总原则。

《协调制度》将国际贸易涉及的各种商品分为 21 类 97 章。为了避免各品目和子目所列商品发生交叉归类，在类、章下加有类注、章注和子目注释。

商品编码表是协调制度商品分类目录的主体，共由 21 类 97 章组成。

（一）编码表结构

商品编码表由商品编码和商品名称两部分组成，不同的商品名称对应着不同的商品编码。商品编码栏居左，货品名称栏居右，依次构成一横行。

协调制度商品编码共 6 位阿拉伯数字，商品所在的章号排在数字的最前面，如第一章的商品最前面 2 位阿拉伯数字为“01”，而第二章的商品最前面 2 位阿拉伯数字为“02”，以此类推。各章有不同品名的商品，商品编码接下来 2 位数字表示该商品所在章的顺序即位置，如第一章的第一个品名商品编码的前 4 位商品编码为“0101”表示马、驴、骡；第一章的第二个品名写成“0102”表示牛；第八章的第六个品名写成“0806”表示鲜或干的葡萄。一般将商品编码的前 4 位称为商品的品名编码（或品名编号）。

品名下面又分为不同的一级子目，用 1 位阿拉伯数字表示所在品名下的位置。如品名 0806 下的第一个一级子目写成“08061”，代表鲜的葡萄。

同理，一级子目下又可分为二级子目，其编码方式同一级子目。如果一级子目后面没分二级子目，则用 0 表示。

根据我国的实际情况，我国税则在二级子目的基础上又细分三级子目和四级子目，因此我国的商品编码由八位数组成。

例如：鳗鱼苗的商品编码为 03019210

编码：	0 3	0 1	9	2	1	0
位数：	1 2	3 4	5	6	7	8
含义：	章号	顺序号	一级子目	二级子目	三级子目	四级子目

提示：如果商品编码第 5～8 位上出现数字“9”，通常代表未具体列名的商品，即在“9”前面一般留有空序号以便用于修订时增加新商品。

在商品编码表中的商品名称前分别用“-”、“- -”、“- - -”、“- - - -”代表一级子目、二级子目、三级子目和四级子目。

相关链接：

我国商品编码表部分示例

03.01	活鱼：		———→品名条文
0301.1000	—	观赏鱼	———→一级子目条文
	—	其他活鱼：	
	——	鳟鱼；	
0301.9110	———	鱼苗	
0301.9190	———	其他	
	——	鳗鱼；	———→二级子目条文
0301.9210	———	鱼苗	———→三级子目条文
0301.9290	———	其他	
	——	鲤鱼；	
0301.9310	———	鱼苗	
0301.9390	———	其他	

（二）商品分类和编排的规律

从类来看，商品编码表基本上按社会生产的分工分类，如农业在第一、二类，化学工业在第六类，纺织工业在第十一类，冶金工业在第十五类，机电制造业在第十六类等。

从章来看，商品编码表基本上按商品的自然属性或功能、用途来划分。

相关链接：

1. 按自然属性来划分的章

第一章至第八十三章（第六十四章至第六十六章除外）基本上是按商品的自然属性来分章，如第一章至第五章是活动物和动物产品，第六章至第十四章是活植物和植物产品，第二十五章至第二十七章是矿产品。

商品之所以按自然属性分类是因为其种类成分或原料比较容易区分，同时也因为商品价值的高低往往取决于构成商品本身的原材料。

2. 按功能、用途来划分的章

第六十四章至第六十六章和第八十四章至第九十七章则是按货物的用途或功能来分类的，如第六十四章是鞋，第六十五章是帽，第八十四章是机械设备，第八十五章是电气设备等。

这样分类一是因为这些物品往往由多种材料构成，难以将这些物品作为某一种材料制成的物品来分类；二是因为商品的价值主要体现在生产该物品的社会必要劳动时间上，如一台机器，其价值一般主要看生产这台机器所耗费的社会必要劳动时间，而不是看机器用了多少贱金属等。

从品目的排列看，一般是原材料先于成品，加工程度低的产品先于加工程度高的产品，列名具体的品种先于列名一般的品种。如在第三十九章内，品目 3901 至 3914 是初级形状的塑料，品目 3916 至 3921 是塑料半制品，品目 3922 至 3926 是塑料制成品。

三、HS 的主要特点

（一）完整

HS 将目前世界上国际贸易主要品种都分类列出，同时，为了适应各国征税、统计等商品目录多方面的要求和将来技术发展的需要，它还在各类、章列设置"其他"项目，使任何进出口商品，即使是目前无法预计的新产品，都能在这个体系中找到适当的位置。

（二）系统

HS 的分类原则既遵循了一定的科学原理和规则，将商品按人们所了解的生产部类、自然属性和用途来分类排列；又照顾了商业习惯和实际操作的可行性，把一些进出口量较大而又难以分类的商品，如灯具、活动房屋等专列项目，因而容易理解、易于归类、方便查找和便于记忆。

（三）通用

一方面 HS 在国际上有相当大的影响，已为上百个国家使用，这些国家的海关税则及外贸统计商品目录的项目可以相互对应转换，具有可比性；另一方面，它既适于作海关税则目录，又适于作对外贸易统计目录，还可供国际运输、保险、生产、贸易等部门作为商品目录使用，其通用性超过以往任何一个商品分类目录。

（四）准确

HS 各个项目范围清楚明了，绝不交叉重复。由于它的项目除了靠目录条文本身说明外，还有归类总规则、章注、类注和一系列的辅助刊物加以说明限定，使得其项目范围准确无误。

第二节　HS 的归类总规则

归类总规则又称解释性总规则，因考虑到国际贸易中商品种类繁多，变化无穷，为完善归类制度，确保每一种商品可准确无误地归入某一固定编码，排除其他模棱两可的情况，协调制度设置了六条总规则，具体如下：

一、规则一

（一）条文原文

类、章及分章的标题，仅为查找方便而设；具有法律效力的归类，应按税目条文和有关类注或章注确定，如品目、类注或章注无其他规定，按以下规则确定。

（二）条文解释

1. 类、章及分章的标题仅是对类、章内容所作的大概描述，是为了便于查找商品而设立的。

尽管 HS 系统地将商品按类、章（部分章内还设有分章）分类，每类、章、分章标有标题，并使这些标题尽可能地概括该类、章、分章所包含的商品。但由于各类、章、分章所包含的商品种类繁多，类、章、分章的标题不可能将其一一列出而全部包括进去。

相关链接：

八十六章的标题是“铁道及电车道机车、车辆及其零件；铁道及电车道轨道固定装置及其零件、附件；各种机械（包括电动机械）交通信号设备”，但实际上，除了上述商品外，该章还包括章的标题所没有列出的“集装箱”。

反之，由于类、章、分章的标题只是一个大概，无法规定具体内容，即同一类的商品在不同条件下可能有不同的分类，而这种情况在标题上是无法得到体现的，所以类、章、分章的标题所列出的商品也有可能不归入该类、章、分章。

相关链接：

第一章的标题是“活动物”，但实际上，马、牛、羊等活动物归入该章，而活鱼、甲壳动物、软体动物及其他水生无脊椎动物却是归入第三章。

另外，标题之间还会产生交叉。例如，“塑料鞋”既属于第三十九章标题“塑料及其制品”所列的商品，又属于第六十四章标题“鞋靴、护腿和类似品及其零件”所列的商品，所以仅根据这两章的标题无法确定“塑料鞋”应归入第三十九章还是第六十四章。

2. 归类的法律依据应该是品目条文和类注、章注。

观念应用：针织女式胸衣的归类

如果只看标题，似乎符合第六十一章的标题“针织或钩编的服装及衣着附件”可以归入第六十一章，但由于标题不是归类依据，所以应根据品目条文和类注、章注来确定。按第六十一章、第六十二章章注，以及6212品目条文列明了6212包括针织或钩边的紧身胸衣等货品，规则一指出“归类的法律依据应该是品名条文和类注、章注”，因此该商品应归入品目6212。

3. 如果按品目条文、类注或章注还无法确定归类，则按下面的其他规则（规则二、三、四、五）确定品目的归类。

测试6－1：单选题

解决商品归类的具有法律效力的依据有：归类总则、类注、章注、子目注释。其优先顺序是（　　）。

A. 子目注释—章注—类注—归类总则　　B. 归类总则—类注—章注—子目注释

C. 类注—章注—子目注释—归类总则　　D. 章注—子目注释—类注—归类总则

二、规则二

（一）条文原文

1. 品目所列货品，应视为包括该项货品的不完整品或未制成品，只要在进口或出口时该项不完整品或未制成品具有完整品或制成品的基本特征；还应视为包括该货品的完整品或制成品（或按本款可作为完整品或制成品归类的货品）在进口或出口时的未组装件或拆散件。

2. 品目中所列材料或物质，应视为包括该种材料或物质与其他材料或物质混合或组合的物品。品目所列某种材料或物质构成的货品，应视为包括全部或部分由该种材料或物质构成的货品。由一种以上材料或物质构成的货品，应按规则三归类。

（二）条文解释

1. 规则二（1）将所有列出某一些物品的品目范围扩大为不仅包括完整的物品，而且还包括该物品的不完整品或未制成品，只要报验时它们具有完整品或制成品的基本特征。

提示：不完整品和未制成品

不完整品指货品缺少某些部分、不完整；未制成品指货品尚未完全制成，需进一步加工才成为制成品。

基本特征的判断需要综合结构、性能、价值、作用等方面的因素具体分析。

对于不完整品，主要看其关键部件是否存在。如冰箱，如果压缩机、蒸发器、冷凝器、箱体这些关键部件存在，则可判断为具有冰箱的基本特征。

对于未制成品，主要看其是否具有制成品的特征，如齿轮的毛坯，须进一步完善方可作为制成品或制成零件使用，但已具有制成品或制成零件的大概形状或轮廓，则可判断为具有齿轮的基本特征。

2. 规则二（1）的第二部分规定，完整品或制成品的未组装件或拆散件应归入已组装物品的同一品目。例如，品目 8517 不仅包括已组装好的电话机，还应包括电话机的未组装件或拆散件。

提示：未组装件或拆散件

未组装件或拆散件指货品尚未组装或已拆散。货品以未组装或拆散形式报验，通常是由于包装、装卸或运输上的需要，或是为了便于包装、装卸或运输。

本款规则也适用于以未组装或拆散形式报验的不完整品或未制成品，只要按照本规则第一部分的规定，它们可作为完整品或制成品看待。例如，缺少某些非关键零件（如螺丝、螺帽、垫圈等）的电话机的散件，同样应按电话机归入品目 8517。

注意：鉴于第一类至第六类各品目的商品范围，规则二（1）的规定一般不适用于这六类所包括的货品。

3. 规则二（2）是针对混合及组合的材料或物质，以及由两种或多种材料或物质构成的货品而设的，目的在于将任何列出某种材料或物质的品目扩大为包括该种材料或物质与其他材料或物质的混合品或组合品，同时还将任何列出某种材料或物质构成的货品的品目扩大为包括部分由该种材料或物质构成的货品。它所适用的是列出某种材料或物质的品目。

例如，品目 4503 是“天然软木制品”，该品目属于“某种材料或物质构成的货品”，根据本规则，如果是“涂蜡的热水瓶软木塞子”（已加入了其他材料或物质），则仍应归入品目 4503。

注意： HS 规则二（2）绝不意味着将品目范围扩大到不按照规则一的规定，将不符合品目条文的货品也包括进来，即由于添加了另外一种材料或物质，使货品丧失了原品目所列货品特征的情况。例如，稻谷中加入了杀鼠剂，已经成为了一种用于杀灭老鼠的毒饵，就不能再按品目 1006 的“稻谷”归类。

4. 只有在规则一无法解决时，方能运用规则二。

观念应用：“混合了1%茶油的液体猪油”的归类

品目 1503 的品目条文规定为“液体猪油，未经混合”，运用规则一可以确定其归类，不能运用规则二（二）归入品目 1503。

三、规则三

（一）条文原文

当货品按规则二（2）或由于其他任何原因看起来可归入两个或两个以上品目时，应按以下规则归类：

1. 列名比较具体的品目，优先于列名一般的品目。但是，如果两个或两个以上品目都仅述及混合或组合货品所含的某部分材料或物质，或零售的成套货品中的某些货品，即使其中某个品目对该货品描述得更为全面、详细，这些货品在有关品目的列名应视为同样具体。

2. 混合物、不同材料构成或不同部件组成的组合物以及零售的成套货品，如果不能按照规则三（1）归类时，在本款可适用的条件下，应按构成货品基本特征的材料或部件归类。

3. 货品不能按照规则三中（1）或（2）归类时，应按号列顺序归入其可归入的最末一个品目。

（二）条文解释

对于根据规则二（2）或其他原因看起来可归入两个或两个以上品目的货品，本规则规定了三条归类办法。这三条办法应按照其在本规则的先后次序加以运用。即只有在不能按照规则三（1）归类时，才能运用规则三（2）；不能按照规则三（1）和（2）两款归类时，才能运用规则三（3）。因此，它们优先权的次序为：具体列名→基本特征→从后归类。

1. 具体列名原则。规则三（1）是本规则的第一条归类办法，它规定列名比较具体的品目应优先于列名比较一般的品目。一般说来：

（1）列出品名比列出类名更为具体。例如，电动剃须刀应归入品目 8510“电动剃须刀、电动毛发推剪及电动脱毛器”，而不应归入品目 8509“家用电动器具”。

（2）如果某一品目所列名称更为明确地述及某一货品，则该品目要比所列名称不那么明确述及该货品的其他品目更为具体。

观念应用："用于小汽车的簇绒地毯"的归类

用于小汽车的簇绒地毯，不应作为小汽车附件归入品目 8708"机动车辆的零件、附件"，而应归入品目 5703"簇绒地毯及纺织材料的其他簇绒铺地制品，不论是否制成的"，因为品目 5703 所列地毯更为具体。

如果两个或两个以上品目都仅述及混合或组合货品所含的某部分材料或物质，或零售成套货品中的某些货品，即使其中某个品目比其他品目对该货品描述得更为全面、详细，这些货品在有关品目的列名应视为同样具体。在这种情况下，货品应按规则三（2）或（3）的规定进行归类。

测试 6－2：判断题

对进出口商品进行归类时，如果该商品在品目条文上有具体列名可以直接查到，则无须运用归类总规则（　　）。(2009 年报关员考试大纲真题)

2. 基本特征原则。

规则三（2）是指不能按规则三（1）归类的混合物、组合物以及零售的成套货品的归类。它们应按构成货品基本特征的材料或部件归类。

提示：零售的成套货品

本款规则所称"零售的成套货品"，是指同时符合以下三个条件的货品：(1) 由至少两种看起来可归入不同品目的不同物品构成的，例如，六把乳酪叉不能作为本款规则所称的成套货品；(2) 为了迎合某项需求或开展某项专门活动而将几件产品或物品包装在一起的；(3) 其包装形式适于直接销售给用户而货物无需重新包装的。例如，装于盒、箱内或固定于板上。

不同的货品，确定其基本特征的因素会有所不同。例如，可根据其所含材料或部件的性质、体积、数量、重量或价值来确定货品的基本特征，也可根据所含材料对货品用途的作用来确定货品的基本特征。

观念应用：

"康师傅碗装方便面（内有 1 块面饼、2 个调味包、1 把塑料小叉）"的归类

由于其中的面饼构成了这个零售成套货品的基本特征，所以应按面食归入品目 1902。

3. 从后归类原则。

规则三（3）是指货品如果不能按照规则三（1）或（2）归类时，应按号列顺序归入其可归入的最后一个品目。

观念应用："等量的大麦与燕麦的混合麦"归类

由于其中大麦与燕麦含量相等，"具体列明"和"基本特征"都无法确定具体归类，所以应"从后归类"，即按品目 1003 与品目 1004 中的后一个品目 1004 归类。

另外，只有在品目条文和类注、章注无其他规定的条件下，才能运用本规则。

观念应用："大清国龙票"的归类

看商品名称既可以归入品名9704，又可以归入品名9706，但是根据第九十七章章注四（二）的规定，既可以归入品目9701到9705中的某一个品目，又可以归入品名9706的货品，不应归入品名9706。所以"大清国龙票"不应根据规则三（3）从后归类的规定归类，而应按章注的规定归入品目9704。

四、规则四

（一）条文原文

根据上述规则无法归类的货品，应归入与其最相类似的货品的品目。

（二）条文解释

由于时代的发展，科技的进步，可能会出现一些《协调制度》在分类时无法预见的情况，这时按以上规则一至规则三仍无法归类的货品，只能用最相类似的货品的品目来替代，即将报验货品与类似货品加以比较以确定其与哪种货品最相类似。然后将所报验的货品归入与其最相类似的货品的同一品目。

提示：最相类似

最相类似指名称、特征、功能、用途、结构等因素，需要综合考虑才能确定。

五、规则五

（一）条文原文

除上述规则外，本规则适用于下列货品的归类：

1. 制成特殊形状仅适用于盛装某个或某套物品并适合长期使用的照相机套、乐器盒、枪套、绘图仪器盒、项链盒及类似容器，如果与所装物品同时进口或出口，并通常与所装物品一同出售的，应与所装物品一并归类。但本款不适用于本身构成整个货品基本特征的容器。

2. 除规则五（1）规定的以外，与所装货品同时进口或出口的包装材料或包装容器，如果通常是用来包装这类货品的，应与所装货品一并归类。但明显可重复使用的包装材料和包装容器可不受本款限制。

（二）条文解释

1. 规则五（1）仅适用于同时符合以下各条规定的容器：

（1）制成特定形状或形式，专门盛装某一物品或某套物品的，即专门按所要盛装的物品进行设计的，有些容器还制成所装物品的特殊形状；

（2）适合长期使用的，即容器的使用期限与所盛装的物品相比是相称的，在物品不使用期间（如运输或储藏期间），这些容器还起保护物品的作用；

（3）与所装物品一同报验的（单独报验的容器应归入其所应归入的品目）；

（4）通常与所装物品一同出售的；

（5）本身并不构成整个货品基本特征的。

观念应用：与所装电动剃须刀一同报验的“电动剃须刀的皮套”，由于符合规则五（1）的条件，因此应与电动剃须刀一并归入品目 8510。“装有茶叶的银质茶叶罐”与茶叶分开归类，因为银质茶叶罐的基本特征是银制品。(银制品 7114)

2. 规则五（2）仅适用于同时符合以下各条规定的包装材料及包装容器：

（1）规则五（1）以外的；

（2）通常用于包装有关货品的；

（3）与所包装物品一同报验的（单独报验的包装材料及包装容器应归入其所应归入的品目）；

（4）不属于明显可重复使用的。

观念应用：“装有电视机的瓦楞纸箱”应与电视机一并归入品目 8528。但是“煤气罐装有液化煤气”，由于具有明显可重复使用的特性，所以不能与液化煤气一并归类，而应与液化煤气分开归类。

六、规则六

（一）条文原文

货品在某一品目项下各子目的法定归类，应按子目条文或有关的子目注释以及以上各条规则来确定，但子目的比较只能在同一数级上进行。除条文另有规定的以外，有关的类注、章注也适用于本规则。

（二）条文解释

本规则是关于子目应当如何确定的一条原则，子目归类首先按子目条文和子目注释确定；如果按子目条文和子目注释还无法确定归类，则上述各规则的原则同样适用于子目的确定；除条文另有规定的以外，有关的类注、章注也适用于子目的确定。

在具体确定子目时，还应当注意：

1. 确定子目时，一定要按先确定一级子目，再二级子目，然后三级子目，最后四级子目的顺序进行。

2. 确定子目时，应遵循“同级比较”的原则，即一级子目与一级子目比较，二级子目与二级子目比较，依此类推。

观念应用：　“中华绒螯蟹种苗”在归入品目 0306 项下子目时，应按以下步骤进行：(1) 先确定一级子目，即将两个一级子目“冻的”与“未冻的”进行比较后归入“未冻的”；(2) 再确定二级子目，即将二级子目“龙虾”、“大螯虾”、“小虾及对虾”、“蟹”、“其他”进行比较后归入“蟹”；(3) 然后确定三级子目，即将两个三级子目“种苗”与“其他”进行比较后归入“种苗”。(4) 最后确定“种苗”下面没有设四级子目。

所以，中华绒螯蟹种苗应归入子目 0306. 2410。

提示：商品归类的一般方法

一、确定品目（四位数）

一般来说按照"商品特性分析→初判大概位置→查品目条文→查类注、章注→运用规则二、三→确定品目"的步骤。具体如下：

第一步：根据有关资料分析商品特性（如组成、结构、加工、用途等）；

第二步：根据HS的分类规律初步分析该商品可能涉及的类、章和品目（可能有几个）；

第三步：查找涉及的几个有关品目的品目条文；

第四步：查看所涉及的品目所在章和类的注释，检查相关章注和类注是否有特别的规定；

第五步：仍然有几个品目可归而不能确定时，运用规则二、三（主要是规则三）。

通过以上几个步骤，一般即可确定该商品的品目归类。

例如，对于商品"食用调和油（含大豆油60%、花生油20%、菜籽油15%、棕榈油5%）"的归类，运用以上方法，具体按照以下步骤进行：

(1) 该商品为植物油，由几种不同植物材料的油脂混合而成，属于混合的植物食用油；

(2) 可以考虑该商品归入第十五章"动、植物油、脂及其分解产品；精制的食用油脂"；

(3) 在第十五章查找合适的品目，该商品符合品目1517"本章各种动、植物油、脂及其分离品混合制成的食用油、脂或制品"（注意不能误认为该商品符合品目1507"豆油及其分离品"，因为该商品是混合油而不是单独的豆油）；

(4) 查第十五章章注，没有发现对该商品的归类有其他规定，故确定该商品应归入品目1517。

二、确定子目（八位数）

品目确定之后就是子目的确定，由于品目需要在很大的范围之内确定，并且还要仔细查找和对比很多有关的章注、类注，而相比较而言，子目只需要在品目项下确定，其范围要小得多，所以很多情况下子目的确定相对容易些。

例如，前面例题中的"食用调和油"在品目1517项下确定子目时，由于只有两个一级子目1517.1000"人造黄油，但液态的除外"和1517.9000"其他"，显然，该商品应该归入一级子目1517.9000；该一级子目下无二级子目，只有2个三级子目1517.9010"起酥油"和1517.9090"其他"，显然，食用调和油应归入三级子目1517.9090"其他"。

再如，"上部结构可360度旋转的履带式挖掘机"的归类。作为一种工程专用机器，根据前述方法可以确定归入第八十四章品目84.29，该品目下共有5个一级子目，经比较后确定其归入第5个一级子目8429.5中，因为该子目有"挖掘机"这一具体列名。然后不考虑其他子目，只比较该一级子目下的二级子目，该一级子目下共有3个二级子目，其中一个子目有"上部结构可旋转360度的机械"的列名，所以可以确定其归入二级子目8429.52中。该二级子目下共有2个三级子目，其中一个有"挖掘机"的具体列名，应归入该三级子目8429.521中。最后比较该三级子目下的四级子目，归类商品是履带式的，所以确定该商品最终归入四级子目8429.5212。

但是有时子目的确定也是有一定难度的，尤其是子目比较多的时候，所以掌握正确的方法仍然是关键。具体方法是：

查一级子目条文→查子目注释→查二级子目条文→……→确定子目。

例如，对于商品“猪肉制的婴儿均化食品，罐头装，重量250克”的归类，运用以上方法，按照以下步骤进行：

（1）该商品应该归入品目1602项下。在确定其子目时，查一级子目条文，发现该商品同时符合两个一级子目1602.1000“均化食品”和1602.4000“猪的”的规定。

（2）查第十六章子目注释一“子目1602.10的‘均化食品’，是指用肉、食用杂碎或动物血经精细均化制成供婴幼儿食用或营养用的零售包装食品（每件净重不超过250克）。归类时该子目优先于品目1602的其他子目”，该商品符合该子目注释的规定，并且根据该规定，子目1602.1000优先于子目1602.4000，所以该商品应该归入子目1602.1000。

相关链接：

编码歌

一类动物一到五，肉鱼虾蟹乳蛋蜜；二类六到十四章，菜果咖茶谷粉胶；
三类只有十五章，动植油脂食用油；四类十六到二四，糖食饮料酒醋烟；
五类二五到二七，非金金属矿油品；六类二八到三八，无机有机最复杂；
药肥油膏皂涤蜡，炸药燃料影相品；蛋白淀粉和胶酶，最后还有杂化品；
三九四零是七类，塑料橡胶及制品；四一四三生皮毛，鞍具旅行手提包；
九类四四到四六，木炭软木稻秸编；十类四七到四九，木浆纸张印刷品；
五零六三十一类，丝毛棉纤毡毯衣；六四六七十二类，鞋帽伞杖鞭羽花；
六八六九七十章，石水云母陶玻璃；十四只有七十一，珍宝贵金首饰币；
七二八三十五类，钢铁铜镍铝铅锌；八四八五十六类，机械电气录声像；
八六八九十七类，机车车辆飞机船；九零九二十八类，光照影计检钟乐；
九十三章十九类，武器弹药及零件；九四九六二十类，家寝灯玩及杂项；
二十一类九七章，古物艺术收藏品，归类虽难但有方，细看多查熟生巧。

第三节　进出口货物商品归类的海关管理

为了规范进出口货物的商品归类，保证商品归类结果的准确性和统一性，根据《海关法》、《关税条例》，海关总署以第158号总署令发布了《中华人民共和国海关进出口货物商品归类管理规定》。

一、归类的依据

进出口货物的商品归类应当遵循客观、准确、统一的原则。

具体来说，对进出口货物进行商品归类的依据是：(1)《进出口税则》；(2)《商品及品目注释》；(3)《本国子目注释》；(4) 海关总署发布的关于商品归类的行政裁定；(5) 海关总署发布的商品归类决定。

二、归类的申报要求

为了规范进出口企业申报行为，提高进出口商品申报质量，促进贸易便利化，海关总署制定了《中华人民共和国海关进出口商品规范申报目录》(以下简称《规范申报目录》)。《规范申报目录》按我国海关进出口商品分类目录的品目顺序编写，并根据需要在品目级或子目级列出了申报要素。

例如，品目 2204“鲜葡萄酿造的酒”下各子目的申报要素分别为：

子目 2204.1000“汽酒”：(1) 品名(中文及外文名称)；(2) 种类(汽酒)；(3) 加工方法(鲜葡萄酿造)；(4) 级别；(5) 年份(没有年份的申报无年份)；(6) 产区(中文及外文名称)；(7) 酒庄名(中文及外文名称)；(8) 葡萄品种(中文及外文名称)；(9) 包装规格；(10) 品牌(中文及外文名称)。

子目 2204.2100“装入 2 升及以下容器的其他酒及加酒精抑制发酵的酿酒葡萄汁”与子目 2204.2900“装入 2 升以上容器的其他酒及加酒精抑制发酵的酿酒葡萄汁”：(1) 品名(中文及外文名称)；(2) 加工方法(鲜葡萄酿造)；(3) 酒精度；(4) 级别；(5) 年份(没有年份的申报无年份)；(6) 产区(中文及外文名称)；(7) 酒庄(中文及外文名称)名；(8) 葡萄品种(中文及外文名称)；(9) 包装规格；(10) 品牌(中文及外文名称)。

子目 2204.3000“其他酿酒葡萄汁”：(1) 品名(中文及外文名称)；(2) 种类(酿酒葡萄汁)；(3) 包装规格；(4) 品牌(中文及外文名称)。

收发货人或者其代理人应当按照法律、行政法规规定以及海关的要求如实、准确申报进出口货物的商品名称、规格型号等，并且对其申报的进出口货物进行商品归类，确定相应的商品编码。

收发货人或者其代理人向海关提供的资料涉及商业秘密，要求海关予以保密的，应当事前向海关提出书面申请，并且具体列明需要保密的内容，海关应当依法为其保密。收发货人或者其代理人不得以商业秘密为理由拒绝向海关提供有关资料。

海关在审核收发货人或者其代理人申报的商品归类事项时，可以依照《海关法》和《关税条例》的规定行使下列权力，收发货人或者其代理人应当予以配合：(1) 查阅、复制有关单证、资料；(2) 要求收发货人或者其代理人提供必要的样品及相关商品资料；(3) 组织对进出口货物实施化验、检验，并且根据海关认定的化验、检验结果进行商品归类。

海关可以要求收发货人或者其代理人提供确定商品归类所需的资料，必要时可以要求收发货人或者其代理人补充申报。

收发货人或者其代理人隐瞒有关情况，或者拖延、拒绝提供有关单证、资料的，海关可以根据其申报的内容依法审核确定进出口货物的商品归类。

三、归类的修改

收发货人或者其代理人申报的商品编码需要修改的，应当按照《中华人民共和国海关进出口货物报关单修改和撤销管理办法》等规定向海关提出申请。

海关经审核认为收发货人或者其代理人申报的商品编码不正确的，可以根据《中华人民共和国海关进出口货物征税管理办法》（以下简称《征管办法》）的有关规定，按照商品归类的有关规则和规定予以重新确定，并且根据《中华人民共和国海关进出口货物报关单修改和撤销管理办法》等有关规定通知收发货人或者其代理人对报关单进行修改。

四、预归类

在海关注册登记的进出口货物经营单位（以下简称申请人），可以在货物实际进出口的45日前，向直属海关申请就其拟进出口的货物预先进行商品归类（以下简称预归类）。

（一）预归类申请

申请人申请预归类的，应当填写并且提交“中华人民共和国海关商品预归类申请表”（格式见表6－1）。

预归类申请应当向拟实际进出口货物所在地的直属海关提出。

表6－1　　中华人民共和国海关商品预归类申请表

申请人：	
企业代码：	
通讯地址：	
联系电话：	
商品名称（中、英文）：	
其他名称；	
商品描述（规格、型号、结构原理、性能指标、功能、用途、成分、加工方法、分析方法等）：	
进出口计划（进出口日期、口岸、数量等）：	
随附资料清单（有关资料请附后）：	
此前如就相同商品持有海关商品预归类决定书的，请注明决定书编号：	
申请人（章） 年　月　日	海关（章）： 签收人： 接受日期：　年　月　日

注：（1）填写此申请表前应阅读《中华人民共和国海关进出口货物商品归类管理规定》；（2）本申请表一式两份，申请人和海关各执一份；（3）本申请表加盖申请人和海关印章方为有效。

（二）预归类受理和预归类决定

申请预归类的商品归类事项，经直属海关审核认为属于《进出口税则》、《商品及品目注释》、《本国子目注释》，以及海关总署发布的关于商品归类的行政裁定、商品归类决定有明确规定的，应当在接受申请之日起15个工作日内制发“中华人民共和国海关商品预归类决定书”（以下简称“预归类决定书”），并且告知申请人。属于没有明确规定的，应当在接受申请之日起7个工作日内告知申请人按照规定申请行政裁定。

（三）预归类决定书的使用

申请人在制发预归类决定书的直属海关所辖关区进出口预归类决定书所述商品时，应当主动向海关提交预归类决定书。

申请人实际进出口预归类决定书所述商品，并且按照预归类决定书申报的，海关按照预归类决定书所确定的归类意见审核放行。

做出预归类决定书所依据的有关规定发生变化导致相关预归类决定书不再适用的，作出预归类决定的直属海关应当制发通知单，或者发布公告，通知申请人停止使用有关的预归类决定书。

五、商品归类决定与其他管理要求

（一）商品归类决定

海关总署可以根据有关法律、行政法规规定，对进出口货物做出具有普遍约束力的商品归类决定。进出口相同货物，应该适用相同的商品归类决定。

商品归类决定由海关总署对外公布。

做出商品归类决定所依据的法律、行政法规以及其他相关规定发生变化的，商品归类决定同时失效。商品归类决定失效的，应当由海关总署对外公布。

海关总署发现商品归类决定存在错误的，应当及时予以撤销。撤销商品归类决定的，应当由海关总署对外公布。被撤销的商品归类决定自撤销之日起失效。

（二）其他管理要求

因商品归类引起退税或者补征、追征税款以及征收滞纳金的，按照有关法律、行政法规以及海关总署规章的规定办理。

违反《中华人民共和国海关进出口货物商品归类管理规定》，构成走私行为、违反海关监管规定行为或者其他违反《海关法》行为的，由海关依照《海关法》和《海关行政处罚实施条例》的有关规定予以处理；构成犯罪的，依法追究刑事责任。

第四节　商品归类的简便方法

一、列名优先原则

列明优先原则即指有列名归列名，这里所述“有列名”是指《进出口税则》中税（品）目条文或者子目条文中列名具体或比较具体的商品名称，即商品表现出的特征与商品归类的语言基本吻合。

归类实例：具体列明商品归类1

1. 食用带壳鲜鸡蛋（税号：0407.0021）
2. 生漆（税号：1302.1910）
3. 功率为80瓦的吊扇（税号8414.5110）

有列名归类包括《归类总规则》规则二（1）所示的：在进出口时具有完整品或制成品的基本特征的，该项商品的不完整品或未制成品，以及这些商品的拆散件及成套散件。

归类实例：具体列明商品归类2

1. 已剪裁成型未缝制的女式梭织全棉衬衣（税号：6206.3000）。
2. 未喷漆的自行车架（税号：8714.9100）。
3. 数字式放映机成套散件（税号：9007.2010）。

同时还包括《归类总规则》规则二（2）所示的：某种材料或物质与其他材料或物质混合或组合的物品，但不得改变原来材料或物质构成货品的基本特征。

归类实例：具体列明商品归类3

1. 加糖鲜牛奶（税号：0402.9900）
2. 加碘食用盐（税号：2501.0011）
3. 添加香料的砂糖（税号：1701.9910）

具体来看"有列名"是由品目条文及子目条文所组合而成的商品名称，已完整或者基本描绘出我们进行归类的进出口商品的特征。显示出的商品列名与实际商品已经具体。由此，根据《归类总规则》规则三（1）所示，列名比较具体的税（品）目，优先于列名一般的税（品）目，即本文所称的列名优先的原则。列名优先的原则是进出口商品归类的第一原则，也是首选的归类方法。

进行商品归类时，首先要根据所归类商品的特征，如商品的主要成分（材料）、加工方式、规格、用途、等级、包装方式、功能作用等进行综合分析，再根据分析结果找出其相适合的品目，最后以"列名优先"的原则进行归类。

二、没有列名归用途

"没有列名"是指所需归类商品的语言不能与《进出口税则》中品目、子目条文所列名的内容相吻合。在这种情况下应将归类方法顺序转为第二种方法——按用途归类的方法，即按照该商品的主要用途进行归类。该归类方法应从对商品的用途分析入手，使之产生《进出口税则》所认可的语言。这种方法特别适用所归类商品已构成商品的基本特征的各类商品，如动植物类、机器、电气、仪器仪表类等。例如，"马戏团表演用的马"的归类，分析商品得知，虽然马戏团的马肯定是活动物，理该归入第一章（活动物），但由于第一章所述活动物的用途仅限定在种用或食用、服役马，而马戏团的马其用途在于表演，因此不能将该种活动物——马戏团的马归入第一章，而应根据其章注归入第九十五章，税号9508.1000。

归类实例：“弦乐乐器弦（羊肠线制）”归类

羊肠线的用途非常广泛，可以编织羽毛球、网球球拍，也可以制成机器零件，以及弦乐乐器弦、外科缝合线等。查阅品目42.06，“羊肠线”已有具体列名。但是，现在需要归类的商品是“由羊肠线制成的弦乐乐器用的琴弦”，而不是“羊肠线”，也就是子目4206.1000条文与商品归类语言不相吻合，所以，不能将“由羊肠线制成的弦乐乐器用的琴弦”，归入税号4206.1000。根据第四十二章章注释一（一）、（九）所示，该商品按用途归入品目92.09。即第九十二章：乐器及其零件、附件中的第九个品目。

因此根据没有列名归用途的归类方法，将其归入子目9209.3000。子目9209.3000条文虽然仅表现为“乐器用弦”，但其中包括各类材料制成的乐器用弦，如羊肠线、丝、钢丝、合金丝、化学纤维单丝等。同时，表面上9209.3000看似与我们需要归类的商品归类语言不完全吻合，但根据列名具体优先于列名一般的原则，“乐器用弦”已经比“羊肠线”显得更加具体，也就是商品归类语言与子目条文基本吻合。因此，应当将羊肠线制成的弦乐乐器的琴弦归入税号9209.3000。

三、没有用途归成分

成分一般是指化合物或组合物中所含有物质（元素或化合物）的种类。“没有用途归成分”的归类方法，是指当某种商品的归类语言无法与《进出口税则》相吻合，既没有具体列名，并且用途特征也不明显时，应顺序按其主要“成分”归类。也就是要按照《归类总规则》二（2）、三（3）所示规则进行归类，并且应当按照“列名”、“用途”、“成分”归类方法的先后次序归类。

按照“成分”归类时，应充分理解《归类总规则》中关于材料或物质的定义。规则二（2）指出“品目中所列材料或物质，应视为包括该种材料或物质与其他材料或物质混合或组合的物品。品目中所列某种材料或物质构成的货品，应视为包括全部或部分由该种材料或物质构成的货品”；规则三（2）指出“混合物，不同材料构成或不同部件组成的组合物以及零售的成套货品，如果不能按照规则三（1）归类时，在本款可适用的条件下，应按构成货品基本特征的材料或部件归类”。

在实际操作中，可以按照成分归类的商品基本分为两大类：

其一，由某种材料制的商品，如针叶木制、阔叶木制、钢铁制、铝制、铜制、塑料制、纸制、化学纤维制、天然动物纤维制、天然植物纤维制等。对于这一类的商品，应当理解为完全由该类物质加工而成，或以该类物质占有绝对比例的物质构成。如木制门窗、钢铁制螺母、塑料制螺母、铝制牛奶桶、化纤制香烟过滤嘴等。

其二，按重量计含有某种材料与其他材料混合的制成品。如：

（1）女式针织毛衣（按重量计，含羊毛70%、兔毛20%、腈纶10%）；

（2）含铝99.9%、含银0.01%、含其他金属0.09%的精炼铝；

（3）按重量计含棉90%、含化学短纤维10%的棉纱线。

注意：“列名”、“用途”、“成分”三种方法使用的先后次序

在“列名”、“用途”的归类方法无法找到正确答案时，才能使用按“成分”的方法归类，而不可将按“成分”的归类方法，优先于其他两种方法使用。简易商品归类方法的适用，必须按照“列名”、“用途”、“成分”的先后顺序进行，千万不可颠倒。否则，将无法产生正确的归类，也就是无法产生子目条文与商品归类相吻合的语言。

归类实例：按次序使用“列名”、“用途”、“成分”三种简便方法

“塑料制中国象棋”归类，若未按先后次序选择使用归类方法，而优先选择按材料归类，即会产生错误的商品归类语言，误将其归入第三十九章——塑料制品。正确方法应按“列名优先”的原则，将其归入税号9504.9030（中国象棋、国际象棋、跳棋等棋类用品）。

课后练习

一、单选题

1. 对商品进行归类时，品目条文所列的商品，应包括该项货品的不完整品或未制成品，只要在进口或出口时这些不完整品或未制成品具有完整品或制成品的（　　）。

A. 基本特征　　B. 相同用途

C. 基本功能　　D. 核心组成部件

2. 在进行商品税则归类时，对看起来可归入两个及两个以上税号的商品，在税目条文和注释均无规定时，其归类次序为（　　）。

A. 基本特征、最相类似、具体列名、从后归类

B. 具体列名、基本特征、从后归类、最相类似

C. 最相类似、具体列名、从后归类、基本特征

D. 具体列名、最相类似、基本特征、从后归类

3. 申请预归类的商品归类事项，经直属海关审核认为属于《进出口税则》、《商品及品目注释》、《本国子目注释》，以及海关总署发布的关于商品归类的行政裁定、商品归类决定有明确规定的，应当在接受申请之日起（　　）个工作日内制发“中华人民共和国海关商品预归类决定书”。

A. 15　　B. 30

C. 14　　D. 60

4. 商品编码“0306.2491”说明（　　）。

A. 该商品在第3章

B. 该编码包括的货品是所有中华绒螯蟹

C. 商品编码“0306.2491”代表除种苗以外的所有蟹

D. 商品编码中的第3位“0”代表种苗以外的蟹

二、多选题

1. 下列货品属于HS归类总规则中所规定的“零售的成套货品”的是（　　）。
A. 一个礼盒，内有咖啡一瓶、咖啡伴侣一瓶、塑料杯子两只
B. 一个礼盒，内有一瓶白兰地酒、一只打火机
C. 一个礼盒，内有一包巧克力、一个塑料玩具
D. 一碗方便面，内有一块面饼、两包调味品、一把塑料小叉

2. 下列货品进出口时，包装物与所装物品应分别归类的是（　　）。
A. 40升专用钢瓶装液化氮气　　B. 25公斤桶（塑料桶）装涂料
C. 纸箱包装的彩色电视机　　D. 分别进口的照相机和照相机套

3. 《协调制度》是国际贸易商品分类的一种“标准语言”，它具有（　　）的特点。
A. 完整　　B. 系统
C. 通用　　D. 准确

4. 商品编码表信息如下：
0103 猪
0103.1000 — 改良种用
— 其他：
— 重量在50千克以下：
0103.9110 — 重量在10千克以下
0103.9120 — 重量在10千克及以上，但在50千克以下
0103.9200 — 重量在50千克及以上
以上商品编码“0103.9110”说明（　　）。
A. 该商品在第1章
B. 该商品编码包括的货品是重量在10千克以下的所有活猪
C. 该商品编码的第5位数字“9”代表除改良种以外的其他活猪
D. 该商品编码的第8位数字“0”表示在3级子目下未设4级子目

三、判断题

1. 当货品看起来可以归入两个或两个以上的品目时，应按从后归类的原则进行归类。（　　）

2. 我国进出口商品编码第5、6位数级子目号为HS子目，7、8位级数子目号列为本国子目。（　　）

3. 按照归类总规则的规定，税目所列货品，还应视为包括该货物的完整品或制成品在进出口时的未组装件和拆散件。（　　）

4. 对进出口商品进行归类时，如果该商品在品名条文上有具体列名可以直接查到，则无须运用归类总规则。（　　）

5. 进出口商品在品目项下各子目的归类应当按品目条文和类注、章注确定。（　　）

四、思考题

1.《商品名称及编码协调制度》的基本结构是什么？

2. 举例说明《商品名称及编码协调制度》六大归类总规则的含义。

五、商品编码查找

1. 冻猪血（供食用）。

2. 冷冻的煮熟甜玉米粒，塑料袋装。

3. 初榨的亚麻子油。

4. 含猪肉 18%，22% 甜玉米，萝卜 40%，马铃薯 20% 的罐头食品。

5. 铜矿砂。

6. 云南白药药粉，含三七等中药原料，有止血、消炎等功效，5 公斤装。

7. MS 非泡沫板，MS 即甲基丙烯甲酸（单体单元占 30%）、苯乙烯（单体单元占 70%）的共聚物。

8. "梦特娇"牌牛皮公文包。

9. "维达"牌盒装面巾纸，250 张/盒，规格 19 厘米 ×20 厘米。

10. "涤纶弹力丝"（非供零售用、非缝纫线）。

11. 女式含棉 97%，含氨纶 3% 牛仔长裤，机织。

12. 轿车用后视镜（已镶框）。

13. 自行车充气用手动打气筒。

14. 速度传感器。

15. 高尔夫球。

16. 超过 100 年的油画原件，有收藏价值。

第七章 DIQIZHANG

进出口税费的征收

学习目标

- □ 了解进出口税费的种类、减免、缴纳与退补
- □ 熟悉进出口货物完税价格的审定方法、进口货物原产地的确定与税率适用
- □ 掌握各种进出口税费的计算和进口价格的计算

第一节 进出口税费概述

进出口税费是指在进出口环节中由海关依法征收的关税、消费税、增值税、船舶吨税及海关监管手续费等税费。依法征收税费是海关的重要任务之一。依法纳税是有关纳税义务人的基本义务，也是报关人员应具备的基本技能之一。征收进出口税费的法律依据主要是海关法、关税条例及其他有关法律、法规等。

一、关税

（一）关税的含义

关税是国家税收的重要组成部分，是海关代表国家，按照国家制定的关税政策和有关法律、行政法规的规定，对准许进出关境的货物和物品向纳税义务人征收的一种流转税。关税属于国税，由海关代表国家向纳税义务人征收。征税对象是进出关境的货物和物品，关税的纳税义务人是进出口货物的收发货人、进出境物品的所有人或其代理人。

关税是一种间接税，具有强制性、无偿性和预定性等特点，具有调节进出口贸易、保护国内市场和产业等作用，是各国实施对外贸易政策的重要手段。

（二）关税分类

按照不同的标准，关税有多种分类方法。按征收对象的流向分类，可分为进口关税、出口关税和过境关税；按征税的计征标准分类，可分为从价税、从量税、复合税、滑准税；按货物国别来源的征税待遇分类，可分为普通关税、协定关税、最惠国关税和特惠关税；按进口征税的主次程度分类，可分为进口正税和进口附加税等。

1. 按征收对象的流向分类。

（1）进口关税。它是指一国海关以进境货物和物品为征税对象所征收的关税。进口关

税是一种最重要的关税，许多废除出口关税和过境关税的国家，进口关税是唯一的关税。

（2）出口关税。它是指一国海关以出境货物和物品为征税对象所征收的关税。征收出口关税的主要目的是限制和调控某些商品的过度、无序出口，特别是防止本国某些重要自然资源和原材料无序出口。我国根据实际情况，在一定时期内对部分出口商品临时开征出口暂定关税或者加征特别出口关税。我国出口关税主要以从价税为计征标准。

（3）过境关税。它是指一国对通过其关境的外国货物所征收的一种关税。目前，世界上大多数国家不征收过境税，我国也不征收过境税。

2. 按征税的计征标准分类。

（1）从价税。它是指以货物的价格或者价值为征税标准，以应征税额占货物价格或者价值的百分比为税率，价格越高，税额越高。从价税的特点是商品价格和税额成正比例关系。从价税是包括中国在内的大多数国家使用的主要计税标准。

（2）从量税。它是指以货物和物品的计量单位（如重量、数量、容量等）作为计税标准，按每一计量单位的应征税额征收的关税。

提示：我国目前对冻鸡、石油原油、啤酒、胶卷等进口商品征收从量税。

（3）复合税。它是指在《中华人民共和国海关进出口税则》（以下简称《海关进出口税则》）中，一个税目中的商品同时使用从价、从量两种标准计税，计税时按两者之和作为应征税额征收的关税。

提示：我国目前对录像机、放像机、摄像机、非家用型摄录一体机、部分数字照相机等进口商品征收复合关税。

（4）滑准关税。它是指在《中华人民共和国海关进出口税则》中预先按产品的价格高低分档制定若干不同的税率，然后根据进口商品价格的变动而增减进口税率的一种关税。当商品价格上涨时采用较低税率，当商品价格下降时则采用较高税率，其目的是使该种商品的国内市场价格保持稳定。

相关链接：

进口棉花滑准税暂定关税税率的计算方法

目前，我国对关税配额外进口的一定数量的棉花（税号：5201.0000）实行滑准税。确定滑准税暂定关税税率的具体方式如下：①当进口棉花完税价格高于或等于 14 元/千克时，按 0.570 元/千克计征从量税。②当进口棉花价格低于 14 元/千克时，暂定关税税率按下述公式计算：

$$R_i = 8.23/P_i + 3.23\% \times P_i - 1$$

对于上式计算结果四舍五入保留 3 位小数。式中 R_i 为暂定关税税率。高于 40% 时，取 40%；P_i 为关税完税价格，单位为元/千克。

3. 按货物国别来源的征税待遇分类。

（1）普通关税。普通关税又称“一般关税”，是指原产于与本国未签署任何关税互惠贸易条约的国家的货物征收的非优惠关税。普通税率是最高税率，一般比优惠税率高 1～5 倍，少数商品甚至更高。目前只有个别国家对极少数国家（一般是非建交国）的出口商品实行普通税率，大多数国家只是将其作为其他优惠税率减税的计算基础。

注意：普通税率实际上并不是被普遍使用的税率。

（2）协定关税。它是指对原产于本国参加的含有关税优惠条款的区域性贸易协定有关缔约方的进口货物的优惠关税待遇。

（3）最惠国关税。它是指对原产于与本国签订有最惠国待遇条款的进口货物的一种非歧视性的关税待遇。

注意：最惠国关税并不一定是最优惠的关税，而是一种使用较为普遍的关税，但其税率一定比普通关税的税率低。

（4）特惠关税。它是指对原产于与本国签订有特殊优惠关税协定的国家或地区的进口货物的优惠关税。

4. 按进口征税的主次程度分类。

（1）进口正税。它是按海关税则中的法定税率征收的进口关税。

（2）进口附加税。它是对进口商品除征收正税外，再额外征收的进口关税。进口附加税一般是临时性措施，其目的是为了解决国际收支逆差、抵制不公平的贸易行为、维护国内市场稳定和保护相关国内产业的生存与发展。常见的进口附加税主要包括反倾销税、反补贴税、保障措施关税、报复性关税等。我国目前征收的进口附加税主要是反倾销税。

反倾销税是为抵制外国商品倾销进口，保护国内相关产业而征收的一种进口附加税，即在倾销商品进口时除征收进口关税外，另外加征反倾销税。根据《中华人民共和国反倾销条例》的规定，凡进口产品以低于其正常价值出口到我国、且对我国相关产业造成实质性损害的即为倾销。反倾销税由海关负责征收，其税额不应超过倾销幅度。

二、进口环节海关代征税

进口货物、物品办理海关手续放行后，进入国内流通领域，与国内货物同等对待，应缴纳应征的国内税。进口货物、物品的一些国内税依法由海关在进口环节征收。目前由海关代征的进口环节税主要有增值税和消费税。

（一）增值税

1. 增值税的含义。增值税是以商品的生产、流通和劳务服务各个环节所创造的新增价值为征税对象的一种流转税。我国从 1994 年 1 月 1 日全面推行并采用国际通行的增值税制。增值税制只对增值部分征税，可避免重复征税。

2. 增值税的征纳。进口环节增值税由海关依法向进口货物的法人或自然人征收，其他环节的增值税由税务机关征收。

在中华人民共和国境内销售货物或者提供加工、修理、修配劳务以及进口货物的单位和个人，为增值税的纳税义务人，应当依照《中华人民共和国增值税条例》缴纳增值税。进口货物由纳税义务人（进口人或其代理人）向办理进口手续的海关申报纳税。

进口环节增值税税率的调整以及增值税的免税、减税项目由国务院规定，任何地区、部门均不得擅自规定免税、减税项目。进口环节增值税的起征点为 50 元，低于 50 元免征。

3. 增值税的征收范围和税率。在我国境内销售货物（销售不动产或免征的除外）或提供加工、修理、修配劳务以及进口货物的单位和个人，都要依法缴纳增值税。

我国增值税的基本税率为 17% 和 13%。

相关链接：

17%和 13%的增值税税率的适应范围

适用 13% 增值税税率的范围包括纳税人销售或者进口下列货物：①粮食、食用植物油；②自来水、燃气、冷气、热水、煤气、石油液化气、天然气、沼气、居民用煤炭制品；③图书、报纸、杂志；④饲料、化肥、农药、农机、农膜；⑤国务院规定的其他货物。适用 17% 增值税税率的范围包括：纳税人销售或者进口除适用 13% 税率的货物以外的货物，以及提供加工、修理、修配劳务。

（二）消费税

1. 消费税的含义。消费税是以消费品或消费行为的流转额作为征税对象而征收的一种流转税。我国开征消费税的目的是调节我国的消费结构，引导消费方向，确保国家财政收入。它是在对货物普遍征收增值税的基础上，选择少数消费品再予征收的税。我国消费税采用价内税的计税方法，即计税价格的组成中包括了消费税税额。

2. 消费税的征纳。在中华人民共和国境内生产、委托加工和进口《中华人民共和国消费税暂行条例》规定的消费品（以下简称“应税消费品”）的单位和个人，为消费税的纳税义务人。我国的消费税由税务机关征收，但进口的应税消费品的消费税由海关代征，由纳税义务人（进口人或其代理人）在报关进口时向报关地海关申报纳税。

我国的进口环节消费税采用从价、从量和复合计税的方法计征。进口环节消费税除国务院另有规定者外，一律不得免税或减税。进口环节消费税的起征额为 50 元，低于 50 元免征。

3. 消费税的征收范围。消费税的征收范围主要根据我国经济社会发展现状和现行消费政策、消费结构以及财政需要，并借鉴国外的通行做法确定，仅限于少数消费品。

背景资料：

根据《中华人民共和国消费税暂行条例》的规定，应税消费品的主要类型有：①一些过度消费会对人的身体健康、社会秩序、生态环境等方面造成危害的特殊消费品，如烟、酒、酒精、鞭炮、焰火、实木地板等；②奢侈品、非生活必需品，如贵重首饰、珠宝玉石、化妆品等；③高能耗的高档消费品，如游艇、小轿车、摩托车等；④不可再生和替代的资源类消费品，如汽油、柴油等；⑤具有一定财政意义的产品，如汽车轮胎等。

三、海关代征的其他税、费

（一）船舶吨税

1. 船舶吨税的含义。船舶吨税（简称“吨税”）是由海关在设关口岸对进出、停靠我国港口的国际航行船舶征收的一种使用税。征收船舶吨税的目的是用于航道设施建设。

2. 船舶吨税的征收范围。根据《中华人民共和国海关船舶吨税暂行办法》的规定，船舶吨税的征收范围包括：（1）在我国港口行驶的外国籍船舶；（2）外商租用（程租除外）的中国籍船舶；（3）中外合营海运企业自有或租用的中、外籍船舶；（4）我国租用的外国籍国际航行船舶；（5）包括专门在港内行驶的上述船舶。

凡征收船舶吨税的船舶不再征收车船税；已征收车船使用税的船舶不再征收船舶吨税。

提示：中国香港、澳门特别行政区已征收船舶吨税的外国籍船舶进入内地港口时，仍要照章征收船舶吨税。

3. 免征船舶吨税的船舶。以下船舶免征船舶吨税：（1）应纳税额在人民币50元以下的船舶；（2）自境外以购买、受赠、继承等方式取得船舶所有权的初次进口到港的空载船舶；（3）吨税执照期满后24小时内不上下客货的船舶；（4）非机动船舶（不包括非机动驳船）；（5）捕捞、养殖渔船；（6）避难、防疫隔离、修理、终止运营或者拆解，并不上下客货的船舶；（7）军队、武装警察部队专用或者征用的船舶；（8）依照法律规定应当予以免税的外国驻华使领馆、国际组织驻华代表机构及其有关人员的船舶；（9）国务院规定的其他船舶。

4. 船舶吨税的税率适用范围。船舶吨税分为优惠税率和普通税率两种。凡与我国签订有互惠协议的国家或地区适用优惠税率；未与我国签订有互惠协议的国家或地区适用普通税率。

中国香港、澳门地区籍船舶适用船舶吨税的优惠税率。

5. 船舶吨税的计算方法。

（1）船舶吨位的计算方法。船舶净吨位的计算公式为：

净吨位 = 船舶的有效容积 × 吨/立方米

船舶净吨位的尾数，按四舍五入原则计算，0.5吨以下的免征尾数，0.5吨以上的按1吨计算。

（2）船舶吨税的征收与退补。船舶吨税的起征日为“船舶直接抵口之日”，即进口船舶自申报进口之日起征。如进境后驶达锚地的，以船舶抵达锚地之日起计算；进境后直接靠泊的，以靠泊之日起计算。

船舶抵港之日，船舶负责人或其代理人应向海关出具船舶停靠时仍然有效的“船舶吨税执照”。如所领执照期届满后仍未离开我国港口，则应从期满之次日起续征；如未能出具执照者，应按规定向海关申报，缴纳船舶吨税，并领取执照。

船舶吨税分1年期、90天期和30天期等三种纳税期限，并分别确定税额，由应税船舶负责人或其代理人自行选择纳税期限并按规定缴纳吨税（见表7－1）。

表 7-1　我国现行的吨税税目税率表

税目（按船舶净吨位划分）	税率（元/净吨）					
	普通税率（按执照期限划分）			优惠税率（按执照期限划分）		
	1 年	90 天	30 天	1 年	90 天	30 天
不超过 2000 净吨	12.6	4.2	2.1	9.0	3.0	1.5
超过 2000 净吨，但不超过 10000 净吨	24.0	8.0	4.0	17.4	5.8	2.9
超过 10000 净吨，但不超过 50000 净吨	27.6	9.2	4.6	19.8	6.6	3.3
超过 50000 净吨	31.8	10.6	5.3	22.8	7.6	3.8
备注	拖船和非机动驳船分别按相同净吨位船舶税率的 50% 计征税额					

资料来源：《中华人民共和国船舶吨税暂行条例》，2012 年 1 月 1 日起施行。

船舶吨税的计算公式为：

船舶吨税税额 = 注册净吨位 × 船舶吨税税率（元/净吨）

测试：船舶吨税计算

一艘从日本东京进入我国上海洋山港的日本船舶（净吨位为 12000 吨），船舶负责人申报纳税期 30 天，该船舶应缴多少税款？

计算方法：首先，确定适用税率种类，日本与我国签订有船舶税费最惠国待遇条款条约或协定，适用优惠税率；其次，确定船舶吨位和申报纳税期所适用的税率额为 3.3 元/净吨；最后，按照计算公式计算应缴税额。

船舶吨税税额 = 船舶净吨位 × 适用税率（元/净吨）= 12000 × 3.3 = 39600（元）

海关发现少征或者漏征税款的，应当自应税船舶应当缴纳税款之日起 1 年内补征税款。但因应税船舶违反规定造成少征或者漏征税款的，海关可以自应当缴纳税款之日起 3 年内追征税款，并自应当缴纳税款之日起按日加征少征或者漏征税款 0.5‰的滞纳金。

海关发现多征税款的，应当立即通知应税船舶办理退还手续，并加算银行同期活期存款利息。

应税船舶发现多缴税款的，可以自缴纳税款之日起 1 年内以书面形式要求海关退还多缴的税款，并加算银行同期活期存款利息；海关应当自受理退税申请之日起 30 日内查实，并通知应税船舶办理退还手续。应税船舶负责人或者其代理人应当自收到海关准予退税的通知之日起 3 个月内办理有关税款退还手续。

（二）税款滞纳金

1. 征收范围。征收滞纳金是税收管理中的一种行政强制措施。在海关监管中，滞纳金指应纳税的单位或个人因逾期向海关缴纳税款而依法应缴纳的税款。按照规定，关税、进口环节的增值税和消费税的纳税义务人或其代理人，应当自海关填发税款缴款书之日起 15 日内向指定银行缴纳税款，逾期未缴纳的，海关依法在按日加收滞纳税款的 0.5‰的滞纳金。

根据规定，逾期缴纳税款应征收滞纳金的还有如下几种情况：

（1）进出口货物放行后，海关发现因纳税义务人违反规定造成少征或漏征税款的，可以自缴纳税款或货物放行之日起3年内追征税款，并从缴纳税款或货物放行之日起至海关发现之日止，按日加收少征或漏征税款的0.5‰的滞纳金。

（2）因纳税义务人违反规定造成少征或漏征税款的，海关应当自纳税义务人应缴纳税款之日起3年内追征税款，并自应缴纳税款之日起至海关发现违规行为之日止，按日加收少征或漏征税款0.5‰的滞纳金。

提示： 税款滞纳金征收中的应缴纳税款之日是指纳税义务人违反规定的行为发生之日；若该行为发生之日不能确定的，应当以海关发现该行为之日作为应缴纳税款之日。

（3）暂时进出境货物未在规定期内复运出境或者复运进境，且纳税义务人未在规定期限届满前向海关申报办理进出口及纳税手续的，海关除按照规定征收应缴纳的税款外，还应当自规定期限届满之日起至纳税义务人申报纳税之日止，按日加收应缴税款0.5‰的滞纳金。

（4）分期支付租金的租赁进口货物，纳税义务人应当在每次支付租金后的15日内向海关申报办理纳税手续，逾期办理申报手续的，海关除了征收税款外，还应当自申报办理纳税手续期限届满之日起至纳税义务人申报纳税之日止，按日加收应纳税款0.5‰的滞纳金。

租赁进口货物自租赁期届满之日起30日内，应向海关申请办结海关手续，逾期未办理手续的，海关除按照审定进口货物完税价格的有关规定和租期届满后第30日该货物适用的计征税率、汇率，审核确定其完税价格、计征应缴纳的税款外，还应当自租赁期限届满后30日起至纳税义务人申报纳税之日止，按日加收应缴税款0.5‰的滞纳金。

2. 征收标准。滞纳金按每票货物的关税、进口环节增值税、消费税单独计算，起征点为人民币50元，不足50元的免征。其计算公式为：

关税滞纳金金额＝滞纳关税税额×0.5‰×滞纳天数

进口环节海关代征税滞纳金额＝进口环节海关代征税税额×0.5‰×滞纳天数

提示： 海关对纳税天数的计算是自滞纳税款之日起至进出口货物的纳税义务人缴纳税款之日止，其中的法定节假日不予扣除。缴纳期限届满日遇星期六、星期日等休息日或法定节假日的，应当顺延至休息日或法定节假日之后的第一个工作日。国务院临时调整休息日与工作日的，则按照调整后的情况计算缴款期限。

滞纳金应当自海关填发滞纳金缴款书之日起15日内向指定银行缴纳。未按期缴纳滞纳金的，不对滞纳金再征收滞纳金。

测试7－1：滞纳金计算

国内某公司从日本进口一批机械设备，已知该批机械设备的应征关税为282808.88元。海关于2012年3月1日填发海关专用缴款书，该公司于2012年3月29日缴纳税款。应缴多少滞纳金？

计算方法：首先，确定滞纳天数，税款缴款期限为2012年3月16日（星期五），3月17日至3月28日为滞纳期，共滞纳12天。其次，按照计算公式计算进口关税的滞纳金。

关税滞纳金＝滞纳关税税额×0.5‰×滞纳天数＝282808.88×0.5‰×12

＝1696.85（元）

第二节　进出口货物完税价格的审定

我国现行进出口关税基本上都是按从价征税，而从价税必须首先确定应税货物的完税价格，才能正确计征税费。因此，准确合理地审定应税货物的完税价格是贯彻关税政策的主要环节，也是海关依法行政的重要体现。

一、进出口货物完税价格的含义及海关审价的法律依据

（一）进出口货物完税价格的含义

进出口货物完税价格是海关对进出口货物征收从价税时审查估定的应税价格，是凭以计征进出口货物关税及进口环节代征税税额的基础。我国已全面实施 WTO 估价协定，对进口货物海关审价的法律法规已与国际通行规则接轨。

（二）海关审价的法律依据

目前，我国海关审价的法律依据可分为三个层次：第一个层次是法律层次，即《中华人民共和国海关法》（以下简称《海关法》）。《海关法》规定："进出口货物的完税价格，由海关以该货物的成交价格为基础审查确定。成交价格不能确定时，完税价格由海关估定。"第二个层次是行政法规层次，即《中华人民共和国关税条例》（以下简称《关税条例》）。第三个层次是部门规章，如海关总署颁布施行的《中华人民共和国海关审定完税价格办法》（以下简称《审价办法》）、《中华人民共和国海关进出口货物征税管理办法》（以下简称《征管办法》）等。

二、进口货物完税价格的审定

海关确定进出口货物完税价格的方法，主要有进出口货物成交价格法、相同货物成交法、类似货物成交价格法、倒扣价格法、计算价格法、合理方法等六种估价方法。一般情况下，上述估价方法应当依次采用。

提示：进出口货物纳税义务人向海关提供有关资料后，可以申请选择倒扣价格估价法和计算价格估价法的适用秩序。

（一）一般进口货物完税价格的审定

1. 进口货物成交价格法。进口货物价格成交法是《关税条例》及《审价办法》规定的第一种估价方法，进口货物的完税价格应首先以成交价格估价方法审查确定。这里应注意进口货物成交价格法中成交价格与完税价格两个概念之间的差异。

（1）进口货物的成交价格。它是指卖方向中华人民共和国境内销售该货物时，买方为进口该货物向卖方实付、应付的，并按有关规定调整后的价款总额，包括直接支付的价款和间接支付的价款。

此处的"实付或应付"是指必须由买方支付，支付的目的是为了获得进口货物，支付的对象既包括卖方也包括与卖方有关联的第三方，且包括已经支付和将要支付的两者之和。

此外，成交价格不完全等同于贸易中实际发生的发票价格，需按有关规定进行调整。

(2) 进口货物的完税价格。《审价办法》规定：进口货物的完税价格，由海关以该货物的成交价格为基础审查确定，并包括货物运抵中华人民共和国境内输入地点起卸前的运费及相关费用、保险费（一般相当于进口货物的 CIF 价）。“相关费用”主要指与运输有关的费用，如装卸费、搬运费等属于广义的运费范围内的费用。成交价格需满足一定的条件才能被海关所接受。

公式定价的进口货物，即在向中华人民共和国境内销售货物所签订的合同中，买卖双方未用具体的数字约定货物价格，而是用约定的公式来确定货物结算价格的定价方式。海关以买卖双方约定的定价公式来确定结算价格，必须同时满足下列条件：①在货物运抵中华人民共和国境内前买卖双方已书面约定定价公式；②结算价格取决于买卖双方均无法控制的各种条件和因素；③自货物申报进口之日起 6 个月内能根据定价公式确定结算价格；④结算价格符合《审价办法》中成交价格的有关规定。

(3) 完税价格的调整因素。完税价格的调整因素包括计入项目和扣除项目。

①计入项目。

A. 除购货佣金以外的佣金和经纪费。佣金通常可分为购货佣金和销售佣金。购货佣金是指买方向其采购代理人支付的佣金，按照规定，采购佣金不计入进口货物的完税价格中。销售佣金，指卖方向其销售代理人支付的佣金，如果该销售佣金由买方直接付给卖方的代理人，按照规定应该计入到完税价格中。

B. 与进口货物作为一个整体的容器费。与有关货物归入同一个税号的容器与该货物视作一个整体，如酒瓶与酒构成一个不可分割的整体，两者归入同一个税号，如果没有包括在酒的完税价格中，则应计入。

C. 包装费。这里的包装费既包括包装材料费，也包括劳务费。

D. 协助的价值。在国际贸易中，买方以免费或低于成本价的方式向卖方提供了一些货物或者服务，这些货物或服务的价值被称为“协助的价值”。协助的价值若未包括在进口货物的实付或应付价格之中，并且与进口货物的生产和向中华人民共和国境内销售有关，可按适当比例分摊。协助费用包括：进口货物所包含的材料、零部件和类似货物的价值；生产进口货物中所使用的工具、模具和类似货物的价值；生产进口货物中消耗的材料的价值；在境外完成的为生产该进口货物所需的工程设计、技术研发、工艺及制图等工作的价值。

E. 特殊权使用费。特殊权使用费是指进口货物的买方为取得知识产权权利人及权利人有效授权的关于专利权、商标权、专有技术、著作权、分销权或销售权的许可或者转让而支付的费用。

以成交价格为基础审查确定进口货物的完税价格时，未包括在该货物实付或应付价格中的特殊权使用费需计入完税价格，但符合下列情形之一的除外：特殊权使用费与该货物无关；特殊权使用费的支付不构成该货物向中华人民共和国境内销售的条件。

F. 返回给卖方的转售利益。如果买方在货物进口之后把进口货物的转售、处置或使用的收益的一部分返还给卖方，这部分收益应计入到完税价格中。

上述所有项目的费用或价值计入到完税价格中，必须同时满足三个条件：一是由买方负担；二是未包括在进口货物的实付或应付价格中；三是有客观量化的数据资料。

②扣减项目。扣减项目是指进口货物的价款中单独列明的税收、费用，不计入完税价格

的项目，包括：厂房、机械或者设备等货物进口后发生的建设、安装、装配、维修或者技术援助费，但是保修费用除外；货物运抵境内输入地点起卸后发生的运输及其相关费用、保险费；进口关税、进口环节代征税及其他国内税；为在境内复制进口货物而支付的费用；境内外技术培训及境外考察费用。

此外，同时符合下列条件的利息费用不计入完税价格：利息费用是买方为购买进口货物而融资所产生的；有书面融资协议的；利息费用单独列明的；纳税义务人可以证明有关利息不高于在融资当时当地此类交易通常具有的利率水平，且没有融资安排的相同或者类似进口货物的价格与进口货物的实付、应付价格非常接近的。

提示：码头装卸费（Terminal Handing Charge，THC）是指货物从船舷到集装箱堆场间发生的费用，属于货物运抵中华人民共和国境内输入地点起卸后的相关运输费用，因此，码头装卸费不计入货物的完税价格。

（4）成交价格成立的条件。

①买方对进口货物的处置和使用不受限制。如果买方对进口货物的处置权或者使用权受到限制，则进口货物就不适应成交价格法。有下列情况之一的，应当视为对买方处置或者使用进口货物受到了限制：进口货物只能用于展示或者免费赠送的；进口货物只能销售给第三方的；进口货物加工为成品后只能销售给卖方或者指定第三方的；其他经海关审查，认定买方对进口货物的处置或者使用受到限制的。

②进口货物的价格不应受到某些条件或因素的影响而导致该货物的价格无法确定。有下列情况之一的，应当视为进口货物受到了使该货物的成交价格无法确定的条件或因素的影响：进口货物的价格是以买方向卖方购买一定数量的其他货物为条件而确定的；进口货物的价格是以买方向卖方销售其他货物为条件而确定的；其他经海关审查，认定货物的价格受到使该货物成交价格无法确定的条件或者因素影响的。

③卖方不得直接或间接从买方获得因转售、处置或使用进口货物而产生的任何收益，除非上述收益能够被合理确定。

④买卖双方之间的特殊关系不影响成交价格。根据规定，有下列情形之一的，应当认定买卖双方有特殊关系：买卖双方为同一家族成员；双方互为商业上的高级职员或董事；一方直接或间接地受另一方控制；买卖双方都直接或间接受第三方控制；买卖双方共同直接或间接控制第三方；一方直接或间接地拥有、控制或持有对方5%以上（含5%）公开发行的有表决权的股票或股份；一方是另一方的雇员、高级职员或董事；买卖双方是同一合伙的成员。

此外，买卖双方在经营上相互有联系，一方是另一方的独家代理、经销或受让人，若与以上规定相符，也应当视为有特殊关系。

买卖双方有特殊关系这个事实本身并不能构成海关拒绝成交价格的理由，买卖双方之间存在特殊关系，但是纳税义务人能证明其成交价格与同时或者大约同时发生的下列任何一款价格相近似的，视为特殊关系未对进口货物的成交价格产生影响：向境内无特殊关系的买方出售相同或类似进口货物的成交价格；按照倒扣价格估价法所确定的相同或类似进口货物的完税价格；按照计算价格法所确定的相同或类似进口货物的完税价格。海关在使用上述价格进行比较时，需考虑商业水平和进口数量的不同，以及买卖双方有无特殊关系造成的费用差异。

2. 相同及类似货物成交价格法。相同及类似货物成交价格法，即以与被估货物同时或大约同时向中华人民共和国境内销售的相同货物及类似货物的成交价格为基础，审查确定进口货物完税价格的方法。

(1) 相同或类似货物的时间要素。“时间要素”是指相同或类似货物必须与进口货物同时或大约同时进口，其中的“同时或大约”是指海关接受申报之日的前后各 45 天以内。

相关链接：

“相同货物”是指与进口货物在同一国家或地区生产的，在物理性质、质量和信誉等所有方面都相同的货物，但是表面的微小差异允许存在。例如，一辆黑色奔驰 E300 轿车与一辆银灰色奔驰 E300 轿车都是德国生产的，在物理性质、质量、价值等方面都相同，只是颜色不同而已，属于微小差异，所以它们属于相同货物。

“类似货物”是指与进口货物在同一国家或地区生产的，虽然不是在所有方面都相同，但是却具有相似的特征、相似的组成材料、相似的功能，并且在商业中可以互换的货物。例如，从日本进口同规格的富士胶卷和柯达胶卷，在功能用途上相同，组成材料类似，在商业上可以互换，因此，它们应视为类似货物。

(2) 相同及类似货物成交价格法的运用。运用上述两种估价方法时，首先应使用和进口货物处于相同商业水平、大致相同数量的相同或类似货物的成交价格，只有在上述条件不满足时，才可采用以不同商业水平和不同数量销售的相同或类似进口货物的价格，但不能将上述价格直接作为进口货物的价格，还须对由此而产生的价格方面的差异做出调整。此外，对进口货物与相同或类似货物之间由于运输距离和运输方式不同而在成本和其他费用方面产生的差异应进行调整；而且上述调整都必须建立在客观量化的数据资料的基础上。

同时还应注意，在采用相同或类似货物成交价格法确定进口货物完税价格时，首先应使用同一生产商生产的相同或类似货物的成交价格，只有在没有同一生产商生产的相同或类似货物的成交价格的情况下，才可使用同一生产国或地区不同生产商生产的相同或类似货物的成交价格。如果有多个相同或类似货物的成交价格，应当以最低的成交价格为基础估定进口货物的完税价格。

3. 倒扣价格法。倒扣价格法即以进口货物、相同或类似进口货物在境内第一环节的销售价格为基础，扣除境内发生的有关费用来估定完税价格。上述“第一环节”是指有关货物进口后进行的第一次转售，且转售者与境内买方之间不能有特殊关系。

(1) 用以倒扣的销售价格应同时满足的条件：①按照该货物进口时的状态销售的价格；②在被估货物进口时或大约同时，将该货物、相同或类似进口货物在境内销售的价格；③按照该价格销售的货物合计销售总量最大；④在境内第一环节销售的价格；⑤向境内无特殊关系方销售的价格。其中第①、②、③项为倒扣价格法的核心要素。

(2) 倒扣价格法的倒扣项目。根据规定，倒扣项目主要有以下四项：①该货物的同级或同种类货物在境内第一环节销售时通常支付的佣金以及利润和一般费用；②货物抵运境内输入地点之后的运输及相关费用、保险费；③进口关税、进口环节代征税及其他国内税；④加工增值额，如果以货物经过加工后在境内转售的价格作为倒扣价格的基础，则必须扣除上述加工增值部分。

4. 计算价格法。计算价格既不是以成交价格也不是以在境内的转售价格作为基础，它是以发生在生产国或地区的生产成本作为计算基础。

（1）计算价格的构成项目。①生产该货物所使用的料件成本和加工费；②向境内销售同等级或者同种类货物通常的利润和一般费用（包括直接费用和间接费用）；③货物运抵中华人民共和国境内输入地点起卸前的运输及其相关费用、保险费。

提示：“料件成本”是指生产被估货物的原料成本，包括原材料的采购价值以及原材料投入实际生产之前发生的各类费用；“加工费用”是指将原材料加工为制成品过程中发生的生产费用，包括人工成本、装配费用及有关间接成本。

（2）运用价格计算法应注意的问题。计算价格法按顺序属第五种估价方法，但如果进口货物纳税义务人提出要求并经海关同意，可以与倒扣法颠倒顺序使用。此外，海关在征得境外生产商同意并提前通知有关国家或地区政府后，可以在境外核实该企业提供的有关资料。

5. 合理方法。合理方法是指海关不能根据成交价格估价法、相同或类似货物成交价格估价法、倒扣价格估价法和计算价格估价法确定完税价格时，根据公平、统一、客观的估价原则，以客观量化的数据为基础，审查确定进口货物完税价格的估价方法。

运用合理估价时，禁止使用以下六种价格：①境内生产的货物在境内销售的价格；②在两种价格中较高的价格；③依据货物在出口地市场的销售价格；④依据出口到第三国或地区货物的销售价格；⑤依据最低限价或武断、虚构的价格；⑥以计算价格法规定之外的价值或者费用计算的相同或者类似货物的价格。

（二）特殊进口货物完税价格的审定

1. 加工贸易进口料件或其制成品的一般估价方法。由于种种原因，部分加工贸易进口料件或其制成品不能按有关合同、协议约定复出口，经海关批准转为内销，需依法对其实施估价后征收进口税款。对加工贸易进口货物估价的核心问题有两个：一是按制成品征税还是按料件征税，二是在进口环节还是在内销环节征税。具体有以下 4 种情况：

（1）进口时需征税的进口料件，以该料件申报进口时的成交价格为基础审查确定完税价格。进口时需征税的进料加工进口料件，主要指不予保税部分的进料加工进口料件。一般而言，进料加工进口料件在进口环节都有成交价格，因此以该料件申报进口时的价格确定。

（2）进料加工进口料件或者其制成品（包括残次品）内销时，以料件原进口成交价格为基础审查确定完税价格。制成品因故转为内销时，以制成品所含料件原进口成交价格为基础审查确定完税价格。料件原进口价格不能确定的，海关以接受内销申报的同时或者大约同时进口的与料件相同或者类似货物的进口成交价格为基础审查确定价格。

（3）来料加工进口料件或者其制成品（包括残次品）内销时，以接受内销申报的同时或者大约同时进口的与料件相同或者类似货物的进口成交价格为基础审查确定价格。来料加工在料件原进口时没有成交价格，所以，以其进口料件申报内销的同时或者大约同时进口的与料件相同或者类似货物的进口成交价格为基础审查确定价格。

（4）加工企业内销加工过程中产生的边角料或者副产品，以海关审查确定的内销价格作为完税价格。

加工贸易内销货物的完税价格按照上述规定仍不能确定的，由海关按照合理的方法审查确定。

2. 保税区内加工企业内销进口料件或者制成品的估价办法。保税区内的加工企业内销的进口料件或者制成品（包括残次品），海关以接受内销申报的同时或者大约同时进口的相同或者类似货物的进口成交价格为基础审查确定完税价格。

保税区内的加工企业内销的进料加工制成品中，如果含有从境内采购的料件，海关以制成品所含从境外购入的料件原进口成交价格为基础审查确定完税价格。料件原进口成交价格不能确定的，海关以接受内销申报的同时或者大约同时进口的与料件相同或者类似货物的进口成交价格为基础审查确定完税价格。

保税区内的加工企业内销的来料加工制成品中，如果含有从境内采购的料件，海关以接受内销申报的同时或者大约同时进口的与制成品所含从境外购入的料件相同或者类似货物的进口成交价格为基础审查确定完税价格。

保税区内的加工企业内销加工过程中产生的边角余料或者副产品，以海关审查确定的内销价格作为完税价格。

保税区内的加工企业内销制成品（包括残次品）、边角余料或者副产品的完税价格按照上述规定仍不能确定的，由海关按照合理的方法审查确定。

3. 出口加工区内加工企业内销制成品的估价办法。出口加工区内的加工企业内销的制成品（包括残次品），海关以接受内销申报的同时或者大约同时进口的相同或者类似货物的进口成交价格为基础审查确定完税价格；出口加工区内的加工企业内销加工过程中产生的边角余料或者副产品，以海关审查确定的内销价格作为完税价格；出口加工区内的加工企业内销制成品（包括残次品）、边角余料或者副产品的完税价格按照上述规定仍不能确定的，由海关按照合理的方法审查确定。

4. 从保税区、出口加工区、保税物流园区、保税物流中心等区域、场所进入境内需要征税货物的估价办法。从保税区、出口加工区、保税物流园区、保税物流中心等区域、场所进入境内，需要征税的货物，海关参照本节一般进口货物完税价格审定的有关规定，以从上述区域、场所进入境内的销售价格为基础审查确定完税价格，加工贸易进口料件及其制成品除外。如果销售价格中未包括上述区域、场所发生的仓储、运输及其他相关费用的，按照客观量化的数据资料予以计入。

5. 暂时进境货物的估价方法。经海关批准的暂时进境货物应当缴纳税款的，由海关按照本节一般进口货物完税价格的规定审定确定完税价格。经海关批准留购的暂时进境货物，以海关审查确定的留购价格作为完税价格。

6. 租赁进口货物的估价方法。

（1）以租赁方式对外支付的租赁货物，在租赁期间，以海关审定的该货物的租金作为完税价格，利息予以计入。

（2）留购的租赁货物以海关审定的留购价格作为完税价格。

（3）纳税义务人申请一次性缴纳税款的，可以选择申请按照规定的几种估价方法确定完税价格，或者按照海关审查确定的租金总额作为完税价格。

7. 出境加工复运进境货物的估价方法。运往境外加工的货物，出境时已向海关报明并在海关规定期限内复运进境的，海关以境外加工费和料件费以及该货物复运进境的运输及其相关费用、保险费审查确定完税价格；出境加工货物复运进境超过海关规定期限的，由海关按照一般进口货物完税价格的规定确定完税价格。

8. 减免税货物的估价方法。特定减免税货物在监管年限内不能擅自出售、转让、挪作他用，如果有特殊情况，经海关批准可以出售、转让，须向海关办理纳税手续。减免或免税进口的货物需予征税时，海关以审定的该货物原进口时的价格扣除折旧部分价值作为完税价格。其计算公式如下：

完税价格＝海关审定的该货物原进口价格×［1－征税时实际已进口的月数／（监管年限×12）］

上述计算公式中“征税时实际已进口月数”，不足1个月但超过15日的，按照1个月计算；不超过15日的，不予计算。

（三）进口货物完税价格中的运输及相关费用、保险费的计算

1. 运费的计算标准。进口货物的运费按照实际支付的费用计算，如果进口货物的运费无法确定，海关按照该货物的实际运输成本或者该货物进口同期运输行业公布的运费率（额）计算运费。

提示：运输工具作为进口货物，利用自身动力进境的，海关审查确定完税价格时，不再另行计入运费。

2. 保险费的计算标准。进口货物的保险费按照实际支付的费用计算。如果进口货物的保险费无法确定或未实际发生，海关按照“货价加运费”两者总额的3‰计算保险费。其计算公式为如下：

保险费＝（货价＋运费）×3‰

3. 邮运货物运费的计算标准。邮运进口的货物以邮费作为运输及其相关费用、保险费。邮运进口的货物主要是指快件，超过一定价值的快件应按货物处理，所以同样存在运保费的问题。

4. 边境口岸运费的计算标准。以境外边境口岸价格成交的铁路或者公路运输进口货物，海关应当按照境外边境口岸价格的1%计算运输及其相关费用、保险费。这里所称的“边境口岸”是指与我国接壤的国家或地区的边境口岸。

三、出口货物完税价格的审定

我国《海关法》规定，出口货物完税价格由海关以该货物的成交价格为基础来审查确定，成交价格不能确定时，完税价格由海关依法估定。

（一）出口货物的成交价格法

出口货物的成交价格是指该货物出口销售时，卖方为出口该货物向买方直接收取和间接收取的价款总额。

出口货物的完税价格由海关以该货物的成交价格为基础审查确定，包括货物运至中华人民共和国境内输出地点装载前的运输及其相关费用、保险费。

按照有关规定，以下税收、费用不计入出口货物的完税价格：

①出口关税。

②在货物价款中单独列明的货物运至中华人民共和国境内输出地点装载后的运费及其相关费用、保险费。

③在货物价款中单独列明由卖方承担的佣金。

（二）出口货物的其他估价方法

出口货物的成交价格不能确定的，海关经了解有关情况，并与纳税义务人进行价格磋商后，依次以下列价格审查确定该货物的完税价格：

1. 同时或大约同时同一国家或地区出口的相同货物的成交价格。

2. 同时或大约同时同一国家或地区出口的类似货物的成交价格。

3. 根据境内生产相同或者类似货物的成本、利润和一般费用（包括直接或间接费用）、境内发生的运输及其相关费用、保险费计算所得的价格。

4. 按照合理方法估定的价格

如果出口货物的价格中包含了出口关税，则出口货物完税价格的计算公式如下：

出口货物完税价格 = FOB（中国境内口岸） - 出口关税

= FOB（中国境内口岸）/（1 + 出口关税税率）

四、海关估价中的价格质疑程序和价格磋商程序

（一）价格质疑程序

海关对价格的真实性、准确性有疑问，或者有理由认为买卖双方的特殊关系可能影响成交价格时，向纳税义务人或者其代理人制发“中华人民共和国海关价格质疑通知书”，将质疑的理由书面告知，纳税义务人或者其代理人应当自收到价格质疑通知书之日起 5 个工作日内，以书面形式提供相关资料或其他证据，证明其价格真实、准确或者双方之间的特殊关系未影响成交价格。纳税义务人或者其代理人有正当理由无法在规定时间内提供资料的，可以在规定期限届满前以书面形式向海关申请延期。除特殊情况外，延期不得超过 10 个工作日。

对进口货物没有成交价格的，或者申报明显不符合成交价格条件的情况，海关无需履行价格质疑程序，可直接进入价格磋商程序。

（二）价格磋商程序

价格磋商程序是指海关在使用除成交价格以外的估价方法时，在保守商业秘密的基础上，与纳税义务人交换彼此掌握的用于确定完税价格的数据资料的行为。

海关通知纳税义务人进行价格磋商时，纳税义务人需自收到“中华人民共和国海关价格磋商通知书”之日起 5 个工作日内与海关进行价格磋商。纳税义务人未在规定时限内与海关进行磋商的，视为放弃价格磋商的权利，海关可以直接按照《审价办法》规定的方法审查确定进出口货物的完税价格。

海关与纳税义务人进行价格磋商时，应当制作“中华人民共和国海关价格磋商记录表”。

（三）价格质疑与价格磋商的特殊情形

1. 对符合下列情形之一的，经纳税义务人书面申请，海关可以不进行价格质疑或价格磋商，依法审查确定进出口货物的完税价格：一是同一合同项下分批进出口的货物，海关对其中一批货物已经实施估价的；二是进出口货物的完税价格在人民币 10 万元以下或者关税及进口环节代征税总额在人民币 2 万元以下的；三是属于危险品、鲜活品、易腐品、易失效品、废品、旧品等的进出口货物。

2. 加工贸易进口料件或其制成品、出口加工区内加工企业内销制成品、保税区内加工企业内销进口料件或其制成品估价，海关可以不进行价格质疑，经与纳税义务人进行价格磋商后，依法审查确定完税价格；经纳税义务人书面申请，海关可以不进行价格磋商，依法审查确定进口货物的完税价格。

五、纳税义务人在海关审定完税价格时的权利与义务

（一）纳税人的权利

1. 要求具保放行货物的权利，即在海关审查确定进出口货物的完税价格期间，纳税义务人可以在依法向海关提供担保后，先行提取货物。

2. 选择估价方法的权利，即纳税义务人向海关提供有关资料后，可以申请颠倒倒扣价格估价法和计算价格估价法的适用次序。

3. 对海关如何确定进出口货物完税价格的知情权，即纳税义务人可以提出书面申请，要求海关就如何确定其进出口货物的完税价格做出书面说明。

4. 获得救济的权利，即对海关估价决定有权提出复议、诉讼。

（二）纳税人的义务

1. 如实提供单证及其他相关资料的义务。

2. 如实申报及提供相关资料的义务。

3. 举证证明特殊关系未对进口货物的成交价格产生影响的义务。

第三节　进口货物原产地的确定与税率适用

一、进口货物原产地的确定

（一）原产地规则的含义

在国际贸易中，“原产地”这个概念是指货物生产的国家（地区），就是货物的“国籍”。随着世界经济一体化和生产国际化发展，准确认定进出口货物的“国籍”变得更为重要。因为确定了进口货物的“国籍”，就确定了其依照进口国贸易政策所适用的关税和非关税待遇。原产地的不同，决定了进口商品所享受的待遇不同。因此，各国以本国立法的形式制定了其鉴别货物“国籍”的标准，这就是原产地规则。WTO《原产地规则协议》将原产地规则定义为：一国（地区）为确定货物的原产地而实施的普遍适用的法律、法规和行政决定。

（二）WTO 原产地规则的类别

WTO 根据原产地规则的使用目的，将其分为两大类：一类为非优惠原产地规则；另一类为优惠原产地规则。

1. 非优惠原产地规则。非优惠原产地规则是一国根据其海关税则和其他贸易措施的需要，由本国立法自主制定的，因此也称为“自主原产地规则”。按照 WTO 的规定，适用于非优惠贸易政策措施的原产地规则必须遵守最惠国待遇原则。它包括实施最惠国待遇原则、

反倾销和反补贴税、保障措施、数量限制或关税配额、原产地标记或贸易统计、政府采购所采用的原产地规则。《WTO 协调非优惠原产地规则》正在统一协调中，协调一致后，WTO 成员将实施统一的协调非优惠原产地规则，以取代各国自主制定的非优惠原产地规则。

2. 优惠原产地规则。优惠原产地规则是指一国为了实施国别优惠政策而制定的法律、法规，是通过双边、多边协定形式或者由本国自主制定的一些特殊原产地认定标准，因此也称“协定原产地规则”。它具有很强的排他性，优惠范围以原产地受惠国（地区）的进口产品为限，其目的是促进协议方之间的贸易发展。优惠原产地规则主要有以下两者实施形式：一是通过自主方式授予，如欧盟普惠制（GPS）；二是通过协定以互惠性方式授予，如北美自由贸易协定等。

我国加入 WTO 后，截至 2011 年 3 月，先后签订了《亚太贸易协定》、《中国—东盟合作框架协议》、《CEPA 香港》、《CEPA 澳门》、《海峡两岸 ECFA》、中国—巴基斯坦自贸区协定、中国—智利自贸区协定、中国—新西兰自贸区协定、中国—新加坡自贸区协定、中国—秘鲁自贸区协定、中国—哥斯达黎加自贸区协定、中国对最不发达国家的特别优惠关税待遇等优惠贸易协定。上述优惠贸易协定中均含有相应的优惠原产地规则。

（三）原产地认定标准

在认定货物的原产地时会出现以下两种情况：一种是完全获得标准（Wholly Obtained Standard），即货物完全是在一个国家（地区）获得或生产制造，如农产品或矿产品，各国的原产地认定标准基本一致，即以产品的种植、开采或生产国为原产国；另一种是不完全获得标准，即货物是由两个或两个以上国家（地区）生产制造，各国多以最后完成实质性加工的国家为原产国，也称“实质性改变标准”（Substantial Transformation Standard）。这一标准包括税则归类改变标准、从价百分比标准（或称增值百分比标准、区域价值成分标准等）、加工工序标准、混合标准等。无论是非优惠原产地规则还是优惠原产地规则，都要确定这两种货物的原产地认定标准。

1. 优惠原产地规则认定标准。

（1）完全获得标准。完全获得是指从优惠贸易协定成员国或地区（以下简称“成员”或“地区”）直接运输进口的货物是完全在该成员国或地区获得或者生产的，这些货物包括：①在成员国或地区境内收获、采集的植物产品；②在成员国或地区境内出生并饲养的活动物；③在成员国或地区领土，或海洋开采、提取的矿产品；④其他符合相应优惠贸易协定项下完全获得标准的货物。

（2）税则归类改变标准。它是指原产于非成员国或者地区的材料在出口成员国或者地区境内进行制造、加工后，所得货物在 HS 中税则归类发生了变化。例如，A 国从 C 国进口棉纱，纺织成棉布，该棉布就应以 A 国为原产国。因为按照《海关进出口税则》，棉纱应归入 4 位数税目号 52.05，而棉布应归入 4 位数税目号为 53.09，产品加工以后，在税则中 4 位数一级的税目号发生了变化。

（3）区域价值成分标准。它是指出口货物 FOB 价扣除该货物生产过程中该成员国非原产材料价格后，所余价款在 FOB 价中所占的百分比。部分贸易协定的区域价值成分标准如下：①《亚太贸易协定》项下的原产地规则规定，在生产过程中所使用的非成员国原产的材料、零件等总价值不超过该货物船上交货价（FOB）的 55%，原产于最不发达受惠国（即孟加拉国）的产品的以上比例不超过 60%。②《中国—东盟自贸区原产地规则》规定，生产产品中的原产于任一成员方的成分不少于该货物 FOB 价的 40%；或者非自贸区原产的材料、零部件或产品的总价值不超过该货物出口 FOB 价的 60%，且最后生产工序在东盟成员国境内完成。③港澳 CEPA 项下原产地规则要求，在港澳获得的原料、组合零件、劳工价值和产品开发支出价值的合计，与在港澳生产或获得产品 FOB 价的比例应不低于 30%。④海峡两岸 ECFA 项下进出口货物原产地管理办法规定，在台湾地区使用非台湾地区原材料生产的货物，以该协议项下产品特定原产地规则中该货物所对应的区域价值成分为标准。

（4）制造加工工序标准。它是指赋予加工后所得货物基本特征的主要工序。

（5）直接运输规则。它是指优惠贸易协定项下进口货物从该协定成员国或地区直接运输至中国境内，不得在中途转卖或进行实质性加工。

（6）其他标准。

测试 7-2：境内 A 公司从中国香港 B 公司购进孟加拉国的某商品一批。该商品的最惠国税率为 10%，普通税率为 30%，亚太协定税率为 9.5%，香港 CEPA 项下税率为 0，该商品进口时适用税率为（　　）。

A. 30%　　B. 9.5%　　C. 10%　　D. 0

2. 非优惠原产地规则认定标准。目前，我国非优惠原产地认定标准主要有完全获得标准和实质性改变标准。

完全在一个国家（地区）获得的货物，以该国（地区）为原产地；两个以上国家（地区）参与生产的货物，以最后完成实质性改变的国家（地区）为原产地。

实质性改变标准以税则归类改变为基本标准，税则改变不能反映实质性改变的，以从价百分比、制造或者加工工序为补充标准。从价百分比标准要求某一国家对非该国原材料进行加工增值部分，不得低于所得货物价值的 30%，即（工厂交货价 - 非该国原材料价值）/工厂交货价 × 100% ≥30%。

提示："工厂出厂价"是指支付制造厂所生产的成品的价格。"非该国原材料价值"是指直接用于制造或装配最终产品而进口原料、零部件的价值（含原产地不明的原料、零配件），以其进口价格 CIF，即"成本、运费加保险费"计算。

二、优惠原产地申报要求

（一）进口货物申报要求

货物申报进口时，进口货物收货人或其代理人应当按照海关的申报规定填制进口报关单，声明适用协定税率或者特惠税率，并同时提交货物的有效的原产地证书正本或者相关优惠贸易协定规定的原产地声明文件，货物的商业发票正本、运输单证等其他商业单证，同时还必须符合"直接运输"的标准，一旦出现疏漏，将直接影响到货主的利益。

（二）部分优惠贸易协定申报要求

1.《亚太贸易协定》规则下的申报要求。货物申报进口时，进口货物收货人或其代理人应按海关的申报规则填制进口货物报关单，申明适用《亚太贸易协定》协定税率或者特惠税率，并同时提交下列单证：①由《亚太贸易协定》成员国政府指定的机构在货物出口时签发或者货物装船后3个工作日内签发的原产地证书正本。因不可抗力不能在原产地证书签发之日起1年内提交原产地证书的，进口货物收货人还应当一并提交证明材料。②货物商业发票正本、装箱单及其相关运输单证。

2. 港澳CEPA规则下的申报要求。纳税义务人应当主动向申报地海关声明该货物适用零关税税率。除了按照其进口货物所须提交的单证之外，纳税义务人还应当向海关提交符合港澳CEPA项下规定的有效原产地证书作为报关单随附单证。

如果是香港CEPA项下原产于香港的受惠商品，应从香港直接运到内地口岸，除上述单证外，纳税义务人还可以提交承运人提供的香港海关查验报告，以适用绿色关锁制度。

如果是澳门CEPA项下原产于澳门的受惠商品，且经过香港转运至内地口岸，除上述单证外，纳税义务人还应向海关交验在澳门签发的联运提单、中国检验（香港）有限公司出具的未再加工证明文件。

3. 海峡两岸经济合作框架协议项下的申报要求。货物申报进口时，进口货物收货人或其代理人应按海关的申报规则填制进口货物报关单，申明适用该协议协定税率，并同时提交下列单证：①由台湾签证机构签发的有效原产地证书正本；②货物商业发票正本、装箱单及其相关运输单证。

货物经中国大陆、台湾地区以外的第三方运输中国大陆的，应提交在台湾地区签发的联运提单、第三方海关出具的证明文件，以及海关认可的其他证明文件。收货人或其代理人在货物征税放行后向海关提交原产地证书的，海关不予受理，已征税款不予调整。

4.《中国—东盟合作框架协议》规则下的申报要求。货物申报进口时，进口货物收货人或其代理人应按海关的申报规则填制进口货物报关单，申明适用中国—东盟自贸区协定税率，并提交下列单证：①由东盟成员国签证机构签发的有效原产地证书正本、有效流动证明正本，《（中国—东盟合作框架协议）项下原产地管理办法》有关规定免予提交原产地证书或者流动证明的情况除外。②货物商业发票正本、装箱单及其相关运输单证。原产于东盟成员国的进口货物，每批FOB价不超过200美元的，免于提交原产地证明或流动证明。进口货物收货人应同时按照有关规定就进口货物具备原产资格进行书面声明，但为了规避管理规定而采取多次进口货物的，不适用此规定。

三、原产地证书

原产地证书是证明进出口货物原产国（地）的书面文件。它是受惠国的产品出口到给惠国时享受关税优惠的凭证，也是进口货物是否适用反倾销、反补贴税率及保障措施等贸易政策的参考凭证。

（一）适用非优惠原产地规则的原产地证书

一般原产地证书（Certificate of Origin）是非优惠原产地规则的原产地证书，它证明货物原产于某一特定国家或地区，享受进口国正常关税（最惠国）待遇的证明文件。它的适用范围是反倾销和反补贴、保障措施、歧视性数量限制、原产地标记、政府采购等方面。

（二）适用优惠原产地规则的原产地证书

1.《亚太贸易协定》原产地证书。该证书应同时符合以下三个条件：（1）由该成员国政府指定机构以手工或者电子形式签发；（2）符合该协议项下原产地管理办法的附件所列格式，在国际标准的A4纸上用英文文字印制；（3）印章与该成员国通知中国海关的印章相符。该证书自签发之日起一年内有效。

2.《中国—东盟合作框架协议》原产地证书。该证书应同时符合以下几个条件：(1) 由东盟成员国签证机构签发；(2) 符合该协议项下原产地管理办法的附件 1 中所列格式，以英文填制并由出口商署名和盖章；(3) 原产地证书、流动证明的签证机构印章及签证人员与东盟成员国通知中国海关的签证机构印章、签证人员签名样本相符；(4) 所列的一项或多项货物为同一批次的进口货物；(5) 仅有一份正本，并且具有不重复的原产地编号；(6) 注明确定货物具有原产资格的依据。该进口货物原产地证书自签发之日起一年内有效。

3. 港澳 CEPA 原产地证书。该证实行"一批一证"，不可多次使用。原产地证书必须在有效期内使用，且证书编号和商品编码两项内容必须与报关单所报内容相符，申报数量不得超出原产地证书上的数量，原产地证书的签证机构、签发地区、到货口岸等内容与实际相符。原产地应与海关联网核对无误。

海关因故无法进行联网核对时，应纳税人书面申请并经海关审批同意后，可按照适用的最惠国税率或者暂定税率征收与应缴税款等值的保证金后放行货物，并按规定办理进口手续。海关应当自该货物放行之日起 90 天内核定其原产地证书的真实情况，根据核查结果办理退还保证金手续或者保证金转税手续。

4. 海峡两岸 ECFA 原产地证书。该证书应同时符合以下几个条件：(1) 由中国台湾地区签证机构在货物申报出口前签发；(2) 以规定的格式正确填制、署名和盖章；(3) 证书在有效期内；(4) 仅有一份正本，并且具有单一证书编号；(5) 所列货物为同一批次的进口货物，项数不超过 20 项；(6) 一份进口货物报关单上所列货物对应一份原产地证书。该证书自签发之日起一年内有效。

四、税率的适用

(一) 税率适用的规定

进口税则分为最惠国税率、协定税率、特惠税率、普通税率、关税配额税率等，一定期限内可实行暂定税率。2007 年以来，我国的进口关税总水平保持在 9.8%。出口税则按进口税则列目方式确定出口税则税目，对部分出口商品实行暂定出口税率。

1. 出口税率。对于出口货物，在计算出口关税时，出口暂定税率的执行优先于出口税率。

2. 进口税率。对于同时适用多种税率的进口货物，在选择实用的税率时，基本的原则是"从低适用"，特殊情况除外。

(1) 原产于共同适用最惠国条款的 WTO 成员国的进口货物，原产于与我国签订含有相互给予最惠国待遇条款的双边贸易协定的国家或地区的进口货物，以及原产于中国境内的进口货物，适用最惠国税率。原产于与我国签订含有关税优惠条款的贸易协定的国家或地区的进口货物，适用协定税率。原产于与我国签订含有特殊关税优惠条款的贸易协定的国家或地区的进口货物，或者原产于中国自主给予特别优惠关税待遇的国家或地区的进口货物，适用特惠税率。

上述之外的国家或地区的进口货物，以及原产地不明的进口货物，适用普通税率。

(2) 适用最惠国税率的进口货物有暂定税率的，应当适用暂定税率；适用协定税率、特惠税率的进口货物有暂定税率的，应当从低适用税率；适用普通税率的进口货物，不适用暂定税率。对于无法确定原产地的进口货物，按普通税率征收。

（3）按照国家规定实行关税配额管理的进口货物，关税配额内的，适用关税配额税率；关税配额外的，其税率的适用按其所适用的其他相关规定执行。

（4）对进口货物采取反倾销、反补贴、保障措施的，其税率的适用按相关条例执行；凡遇有协定税率的，按照协定税率计征。

（5）任何国家或地区对我国实行贸易歧视，一律按报复性关税计征，征收报复性关税的货物、适用国别、税率、期限和征收办法，由国务院关税税则委员会决定并公布。

（6）适用协定税率又适用反倾销、反补贴措施范围的，按协定税率计征进口关税；适用协定税率又适用保障措施范围的，按采取措施后所确定的适用税率计征。

（7）实施关税减让政策的，首先应当在最惠国税率基础上计算有关税目的减征税率，然后与特惠税率、协定税率、进口暂定最惠国税率进行比较，税率从低执行，但不得在暂定最惠国税率的基础上再进行减免。

（8）从2002年起，我国对部分非全税信息技术产品的进口按ITA（Information Technology Associates）税率征税（见表7－2）。

表7－2　进口货物可选用的税率和最终适用的税率

进口货物可选用的税率	税率适用的规定
同时适用最惠国税率、进口暂定税率	适用进口暂定税率
同时适用协定税率、特惠税率、进口暂定税率	从低适用税率
同时适用国际优惠政策、进口暂定税率	按国家优惠政策进口暂定税率商品时，以优惠政策计算确定的税率与暂定税率两者取低者计征进口关税，但不得在暂定税率上再进行减免
适用普通税率进口货物、存在进口暂定税率	适用普通税率进口货物，不适用暂定税率
适用关税配额税率、其他税率	关税配额内的，适用关税配额税率；配额外的，适用其他税率
同时适用ITA税率、其他税率	适用ITA税率
反倾销、反补贴、保障措施关税、报复性关税	适用反倾销税率、反补贴税率、保障措施关税税率、报复性关税税率

（二）税率的实际运用

《关税条列》规定，进出口货物应当按海关接受申报日的税率征税。在实际应用时应区别以下不同情况：

1. 提前申报进口报关的货物，适用运输工具申报进境日税率；

2. 进口转关运输货物，适用指运地海关接受申报日税率；

3. 出口转关运输货物，适用起运地海关接受申报日税率；

4. 集中申报，使用每次进出口（申报进出境）日税率；

5. 超限未报被依法变卖的进口货物，适用运输工具申报进境日税率；

6. 违反规定需追征税款的进出口货物，适用违反行为发生日税率，不能确定发生日的，选择发现日税率；

7. 已放行保税货物、减免税货物、租赁货物、暂时进出境货物，发生下列行为需缴纳税款的，适用海关再次接受申报日或核准日的税率：（1）保税货物经批准不复运出境的；（2）保税仓储货物转入国内市场出售的；（3）减免税货物经批准转让或移作他用的；（4）可暂不缴纳税款的暂时进出境货物，经批准不复运出境或进境的；（5）租赁进口货物，分期缴纳税款的。进口货物关税的补证或退还，按照上述规定确定适用税率。

第四节　进出口税费的计算

海关征收关税、进口环节增值税、进口环节消费税、船舶吨税、滞纳金等税费一律按人民币计征，起征点为50人民币元。完税价格、税额采用四舍五入法计算至分。

进出口货物的价格及有关费用以外币计价的，计算税款前，海关按照该货物适用税率之日所适用的计征汇率折合人民币计算完税价格。海关每月使用的计征汇率为上一个月第三个星期三（第三个星期三为法定节假日的，顺延至第四个星期三）国家公布的基准汇率。

一、进出口关税税额的计算

（一）进口关税税额的计算

1. 从价税的计算。其计算公式为：

应征进口关税税额 = 进口货物完税价格 × 进口从价税税率

减税征收的进口关税税额 = 进口货物完税价格 × 减按进口关税税率

根据规定，我国进口货物的完税价格按进口到岸价（CIF）进行计算，如果以其他贸易术语成交的进口货物，按规定调整为CIF价格计算完税价格。

（1）以FOB价格作为成交价格时的完税价格计算公式为：

完税价格 = FOB价格 + 运杂费 + 保险费

或 = （FOB + 运杂费）/（1 - 保险费率）

（2）以CFR价格作为成交价格时的完税价格计算公式为：

完税价格 = CFR价格 + 保险费

或 = CFR价格/（1 - 保险费率）

（3）从价进口关税的计算步骤如下：

①按照归类原则确定税则归类，将应税货物归入适当的税号；

②根据原产地规则和税率适用规定，确定应税货物所适用的税率；

③根据审定完税价格办法的有关规定，确定应税货物的CIF价格；

④根据汇率适用规定，将以外币计价的CIF价格折算成人民币（完税价格）；

⑤按照计算公式正确计算应征税款。

【例7-1】 湖南A公司从中国香港地区进口日本轿车10辆，成交价格合计为FOB香港12万美元，实际支付运费5000美元，保险费800美元。已知小轿车的气缸容量为2000毫升，汇率为1美元 = 6.5718元人民币，计算应征进口关税。

计算方法：

（1）税则归类，气缸容量为 2000 毫升小轿车归入税号 8703. 2341；
（2）原产国日本适用最惠国税率 25%；
（3）完税价格 = FOB + 运费 + 保险费 = 120000 + 5000 + 800 = 125800（美元）
（4）完税价格折算成人民币 = 125800 美元 ×6. 5718 = 826732. 44（元）
（5）应征进口关税税额 = 完税价格 × 关税税率 = 826732. 44 ×25% = 206683. 11（元）

【例 7 -2】上海 B 公司从美国进口国内性能不能满足需要的船用柴油发动机 1 台，成交价格合计为 CFR 上海 291000 美元，B 公司向保险公司投保的保险费率为 0. 3%。经批准，该发动机进口关税税率减按 1% 计征。汇率为 1 美元 = 6. 5718 元人民币，计算应征进口关税。

计算方法：
（1）税则归类，该发动机归入税号 8408. 1000；
（2）原产国美国适用最惠国税率 5%，减按 1% 计征；
（3）完税价格 = CFR/（1 - 保险费率） = 291000/（1 - 0. 3%） = 300000（美元）
（4）完税价格折算成人民币为 300000 美元 ×6. 5718 = 1971540（元）
（5）应征进口关税 = 完税价格 × 减按进口关税税率 = 1971540 ×1% = 19715. 4（元）

2. 从量税的计算。
（1）从量进口关税的计算公式为：
应征进口关税税额 = 进口货物数量 × 单位税额
（2）计算方法如下：
①按照归类原则确定税则归类，将应税货物归入适当的税号；
②根据原产地规则和税率适用规定，确定应税货物所适用的税率；
③确定其实际进口量；
④按照计算公式正确计算应征税额。

【例 7 -3】湖南 A 公司从日本进口富士彩色胶卷 20000 卷（1 卷 = 0. 05775 平方米），规格为“136/16”，成交价格为 CIF 广州每卷 1. 5 美元，汇率为 1 美元 = 6. 5718 元人民币，计算应征进口关税。

计算方法：
①按照归类原则确定税则归类，彩色胶卷归入 3702. 5410；
②原产日本国适用最惠国税率为 22 元/平方米；
③确定其实际进口量 = 20000 卷 ×0. 5775 平方米/卷 = 1155（平方米）
④应征进口关税 = 进口货物数量 × 单位税额 = 1155 ×22 = 25410（元）

（3）复合关税的计算。
（1）复合进口关税的计算公式为：
应征进口关税税额 = 进口货物数量 × 单位税额 + 完税价格 × 税率
（2）计算方法如下：
①按照归类原则确定税则归类，将应税货物归入适当的税号；
②根据原产地规则和税率适用规定，确定应税货物所适用的税率；
③确定其实际进口量；
④根据审定完税价格办法的有关规定，确定应税货物的完税价格；

⑤根据汇率适用规定，将外币折算成人民币；

⑥按照计算公式正确计算应征税额。

【例 7－4】湖南 A 公司从日本进口该国企业生产的广播电视级摄像机 20 台，其中有 10 台成交价格为 CIF 广州 4000 美元/台，其余 10 台成交价格为 CIF 广州 6000 美元/台，汇率为 1 美元＝6. 5718 元人民币，计算应征进口关税。

计算方法：

①确定税则归类，该批摄像机归入税号 8525. 8012；

②日本适用最惠国税率，经查关税税率为：完税价格不高于 5000 美元/台的，采用单一从价税率 35%；高于 5000 美元/台的，税率为 3% 加 12960 元人民币从量税。

③计算完税价格分别为 262872（10×4000×6. 5718）元和 394308（10×6000×6. 5718）元。

④计算应征税额：

10 台单一从价进口关税税款＝262872×35%＝92005. 2（元）

10 台复合进口关税税款＝10×12960＋394308×3%＝141429. 24（元）

20 台合计进口关税税款＝92005. 2＋141429. 24＝233434. 44（元）

（二）出口关税税额的计算

1. 出口关税的计算公式为：

应征出口关税税额＝出口货物完税价格×出口关税税率

出口货物完税价格＝FOB（中国关境口岸）/（1＋出口关税税率）

出口货物以 FOB 成交的，以该价格扣除出口关税后作为完税价格；如果以其他价格成交的，则换算成 FOB 价后再按上述公式计算。

2. 计算方法如下：

（1）按照归类原则确定税则归类，将应税货物归入适当的税号；

（2）根据审定完税价格办法的有关规定，确定应税货物的成交价格；

（3）根据汇率适用规定，将外币折算成人民币；

（4）按照计算公式计算应征出口关税税款。

【例 7－5】湖南 A 公司从广州出口硅铁 20 公吨，申报成交价格为 FOB 价格每公吨 1000 美元，汇率为 1 美元＝6. 5718 元人民币，计算应征出口关税。

计算方法：

（1）确定税则归类，该批硅铁归入税号 7202. 2100，出口税率为 25%；

（2）计算完税价格：20×1000×6. 5718/（1＋25%）＝105148. 8（元）

（3）计算应征出口关税税额：105148. 8×25%＝26287. 2（元）

二、进口环节海关代征税的计算

（一）消费税的计算

1. 从价征收的消费税税款的计算。从价消费税采用价内税的计税方法，即计税价格的组成包含了消费税税额。其计算公式为：

消费税组成计税价格＝（关税完税价格＋关税税额）/（1－消费税税率）

＝关税完税价格×（1＋关税税率）/（1－消费税税率）

应纳消费税税额＝消费税组成计税价格×消费税税率

【例7－6】湖南A公司从中国香港地区进口日本轿车10辆，成交价格合计为FOB香港12万美元，实际支付运费5000美元，保险费800美元。已知小轿车的气缸容量为2000毫升，汇率为1美元＝6.5718元人民币，计算应缴纳的进口环节消费税税额。

计算方法：

（1）税则归类，归入税号8703.2341，原产国日本适用最惠国税率25%；

（2）消费税税率为从价税，气缸容量为2000毫升小轿车税率为5%；

（3）关税完税价格＝FOB＋运费＋保险费＝120000＋5000＋800＝125800（美元）

（4）完税价格折算成人民币为125800美元×6.5718＝826732.44（元）

（5）应征进口环节消费税税额＝826732.44×（1＋25%）/（1－5%）×5%

＝54390.29（元）

2. 从量征收的消费税税额的计算。其计算公式为：

应纳税额＝应征消费税消费品数量×单位税额（因该计算简单，例题从略）

3. 复合计征的消费税税额的计算。同时实行从量、从价征收的消费税，则采用上述两种征税方法计算的税额之和。其计算公式为：

应纳税额＝应征消费税消费品数量×单位税额＋组成计税价格×消费税税率

（二）增值税的计算

进口环节增值税的计算公式为：

应纳税额＝组成计税价格×增值税税率

增值税组成计税价格＝关税完税价格＋关税税额＋消费税税额

【例7－7】湖南A公司从中国香港地区进口日本轿车10辆，成交价格合计为FOB香港12万美元，实际支付运费5000美元，保险费800美元。已知小轿车的气缸容量为2000毫升，汇率为1美元＝6.5718元人民币，计算应缴纳的进口环节增值税税额。

计算方法：

首先计算关税税额，然后计算消费税税额，最后再计算增值税税额。

（1）由【例7－1】的计算可知，关税完税价格为826732.44元。关税税额＝826732.44×25%＝206683.11元。

（2）消费税税额＝826732.44×（1＋25%）/（1－5%）×5%

＝54390.29（元）

（3）增值税税额＝（关税完税价格＋关税税额＋消费税税额）×增值税税率

＝（826732.44＋206683.11＋54390.29）×17%＝184926.99（元）

三、进口综合税的快速计算

国内现有《报关实务》教材，包括《报关员资格全国统一考试教材》在内的有关报关知识方面的内容，大都仅限于从海关征税的角度分别介绍进口关税、进口环节消费税和增值税的各自计算方法。

从进口企业的角度而言，企业最关心的是进口一批商品要向海关总共缴纳多少税（即进口综合税）。一个进口业务员乃至一个进口企业在与国外供货客户磋商进口报价和与国内客户磋商内销价格时，必须快速计算进口综合税，以便快速准确地计算出能够接受的进口价格或进口商品的内销价格。以一般贸易方式进口的商品，尤其是应税消费品（如游艇、小轿车；烟、酒、鞭炮、焰火；珠宝玉石、化妆品等）的进口综合税占其进口成本的比重较高，有的综合税率甚至高达百分之百以上。例如，从国外进口的葡萄酒（税号则为2205.100000），按优惠税率计征的进口关税税率为65%（按普通税率计征的进口关税税率高达180%），还要计征10%的进口环节消费税和17%的增值税，其按优惠税率计征的进口综合税税率就高达114.5%；若按普通税率计征，其进口综合税税率高达245.11%。

由于进口综合税对进口商品的成本影响较大，因此，掌握快速、准确计算进口综合税的方法是一个从事进口业务的人员和业务管理人员必备的基本技能。

（一）进口综合税计算公式

进口综合税是进口关税、消费税和增值税之和。由于我国普遍采用以从价税计征货物进口税，加之从量税计算较简单，因此，进口综合税的快速计算以从价税为例，其公式分别用g、x、z代表关税税率、消费税税率和增值税税率；分别用J、W、CIF、H、K表示进口综合税、完税价格、进口价格、人民币汇率、计税常数。其计算公式如下：

进口综合税＝进口关税＋消费税＋增值税

进口关税＝完税价格×关税率

消费税＝（完税价格＋进口关税）/（1－消费税税率）×消费税税率

＝完税价格×（1＋关税税率）/（1－消费税税率）×消费税税率

增值税＝（完税价格＋进口关税＋消费税）×增值税税率

＝[完税价格×（1＋关税税率）＋完税价格×（1＋关税税率）/（1－消费税税率）×消费税税率]×增值税税率

用上述符号字母分别带入上述公式并简化整理（公式推导过程从略）为：

$$J_1 = W \times (g + x + z + g \times z) / (1 - x) = CIF \times H \times K_1 \quad ①$$

即：

进口综合税（应税消费品）＝完税价格×（关税税率＋消费税税率＋增值税税率＋关税税率×增值税税率）/（1－消费税税率）

J_1＝CIF价格×汇率×计税常数1

$$J_2 = W \times (g + z + g \times z) = CIF \times H \times K_2 \quad ②$$

即：进口综合税（非税消费品）＝完税价格×（关税税率＋增值税税率＋关税税率×增值税税率）

J_2＝CIF价格×汇率×计税常数2

当进口商品的原产国确定之后，其进口关税税率、进口环节消费税税率和增值税税率就可查到，可用公式①或②快速计算进口综合税的计税常数 K_1 和 K_2，用计算得出的计税常数乘上进口价格（CIF）和汇率，则能快速准确地计算出进口综合税。

提示： 进口商品的原产国和税则号确定后，可查出该商品的关税税率、消费税税率和增值税税率，可用公式 $K_1 = (g + z + g \times z)$ 和 $K_2 = (g + x + z + g \times z) / (1 - x)$ 计算出计税常数 K_1 和 K_2；K_2 的计算值尽量保留小数点后6位，以免出现计算误差；K_1 的计算值保留小数点后4位则可避免误差。

一家进口企业经营的进口商品类别不会太多，一般经营几个主要税目（4位数税则号相同）的进口商品，而4位数税则号相同的进口商品的有关进口税税率又基本一致。因此，进口业务员只要记住自己经营的几个主要商品的进口综合税的计税常数，就可很方便地快速计算进口综合税。

根据有关税则的规定，应税消费税品的增值税率一律为17%，常用应税消费品的计税常数见表7-3。

表7-3　常用应税消费品的进口综合税计税常数（保留小数点后6位）

消费税率＼关税税率	5%	10%	15%	20%	25%	30%
5%	0.293158	0.354737	0.416316	0.477895	0.539477	0.601053
10%	0.365000	0.430000	0.495000	0.560000	0.625000	0.690000

我国大多数商品的进口环节增值税税率均为17%，只有少数几类商品（①粮食、食用植物油；②自来水、燃气、冷气、热水、煤气、石油液化气、天然气、沼气、居民用煤炭制品；③图书、报纸、杂志；④饲料、化肥、农药、农机、农膜；⑤国务院规定的其他货物）适用13%的进口环节增值税税率。常用非税消费品的进口综合税计税常数见表7-4。

表7-4　常用非税消费品的进口综合税计税常数（保留小数点后4位）

消费税率＼关税税率	5%	10%	15%	20%	25%	30%
13%	0.1865	0.2430	0.2995	0.3560	0.4125	0.4690
17%	0.2285	0.2870	0.3455	0.4040	0.4625	0.5210

（二）进口综合税计算实例

【例7-8】 湖南A公司进口一批应税消费品，经海关审定其CIF成交价格合计为10万美元，汇率为1美元=6.5718元人民币。已知该批货物的进口关税税率为20%，消费税率为10%，增值税率为17%，计算该批商品应缴纳的综合税税额。

（1）用常规方法计算。

①完税价格=CIF价格×汇率=100000×6.5718=657180（元）

②进口关税=完税价格×关税税率=657180×20%=131436（元）

③消费税=（完税价格+进口关税）/（1-消费税率）×消费税税率

=（657180+131436）/（1-10%）×10%=87624（元）

④增值税=（完税价格+进口关税+消费税）×增值税税率

=（657180+131436+87624）×17%=148960.8（元）

⑤进口综合税=进口关税+消费税+增值税

=131436+87624+148960.8=368020.8（元）

（2）用计税常数法快速计算。

①计税常数 K_1 =（g+x+z+g×z）/（1-x）

=（20%+10%+17%+20%×17%）/（1-10%）=0.560000

②进口综合税 J_1 = CIF 价格 × 汇率 H × 计税常数 K_1（K_1 可从表 7 - 4 中查到）

= 100000 × 6.5718 × 0.56 = 368020.8（元）

【例 7 - 9】湖南 B 公司进口一批非税消费品，经海关审定其 CIF 成交价格合计为 98000 美元，汇率为 1 美元 = 6.5718 元人民币。已知该批货物的进口关税税率为 20%，增值税税率为 17%，计算该批商品应缴纳的综合税税额。

（1）用常规方法计算。

①完税价格 = CIF 价格 × 汇率 = 98000 × 6.5718 = 644036.4（元）

②进口关税 = 完税价格 × 关税税率 = 644036.4 × 20% = 128807.28（元）

③增值税 =（完税价格 + 进口关税 +）× 增值税税率

=（644036.4 + 128807.28）× 17% = 131383.43（元）

④进口综合税 = 进口关税 + 增值税

= 128807.28 + 131383.43 = 260190.71（元）

（2）用计税常数法快速计算。

①计税常数 K_2 =（g + z + g × z）

=（20% + 17% + 20% × 17% = 0.4040

②进口综合税 J_2 = CIF 价格 × 汇率 H × 计税常数 K_2（K_2 可从表 7 - 5 中查到）

= 98000 × 6.5718 × 0.4040 = 260190.71（元）

从【例 7 - 8】和【例 7 - 9】采用上述两种计算方法的计算结果来看，两种计算方法得出的进口综合税完全相同。不同的是：采用计税常数法只需两步就可计算出进口综合税（实际业务中，用计算器一步就可直接计算出进口综合税），而常规方法要分别用五步和四步才能计算出进口综合税，计算速度至少慢 5 倍以上；并且由于计算数值大和常规方法的计算步骤多，在计算过程中容易出现计算错误。

第五节　进出口税费的减免、缴纳与退补

一、关税减免

根据《海关法》的规定，关税的减免分为三类：法定减免税、特定减免税和临时减免税。

（一）法定减免税

法定减免税是指按照《海关法》、《关税条列》和其他法律、行政法规的规定，进出口货物可以享受的减免关税优惠。海关对法定减免税货物，一般不进行后续管理。

下列进出口货物、进出境物品减征或者免税关税：①关税税额在人民币 50 元以下的一票货物；②无商业价值的广告品和货样；③外国政府、国际组织无偿赠送的物质；④在海关放行前遭受损坏或者损失的货物；⑤进出境运输工具装载的途中必需的燃料、物料和饮食用品；⑥中华人民共和国缔结或者参加的国际条约规定减征、免征关税的货物、物品；⑦法律规定减征、免征关税的其他货物、物品。

进口环节增值税或消费税税额在人民币50元以下的一票货物也免征。

（二）特定减免税

特定减免税是指海关根据国家规定，对特定地区、特定用途和特定企业给予的减免关税和进出环节代征税的优惠，也称“政策性减免税”。特定减税或者免税的办法由国务院规定，海关根据国务院的规定单独或会同国务院其他主管部门制订具体实施办法并加以贯彻执行。目前实施特定减免税的货物主要有：

1. 特定区域物质。保税区、出口加工区等特定区域进口的区内生产型基础设施项目所需机器、设备和基建物质可以免税；区内企业进口企业自用的生产、管理设备和自用合理数量的办公用品及其所需的维修零配件，生产用燃料，建设生产厂房、仓储设施所需的物质、设备可以免税；行政管理机构自用合理数量的管理设备和办公用品及其所需的维修配件可以免税。

2. 外商投资项目投资额度内进口设备。

（1）根据对外商投资的法律法规规定，外商投资企业所投资的项目符合《外商投资产业目录》中的鼓励类或《中西部地区外商投资优势产业目录》的产业条目，在投资总额内进口的自用设备及随设备进口的配套技术及配件、备件，除《外商投资项目不予免税的进口商品目录》和《进口不予免税的重大技术装备和产品目录》所列商品外，可以免征进口关税，但进口环节增值税照章征收。

（2）下列情况中，所投资项目符合《外商投资产业目录》中的鼓励类或《中西部地区外商投资优势产业目录》的产业条目，在投资总额内进口的自用设备，除《国内投资项目不予免税的进口商品目录》和《进口不予免税的重大技术装备和产品目录》所列商品外，可以免征进口关税，但进口环节增值税照章征收：①外商投资者的投资比例低于25%的外商投资企业；②境内内资企业发行B股或发行海外股（H股、N股、S股、T股或红筹股），转化为外商投资股份有限公司；③外商投资企业向中西部地区再投资设立的外资比例低于25%的企业，以及向中西部以外地区再投资设立的企业。

3. 外商投资企业自有资金项目。属于国家鼓励发展产业的外商投资企业（外国投资者投资比例不低于25%），外商研究开发中心，先进技术型、产品出口型的外商投资企业，在投资额度以外的自有资金（指企业储备基金、发展基金、折旧、税后利润）内，对原有设备更新（不包括成套设备和生产线）和维修进口国内不能生产或性能不能满足需要的设备，以及与上述设备配套的技术、配件、备件，除《国内投资项目不予免税的进口商品目录》和《进口不予免税的重大技术装备和产品目录》所列商品外，可以免征进口关税，但进口环节增值税照章征收。

4. 国内投资项目进口自用设备。属于国家重点鼓励发展产业的国内投资项目，在投资总额内进口的自用设备，以及按照合同随设备进口的技术及配套件、备件，除《国内投资项目不予免税的进口商品目录》和《进口不予免税的重大技术装备和产品目录》所列商品外，可以免征进口关税，但进口环节增值税照章征收。

5. 贷款项目进口物资。外国政府贷款和国际金融组织贷款项目，在项目额度或投资总额内进口的自用设备，以及按照合同随设备进口的技术及配套件、备件，除《外商投资项目不予免税的进口商品目录》和《进口不予免税的重大技术装备和产品目录》所列商品外，免征进口关税。

对贷款项目进口的自用设备，经确认按有关规定增值税进项税额无法抵扣的，除《外商投资项目不予免税的进口商品目录》和《进口不予免税的重大技术装备和产品目录》所列商品外，同时免征进口环节增值税。

6. 贷款中标项目进口零部件。为了鼓励国内机电制造企业积极参与利用国际金融组织贷款和外国政府贷款项目采购设备的国际招标活动，平衡国内外中标设备的税收负担，在利用世界银行贷款、亚洲开发银行贷款、日本国际协力银行贷款以及赠款的国际招标中，国内中标单位为生产中标机电设备而进口国内不能生产或性能不能满足需要的零部件免征进口关税，照章征收进口环节增值税和消费税。

7. 重大技术装备。为提高我国企业的核心竞争力及自主创新能力，推动产业结构调整和升级，促进国民经济可持续发展，自 2009 年 7 月 1 日起，对经认定符合规定条件的国内企业为生产国家支持发展的重大技术装备和产品进口规定范围的关键零部件、原材料商品，除《进口不予免税的重大技术装备和产品目录》所列商品外，免征关税和进口环节增值税。

8. 科教用品和科技开发用品。为了促进科学研究和教育事业发展，国务院规定对从事科学研究工作的科学研究机构和国家承认学历的实施专科及以上高等学历教育学校，或财政部会同国务院有关部门核定的其他科学研究机构和学校，以教学研究和教学为目的，在合理数量范围内进口国内不能生产或者性能不能满足需要的科学研究和教学用品，免征进口关税和进口环节增值税、消费税。

为了鼓励科学研究和技术开发，促进技术进步，规范科技开发用品的免税进口行为，国务院规定对经国际有关部门核准从事科技开发的科学研究、技术开发机构，在一定时期内，进口国内不能生产或者性能不能满足需要的合理数量范围内的科技开发用品，免征进口关税和进口环节增值税、消费税。

对符合国家规定条件的外资研发中心进口国内不能生产或者性能不能满足需要的合理数量范围内的科技开发用品，免征进口关税和进口环节增值税。

9. 境外捐赠物质。对外国民间团体、企业、友好人士和华侨、港澳居民和台湾同胞无偿向我境内受灾地区（限于新华社对外发布和民政部中国灾情信息公布的受灾地区）捐赠的直接用于救灾的物质，在合理数量范围内，免征进口关税和进口环节增值税、消费税。

根据《扶贫、慈善性捐赠物资免征进口税收的暂行办法》，对境外捐赠人无偿向受赠人捐赠的直接用于扶贫、慈善事业（指非营利的扶贫救济、慈善救助等社会慈善和福利事业）的物资，免征进口关税和进口环节增值税。

10. 残疾人专用品。为支持残疾人的康复工作，国务院制定了《残疾人专用品免征进口税收暂行规定》，对民政部直属企事业单位和省、自治区、直辖市民政部门所属福利机构、假肢厂、荣誉军人康复医院等，中国残疾人联合会直属事业单位和省、自治区、直辖市残联所属福利机构和康复机构进口的残疾人专用物品，免征进口关税和进口环节增值税、消费税。

（三）临时减免税

临时减免税是指法定减免税和特定减免税之外的其他减免税，国务院根据某个单位、某类商品、某个时期或某批货物的特殊情况和需要，给予特别的临时性减免税优惠，如汶川地震灾后重建进口物资。为支持和帮助汶川地震受灾地区开展生产自救，重建家园，自 2008 年 7 月 1 日起，对受灾地区企业、单位或支援受灾地区重建的企业、单位，进口国内不能满足供应并直接用于灾后地区重建的企业、单位，进口国内不能满足供应并直接用于灾后重建的大宗物质、设备等，3 年内免征进口关税和进口环节增值税。

二、税款缴纳

（一）缴纳地点与方式

纳税义务人应当在货物进出境地向海关缴纳税款，经海关批准，也可以在纳税义务人所在地向其主管海关缴纳税款（即“属地纳税”）。

纳税义务人向海关缴纳税款的方式主要有两种：一种是持缴款书到指定银行营业柜台办理税费交付手续（即“柜台支付税款”）；另一种是向签有协议的银行办理电子交付税款手续（即“网上支付税款”）。

网上支付税费是指纳税义务人、银行、中国电子口岸数据中心和海关按照网上支付项目管理规定，通过中国电子口岸数据平台办理进出口税费缴纳手续的付款方式。目前，实行网上支付的税费有：进出口关税、反倾销税及其他特别关税、进口增值税、进口消费税以及缓税利息。

（二）纳税凭证

1. 进出口关税和进口环节代征税的缴纳凭证。海关征收进出口关税和进口环节税时，应向纳税义务人或其代理人填发“海关专用缴款书”（含关税、进口环节税）。纳税义务人或其代理人持凭“海关专用缴款书”向银行缴纳税款。

海关填发的“海关专用缴款书”第一联为“收据”，由国库收款签章后交缴款单位或缴纳人；第二联为“付款凭证”，由缴库单位开户银行作付出凭证；第三联为“收款凭证”，由收款国库作收入凭证；第四联为“回执”，由国库盖章后退回海关财务部门；第五联为“报查”，关税由国库收款后退回海关，进口环节代征税送当地税务机关；第六联为“存根”，由填发单位存查。进口货物收货人或其代理人缴纳税款后，应将“海关专用缴款书”第一联送签发海关验核，海关凭以办理有关手续。

2. 滞纳金的缴纳凭证。滞纳金缴款书的格式与税款缴款书相同。海关征收进出口货物的关税、进口环节增值税、进口环节消费税、船舶吨税等的滞纳金时，应向纳税义务人或其代理人填发“海关专用缴款书”。纳税义务人或其代理人应持凭“海关专用缴款书”向银行缴纳滞纳金。

三、税款退还

（一）退税范围

1. 已缴纳进口关税和进口环节代征税税款的进口货物，因品质或规格原因原状退货复运出境的。

2. 已缴纳出口关税的出口货物，因品质或者规格原因原状退货复运进境的，并已重新缴纳因出口而退还的国内环节有关税收的。

3. 已缴纳出口关税的出口货物，因故未装运出口，已退关的。

4. 已征税放行的散装进出口货物发生短卸、短装，如果该货物的发货人、承运人或保险公司已对短卸、短装部分退还或者赔偿相应货款的，纳税义务人可以向海关申请退还进口或者出口短卸、短装部分的相应税款。

5. 进出口货物因残损、品质不良、规格不符等原因，由进出口货物的发货人、承运人或者保险公司赔偿相应货款的，纳税义务人可以向海关申请退还赔偿部分的相应税款。

6. 因海关误征，致使纳税义务人多缴税款的。

（二）退税的期限及要求

海关发现多征税款的，应立即通知纳税义务人办理退税手续。纳税义务人发现多缴税款的，自缴纳税款之日起一年内，可以以书面形式要求海关退还多缴的税款并加算银行同期活期存款利息。进口环节增值税已予抵缴的，除国家另有规定外不予退还。已征的滞纳金不予退还。

海关应当自受理退税申请之日起 3 个月内查实并通知纳税义务人办理退税手续。纳税义务人应当自收到通知之日起 3 个月内办理有关退税手续。

退税必须在原征税海关办理。办理退税时，纳税义务人应填写“退税申请表”并持凭原进口或出口报关单、原盖有银行收款章的税款缴纳收据正本及其他必要单证（如合同、发票、协议、商检机构证明等）送海关审核，海关同意后，应按原征税或者补税之日所实施的税率计算退税额。

（三）退税凭证

海关退还已征关税和进口环节代征税时，应填发“收入退还书”（海关专用），同时通知原纳税义务人或其代理人。海关将“收入退还书”（海关专用）送交指定银行。

四、税款的追征和补征

1. 进出口货物放行后，海关发现少征税款的，应当自缴纳税款之日起一年内，向纳税义务人补征税款；海关发现漏征税款的，应当自货物放行之日起一年内，向纳税义务人补征税款。

2. 因纳税义务人违反规定造成少征或漏征税款的，海关可以自缴纳税款或者货物放行之日起 3 年内追征税款，并按规定加收滞纳金。

3. 海关监管货物在海关监管期内因故改变用途的需要按照规定补征税款。

4. 海关发现海关监管货物因纳税义务人违反规定造成少征或漏征税款的，应当自纳税义务人应缴纳税款之日起 3 年内追征，并按规定加收滞纳金。

海关追征或补征进出口货物关税和进口环节代征税时，应当向纳税义务人填发“海关专用缴款书”（含关税、进口环节代征税）。纳税义务人持凭“海关专用缴款书”向指定银行或开户银行缴纳税款。进出口货物收货人或其代理人缴纳税款后，应将盖有“收讫”章的“海关专用缴款书”第一联送签发海关验核，海关凭以办理有关手续。

五、延期纳税

纳税义务人因不可抗力或者国家税收政策调整不能按期缴纳税款的，应当在货物进出口前向办理进出口申报纳税手续所在地直属海关提出延期缴纳税款的书面申请并随附相关材料，同时还应当提供缴税计划，由海关总署审批。货物实际进出口时，纳税义务人要求海关先放行货物的，应当向海关提供税款担保。

延期纳税的期限，自货物放行之日起最长不得超过 6 个月。纳税义务人在批准的延期缴纳税款期限内缴纳税款的，不征收滞纳金；逾期缴纳税款的，自延期缴纳税款期限届满之日起至缴清税款之日止按日加收滞纳税款0.5‰的滞纳金。

六、税收保全和强制措施

（一）保全措施

进出口货物的纳税义务人在规定的纳税期限内有明显的转移、藏匿其应税货物以及其他财产迹象的，海关可以要求纳税义务人在海关规定的期限内提供海关认可的担保。纳税义务人不能在海关规定的期限内按照海关要求提供担保的，经直属海关关长或者授权的隶属海关关长批准，海关应当采取保全措施。

1. 暂停支付存款。海关书面通知纳税义务人开户银行或者其他金融机构（以下统称“金融机构”）暂停支付纳税义务人相当于税款的存款。纳税义务人在规定的纳税期限内缴纳税款的，海关书面通知金融机构解除对纳税义务人相应存款实施的暂停支付措施。

纳税义务人在规定的纳税期限内未缴纳税款的，海关书面通知金融机构从暂停支付的款项中扣缴相应税款。海关确认金融机构已扣缴税款的，书面告知纳税义务人。

2. 暂扣货物或财产。因无法查明纳税义务人账户、存款数额等情形不能实施暂停支付措施的，书面通知（随附扣留清单）纳税义务人扣留其价值相当于应纳税款的货物或者其他财产。货物或者其他财产本身不可分割、又没有其他财产可以扣留的，被扣留货物或者其他财产可以高于应纳税款。

（二）强制措施

进出口货物的纳税义务人、担保人自规定的纳税期限届满之日起超过3个月未缴纳税款的，海关依次采取下列强制措施：①书面通知金融机构从其存款中扣缴税款；②将应税货物依法变卖，以变卖所得抵缴税款；③扣留并依法变卖其价值相当于应纳税款的货物或者其他财产，以变卖所得抵缴税款。

实施强制措施的，海关书面通知金融机构从纳税义务人、担保人的存款中扣缴相应税款，同时书面告知纳税义务人、担保人。海关采取强制措施时，对纳税义务人未缴纳的税款滞纳金同时强制执行。

海关决定以应税货物、被扣留的价值相当于应纳税款的货物或者其他财产变卖并抵缴税款的，书面告知纳税义务人、担保人。变卖所得不足以抵缴税款的，海关继续采取强制措施抵缴税款的差额部分；变卖所得抵扣税款及扣除相关费用后仍有余款的，发还纳税义务人。

无法采取税收保全措施、强制措施，或者采取税收措施、强制措施仍无法足额征收税款的，海关依法向人民法院申请强制执行，并按照法院要求提交相关材料。

课后练习

一、单选题

1. 纳税人或担保人超过（　　）仍未缴纳税款的，海关可以采取强制措施。

A. 1个月　　B. 2个月

C. 3个月　　D. 4个月

2. 我国关税的征税主体是（　　）

A. 国家税务局　　　　　　　　　B. 国家及代表国家的海关

C. 财政部　　　　　　　　　　　D. 进出口货物的收发货人

3. 海关确定进口货物完税价格的方法有：合理方法①、成交价格法②、倒扣价格法③、计算价格法④、类似货物成交价格法⑤、相同货物成交价格法⑥。采用上述六种估价方法的正确顺序为（　　）。

A. ①②③④⑤⑥　　　　　　　　B. ②⑤⑥①③④

C. ②⑥⑤③④①　　　　　　　　D. ①②⑥⑤④③

4. 根据《海关法》的规定，货物进口或出口时，海关按照（　　）实施的税则税率计征关税

A. 装载货物的运输工具进、出境之日　B. 向海关指定银行缴纳税款之日

C. 办结海关放行手续之日　　　　　D. 海关接受该货物申报进口或出口之日

5. 延期纳税的期限，自货物放行之日起最长不超过（　　）。

A. 3 个月　　　　　　　　　　　B. 6 个月

C. 9 个月　　　　　　　　　　　D. 12 个月

二、多选题

1. 在我国属于海关征收的税种是（　　）

A. 关税　　　　　　　　　　　　B. 进口环节增值税、消费税

C. 营业税　　　　　　　　　　　D. 船舶吨税

2. 以下属于进口环节消费税组成计税价格的是（　　）

A. 进口货物的完税价格　　　　　B. 进口环节增值税额

C. 关税税额　　　　　　　　　　D. 进口环节消费税额

3. 完税价格的调整因素包括（　　）

A. 计入项目　　　　　　　　　　B. 基本项目

C. 优惠项目　　　　　　　　　　D. 扣除项目

4. 从价计征进口税款时，应考虑（　　）等因素。

A. 汇率　　　　　　　　　　　　B. 价格

C. 原产地　　　　　　　　　　　D. 税则号列

5. 出料加工货物按规定期限复进口，海关审定完税价格时，其价格因素包括（　　）

A. 原出口料件成本价　　　　　　B. 境外加工费

C. 境外加工的材料费　　　　　　D. 复运进境的相关运费、保险费

三、判断题

1. 纳税人或担保人超过 2 个月仍未缴纳税款的，海关可采取强制措施。（　　）

2. 海关审定完税价格时，如买卖双方在经营上有相互联系的，一方是另一方的独家代理、经销或受让人，应当视为有特殊关系。（　　）

3. 海关退还多征税费时，已征收的滞纳金不予退还。（　　）

4. 关税纳税义务人或其代理人应当自海关填发税款缴款书之日起 15 个工作日内向指定银行缴纳税款。（　　）

5. 进口货物的买卖双方存在特殊关系时，进口货物的成交价格一律不能作为海关审定完税价格的基础。 （ ）

四、思考题

1. 按照有关规定，哪些税、费不计入出口货物的完税价格？
2. 何谓“相同货物”？何谓“类似货物”？
3. 采用成交价格法审定一般进口货物的完税价格时，成交价格成立的条件是什么？

五、实训题

1. 某公司进口货物一批，经海关审核其成交价格为12万美元，当时的汇率为1美元=6.5718元人民币。已知该货物的进口关税税率为25%，进口环节消费税税率为10%，进口环节增值税税率为17%，该公司应缴纳多少税款？（分别用常规法和快速法计算）

2. 某公司出口化工产品10公吨，成交价格为每公吨2000美元FOB广州，另外从广州至出口目的国泰国的海运费总计为600美元，从上海至泰国的海运保险费率为0.3%。假如当时的汇率为1美元=6.5718元人民币，出口关税税率为15%，计算出口关税税额。

第八章 DIBAZHANG

进出口货物报关单的填制

学习目标

- □ 了解报关单各联的用途
- □ 熟悉报关单中各个栏目的填制规范和一般要求
- □ 掌握报关单各栏目填制技巧、应注意的事项和逻辑关系

第一节　进出口货物报关单概述

一、进出口货物报关单的含义与类别

（一）进出口货物报关单的含义

进出口货物报关单是指进出口货物的收发货人或其代理人，按照海关规定的格式，对进出口货物实际情况做出书面申请，以此要求海关对其货物按适用的海关制度办理通关手续的法律文书。

（二）进出口货物报关单的类别

进出口报关单可以按不同的标准进行分类：

1. 按进出口流向分类：（1）进口货物报关单；（2）出口货物报关单。

2. 按表现形式分类：（1）纸质报关单；（2）电子数据报关单。

3. 按海关监管方式分类：（1）进料加工进（出）口货物报关单；（2）来料加工及补偿贸易进（出）口货物报关单；（3）一般贸易及其他贸易进（出）口货物报关单；（4）需国内退税的出口货物报关单。

二、进出口货物报关单各联及其用途

纸质进口货物报关单一式五联，分别是：海关作业联、海关留存联、企业留存联、海关核销联、进口付汇证明联。

纸质出口货物报关单一式六联，分别是：海关作业联、海关留存联、企业留存联、海关核销联、出口收汇证明联；出口退税证明联。

（一）海关作业联和留存联

进出口货物报关单海关作业联和留存联是报关员配合海关审核、海关查验、缴纳税费、

提取或装运货物的重要单据，也是海关查验货物、征收税费、编制海关统计以及处理其他海关事务的重要凭证。

（二）进口货物报关单企业留存联

报关进出口货物报关单企业留存联是合法进出境货物的依据，是海关放行货物和结关以后，向海关申领进出口货物付汇、收汇证明联和出口货物退税证明联的文件。

（三）进口货物报关单付汇证明联和出口货物报关单收汇证明联

进口货物报关单付汇证明联和出口货物报关单收汇证明联，是海关对已实际进出境的货物所签发的证明文件，是银行和国家外汇管理部门办理售汇、付汇和收汇及核销手续的重要依据之一。若需办理进口付汇核销或出口收汇核销的货物，进出口货物的收、发货人或其代理人应当在海关放行货物或结关以后，向海关申领进口货物报关单进口付汇核销证明联或出口货物报关单出口收汇核销证明联。

（四）进出口货物报关单加工贸易核销联

进出口货物报关单加工贸易核销联是指接受申报的海关对已实际申报进口或出口的货物所签发的证明文件，是海关办理加工贸易合同核销、结案手续的重要凭证。加工贸易的货物进出口后，申报人应向海关领取进出口货物报关单海关核销联，并凭以向主管海关办理加工贸易合同核销手续。

（五）出口货物报关单出口退税证明联

出口货物报关单出口退税证明联是海关对已实际申报出口并已装运离境的货物所签发的证明文件，是国家税务部门办理出口货物退税手续的重要凭证之一。可办理出口退税的货物，出口货物发货人或其代理人应当在载运货物的运输工具实际离境、海关办理结关手续后，向海关申领出口货物报关单出口退税证明联。对不属于退税范围的货物，海关均不签发该联。

三、进出口货物报关单的法律效力

进出口货物报关单是报关员代表报关单位向海关办理货物进出境手续的主要单证，在对外经济贸易活动中具有十分重要的法律地位。它既是海关监管、征税、统计以及开展稽查和调查的重要依据，也是加工贸易进出口货物核销和出口退税的重要凭证，也是海关查处走私、违规案件以及税务、外汇管理部门查处骗税、逃套外汇犯罪活动的重要书证。

四、海关对进出口报关单填制的一般要求

进出口货物的收、发货人或其代理人向海关申报时，必须向海关如实申报，对申报内容的真实性、准确性、完整性和规范性承担相应的法律责任。

1. 必须依法依规如实填报。报关人必须严格按照《海关法》、《货物申报管理规定》和《报关单填制规范》等有关规定和要求，向海关如实申报。

2. 填报必须真实，做到“两个相符”。一是要单、证相符，即报关单与合同、发票、装箱单、提单及批文等随附单据相符；二是要单、货相符，即报关单中所报内容与实际进出口货物情况相符。

3. 填报要准确、齐全、完整、清楚。报关单各栏目内容要逐项详细准确填报（打印），字迹要清楚、整洁、端正，不可用铅笔或红色复写纸填写；若有更正，必须在更改项目上加

盖校对章。

4. 分单填报。不同批文、不同合同、不同贸易方式、不同备案号、不同运输工具名称或运输方式、不同征免性质、不同许可证号的货物，均应分单填报。一份原产地证书只能对应一份报关单。同一份报关单上的商品不能同时享受协定税率和减免税。

5. 分栏填报。商品编号不同的；商品名称不同的；商品名称、商品编号相同，但规格型号和单价不同的；原产国（地区）或最终目的国不同的；均应分栏填报。一份报关单上如有多种不同商品，应分别填报清楚，但一张纸质报关单上最多不能超过5项商品。

6. 分行填报。指同一栏分行填写。商品名称、规格型号栏目、项号栏目、数量及单位栏目需分行填写。

7. 不同贸易方式的货物，须用不同颜色的报关单填报。一般贸易及其他贸易进（出）口货物采用蓝色底纹、黑字；来料加工及补偿贸易进（出）口货物采用绿色底纹、黑字；进料加工进（出）口货物采用粉红色底纹、黑字；需国内退税的出口货物采用黄红色出口退税专用报关单。上述各种报关单只是颜色有别，报关单所列项目及格式完全相同。

8. 对于已向海关申报的进出口货物报关单，若原填报内容与实际进出口货物不一致且有正当理由的，申报人应向海关提交书面更正申请，经海关核准后，对原填报的内容进行更改或撤销。

五、报关单填制技巧

（一）合理运用报关单的填报顺序

1. 利用已有的单证资料，先填一张空白报关单。合理的填报顺序应是：首先，逐一查看已有的原始单证，在原始单证上看到一个统计指标，立即填在报关单上。已有的原始单证查看完了，报关单的主要栏目也就基本填完了。然后，把原始单证上不易找出来的指标，如贸易方式、征免性质等，根据逻辑关系确定后填在报关单上。如若采用相反的顺序，先在报关单上看到一个空白栏，再到原始单证找指标，必将事倍功半。

2. 报关单上的多数栏目信息可直接从已有的原始单证中获得，如备案号、毛重、运输方式等，但少数栏目的信息，如贸易方式、征免性质、用途等不易直接获得，这时需通过分析这些栏目与其相关栏目的逻辑关系加以确定。

3. 对于贸易方式一栏，较难准确填写。因为从海关规定的《贸易方式代码表》来看，目前涉及的贸易方式有近90种，而且为适应海关监管的要求，贸易方式的数量还在不断增加。不过贸易实践中常用的贸易方式只有十几种，其中又以“一般贸易”居多，贸易方式这栏的信息可从备案号一栏获得。备案号第一位是标记代码，备案号的标记代码必须与“贸易方式”、“征免性质”及“用途”相协调。例如，已知备案号为C23049100638（对口），则可判定贸易方式为“进料对口”，征免性质为“进料加工”。

（二）注意辨别易混淆栏目

报关单的内容由47个栏目组成，其中有些栏目比较容易混淆，辨清这些易混淆栏目将有助于掌握正确的填制规范。

1. 涉及日期的栏目。报关单中有进口日期/出口日期、申报日期、填制日期等三个涉及日期的栏目，其中前两个栏目的逻辑关系必须清楚。进口货物时，进口日期一般不迟于申报日期；出口货物时，出口日期一般不早于申报日期，而且进口日期/出口日期是要填报运载所申报货物的运输工具申报进境或办结出境手续的日期。

2. 涉及号码的栏目。报关单中有近十个涉及号码的栏目，其中，备案号、批准文号和许可证号这三个栏目易混淆。备案号一般是要填《进（来）料加工登记手册》等登记手册或《征免税证明》的编号，但此栏并非是一定要填报的栏目。当不需要办理加工贸易合同备案或征、减、免税审批备案等手续时，如以一般贸易方式进出口的货物且不享受任何减免税优惠待遇时，此栏目为空。批准文号栏目是在需要办理收汇或付汇核销手续时填写的收、付汇核销单的编号。许可证号栏是在需申领进出口许可证时填写的许可证的编号。

3. 涉及单位的栏。报关单中有经营单位、收货单位/发货单位、申报单位、录入单位等四个栏目，其中前三个栏目的内容有时是完全一致的。而大多数情况下，前三个栏目的内容往往不一致。

4. 涉及国家（地区）的栏目。报关单中有起运国（地区）/运抵国（地区）和原产国（地区）/最终目的国（地区）这两个栏目，有时这两个栏目的内容是一致的，有时这两个栏目的内容是不一致的，因为进口货物起始发出的国家不一定就是该货物的生产、开采或加工制造国，而出口货物直接运抵的国家也不一定就是该货物的最终实际消费、使用国。

填报起运国（地区）/运抵国（地区）栏目时，还要注意发生运输中转的情况。当中转地未发生任何商业性的交易（如买卖关系），则起、抵国（地区）不变；如中转地发生商业性交易，则以中转地作为起、抵国（地区）填报。

（三）注意报关单的检查与修改

1. 检查填报的栏目是否有空缺。报关单的有些栏目并非一定要填写，必须注意是否该填写的栏目空缺，不该填写的栏目却填了。如出口货物采用 CIF 术语成交时，则运、保费两栏目就应填写，而进口货物采用 CIF 术语成交时，则运、保费两栏目就不应填写。

2. 检查各栏目内容是否完整。如“经营单位”栏目，除填经营单位名称外，还须填报10位数的经营单位的代码，缺一不可。例如，经营单位为上海田野工具制造有限公司(3105226441)。

3. 检查各栏目的填报是否规范。报关单位和报关员必须严格按照《中华人民共和国进出口货物报关单填制规范》的规定填写报关单，如有不符，则需修改。

4. 根据各栏目的逻辑关系，推断有关栏目的正误。如有不符，则需修正。

第二节　进出口货物报关单填制规范

一、进出口货物报关单表头各栏目的填制

（一）进口口岸/出口口岸

1. 含义。进口口岸/出口口岸亦称关境口岸，是货物实际进出我国关境口岸海关的名称，也就是载运所申报货物的运输工具申报进出境的口岸海关的名称。

2. 填报要求。

（1）填报货物实际进（出）我国关境的口岸海关的名称及代码。口岸海关名称及代码

是指国家正式对外公布并已编入海关“关区代码表”的海关的名称及四位代码。代码由四位数字组成，前两位是直属海关的代码，后两位是直属海关下的隶属海关代码。例如，进口货物由天津新港口岸进境，“进口口岸”栏不能填报为“天津关区” + “0200”，也不能填报为“天津海关” + “0201”，而应填报为“新港海关” + “0202”。

（2）进口转关运输货物，填报货物进境地海关名称及代码；出口转关运输货物，填报货物出境地海关名称及代码。

（3）在不同海关特殊监管区域或保税监管场所之间调拨、转让的货物，填报对方特殊监管区域或保税监管场所所在的海关名称及代码。

（4）无实际进出境的货物，填报接受申报的海关名称及代码。无法确定进出口口岸的货物，填报接受货物申报的海关名称及代码。

（5）填报时，口岸海关的名称和代码都不能缺少，并且填写的是口岸海关的名称，不是港口的名称。

（二）备案号

1. 含义。备案号是指进出口货物的收、发货人在海关办理报关手续时，向海关递交的有关加工贸易手册、加工贸易电子账册、征免税证明、实行优惠贸易协定项下原产地证书联网监管的原产地证书，适用 ITA 税率的商品用途认定证明等备案审批文件的编号。

备案号长度为 12 位。第 1 位是标记代码，第 2 ~ 5 位是备案地海关的关区代码，第 6 位表示的是年份，第 7 ~ 12 位是序列号。

备案号的第 1 位字头为备案审批文件的标记，用不同的英文字母表示，如表 8 - 1 所示。

表 8 - 1　　备案审批文件的标记代码

首位代码	备案审批文件	首位代码	备案审批文件
B*	加工贸易手册（来料加工）	K	保税仓库备案式电子账册
C*	加工贸易手册（进料加工）	Y*	原产地证书
D*	加工贸易不作价进口设备	Z*	征免税证书
E*	加工贸易电子账册	RB	减免税货物补水通知书
H	出口加工区电子账册	RT	减免税进口货物同意退运证明
J	保税仓库记账式电子账册	RZ	减免税进口货物结转联系函

说明：表中标记有“*”的内容，要求不仅要理解含义，还应记住相应代码、符号、英文缩写等，下同。

2. 填报要求。

（1）一份报关单只填报一个备案号。无备案审批文件的报关单，本栏免填。

（2）备案号的标记必须与“贸易方式”、“征免性质”、“征免”、“用途”、“项号”等栏目内容相对应。

（3）凡是加工贸易有海关登记手册和减免税已备案的进出口货物，报关单的此栏不得为空。

（三）进口日期/出口日期

1. 含义。进口日期是指运载所申报货物的运输工具申报进境的日期，它必须是与运载所申报货物的运输工具申报进境的实际日期一致（不是指货物向海关申报的日期）。出口日期指运载所申报货物的运输工具办结出境手续的日期。

2. 填报要求。

(1) 日期均为8位数字 [顺序为年 (4位)、月 (2位)、日 (2位), 下同]。例如, 资料中写"运输工具载运货物于2012年6月6日向黄埔海关新港办申报进境", 则进口日期栏应填为: 20120606, 不能填成201266。

(2) 申报人若无法知道运输工具实际进境日期, 该栏目可以不填。

(3) 集中申报的报关单, 进出口日期以海关接受报关单申报的日期为准。

(4) 无实际进出境的报关单填报办理申报手续的日期, 以海关接受申报的日期为准。

(四) 申报日期

申报日期指海关接受进出口货物的收发货人或其代理人申请办理货物进出口手续的日期。以电子数据报关单方式申报的, 申报日期为海关计算机系统接受申报时记录的日期。以纸质报关单方式申报的, 申报日期为海关接受纸质报关单并对报关单进行登记处理的日期。本栏目在申报时免予填报。

(五) 经营单位

1. 含义。经营单位是指在海关注册登记的对外签订并执行进出口贸易合同的中国境内法人、其他组织或个人。本栏目应填报其中文名称及海关注册编号 (缺一不可)。

经营单位编码为10位数字, 是报关单位通关和海关统计的重要标志。海关对报关单位的注册编码管理范围, 包括进出口货物收发货人、报关企业、加工生产企业和临时注册登记企业。海关给企业设置注册登记编码, 使每个企业有一个在全国范围内唯一的、始终不变的代码标识。

相关链接:

10位编码结构设置规则

第1至第4位为经营单位属地的行政区划代码。其中, 第1、2位表示省 (自治区、直辖市), 例如, 北京为"11"; 广东省为"44"; 第3、4位表示省辖市 (地区、省直辖行政单位), 包括省会城市、计划单列城市、沿海开放城市, 第3、第4位为"90"的表示未列明的省直辖行政单位。例如, 广东省广州市为"4401"; 广东省珠海市为"4404"; 广东省其他未列名地区为"4490"。

第5位表示企业所在经济区域代码。其数字含义分别为: "1": 经济特区 (深圳特区可用"0"); "2": 经济技术开发区和上海浦东新区、海南洋浦经济开发区; "3": 高新技术产业开发区; "4": 保税区; "5": 出口加工区; "6": 保税港区; "7": 保税物流园区; "9": 其他地区。例如, 珠海市为4404, 包括珠海特区 (44041)、珠海国家高新技术产业开发区 (44043)、珠海保税区 (44044)、珠澳跨境工业区 (珠海园区, 44045, 使用出口加工区代码)、珠海市其他地区 (44049)。

第6位为企业经济类型的代码, 表示企业性质。其数字含义分别如下: "1": 国有企业; "2": 中外合作企业; "3": 中外合资企业; "4": 外商独资企业; "5": 集体企业; "6": 私营企业; "7": 个体工商户; "8": 报关企业; "9": 其他, 包括外国驻华企事业机构、外国驻华使领馆和临时有进出口货物的企业、单位和个人等。

第7~10位为企业顺序编号。

2. 填报要求。本栏目应填报经营单位的中文名称及编码，且该中文名称及编码应与海关注册名称和编码完全一致，单位名称和编码都必须填写，缺一不可（只填报一个为错）。特殊情况下，经营单位填报原则如下：

（1）存在代理进出口关系的，“经营单位”栏填报对外签订并执行进出口贸易合同的企业，即填报代理方的中文名称及编码。但属外商投资企业委托其他企业进口投资设备、物品的（监管方式为合资合作设备“2025”、外资设备物品“2225”），“经营单位”栏仍填报该外商投资企业的中文名称及编码，并在“标记唛码及备注”栏注明“委托×××公司进口”。

（2）合同签订者与执行者不是同一企业的，经营单位应该按执行合同的企业填报。

（3）经营单位编码第6位是“8”的单位是只有报关权而没有进出口经营权的企业，不得作为经营单位填报。

（4）授助、赠送、捐赠的货物，其经营单位填写直接接受货物的单位的中文名称及编码。

（六）运输方式

1. 含义。运输方式是指国际贸易买卖双方就进出口货物交接、交换经磋商决定采用的运输方式。进出口货物报关单所列“运输方式”栏，特指载运货物进出关境所使用运输工具的分类，即海关规定的运输方式。

海关规定的运输方式与国际货物运输方式有联系，也有区别，前者有实际的运输方式，也有特殊的运输方式；而国际货物运输只有实际的运输方式，如海洋运输、铁路运输、公路运输、航空运输、集装箱运输、多式联运等。

2. 海关规定的运输方式

（1）实际运输方式。海关规定的实际运输方式特指用于载运货物实际进出关境的运输方式，按进出境所使用的运输工具分类，主要有船舶、火车、飞机、汽车、驮畜等。与运输工具相对应，海关为其规定了如下运输方式并有其代码：水路运输、铁路运输、公路运输、航空运输、邮件运输、其他运输。

（2）特殊运输方式。海关规定的特殊运输方式仅指没有实际进出境货物的运输方式，按货物在境内的流向分类，包括以下十种情况：①境内非保税区运入保税区货物和保税区退区的；②境内存入出口监管仓库和出口监管仓库退仓的；③保税区运往境内非保税区的；④保税仓库转内销的；⑤出口加工区与境内区外之间进出的；⑥境内非保税物流从中心外运入保税物流中心或从保税物流中心运往境内非保税物流中心外的；⑦从境内（指国境内特殊监管区域之外）运入保税物流园区或从保税物流园区运往境内的；⑧从保税港区（不包括直通港区）运往区外和区外运入保税港区的；⑨从境内运入边境特殊海关作业区；⑩其他没有实际进出境的。

3. 填报要求。本栏目应根据实际运输方式或货物在境内流向的类别，按海关规定的《运输方式代码表》（见表8－2）选择填报相应的运输方式名称或代码。

（1）进境货物的运输方式，按货物运抵我国关境第一个口岸时的运输工具种类确定运输方式填报。

（2）出境货物的运输方式，按货物运离我国关境最后一个口岸时的运输方式填报。

（3）进口转关运输货物，接载运货物抵达进境地的运输工具填报；出口转关运输货物，按载运货物驶离出境地的运输工具填报。

（4）非邮件方式进出口的快件，按实际进出境运输方式填报。

（5）进出境旅客随身携带的货物，按旅客实际进出境时所乘运输工具填报。

（6）同一出口加工区内或不同出口加工区企业之间相互结转、调拨的货物，出口加工区与其他海关特殊监管区域之间、不同保税区之间、同一保税区内不同企业之间、保税区与出口加工区等海关特殊监管区域之间转移、调拨的货物，填报“9”。

（7）出口加工区、珠澳跨境工业区珠海园区与区外之间进出的货物，区内企业填报“9”，区外企业填报“Z”。

（8）运输方式代码为0，1，7，8，Z，W，X，Y，H的，其进口报关单的“起运国（地区）”栏、出口报关单的“运抵国（地区）”栏填报中国（142）。

（9）运输方式为保税区（代码为7）和保税仓库（代码为8）仅适用于保税区和保税仓库转内销货物进口报关单本栏目填报，不得用于出口报关单。

表 8－2　　运输方式代码表及说明

代码	名称	运输方式说明
0	非保税区	境内非保税区运入保税区和保税区退区（退运境内）货物
1*	监管仓库	境内存入出口监管仓库和出口监管仓库退仓
2*	水路运输	
3	铁路运输	
4*	公路运输	
5*	航空运输	
6	邮件运输	
7	保税区	保税区运往境内非保税区
8*	保税仓库	保税仓库转内销
9*	其他运输	人扛、驮畜、输水管道、输油管道、输电网等方式
H	边境特殊海关作业区	境内运入深港西部通道港方口岸区
W	物流中心	从境内保税物流中心外运入保税物流中心或从保税物流中心运往境内非保税物流中心
X	物流园区	从境内特殊监管区域之外运入园区或从保税物流园区运往境内
Y	保税港区	从保税港区（不包括直通港区）运往区外和区外运入保税港区
Z	出口加工区	出口加工区运往加工区外和区外运入出口加工区（区外企业填报）

（七）运输工具名称

1. 含义。进出口货物报关单上的运输工具名称，专指载运货物进出境所使用的运输工具的名称或运输工具编号，以及载运货物进出境的运输工具的航次编号。

报关单“运输工具名称”与“航次号”的填报内容应与运输部门向海关申报的仓单（载货清单）所列相应内容一致。在纸质报关单上，“运输工具名称”与“航次号”合并填报在“运输工具名称”一个栏目。

2. 运输工具名称的填报要求。

（1）一份报关单只允许填报一个运输工具名称及其航次号。

（2）无实际进出境的货物，本栏目不填。

（3）直接在进出境地办理报关的运输工具名称的填报要求见表8－3。

表8－3 直接在进出境地办理报关的运输工具名称的填报要求

运输方式	按要求填报在运输工具名称栏
水路运输	船舶编号（来往港澳小型船舶委监管簿编号）或者船舶英文名称
航空运输	航班号
邮件运输	邮政包裹单号
公路运输	跨境运输车辆的国内行驶车牌号，深圳提前报关模式填报国内行驶车牌号＋“/”＋“提前报关”（4个汉字）
铁路运输	车厢编号或交接单号
其他运输	具体的运输方式名称，例如，管道、驼畜等
集中报关	“集中申报”

（4）转关运输货物报关单填报要求：

①进口转关报关单的运输工具名称填报要求见表8－4。

表8－4 进口转关的运输工具名称的填报要求

运输方式	直转、提前报关填报	中转填报
水路运输	“@”＋16位转关申报单预录入号（或13位载货清单号）	进境英文船舶名称
航空运输	“@”＋16位转关运输申报单预录入号（或13位载货清单号）	@
铁路运输	“@”＋16位转关运输申报单预录入号	车厢编号
公路及其他运输	“@”＋16位转关运输申报单预录入号（或13位载货清单号）	

②出口转关报关单运输工具名称的填报要求：

A. 运输水路。对于非中转的，填报“@”＋16位转关申报单预录入号（或13位载货清单号），若多张报关单需要通过一张转关单转关的，运输工具名称字段填报“@”。对于中转的，境内水路运输填报驳船船名；境内铁路运输填报车名（主管海关4位关别代码＋“TRAIN”（英文单词））；境内公路运输填报车名（主管海关4位关别代码＋“TRUCK”（英文单词））。

B. 铁路运输。填报“@”＋16位转关申报单预录入号（或13位载货清单号）。若多张报关单需要通过一张转关单转关的，运输工具名称字段填报“@”。

C. 航空运输。填报“@”＋16位转关申报单预录入号（或13位载货清单号）。若多张报关单需要通过一张转关单转关的，运输工具名称字段填报“@”。

D. 其他各类出境运输方式。填报“@”＋16位转关申报单预录入号（或13位载货清单号）。

3. 航次号的填报要求。

（1）直接在进出境办理报关手续的报关单。①水路运输：填报船舶的航次号。②公路运输：填报跨境运输车辆的进出境日期（8位数字）。③铁路运输：填报进出境日期（8位数字）。④航空运输：免于填报。⑤邮件运输：填报进出境日期（8位数字）。⑥其他各类运输方式：免于填报。

（2）转关运输货物报关单。

①进口转关。A. 水路运输：中转转关方式填报“@”+进境干线船舶航次，直转、提前报关免予填报。B. 公路运输：免予填报。C. 铁路运输：“@”+进出境日期（8位数字）。D. 航空运输：免予填报。E. 其他各类运输方式：免于填报。

②出口转关。A. 水路运输：非中转货物免予填报；中转货物，境内水路运输填报驳船航次号；境内铁路、公路运输填报6位起运日期，顺序为年、月、日各2位。B. 铁路拼车捆绑出口：免予填报。C. 航空运输：免予填报。D. 其他运输方式：免于填报。

4. 本栏目的纸质报关单填报要求。实际进出境，直接在进出境地办理报关手续的货物，纸质报关单填报要求如下：

（1）水路运输：填报船舶英文名称或船舶编号+“/”+航次号。

（2）公路运输：填报跨境运输车辆的国内行驶车牌号+“/”+进出境日期（8位数字）。

（3）铁路运输：填报车厢编号或交接单号+“/”+进出境日期（8位数字）。

（4）航空运输：填报航班号。

（5）邮件运输：填报邮政包裹单号+“/”+进出境日期（8位数字）。

（6）其他运输：填报具体运输方式名称，例如，管道、驼畜等。

（八）提运单号

1. 含义。提运单号是指进出口货物提单或运单的编号。该编号应与运输部门向海关申报的载货清单所列相应内容一致（包括数码、英文大小写、符号、空格等），否则不能通过审核。“提运单号”栏的填报主要包括如下内容：

（1）提单号码（B/L No），是水路运输承运人给提单编排的号码，便于承运人通知、查阅和处理业务。提单号一般在提单的右上角。

（2）航空运单（AWB，Air Way Bill），是由航空承运人或其代理人签发的货运单据（航空运单）上编排的号码。

航空运单分两种：一种是航空公司签发的，称为“总运单”（MAWB，Master Airway Bill），总运单的编号称为“总运单号”；另一种是航空货运代理人签发的，称为“分运单”（HAWB，House Air way Bill），分运单的编号称为“分运单号”。

（3）铁路运单号是指铁路运输承运人在运单上编排的号码。

2. 一般填报要求。

（1）一份报关单只允许填报一个提运单号，一票货物对应多个提运单时，应分单填报。

（2）实际进出境的不同运输方式按以下填报，无实际进出境的本栏目免于填报：①水路运输：填报进出口提单号。有分提单的，填报进出口提单号+“*”+分提单号。②铁路运输：填报运单号。③航空运输：填报总运单号（11位）+“_”（下划线）+分运单号（8位数字），无分运单的填报总运单号。④公路运输：免于填报。⑤邮件运输：填报邮运包裹单号。

3. 进出境转关运输货物不同运输方式的填报要求。

（1）进口转关报关单“提运单号”栏的填报：①水路运输：直转、中转填报提单号，提前报关免于填报；②航空运输：直转、中转填报总运单号+“_”+分运单号，提前报关免于填报；③铁路运输：直转、中转填报铁路运单号，提前报关免于填报；④其他运输方式，本栏目为空。

（2）出口转关报关单“提运单号”栏的填报：①水路运输：中转填报运单号；非中转免于填报；广东省内转关货物提前报关的填报车牌号。②其他运输方式：广东省内转关货物提前报关的填报车牌号，其他地区免于填报。

4. 采用集中申报通关方式办理海关手续的填报要求。本栏目填报归并的集中申报清单的检查起止日期（均按 8 位数）。如 2012 年 1 月 10 日至 2012 年 3 月 5 日，应填报为：2012011020120305。

提示：适用“担保验放”措施的适用 AA 类管理的企业，在海关未接受进口仓单电子数据的情况下，允许企业进口报关单申报时，其“提运单号”栏为空，但在海关放行环节应补录提运单号。

（九）收货单位/发货单位

1. 含义。收货单位是指已知的进口货物在境内的最终消费、使用单位，包括自行从境外进口货物的单位和委托进出口企业进口货物的单位等。发货单位是指出口货物在境内的生产或销售单位，包括自行出口货物的单位和委托进出口企业出口货物的单位等。

注意：进口货物的最终消费、使用单位难以确定的，应以货物进口时预知的最终收货单位为准填报；出口货物的生产或销售单位难以确定的，以最早发运该出口货物的单位为准填报。

2. 填报要求。

（1）收、发货单位有海关注册编码或加工企业编码的，本栏目应填报其中文名称及编码，没有海关编码的填报中文名称。

（2）加工贸易报关单的收、发货单位，应与加工贸易手册的“经营企业”或“加工企业”一致。

（3）减免税货物报关单的收、发货单位，应与征免税的“申请单位”一致。

（十）贸易方式（监管方式）

1. 含义。报关单中的贸易方式是指以国际贸易中进出口货物的交易方式为基础，结合海关对进出口货物监督管理的综合需要而对进出口的货物设定的管理方式，即海关监管方式。

2. 主要贸易方式、代码及其适用范围。由于海关对不同监管方式下进出口货物的监管、征税、统计等的要求不尽相同，因此海关监管方式代码采用 4 位数字，其中前 2 位是按海关监管业务需要划分的分类代码，后 2 位是海关统计代码。

（1）一般贸易方式。一般贸易方式是指我国境内有进出口经营权的企业单边进口或单边出口的贸易。本监管方式代码为“0110”，其适用范围包括：①以正常交易方式成交的进出口货物；②贷款援助的进出口货物；③外商投资企业为加工内销产品而进口的料件；④外商投资企业用国产原料加工成品出口或采购成品出口；⑤供应外国籍船舶、飞机等运输工具的国产燃料、物料及零配件；⑥保税仓库进口供应给中国籍国际航行运输工具使用的燃料、物料等保税货物；⑦境内企业在境外投资以实物投资进出口的设备、物资；⑧来料养殖、来料种植进出口货物；⑨国有公益性收藏单位通过合法途径从境外购入的藏品。

（2）特殊贸易方式。海关现行的《监管方式代码表》中，除一般贸易方式外，还有87个特殊贸易方式（包括代码为9900的其他方式在内）。这些特殊贸易方式中的绝大多数不经常用到，常用的有6个特殊贸易方式，这6个特殊贸易方式与一般贸易方式占我国进出口贸易量的绝大部分，报关员考试中的报关单部分内容，基本上是在这几个贸易方式范围内。

相关链接：

常用的特殊贸易方式及其代码

一、来料加工（代码为“0214”）

来料加工是指进口料件由境外企业提供，经营企业不需要付汇进口，按照境外企业的要求进行加工或装配，只收取加工费，制成品由境外企业销售的经营活动。

本监管方式主要用于来料加工项下的料件进口和成品出口。来料加工进出口货物报关单“备案号”栏目应填报加工贸易手册或电子账册编号。报关单上的贸易方式栏填写“来料加工”或0214，海关发放标记代码为B的加工贸易手册。其对应的征免性质为“来料加工”，征免方式为“全免”。来料加工出口应征出口税的货物，出口报关单“征免”栏应填报“照章征税”。

二、不作价设备（代码为“0320”）

不作价设备是指专用于加工贸易的设备，由外方免费提供，经海关批准享受特定减免税待遇，但使用手册管理。海关发放标记代码为D的《加工贸易不作价设备登记手册》，进口报关时免税，报关单上的贸易方式栏填写“不作价设备”或0320，对应征免性质为“加工设备”或501。

三、进料对口（代码为“0615”）

进料加工贸易是指进口料件由经营企业付汇进口，制成品由经营企业外销出口的经营活动。进料加工对口合同是指买卖双方分别签订进出口对口合同，料件进口时，我方先付料件款，加工成品出口时再向对方收取出口成品款项的交易方式，包括动用外汇的对口合同或不同客户的对口联号合同，以及对开信用证的对口合同。

本监管方式主要用于进料加工项下的料件进口和成品出口，以及进料加工贸易中外商免费提供的进口主、辅料和零部件。进料加工进出口货物报关单“备案号”栏目应填报加工贸易手册或电子账册编号。报关单上的贸易方式栏填写“进料加工”或“0615”，海关发放标记代码为C的加工贸易手册。其对应的征免性质为“进料加工”，征免方式为“全免”。进料加工出口应征出口税的货物，出口报关单“征免”栏应填报“照章征税”。

四、合资合作设备（代码为“2025”）

中外合资、中外合作企业在投资总额内（属于投资的）进口的机器设备、零部件和其他物料。属于减免税的，海关发放标记代码为Z的“征免税证明”，进口时免税，报关单上的贸易方式栏填写“合资合作设备”或2025。

五、外资设备物品（代码为“2225”）

含义同上述的合资合作设备，只是进口的企业是外商独资企业。因为外商独资企业特定减免税下进口的设备物品是免许可证的，因此单独设置了此贸易方式。对于此类减免税，海关发放标记代码为Z的“征免税证明”，进口时免税，报关单上的贸易方式栏填写“外资设备物品”或2225。

六、无代价抵偿（代码为“3100”）

无代价低偿是指进口货物经海关征税或免税放行后，发现货物残损、缺少或品质不良，而由国外承运人、发货人或保险公司免费补偿或更换的同类货物。贸易方式为“无代价抵偿”的进出口货物属于法定减免税，进出口时免税，征免性质对应“其他法定”，征免方式为“全免”。

3. 填报要求。

（1）一份报关单只允许填报一种贸易方式。

案例分析：湖南某公司从韩国进口布料5万米，其中3万米用于加工服装出口（持有手册C××××××××××），另外2万米用于加工服装在国内销售。进口报关单应如何填报？

3万米符合进料加工，贸易方式应该填：进料对口0615；2万米是属于一般贸易货物，应该另外填写报关单，贸易方式栏应填：一般贸易0110。

（2）本栏目应根据实际情况，并按海关规定的《贸易方式代码表》选择填报相应的贸易方式简称或代码。

（3）加工贸易特殊情况下的填报要求。

①少量低值辅料（即5000美元以下，78种以内的低值辅料）按规定不使用《加工贸易手册》的，辅料进口报关单填报“低值辅料”。使用《加工贸易于册》的，按《加工贸易手册》上的贸易方式填报。

②外商投资企业为加工内销产品而进口的料件或进口供加工内销产品的料件，进口报关单填报“一般贸易”。外商投资企业为加工出口产品全部使用国内料件的出口合同，成品出口的报关单填报“一般贸易”。

③加工贸易料件结转或深加工结转货物，按批准的贸易方式填报，如“进料深加工结转”（0654）、“来料深加工结转”（0255）、“进料余料结转”（0657）、“来料余料结转”（0258）。

④加工贸易料件转内销货物（及按料件补办进口手续的转内销成品、半成品、残次品）应填制进口报关单，本栏目填报“来料料件内销（0245）”或“进料料件内销（0644）”。

⑤加工贸易成品凭“征免税证明”转为享受减免税进口货物的，应分别填制进、出口报关单，出口报关单本栏目填报“来料成品减免（0345）”或“进料成品减免（0744）”，进口报关单本栏目按照实际贸易方式填报。

⑥加工贸易出口成品因故退运进口及复出口，以及复运出境的原进口料件退换后复运进口的，分别按与《加工贸易手册》备案相应的贸易方式填报“来料成品退运”（4400）或“进料成品退运”（4600）和“进料料件退换”（0700）或“来料料件退换”（0300）。

提示：《加工贸易手册》项下的料件或边角料复出时，应在贸易方式栏根据不同情况填报“来料料件复出（0265）”、“进料料件复出（0664）”、“来料边角料复出（0865）”、“进料料件复出（0864）”。料件退换的贸易方式不能与料件复出混淆。在退换的料件出口时，出口报关单“贸易方式”栏目根据不同的情况填报“来料料件退换（0300）”、“进料料件退换（0700）”，并在“项号”栏目填报该商品在加工贸易手册中料件备案的项号。在退换的料件进口时，根据不同情况，进口报关单“贸易方式”栏选择填报“来料料件退换（0300）”、“进料料件退换（0700）”，并在“项号”栏目填报该商品在《加工贸易手册》中料件备案的项号。

（十一）征免性质

1. 含义。征免性质是指海关根据《海关法》、《关税条例》及国家有关政策，对进出口货物实施征、减、免税管理的性质类别。

2. 常见的征免性质及其适用范围。征免性质共有42种，常见的有：一般征税（101）、加工设备（501）、来料加工（502）、进料加工（503）、中外合资（601）、中外合作（602）、外资企业（603）、鼓励项目（789）等。

（1）一般征税（101）。一般征税是指海关依照《海关法》、《关税条例》、《进出口税则》及其他法律、法规所规定的税率征收关税、增值税和其他税费的进出口货物，包括除其他征免性质另有规定者外的一般照章（包括按照公开暂定税率、关税配额、反倾销、反补贴、保障措施等）征税或补税的进出口货物。

（2）其他法定（299）。其他法定是指海关依照《海关法》、《关税条例》，对除无偿援助进出口物资外的其他实行法定减免税的进出口货物，以及根据有关规定非按全额货值征税的部分进出口货物。适用范围如下：①无代价抵偿进出口货物（照章征税的除外）；②无商业价值的广告品和货样；③进出境运输工具装载的途中必需的燃料、物料和饮食用品；④因故退还的境外进口货物；⑤因故退还的我国出口货物；⑥在境外运输途中或者在起卸时损坏或损失的货物；⑦起卸后海关放行前，因不可抗力遭受损坏或者损失的货物；⑧因不可抗力因素造成的受灾保税货物；⑨海关查验时已经破漏、损坏或者腐烂，经证明不是保管不慎造成的货物；⑩我国缔结或者参加的国际条约规定减征、免征关税的货物、物品；⑪暂准进出口货物；⑫展览会货物；⑬出料加工项下的出口料件及复进口的成品；⑭进出境的修理物品；⑮租赁期不满一年的进出口货物；⑯边民互市进出境货物；⑰非按全额货值征税的进口货物（如按租金、修理费征税的进口货物）。⑱其他不按“进出口货物征免税证明”管理的减免税货物。

（3）保税区（307）。适用于对保税区单独实施征减免税政策的进口自用物资，包括保税区用于基础设施建设的物资，以及保税区内企业（外商投资企业除外）进口的生产设备、其他自用物资和出口货物等。

（4）加工设备（501）。适用于加工贸易经营单位按照有关征减免税政策进口的外商免费（即不需经营单位付汇，也不需要加工费或差价偿还）提供的加工生产所需设备。

（5）来料加工（502）。适用于来料加工装配项下进口所需的料件等，以及经加工后出口的成品、半成品。

（6）进料加工（503）。适用于为生产外销产品用外汇购买进口的料件，以及经加工后返销出口的成品、半成品。

（7）中外合资（601）。目前一般适用于中外合资企业自产的出口产品。

（8）中外合作（602）。目前一般适用于中外合作企业自产的出口产品。

（9）外资企业（603）。目前一般适用于外商独资企业自产的出口产品。

3. 填报要求。

（1）按照海关核发的“征免税证明”中批注的征免性质填报，或根据实际情况按海关规定的《征免性质代码表》选择填报相应的征免性质简称或代码。

（2）一份报关单只允许填报一种征免性质，涉及多个征免性质的，应分单填报。

（3）加工贸易报关单本栏目应按照海关核发的《加工贸易手册》中批注的征免性质填报相应的征免性质简称或代码。

（4）加工贸易货物的特殊情况的填报：①加工贸易转内销货物，按实际应享受的征免性质填报，如“一般征税”、“科教用品”、“其他法定”等；②加工贸易料件退运出口、成品退运进口的货物填报“其他法定”；③加工贸易结转货物，本栏目为空。

（十二）征税比例/结汇方式

1. 含义。征税比例用于原“进料非对口”贸易方式下的进口报关单。结汇方式是指出口货物的发货人或其代理人收结外汇的方式。出口报关单应按照海关规定的《结汇方式代码表》（见表8－5）选择填报相应的结汇方式名称或代码。

表8－5　　结汇方式代码表

代码	结汇方式名称	英文缩写	英文名称
1*	信汇	M/T	Mail Transfer
2*	电汇	T/T	Telegraphic Transfer
3*	票汇	D/D	Remittance by Bank's Demand Draft
4*	付款交单	D/P	Documents against Payment
5*	承兑交单	D/A	Documents against Acceptance
6*	信用证	L/C	Letter of Credit
7	先出后结		
8	先结后出		
9	其他		

2. 填报要求。

（1）出口货物报关单此本栏目不得为空，若出口货物不需结汇的，填报“其他”。

（2）由于现行征税比例政策已取消，进口报关单本栏目免予填报。

（十三）许可证号

1. 含义。许可证号是指国务院商务主管部门及其授权发证机关签发的进、出口货物许可证的编号。

许可证号的编号格式是：××－××－××××××。第1、2位代表年份，第3、4位代表发证机关（AA代表商务部许可证事务局发证，AB、AC等代表各地特派员办事处发证，01、02代表商务部授权各省、自治区、直辖市等主管部门发证），后6位为顺序号。如：

12 - AC - 001011。

提示： 两用物项和技术进（出）口许可证的编号长度、编排与进出口许可证一样，但编号的第 5 位为字母。

2. 填报要求。

（1）一份报关单只允许填报一个许可证号；

（2）非许可证管理商品本栏免填。

（十四）起运国（地区）/运抵国（地区）

1. 含义。起运国（地区）是指进口货物起始装运发出直接运抵我国的国家或地区，或在运输中转国（地区）未发生任何商业性交易的情况下运抵我国的国家（地区）。运抵国（地区）是指出口货物离开我国关境直接运抵的国家（地区），或者在运输中转国（地区）未发生任何商业性交易的情况下最后运抵的国家（地区）。

2. 填报要求。

（1）一般填报要求。根据实际情况，按海关的《国别（地区）代码表》中的国别（地区）的中文名称或代码填报。国别（地区）为非中文名称时，应翻译成中文名称填报或填报相应代码。

（2）直接运抵货物。不经过第三国（地区）转运的直接运输进出口货物，以进口货物的装货港所在国（地区）为起运国（地区），以出口货物的指运港所在国（地区）为运抵国（地区）。

（3）在第三国发生中转货物。中转（转运）货物是指船舶、飞机等运输工具从装运港（地）将货物装运后，不直接驶往目的港（地），而在中途的港口（地点）卸下后，再换装另外的船舶、飞机等运输工具运往目的港（地）。对于中转货物，起运国（地区）或运抵国（地区）分两种情况填报：一种是发生运输中转而未发生任何买卖关系的货物，其起运国（地区）或运抵国（地区）不变；另一种是发生运输中转并且与中转地所在国家（地区）的商家发生了买卖关系的货物，则中转地所在的国家（地区）为起运国（地区）或运抵国（地区）。可通过发票等商业单证来判断货物中转时是否发生了买卖关系。

（4）非实际进出境货物。运输方式代码为 0、1、7、8、W、X、Y、Z、H 的，以及贸易方式后 2 位为 42 ~ 46、54 ~ 58 的货物起运国（地区）和运抵国（地区）均为“中国”（142）。

提示： 填写货物起运国（地区）和运抵国（地区）时，可从原始单据查找有关信息，如 SHIMENT FGROM... TO...，PORT OF SHIPMENT（LOADING），PORT OF DESTINETION，VIA，IN TRANSIT TO。

（十五）装货港/指运港

1. 含义。装货港（装运港）是指进口货物在运抵我国关境前的最后一个境外装运港。直接运抵货物起始装运的港口就是装货港。指运港是指出口货物运往境外的最终目的港。如果出口货物的最终目的港不可预知，则按尽可能预知的目的港填报。

2. 填报要求。报关单“装货港”栏或“指运港”栏应填报装货港或目的港的中文名称或代码。若遇到装货港为非中文名称的，应翻译成中文名称填报。若装货港或指运港无中文名称或代码的，可选择填报相应的国家中文名称或代码。

（1）对于直接运抵的货物，以货物实际装货的港口为装货港，货物直接运抵的港口为指运港。

（2）对于发生中转运输的货物，最后一个中转港就是装货港，指运港不受中转影响。

（3）对于无实际进出境的货物，“装货港”栏或“指运港”栏填报“中国境内”（142）。

（十六）境内目的地/境内货源地

1. 含义。境内目的地是指已知的进口货物在我国关境内的消费、使用地或最终运抵的地点。境内货源地是指出口货物在我国关境内的生产地或原始发货地（包括供货地点）。

2. 填报要求。

（1）“境内目的地”栏和“境内货源地”栏应按海关规定的《国内地区代码表》选择填报相应的国内地区名称或代码填报，代码的含义与经营单位代码前5位的含义相同。

（2）“境内目的地”应填报进口货物在境内的消费、使用地或最终运抵地。其中，最终运抵地为最终使用单位所在的地区。最终使用单位难以确定的，填报货物进口时预知的最终收货单位所在地。

（3）“境内货源地”应填报出口货物的生产地或原始发货地。如难以确定出口货物的产地，填报最早发运该出口货物的单位所在地。

（十七）批准文号

1. 含义。批准文号是指仅填报实行出口收汇核销管理的出口收汇核销单的编号。

2. 填报要求。

（1）进口报关单的“批准文号”栏免填；

（2）我国于2012年8月1日起取消出口收汇核销，意味着与此有关的出口报关单的“批准文号”栏不必填报。

（十八）成交方式

1. 含义。成交方式是指在国际贸易中进出口商品价格的构成和买卖双方各自应承担的责任、费用和风险，以及货物所有权转移的界限。成交方式就是国际贸易中的贸易术语，也称“价格术语”。成交方式包括两个方面的内容：一方面表示交货的条件；另一方面表示成交价格的构成因素。

在填制报关单此栏目时，尽管《2000年国际贸易术语解释通则》（以下简称《2000通则》）规定有13种贸易术语和《2010年国际贸易术语解释通则》（以下简称《2010通则》）规定有11种贸易术语，但海关规定的《成交方式代码表》中只有6种成交方式，因此必须掌握《国际贸易术语解释通则》和报关单中海关规定的《成交方式代码表》之间的对应关系，故需要记住表8－6的贸易术语与成交方式及其代码的对应关系。

注意：报关单填制中的诸如“CIF”、“CFR”、“FOB”等成交方式是中国海关规定的“成交方式代码表”中所指定的成交方式，与《2000年通则》和《2010年通则》中的贸易术语并非完全一致。这里的“CIF”、“CFR”、“FOB”不仅适用水运，而且适用于任何运输方式，主要体现成本、运费、保险费等成交价格构成因素，目的在于方便海关计算税费。

表 8－6　　贸易术语与成交方式及其代码的对应关系

成交方式名称	对应的贸易术语	成交方式代码
CIF	《2000 通则》：CIF、CIP、DAF、DES 、DEQ、DDU、DDP 《2010 通则》：CIF、CIP、DAT、DAP、DDP	1
CFR（C&F/CNF）	CFR、CPT	2
FOB	EXW、FCA、FAS、FOB	3
C&I		4
市场价		5
垫仓		6

2. 填报要求。

（1）应根据实际成交价格条款（一般标示在发票的价格栏目），按海关规定的《成交方式代码表》选择填报相应的成交方式名称或代码。

（2）无实际进出境的，进口成交方式填报“CIF”或其代码“1”，出口成交方式填报FOB或其代码“3”。

（3）采用集中申报的归并后的报关单，进口的成交方式必须为“CIF”或其代码，出口成交方式必须为“FOB”或其代码。

（十九）运费

1. 含义。出口报关单所列运费是指出货价以外，进口货物运抵我国境内输入地点起卸前的运输费用，出口货物运至我国境内输出地点转载后的运输费用。

2. 填报要求。

（1）进口货物成交价格中不包含前述运输费用或者出口货物含有前述运输费用，即成交方式为FOB、C&I或出口成交方式为CIF、CFR的，应在本栏填报运费。进口货物成交价格包含前述运输费用或者出口货物不包含前述运输费用的，本栏目不填报。

（2）本栏目应根据具体情况选择运费单价、运费总价或运费率三种方式之一填报，同时注明运费标记，并按海关规定的《货币代码表》选择填报相应的币种代码。运费标记“1”表示运费率，“2”表示每吨货物的运费单价，“3”表示运费总价。

填制纸质报关单时，“运费”栏目填报方式如下：①运费率方式。直接填报运费率的数值，如：3%的运费率填报为“3/1”。②运费单价方式。填报为货币代码＋“/”＋运费单价的数值＋“/”＋运费单价标记。如：88 欧元的运费单价填报为“300/88/2”；其中的含义分别是：货币代码（这里 300 为欧元的代码）/运费的单价（88 欧元每吨）/运费标记（2 表示运费以单价计算）。③运费总价方式。填报为货币代码＋“/”＋运费总价的数值＋“/”运费总价标记。如：8000 美元的运费总价填报为 502/8000/3；其中的含义分别是：币制代码（这里 502 为美元的代码）/运费的总价（运费共为 8000 美元）/运费标记（3 表示运费以总价计算）。

（3）运保费合并计算的，运保费填报在本栏目。运保费合并计算是指外方提供给我方或者我方提供给外方的是一个运费和保险费的合计费用，并没有分开单列，合并计算的运保费一般都是运保费的总价。

（二十）保费

1. 含义。进出口报关单所列保费是指进出口货物在国际运输过程中，由被保险人给付保险人的保险费用。其中，进口货物保费是指货物运抵我国境内输入地点起卸前的保险费用，出口货物保费是指货物运至我国境内输出地点装载后的保险费用。

国际贸易中习惯做法是以 CIF 或 CIP 价为基础计算保险费。通常采用的计算公式为：

保险费 = 投保金额 × 保险费率

在报关过程中，报关人通常提供保险费率或保险费的总金额来报关。

2. 填报要求。

（1）进口货物成交价格包含前述保险费用或者出口货物成交价格不包含前述保险费用的，本栏目免予填报。进口货物成交价格不包含前述保险费用或者出口货物成交价格含有前述保险费用的，即进口成交方式为 FOB、CFR 或者出口成交方式为 CIF、C&I 的，应在本栏目填报保费。

（2）陆运、空运和海运进口货物的保险费，按实际支付的费用计算。进口保险费无法确定或者未实际发生的，按货价加运费的 3‰计算保险费。

（3）本栏目可按保险费总价或保险费率两种方式之一填报（保险费没有按单价计费的），同时注明保险费标记，并按海关规定的《货币代码表》选择填报相应的币种代码。保险费标记“1”表示保险费率，“3”表示保险费总价。①保费率方式。直接填报保费率的数值，如：3‰的保险费率填报为“0.3/1”；②保费总价方式。填报为保费货币代码 + “/” + 保费总价的数值 + “/” + 保费总价标记。如：9000 港元保险费总价填报为 110/9000/3。

（4）运保费合并计算的，运保费填报在“运费”栏中，本栏免于填报。

（二十一）杂费

1. 含义。杂费是指成交价格以外的，应计入货物价格的费用或应从货物价格中扣除的费用。

2. 填报要求。

（1）本栏目填报成交价格以外的，应计入完税或应从完税价格中扣除的费用，如手续费、佣金、折扣等。

（2）“杂费”栏目应根据具体情况选择杂费总价或杂费率两种方式之一填报，同时注明杂费标记，并按海关规定的《货币代码表》选择填报相应的币种代码。杂费标记“1”表示杂费率，“3”表示杂费总价。

（3）应计入完税价格的杂费填报为正值或正率，应从完税价格中扣除的杂费填报为负值或负率。填制纸质报关单时，“杂费”栏不同的杂费标记如下：①杂费率方式直接填报杂费率的数值。如：应计入完税价格的 1.8% 的杂费率，填报为“1.8/1”；应从完税价格中扣除的 2% 的回扣率填报为“ -2/1”（负号填在费率前）。②杂费总价方式填报为杂费货币代码 + “/” + 杂费总价的数值 + “/” + 杂费总价标记。如：应计入完税价格的总价为 200 英镑杂费，填报为 303/200/3；应从完税价格中扣除的总价为 9000 港币的折扣，填报为 110/ -9000/3（负号填在金额前）。

（4）无杂费的，本栏目不填。运费、保费、杂费的正确填报方式见表 8 -7。

表 8-7 运费、保费、杂费的正确填报例表

项目	率 1	单价 2	总价 3
运费	5% ⟶ 5/1	USD50/KG ⟶ 502/50/2	HKD9000 ⟶ 110/9000/3
保费	0.3% ⟶ 0.3/1	—	EUR500 ⟶ 300/500/3
杂费（计入）	1.5% ⟶ 1.5/1	—	GBP200 ⟶ 303/200/3
杂费（扣除）	1% ⟶ -1/1	—	JPY8000 ⟶ 116/-8000/3

（二十二）合同协议号

1. 含义。合同协议号指买卖双方就买卖的商品所签订的合同或协议的编号。在原始单据上合同号一般表示为“Contract No.：××××××”。例如：“Contract No.：ABC-201201”。

2. 填报要求。本栏目应填报进（出）口货物合同（协议）编号的全部字头和号码。如上例中的“合同协议号”栏应填“ABC-201201”。

（二十三）件数

1. 含义。件数是指有外包装的单件进出口货物的实际件数，货物可以单独计算的一个包装称为“一件”。

2. 填报要求。

（1）本栏目不得为空，也不得填报为零，应填报有外包装的进出口货物的实际件数。

（2）散装、裸装货物填报为“1”。

（3）舱单件数为托盘的，本栏目填报托盘件数。如：“2 PALLETS 400 CARTONS”，件数填报为“2”。

（4）舱单件数为集装箱的，本栏目填集装箱个数。

（二十四）包装种类

1. 含义。包装是指包裹和捆扎货物用的内部或外部包装和捆扎物的总称。这里所说的包装种类，是指进出口货物在运输过程中外表所呈现的状态，包括包装材料、包装方式等。

在原始单据（装箱单或提运单据）上，件数和包装种类一般表示为“No. of PKGS”，其后数字即为应填报的件数；或“TOTAL PACKED IN XXX CARTONS ONLY”；或“TOTAL WOODEN CASES ONLY”。

【例 8-1】“TOTAL PACKED IN 50 CARTONS”，表示共有 50 个纸箱，即“件数”填报为“50”，包装种类填报为“纸箱”。

【例 8-2】“Quantity: 40 WOODEN CASES ONLY”，表示共有 40 个木箱，即“件数”填报为“40”，包装种类填报为“木箱”。

【例 8-3】“4 Units & 5 Cartons”，表示共有 4 个计件单位（辆、台、件等）和 5 个纸箱，件数合计为 9，包装种类填报为“其他”。

2. 填报要求。本栏目应根据进出口货物的实际外包装种类，选择填报相应的包装种类，如木箱、纸箱、铁桶、托盘、裸装、散装、包、捆、袋等。

相关链接：

裸装和散装

1. 裸装（Nude），指一些自然成件能抵抗外在影响，不必要用包装的货物，在存储和运输过程中可保持原有状态，如圆钢、钢板、木材等。包装种类栏填写“裸装”。

2. 散装（Bulk），指一些大宗的、廉价的，成粉、粒、块状的货物，以及不必包装、不值得包装的货物疏散地装载在运输工具内，如煤炭、矿砂、粮食、石油等。包装种类栏填写“散装”。

（二十五）毛重

1. 含义。毛重是指商品重量加上商品外包装重量之和。

2. 填报要求。

（1）本栏目填报进（出）口商品重量加上商品外包装重量之和，不得为空。

（2）毛重的计量单位为千克，且毛重应大于或等于1，即毛重不足1千克的应填报为“1”。

（3）1千克以上且非整数的，其小数点后保留4位，第5位及以后的略去（注意第5位数不采用四舍五入）。小数点后不足4位数的，填报实际位数，不必用“0”补齐。如：若单证中是“GROSS WEIGHT：1.8MT”，则本栏目应填“1800”；若单证中是“G. WT：0.7KG”，则本栏目应填报为“1”；若单证中是“G. WT：118.43269KG”，则本栏目应填报为“118.4326”；若单证中是“G. WT：896.4KG”，则本栏目应填报为“896.4”。

（4）应依据合同、发票、装箱单等有关单证中“Gross Weight”（缩写G. W.）的重量填报。

（二十六）净重

1. 含义。净重是指商品毛重减去外包装材料重量，即商品本身的实际重量。有部分商品的净重还包括直接接触商品的销售包装物料的重量（如罐头装食品等）。商品净重一般都在相关原始单据的“Net Weight”（简称N. W.）栏出现。

2. 填报要求。

（1）本栏目填报进（出）口商品的毛重减去外包装材料后的重量，即商品本身的实际重量，不得为空。

（2）计量单位为千克，且净重栏目不得填报小于1的数字，即实际净重不足1千克的应填报为“1”。

（3）1千克以上且非整数的，其小数点后保留4位（填报方法与毛重相同）。

（4）应依据合同、发票、装箱单等有关单证中“Net weight”（缩写N.W.）的重量填报。合同、发票等有关单证不能确定的货物，可以估重填报。

（5）以毛重作为净重计价的，可填毛重。

（6）按照国际惯例以公量计价的货物，如未脱脂羊毛、羊毛条等，填报公量重。

（7）对于采用零售包装的酒类、饮料，应按液体部分重量填报。

（二十七）集装箱号

1. 含义。集装箱号（Container No）是在每个集装箱箱体两侧标示的全球唯一的编号。通常前4位是字母，后跟一串7位数字。其组成规则是：箱主代号（3位字母）+设备识别号“U” +顺序号（6位数字） +校验码（1位数字），例如：CRCU5682653。

2. 填报要求。

（1）本栏目填报装载进出口货物（包括拼箱货物）集装箱的箱体信息，即集装箱号、集装箱的规格和集装箱的自重三个部分。

（2）具体填写要求为：集装箱号 + “/” +规格 + “/” +自重。填报纸质报关单时，涉及多个集装箱的，将第一个集装箱信息填报在“集装箱号”栏，其他的依次填报在“标记唛码及备注”栏中。如：一个20英尺的集装箱，箱号为：TXEU8607576，自重是2275千克，则集装箱号栏填报格式如下：TEXU8607576/20/2275。

（3）非集装箱货物本栏目填报“0”。非实际进出境货物采用集装箱运输的，本栏目免于填报。

（二十八）随附单证

1. 含义。随附单据是指随进（出）口货物报关单一并向海关递交的，除商业、货运单证及“许可证号”栏填报的进出口许可证件以外的监管证件。常用的监管证件代码见表8－8。

表8－8　常用的监管证件代码

代码	监管证件名称	代码	监管证件名称
1*	进口许可证	2*	两用物项和技术进口许可证
3*	两用物项和技术出口许可证	4*	出口许可证
7*	自动进口许可证	A*	入境货物通关单
B*	出境货物通关单	O*	自动进口许可证（新旧机电产品）
P*	固体废物进口许可证	Y*	原产地证明
v*	自动进口许可证（加工贸易）	X	出口许可证（加工贸易）

2. 填报要求。

（1）合同、发票、装箱单、提单、进出口许可证等必备的随附单证不在本栏目填报。

（2）填报监管证件代码及编号，填报格式为：监管证件代码 + “：” +监管证件编号。

（3）所申报货物涉及多个监管证件的，本栏目只填报一个监管证件的代码和编号在“随附单据”栏，其余的监管证件代码和编号填报在“标记唛码及备注”栏中。

（4）加工贸易内销征税报关单，本栏目填写内销征税联系单代码（c）及编号。

（5）含预归类商品报关单，本栏目填写“r” + “：” + “××关预归类书××号”。

（6）原产地证书相关内容的填报要求（进口货物优惠贸易协定代码见表8－9）。①实行原产地证书联网管理的，在本栏目填报：“Y：〈优惠贸易协定代码〉，同时将原产地证书编号填报在“备案号”栏，格式为：“Y” +原产地证书编号。如：适用澳门CEPA项下进口的商品，应本栏目填报为：“Y：〈04〉”。②未实行原产地证书联网管理的，在本栏目填报：“Y：〈优惠贸易协定代码：需证商品序号〉”，但“备案号”栏目免于填报。如：《亚太贸易协定》项下进口报关单中第1、2、3项和第5项为优惠贸易协定项下商品，此栏目应填报为：“Y：〈01：1－3，5〉”。③优惠贸易协定项下出口货物，本栏目填报原产地证书代码和编号。

(7) 其他填制要求。一份原产地证书只能对应一份报关单，享受协定税率和减免税的商品不能填在同一份报关单上。在一票进口货物中，对于实行原产地证书联网管理的，若涉及多份原产地证书或非原产地证书商品，应分单填报。同时报关单上申报商品的计量单位必须与原产地证书上对应商品的计量单位完全一致。

表 8－9　进口货物优惠贸易协定代码表

代码	优惠贸易协定	代码	优惠贸易协定
01	亚太贸易协定	07	中国—巴基斯坦自贸协定
02	中国—东盟合作框架协议	08	中国—智利自贸协定
03	中国香港 CEPA	09	对也门等国特别优惠关税待遇
04	中国澳门 CEPA	10	中国—新西兰自贸协定
05	对非洲特别优惠关税待遇	11	中国—新加坡自贸协定
06	台湾农产品零关税措施	12	中国—秘鲁自贸协定
13	对最不发达国家特别优惠关税待遇	14	海峡两岸经济合作框架协议
15	中国—哥斯达黎加自贸协定		

(二十九) 用途/生产厂家

1. 含义。用途是指进口货物在境内实际适用方面或范围。生产厂家是指出口货物生产企业的名称。

2. 填报要求。

(1) 进口货物填报用途，应根据进口货物的实际用途，按海关规定的《用途代码表》选择填报相应的用途或代码。用途的填写与贸易方式、征免性质是相对应的。主要用途名称、代码表和使用范围见表 8－10。

表 8－10　主要用途名称、代码表和使用范围

代码	名称	使用范围说明
01*	外贸自营内销	有外贸进出口权的企业在其经营范围内以正常方式成交的进口货物
02	特区内销	
03*	其他内销	进料加工转内销部分，来料加工转内销货物以及外商投资企业进口供加工内销产品的料件
04*	企业自用	进口供本单位（企业）自用的货物。如外商投资企业以及特殊区域内的企业、事业和机关单位进口自用的机器设备等
05*	加工返销	来料加工、进料加工、补偿贸易和外商投资企业为履行产品出口合同从国外进口料件，用于在国内加工后返销到境外
06	借用	从境外租借进口，在规定的使用期满后退运出境外的进口货物
07	收保证金	由担保人向海关缴纳现金的一种担保形式
08	免费提供	免费提供的如无偿援助、捐赠、礼品等进口货物
09	作价提供	我方与外商签订的协议中规定由外商作价提供进口的货物，事后由我方支付或从我方出口货物款中或出口加工成品的加工费扣除，如来料加工贸易进口设备等
10	货样、广告品	
11	其他	

（2）出口货物填报生产厂家（即出口货物在境内的生产企业的名称），此栏目仅供必要时填报。

（三十）标记唛头及备注

1. 含义。标记唛码是运输标志的俗称，是为方便收货人查找，便于在装卸、运输过程中识别而设。备注是指填制报关单时需要备注或说明的事项，包括关联备案号、关联报关单号以及其他需要补充或特别说明的事项。

2. 填报要求。本栏目包含标记唛码和备注两部分内容。

（1）填报货物运输包装上的标记唛码中除图形以外的所有文字、数字，填报在本栏目“标记唛码”项。无标记唛码的免于填报。

（2）受外商投资企业委托代理进口投资设备、物品的进出口企业的名称，填报在“备注”栏，格式为：“委托×××公司进口”。

（3）所申报货物涉及多个监管证件的，除第一个监管证件外的其余监管证件和代码填报在本栏目。格式为：监管证件的代码＋“：”＋监管证件编号。

（4）所申报货物涉及多个集装箱的，除第一个集装箱号外的其余集装箱号填报在本栏目。格式为：集装箱号代码＋“/”＋规格＋“/”＋自重。

（5）与本报关单有关联的，同时在业务管理规范方面又要求填报的备案号，作为关联备案事项填报在“备注”栏。

加工贸易结转货物及凭征免税证明转内销货物，其对应的备案号应填报在本栏目的“备注”项。如：“转至（自）××××××××××××手册”。

减免税货物结转进口（转入），本次减免税货物结转所申报的“减免税进口货物结转联系函”的编号应填报在“备注”栏。

减免税货物结转出口（转出），报关单“关联备案栏”应填写与其相对应的进口（转入）报关单“备案号”栏中征免税证明的编号。

（6）与本报关单有关联的，同时在业务管理规范方面又要求填报的报关单号，作为关联备案事项填报在“备注”栏。

加工贸易结转类货物，应先办理进口报关后办理出口报关，并将进口报关单号填入出口报关单的“备注”栏。

办理进口货物直接退运手续的，除另有规定外，应当先填写出口报关单，后填写进口报关单，并将出口报关单号填入进口报关单的“备注”栏。

减免税货物结转出口（转出），应先办理进口报关后办理出口报关，并将进口（转入）报关单号填入出口（转出）报关单的“备注”栏。

（7）办理进口货物直接退运手续的，“准予直接退运决定书”或“责令直接退运通知书”编号填报在“备注”栏。

（8）加工贸易转内销货物，经营企业凭加工贸易货物内销征税联系单纸质或电子数据办理通关手续，在填制内销报关单时，企业必须在本栏目注明“活期”字样。

（9）来料加工出口成品报关单须在“备注”栏注明料件费和工缴费金额。

（10）其他申报时必须说明的事项。

提示：标记唛码英文表示为：Marks、Marking、Marks & No.、Shipping Marks 等。它一般由一个简单的几何图形和一些字母、数字及简单的文字组成，通常分列为收货人的代号（标识）、合同号、目的地、原产国、中转信息、件数号码等。要求将以上四项分列 4 行。例如：

Marks & No.　（唛头）
SHANGHAI WORLDBEST　（收货人）
98L—025SH　（合同号）
SHANGHAI　（目的港）
C/NO. 1 - 420　（件数：420 件）

二、进出口货物报关单表体各栏目的填制

（一）项号

1. 含义。项号是指同一票申报货物在报关单中的商品排列序号及该项在《加工贸易手册》或征免税证明等单证中的顺序编号。

一份电子报关单表体共有 20 栏，每项商品占表体一栏，若超过 20 项商品必须分单填报。一份纸质报关单标体分为 5 栏，每项商品占据表体的一栏，最多可填报（打印）5 项商品。

提示：不同商品名称的、不同商品编码的、不同原产国（地区）/最终目的国（地区）的、不同征免性质的，都应该各占表体的一栏。

2. 填报要求。

（1）每项商品在“项号”下的每一栏中分两行填报。第一行填报货物在报关单中的商品排列序号。一般都按发票或装箱单中商品的排列顺序填写。第二行专用于加工贸易、减免税和实行原产地证书联网管理等已备案的审批货物，填报该项货物在《加工贸易手册》中的项号、“征免税证明”或对应的原产地证书上的商品项号。

加工贸易合同项下进出口货物的报关单，第一行填报报关单中的商品顺序编号，第二行填报该项商品在《加工贸易手册》（账册）中备案项号，用于核销对应项号下的料件或成品数量。如一张纸质加工贸易料件进口报关单上某项商品的项号是上“01”、下“10”，表明该商品位列报关单所申报商品的第 1 项，且对应加工贸易手册备案料件第 10 项。

（2）“项号”栏的填写按惯例都填 2 位，如申报的第 1 项商品项号填“01”，列第 2 项的填“02”，以此类推。

（3）特殊情况下“项号”第 2 行的填报要求。

①深加工结转货物，分别按照《加工贸易手册》中的进口料件项号和出口成品项号填报。

②料件结转货物（包括料件、成品和半成品拆料），出口报关单按照《转出加工贸易手册》中进口料件的项号填报；进口报关单按照《转入加工贸易手册》中进口料件的项号填报。

③成品退运货物，退运进境报关单和复运出境报关单按照《加工贸易手册》原出口成品的项号填报。

④加工贸易料件转内销货物及按料件补办进口手续的转内销成品、半成品、残次品，应填制进口报关单，本栏目填报《加工贸易手册》进口料件的项号。加工贸易边角料、副产品内销，本栏目填报《加工贸易手册》中对应的料件项号。当边角料或副产品对应一个以上料件项号时，填报主要料件项号。

⑤料件复出口货物（包括料件、边角料、来料加工半成品拆料），出口报关单按照《加工贸易手册》中进口料件的项号填报；若边角料对应一个以上料件项号时，填报主要料件项号。料件退转货物（包括料件，不包括半成品），进出口报关单按照《加工贸易手册》中进口料件的项号填报。

⑥加工贸易成品凭“征免税证明”转为享受减免税进口货物的，应先办理进口报关手续。进口报关单填报“征免税证明”中的项号，出口报关单填报《加工贸易手册》原出口成品项号，且进出口报关单货物数量应一致。

⑦加工贸易料件、成品放弃，本栏目应填报《加工贸易手册》中进口料件或出口成品的项号。半成品放弃的，应按单耗折回料件，以料件放弃申报，本栏目填报《加工贸易手册》中对应的料件项号。

⑧副产品退运出口、结转出口或放弃，本栏目填报《加工贸易手册》中新增的变更副产品的出口项号。

⑨经海关批准实行加工贸易联网监管要求，企业需申报报关清单的，在向海关申报货物进出口（包括形式进出口）报关单前，向海关申报清单。一份报关清单对应一份报关单，报关单商品由报关清单归并而得。

（二）商品编号

1. 含义。商品编号是指在《协调制度》的基础上，按商品归类规则确定的进出口货物的海关监管商品代码。商品编码由10位数字组成，前8位为《进出口税则》中的税则号列和《统计商品目录》确定的商品编号，后2位数为海关附加编号。进出口货物应填报10位海关商品编码。

2. 填报要求。

（1）商品编号栏应填报8位税则号列和第9、10位附加编号；

（2）减免税货物，报关单中的商品编号应与“征免税证明”备案数据一致；

（3）加工贸易货物，报关单中的商品编号应与《加工贸易手册》（账册）中备案的商品编号一致；

（4）加工贸易保税货物跨关区深加工结转的结转双方的商品编号的前4位必须一致。

（三）商品名称、规格型号

1. 含义。商品名称是指国际贸易缔约双方同意买卖的商品名称。报关单中的商品名称是指进出口货物规范的中文名称。规格型号是指反映商品性能、品质和规格的一系列指标，如品牌、等级、成分、含量、纯度、尺寸等。

提示：商品名称及规格型号可从发票的“Description of Goods”、“Product and Description”、“Goods Description”、“Quantities and Description”栏目找到具体描述。

2. 填报要求。

（1）本栏分两行填报。第一行填报进出口货物规范的中文名称。若发票中的商品名称为非中文名称，必须翻译成规范的中文名称来填报，仅在必要时可加注原文。第二行填报规格型号（见例8-4）。

【例8-4】 棕榈仁油的商品名称、规格型号填制

商品名称、规格型号	
棕榈仁油	（第1行，规范的中文名称）
H2100G，氢化，碘值0.21，游离脂肪酸0.014%	（第2行，规格型号）

（2）商品名称及规格型号应据实填报，且规格型号应足够详细，并与合同、商业发票等相关单证相符。

（3）商品名称应当规范，规格型号应足够详细，以能满足海关归类、审价及许可证管理要求为准。

（4）同一商品编号、多种规格型号的商品可归并为一项商品的，按归并后的商品名称和规格型号填报。

（5）对于减免税、加工贸易等已备案的进出口货物，本栏目填报的内容必须与在海关备案登记中同项号下货物的名称与规格型号一致。

（6）加工贸易边角料和副产品内销，边角料复出口，应填报其报验状态的名称和规格型号。属边角料、副产品、残次品、受灾保税货物且按规定需加以说明的，在本栏目中填注规定的字样。

（7）对需要海关签发《货物进口证明书》的车辆，本栏目应填报"车辆品牌+排气量（注明毫升）+车型（如越野车、小轿车等）"。进口汽车底盘可不填报排气量。车辆品牌应按照《进口机动车辆制造厂名称和车辆品牌中英文对照表》中"签注名称"一栏的要求填报。规格型号可填报"汽油型"等。

（四）数量及单位

1. 含义。报关单上的"数量及单位"栏是指进出口商品的成交数量及计量单位，以及海关法定计量单位和按照海关法定计量单位计算的数量。

计量单位分为成交计量单位和海关法定计量单位。成交计量单位是指买卖双方在交易过程中所确定的计量单位（用以确定成交数量或者价格的单位）。海关法定计量单位是指海关按照《中华人民共和国计量法》的规定所采用的计量单位。我国海关采用的是国际单位制的计量单位。

海关法定计量单位又分为海关法定第一计量单位和海关法定第二计量单位。海关法定计量单位以《海关统计商品目录》中规定的计量单位为准。例如：天然水为千升/吨，卷烟为千支/千克，牛皮为千克/张，毛皮衣服为千克/件。上述计量单位中的斜线前者为海关法定第一计量单位，斜线后者为海关法定第二计量单位。

2. 填报要求。

（1）本栏目分三行填报（见例8-2）。①法定第1计量单位及数量填报在第1行。②法定第2计量单位及数量填报在第2行。无第2计量单位的，第2行为空。③成交计量单位与

法定计量单位不一致时，将成交计量单位及数量填报在本栏目的第 3 行。成交计量单位与法定计量单位一致时，本栏目第 3 行为空。

《海关统计商品目录》未列明计量单位的，按成交数量和计量单位填报。

【例 8－5】“数量及单位”栏分三行填报式样

商品名称、规格型号	数量及单位
化纤女背心	4288 千克（第一行，法定第一计量单位及数量）
100% POLYETER	154368 件（第二行，法定第二计量单位及数量）
LADIES VEST	12864 打 （第三行，成交计量单位及数量）

（2）本栏目长度为 13 位整数及 5 位小数。超出上述范围的，允许合理修正实际计量单位，例如将克改为千克或吨。数量栏目不得为空或填报“0”。

（3）法定计量单位为“千克”的数量填报要求：①装入可重复使用的包装容器的货物，按货物的净重填报。②使用不可分割包装材料和包装容器的货物，按货物的净重填报。如采用供零售包装的罐头、化妆品及类似品等。③以毛重作为净重计价的货物，可按毛重填报。如散装粮食、饲料等价格较低的农副产品。④按照商业惯例以公量计价的商品，应按公量填报。如未脱脂羊毛、羊毛条等。⑤采用零售包装的酒类、饮料，按照液体部分的重量填报。

（4）成套设备、减免税货物如需分批进口，货物实际进口时，应按照实际报验状态确定数量。

（5）根据归类规则，零部件按整机或成品归类的，法定计量单位是非重量单位的，其对应的法定数量填报“0.1”。

（6）具有完整品或制成品基本特征的不完整品、未制成品，根据归类规则应按完整品归类的，申报数量按照构成完整品的实际数量填报。

（7）法定计量单位为立方米的气体货物，应折算成标准状态（即摄氏零度及 1 个标准大气压）下的体积进行填报。

（五）原产国（地区）/最终目的国（地区）

1. 含义。原产国（地区）是指进口货物的生产、开采或加工制造的国家或地区。最终目的国（地区）是指已知的出口货物最终交付的国家或地区，即最终实际消费、使用或做进一步加工制造国家或地区。

2. “原产国（地区）”栏的填报要求

（1）进口报关单“原产国（地区）”栏和出口报关单“最终目的国（地区）”栏均按“国别（地区）代码表”选择相应的国别（地区）中文名称或代码填写。

（2）原产国（地区）应根据《原产地条例》、《中华人民共和国海关关于执行〈非优惠原产地规则中实质性改变〉的规定》及海关总署关于各项优惠贸易协定原产地管理规章规定的原产地标准填报。

（3）同一批货物的原产地不同的，应分别填报原产国（地区）。

（4）进口货物原产国（地区）无法确定的（如中性包装的进口货物等），应填报“国别（地区）不详”（701）。

（5）相关国际组织赠送的货物，应填报货物的实际生产国（地区）。

（6）进口货物监管方式代码后两位为 42、43、54、55 的，原产国为“中国”（142）；出口货物监管方式代码后两位为 42～46、54～58 的，原产国为“中国”（142）。

3. “最终目的国（地区）”栏的填报要求。

（1）同一批出口货物的最终目的国（地区）不同的，应分别填报最终目的国（地区）。

（2）最终目的国（地区）填报已知的出口货物的最终实际消费、使用或进一步加工制造的国家（地区）。

（3）不经过第三国（地区）转运的直接运输货物，以运抵国（地区）为最终目的国（地区）；经过第三国转运货物，以最后运往国（地区）为最终目的国（地区）。

（4）出口货物不能确定最终目的国（地区）的，以尽可能预知的最后运往国（地区）为最终目的国（地区）。

4. 加工贸易报关单特殊情况填报要求。

（1）深加工结转货物，原产国（地区）和最终目的国（地区）均为中国（142）。

（2）料件结转货物，原产国（地区）为原进口料件生产国（地区），最终目的国（地区）填报中国（142）。

（3）料件复运出境货物，填报实际最终目的国（地区），加工出口成品因故退运境内的，原产国（地区）填报中国（142），复运出境的货物填报实际最终目的国（地区）。

（4）海关特殊监管区域运往区外未经加工的进口货物，填报货物原进口时的原产国（地区）；经加工的成品或半成品，按现行的原产地规则确定原产国（地区）；区外运入出口加工区内的货物，最终目的国（地区）为中国（142）。

（5）加工贸易剩余料件转内销，原产国（地区）填报料件的原实际生产国（地区）；加工贸易成品（包括半成品、残次品、副产品）转内销，则原产国（地区）填报中国。

提示：原产国（地区）和最终目的国（地区）栏目按海关规定的《国别（地区）代码表》选择填报相应国家（地区）名称或代码。填报时注意以下几点：①国别（地区）名称应填写具体的国别（地区）名称，不能笼统地填报为区域性的名称概念，如“中东”、“中美洲”、“西非”、“阿拉伯国家”、“欧盟”等，也不能填写城市或港口名称，如“伦敦”、“纽约”等。②要防止把名称相似或地理位置邻近的国名报错。如尼日尔和尼日利亚，摩洛哥和摩纳哥，利比亚和利比里亚等。③殖民地、附属地要作为一个单独的地区来填报，而不能填报它的宗主国名称。如，法属喀里多尼亚不能报成法国，西属的休达、加那利群岛不能填报成西班牙。

（六）单价、总价、币值

1. 含义。单价是指进出口货物实际成交的商品单位价格的金额。总价是指进出口货物实际成交的商品总价的金额。币值是指进出口货物实际成交价格的计价货币的名称。

相关链接：

商品的单价条款一般包括：单位商品的价值金额、计量单位、计价货币和贸易术语等四个部分组成。例如，USD100/DOZEN CIF LUNDON，为：价值金额：100；计量（计价）单位：打（DOZEN）；计价货币：美元（USD）；贸易术语：CIF LUNDON。

2. "单价"栏的填报要求。

(1) 填报同一项号下进(出)口货物实际成交的商品单位价格(发票单价)的数字部分。

(2) 单价若非整数的,填报到小数点后4位,第5位及以后略去(不采用四舍五入),若第4位为"0",只填后3位。如单价为0.85889,应填报为0.8588。又如单价为58.98808,应填报为58.988。

(3) 对无实际成交价格的货物,本栏目填报单位货值。

3. "总价"栏的填报要求。

(1) 填报同一项号下进(出)口货物实际成交的商品总价的数字部分。总价若非整数的,填报到小数点后4位(与单价的取舍方法相同)。报关单中的总价和单价是相对应的,单价和其对应数量相乘等于总价,每一项商品对应一个总价。

(2) 无实际成交价格的,本栏目填报货值。

4. "币值"栏的填报要求。

本栏目应根据实际成交情况,按海关规定的《货币代码表》(见表8-11)选择填报相应的货币名称或代码。如《货币代码表》中无实际成交货币,须将实际成交币种按照申报日外汇折算率折算成《货币代码表》列明的货币填报。

表8-11 常用货币代码表

货币代码	货币符号	货币名称	货币代码	货币符号	货币名称
110*	HKD	港币	300*	EUR	欧元
116*	JPY	日元	303*	GBP	英镑
142*	CNY	人民币	502*	USD	美元
133	KRW	韩国元	501	CAD	加拿大元

(七) 征免

1. 含义。征免是指海关依照《海关法》、《关税条例》及其他法律、行政法规,对进出口货物进行征税、减税、免税或特案处理的实际操作方式。

2. 主要征免税方式。

(1) 照章征税。它是指对进出口货物依照法定税率计征各类税、费。

(2) 全免。它是指依照主管海关签发的"征免税证明"或海关总署的通知,对进出口货物免征关税和增值税,但消费税是否免征,应按有关批文的规定办理。

(3) 折半征税。它是指依照主管海关签发的征免税证明或海关总署的通知,对进出口货物依照法定税率折半计征关税和增值税,但照章征收消费税。

(4) 特案减免。它是指依照主管海关签发的"征免税证明"或海关总署通知规定的税率或完税价格计征各类税、费。

(5) 随征免性质。它是指对某些特定监管方式下进出口的货物按照征免性质规定的特殊计税公式或税率计征税、费。

(6) 保证金。它是指经海关具保放行的货物,由担保人向海关缴纳现金的一种担保形式。

（7）保函。它是指担保人根据海关的要求，向海关提交的订有明确权利义务的一种担保形式。

3. 填报要求。

（1）本栏目应按照海关核发的“征免税证明”或有关政策规定，对报关单所列每项商品选择填报海关规定的《征减免税方式代码表》（见表8－12）中相应的征减免税方式的名称。

（2）同一份报关单上可以有不同的征减免税方式。

（3）加工贸易报关单应根据《加工登记手册》中备案的征免规定填报。若《加工贸易手册》中备案的征免规定为“保金”或“保函”的，不能按备案的征免规定填报，而应填报“全免”。

表8－12　征减免税方式代码表

代号	名称	代号	名称	代号	名称
1	照章征税	4	特案减免	7	保函
2	折半征税	5	随征免性质		
3	全免	6	保证金		

三、进出口货物报关单其他栏目的填制

（一）预录入编号

预录入编号是指预录入单位录入报关单的编号，用于申报单位与海关之间引用其申报后尚未接受申报的报关单。预录入编号由接受申报的海关决定编号规则，由计算机自动打印。

提示：预录入编号是报关员填写的手写单拿到报关行打印出的电脑单所自动生成的编号，因此报关员不需填写预录入编号栏目。需要注意的是，参加报关员考试时，若给出了预录入编号，则需要填写预录入编号。

（二）海关编号

海关编号是指海关接受申报时给予报关单按次序排定的18编号。一份报关单对应一个海关编号，且应标示在报关单的每一联上。

进口报关单和出口报关单应分别编号，确保在同一公历年度内，能按进口和出口唯一的标示本关区的每一份报关单。海关编号由18位数字组成，其中前4位为接受申报海关的编号，第5～8位为海关接受申报的公历年份，第9位为进出口标志（“1”为进口，“0”为出口，集中申报清单中的“I”为进口，“E”为出口），第10～18位为报关单顺序编号（见例8－3）。

【例8－6】海关编号填报实例

5302	2012	0	027514049
罗湖海关	年份	出口	报关单顺序编号

（三）税费征收情况

本栏由海关经办人员填写，主要批注对该份（批）进出口货物的税、费征收和减免的情况，包括税率、税额的情况。

（四）录入员及录入单位

录入员，由负责将该份报关单内容的数据录入海关计算机系统并打印预录入报关单的实际操作人员签名确认。

录入单位，填报经海关核准，允许其将有关报关单内容输入计算机系统的单位。

（五）申报单位

本栏目包括申报单位，报关员，申报单位的地址、邮编、电话号码等项目。自理报关的，本栏目填报进出口企业的名称及海关注册编码；委托代理报关的，本栏目填报经海关批准的报关企业名称及海关注册编码。

1. 申报单位是指向海关办理进出口货物报关手续的法人，主要有已在海关注册登记的进出口货物收发货人、报关企业。本栏填报申报单位的中文名称及编码。

2. 报关员是指负责该批货物向海关办理报关手续的人员。由该报关员在该栏中签印。

3. 单位地址主要填报向海关办理报关手续的单位在境内居住或通讯联系的地址。

4. 邮编及电话主要填报申报单位所在地区的邮政编码及通讯联系的电话号码。

5. 填制日期主要是指该份报关单的填制日期，由经办的报关员负责填写。电子数据报关单的填制由计算机自动打印。填制日期为8位数字，顺数为：年（4位）、月（2位）、日（2位）。

（六）海关审单批注放行日期（签章）

本栏目共分审单、审计、征税、统计、查验、放行六项，是海关内部作业时签注的总栏目，由经办上述各项的海关人员完成本项任务后将本人姓名或代码手工填制在预录入报关单上。其中，"放行"栏一般填写（签注）海关对接受申报的进出口货物完成上述各项任务做出放行决定的日期（包括经办人的姓名、日期）。

上述（三）、（四）、（五）、（六）栏目在2012年报关员资格考试中未做要求。

第三节　进出口货物报关单填制栏目的对应关系

一、主要商业、货运单证与报关单有关栏目的对应关系

以下举例说明提单、发票、装箱单等商业、货运单证与进口报关单有关栏目的基本对应关系。报关单标有带圈数字的栏目内容，可以从随附的商业、货运单证中标注对应带圈数字的内容中查找后填报。

【资料8-1】报关单（见表8-13）

表 8－13　　　　**中华人民共和国海关进口货物报关单**

预录入编号：　　　　　　　　　　　　　　　　　　　　海关编号：

进口口岸　①	备案号	进口日期		申报日期
经营单位	运输方式 ②	运输工具名称　③		提运单号　④
收货单位	贸易方式	征免性质		征税比例
许可证号	起运国（地区）⑤	装货港　⑥		境内目的地
批准文号	成交方式 ⑦	运费	保费	杂费
合同协议号　⑧	件数　⑨	包装种类　⑩	毛重（千克）　⑪	净重（千克）⑫
集装箱号　⑬	随附单据			用途
标记唛码及备注 ⑭　⑮				
项号　商品编号　商品名称、规格型号　数量及单位　原产国（地区）　单价　总价　币制　征免				
⑯　⑰　⑱　⑲　⑳　㉑　㉒				
税费征收情况				
录入员　录入单位	兹声明以上申报无讹并承担法律责任		海关审单批注及放行日期（签章）	
报关员			审单　审价	
单位地址	申报单位（签章）		征税　统计	
邮编　电话	填制日期		查验　放行	

【资料 8－2】发票（见表 8－14）

表 8 - 14 **COMEMRCIAL INVOICE**

Sellers: KOREA COMMERCIAL CO. , LTD 1301 - 4. SEOCHO - DONG BEOCHO - KU, SOEUL KOREA	Invoice No. and Date: EX80320 15TH MAR 2008 L/C No. and Date:
Consignee: TO THE ORDER OF SHANGHAI FAR EAST CONTAINER CO. , LTD 1729 - 1731 YANG GAO RD. PUDONG SHANGHAI, CHINA	Buyer (if any than consignee); AS PER CONSIGNEE
Departure Date: ETD: 20MAR 2008	Terms of Delivery and Payment: T/T SHANGHAI T/T 60 DAYS FRON B/L DATE
Vessel: ESSEN EXPRESS V. 28ED09 ③	Other Reference: CONTRTACT NO. : SFEC/KCC803 - 01 ⑧
From: SINGAPORE ⑤⑥ To: SHANGHAI, CHINA ①	

Shipping Marks	No. & Kinds of Packing	Goods Description	Quantity	Unit Price	Amount
				CIF SHANGHAI CHINA ⑦	
FAR EAST SHANGHAI ⑭ C/NO. :		PAINT ⑯	57028 LTR ⑰ ⑱	2. 00/LTR ⑳	USD ㉒ 114056. 00 ㉑

Country of Origin: SINGAPORE ○19

KOREA CHEMICAL CO. , LTD

Signed By: ______________

【资料8 - 3】提单（见表8 - 15）

表 8 - 15 **BILL OF LADING**

For Combined Transport Shipment or Port To Port Shipment

Shipper: KOREA COMMERCIAL CO. , LTD 1301 - 4. SEOCHO - DONG BEOCHO - KU, SOEUL KOREA	Page: 1 of 1 B/L No. : MISC200000537 ④ Reference No. :
Consignee or Order: TO THE ORDER OF SHANGHAI FAR EAST CONTAINER CO. , LTD 1729 - 1731 YANG GAO RD. PUDONG SHANGHAI, CHINA	Carrier: MALAYSIA INTERNATIONAL SHIPPING CORPORATION BERHAD
Notify Party/Address: It is that no responsibility shall attach to the Carrier or his Agents for failure to notify (see Clause 20 on reverse of this Bill of Lading): SAME AS CONSIGNEE	Place of Receipt (Applicable only when this documents is issued as Transport Bill of Lading): SINGAPOURE CY

续表

Vessel and VOY No.： ESSEN EXPRESS V. 28ED09　③		Place of Delivery（Applicable only when this documents is issued as Transport Bill of Lading）：SHANGHAI CY	
Port of loading： SINGAPORE　⑤⑥			
Port of Transshipment：		Port of Discharge：SHANGHAI　①	

Marks & Nos.	Number & Kind of Packages	Description of Goods	Gross Weight	Measurement（CBM）
			80746.00 ⑪	140.5

FAR EAST　　　　SHIPPER' LOAD COUNT AND SEALED
SHANGHAI　⑭　6X20' CONTAINER（S）
C/NO.：　　　　SAID TO CONTAIN：
117 CRATES
PAINT
FREIGHT PREPAID
TOTAL：SIX TWENTY FOOT CONTAINERS ONLY

SIZE/TYPE/CONTAINER # TARE WGNT/GROSS WGHT/SEAL NUMBER/QUANTITY/STAT/STATU

20/DRY/TPHU8290658	⑬	/2300	/.00	/0464	O/FCL/FCL
20/DRY/TEXU2391475	⑮	/2300	/.00	/0384	O/FCL/FCL
20/DRY/MISU1173640	⑮	/2300	/.00	/04959	O/FCL/FCL
20/DRY/MISU1123306	⑮	/2300	/.00	/04980	O/FCL/FCL
20/DRY/MISU1107429	⑮	/2300	/.00	/04973	O/FCL/FCL
20/DRY/MISU1171114	⑮	/2300	/.00	/04958	O/FCL/FCL

ABOVE PARTICULARS AS DECLARED BY SHIPPER

【资料8－4】装箱单（见表8－16）

表8－16　　PACVKING LIST

Sellers： KOREA COMMERCIAL CO.，LTD 1301－4. SEOCHO－DONG BEOCHO－KU， SOEUL KOREA	Invoice No. and Date： EX80320 15TH MAR 2008
Consignee： TO THE ORDER OF SHANGHAI FAR EAST CONTAINER CO.，LTD 1729－1731 YANG GAO RD. PUDONG SHANGHAI，CHINA	Buyer（if any than consignee）； AS PER CONSIGNEE

续表

<table>
<tr><td colspan="4">Departure Date:
ETD: 20MAR 2008</td><td colspan="3" rowspan="3">Other Reference:
CONTRACT NO.: SPEC/KCC803-01 ⑧</td></tr>
<tr><td colspan="4">Vessel:
ESSEN EXPRESS V. 28ED09 ③</td></tr>
<tr><td colspan="2">From:
SINGAPORE ⑤ ⑥</td><td colspan="2">To:
SHANGHAI, CHINA ①</td></tr>
<tr><th>Shipping Marks</th><th>No. & Kinds of Packing</th><th>Goods Description</th><th>Quantity</th><th>N/Weight</th><th>G/Weight</th><th>Measurement</th></tr>
<tr><td></td><td></td><td></td><td>LTR ⑱</td><td>KG</td><td>KG</td><td>CBM</td></tr>
<tr><td></td><td></td><td>PAINT ⑯</td><td></td><td></td><td></td><td></td></tr>
<tr><td></td><td></td><td></td><td>57028 ⑰</td><td>68128 ⑫</td><td>80746 ⑪</td><td>140.5</td></tr>
<tr><td colspan="7">TOTAL: 117 CRATES ⑨ ⑩</td></tr>
<tr><td colspan="7">KOREA CHEMICAL CO., LTD
Signed By: ____________</td></tr>
</table>

二、报关单部分栏目之间的对应关系

（一）加工贸易货物报关单常见填报内容及对应关系（见表 8-17）

表 8-17

<table>
<tr><th rowspan="2">项目
栏目</th><th colspan="2">料件进口</th><th>料件退换</th><th colspan="2">余料结转</th><th colspan="2">深加工结转</th><th>料件内销</th><th>料件复出</th></tr>
<tr><th colspan="2">进境</th><th>先出境后进境</th><th>形式进口</th><th>形式出口</th><th>形式进口</th><th>形式出口</th><th>形式进口</th><th>出境</th></tr>
<tr><td>贸易方式</td><td>来料加工</td><td>进料对口</td><td>来/进料料件退换</td><td colspan="2">来/进料余料结转</td><td colspan="2">来/进料深加工</td><td>来/进料料件内销</td><td>来/进料料件复出</td></tr>
<tr><td>进口口岸/出口口岸</td><td colspan="3">指定范围内实际进出口口岸海关</td><td colspan="5">接受申报的海关</td><td>指定范围实际进出口岸海关</td></tr>
<tr><td>征免性质</td><td>来料加工</td><td>进料加工</td><td>免于填报</td><td colspan="4">免于填报</td><td>一般征税</td><td>其他法定</td></tr>
<tr><td>备案号</td><td colspan="3">加工贸易手册编号</td><td>转入手册编号</td><td>转出手册编号</td><td>转入手册编号</td><td>转出手册编号</td><td colspan="2">加工贸易手册编号</td></tr>
<tr><td>运输方式</td><td colspan="2">实际进境运输方式</td><td>实际出/进境运输方式</td><td colspan="5">其他运输</td><td>实际出境运输方式</td></tr>
<tr><td>运输工具名称</td><td colspan="2">实际进境运输工具名称</td><td>实际出/进境运输工具名称</td><td colspan="5">免于填报</td><td>实际出境运输工具名称</td></tr>
<tr><td>起运国/运抵国</td><td colspan="2">实际起运国</td><td>实际运抵国/起运国</td><td colspan="5">中国</td><td>实际运抵国</td></tr>
</table>

续表

项目／栏目	料件进口	料件退换	余料结转		深加工结转		料件内销	料件复出
	进境	先出境后进境	形式进口	形式出口	形式进口	形式出口	形式进口	出境
随附单证			K：深加工结转申报表编号				c：内销征税联系单号	
用途	加工返销	加工返销（进口）	加工返销	—	加工返销	—	其他内销	—
备注		退运出境报关单填报原进口报关单号	转出手册编号	转入进口报关单号；转出手册编号	转出手册编号	转入进口报关单号；转入手册编号	“活期”	原进口报关单号
项号（第2行）	手册对应进口料件项号		转入手册对应进口料件项号	转出手册对应进口料件项号	转入手册对应进口料件项号	转出手册对应出口成品项号	手册对应进口料件项号	
原产国/最终目的国	料件进口原产国/成品出口目的国	原进口料件原产国	原进口料件原产国	中国			原进口料件原产国	实际最终目的国
征免	全免						照章征税	全免

续表

项目／栏目	成品出口		成品内销			产品退换	
			按料件征税	转减免税			
	出境		形式进口	形式进口	形式出口	进境	出境
贸易方式	来料加工	进料对口	来/进料料件内销	根据货物实际情况选择填报	来/进料成品减免	来/进料成品退换	
进口口岸/出口口岸	指定范围进出口岸海关		接受申报海关			指定范围进出口岸海关	
征免性质	来料加工	进料对口	一般征税	征免税证明所批征免性质	免于填报	免于填报	
备案号	加工贸易手册编号			征免税证明编号	加工贸易手册编号		
运输方式	实际出境运输方式		其他运输			实际进/出境运输方式	
运输加工名称	实际出境运输根据名称		免于填报			实际进/出境运输根据名称	
起运国/运抵国	实际运抵国		中国			实际起运国/运抵国	

续表

项目 栏目	成品出口	成品内销			产品退换	
		按料件征税	转减免税			
	出境	形式进口	形式进口	形式出口	进境	出境
随附单证		c：内销征税联系单号				
用途	—	其他内销	企业自用	—	其他	—
备注	料件费、工缴费	"活期"	转出手册编号	转入征免税证明编号		
项号（第2行）	手册出口成品项号	手册进口料件项号	征免税证明对应项号	手册原出口成品对应项号		
原产国/最终目的国	实际最终目的国	中国				实际最终目的国
征免	征免一般为"全免"应征出口税的"照章征税"	照章征税	全免			

（二）减免税进口设备报关单常见填报内容及对应关系（见表8-18）

表8-18

项目 栏目	投资总额内进口			投资总额外进口	减免税设备结转	
	合资合作企业	外商独资企业	国内投资项目			
	进境	进境	进境	进境	形式进口	形式出口
贸易方式	合资合作设备	外资设备物品	一般贸易	一般贸易	减免设备结转	
征免性质	鼓励项目等			自有资金	按货物实际情况选择填报	免于填报
备案号	征免税证明编号				征免税证明编号	结转联系函编号
经营单位 收发货单位	该合资合作企业	该外商独资企业	设备进口企业		转入企业	转出企业
运输方式	进境实际运输方式				其他运输	
起运国/运抵国	实际起运国				中国	
备注	如为委托进口，须注明代理进口的外贸企业名称				结转联系函编号	转入进口报关单号；转入方征免税证明编号

续表

栏目＼项目	投资总额内进口			投资总额外进口	减免税设备结转	
	合资合作企业	外商独资企业	国内投资项目			
	进境	进境	进境	进境	形式进口	形式出口
用途	企业自用				企业自用	—
原产国/最终目的国	设备实际原产国				设备原生产国	中国
征免	全免			特案	全免	

（三）加工贸易进口设备报关单常见填报内容及对应关系（见表8－19）

表8－19

栏目＼项目	加工贸易征税进口设备	加工贸易免税进口不作价设备				
				内销	不作价设备结转	
	进境	进境	退运出境	形式进口	形式进口	形式出口
贸易方式	加工贸易设备	不作价设备	加工设备退运	加工设备内销	加工设备结转	
征免性质	一般征税	加工设备	其他法定	免于填报		
备案号		加工贸易手册（首位标记“D”）编号				
经营单位 收发货单位	加工贸易经营企业				转入企业	转出企业
运输方式	进境实际运输方式		出境实际运输方式	其他运输		
起运国/运抵国	实际起运国		实际运抵国	中国		
备注			原进口报关单号		转出手册号	转入进口报关单号；转入手册号
用途	作价提供/企业自用	企业自用	—	其他内销	企业自用	—
原产国/最终目的国	设备实际原产国			设备原生产国		中国
征免	照章征税	全免		照章征税	全免	

（四）暂准进出口货物报关单常见填报内容及对应关系（见表8-20）

表8-20

栏目＼项目	进境展览品		其他暂准进境货物	
	进境	复出境	进境	复出境
贸易方式	展览品		暂时进出货物	
征免性质	其他法定			
用途	收保证金/其他	—	收保证金/其他	—
备注		原进口报关单		原进口报关单
征免	保证金/保函	全免	保证金/保函	全免

（五）无代价抵偿、退运货物报关单常见填报内容及对应关系（见表8-21）

表8-21

栏目＼项目	无代价抵偿进口货物		一般退运货物（品质规格原因）		直接退运货物	
	退运出境	补偿进境	进境	出境	先出口报关	后进口报关
贸易方式	其他	无代价抵偿	退运货物		直接退运	
征免性质	其他法定				免于填报	
备注	原进口报关单号		原出口报关单号	原进口报关单号	决定书/通知书编号	出口报关单号；决定书/通知书编号
决定书/通知书编号						
征免	全免					

课后练习

一、单选题

1. 某进出口公司向某国出口500公吨散装小麦，该批小麦分装在一条船的三个船舱内，海关报关单上的“件数”和“包装种类”两个栏目的正确填报应是（　　）。

A. 件数为500公吨，包装种类为“吨”　　B. 件数为1，包装种类为“船”

C. 件数为3，包装种类为“船舱”　　D. 件数为1，包装种类为“散装”

2. 中国粮油进出口公司收购广州粮油进出口公司在番禺炼油厂生产的花生油，经广州黄埔港出口。应在“发货单位”栏填写（　　）。

A. 中国粮油进出口公司　　B. 番禺炼油厂

C. 广州粮油进出口公司　　D. 广州黄埔港

3. 根据经营单位编码规则，编码第6位为“6”的表示该企业的经济类型为（　　）。

A. 外商独资企业　　B. 有进出口经营权的国营企业

C. 有进出口经营权的私营企业　　D. 有进出口经营权的个体工商户

4. 我国某进出口公司从中国香港购进一批 SONY 牌电视机，该电视机为日本品牌，其中显像管为韩国生产，集成电路板由新加坡生产，其他零件均为马来西亚生产，最后由韩国组装成整机。该公司向海关申报进口该批电视机进口时，原产地应填报为（　　）。

A. 日本　　B. 韩国

C. 新加坡　　D. 马来西亚

5. 某出口加工区企业从中国香港购进韩国生产的薄型尼龙布一批，加工成服装后，经批准运往区外内销，该批服装向海关申报出区时，其原产地应申报为（　　）。

A. 中国　　B. 中国香港

C. 韩国　　D. 国别不详

二、多选题

1. 报关单是由报关员按照海关规定格式填报的申报单，包括进出口货物报关单或带有进出口货物报关单性质的单证。下列属于报关单证的是（　　）。

A. 进出境货物备案清单　　B. ATA 单证册

C. 过境货物报关单　　D. 进出境展览品清单

2. 某进出口公司报关员制作一份进口报关单时，在"标记唛码"栏目内填入了以下内容，其中（　　）是正确的。

A. NO MARK 字样　　B. 付汇核销单编号

C. 商检证一份及其编号　　D. 进料加工合同共 2 本手册及全部编号

3. 某合资企业从韩国进口一台作为投资的机器设备。该公司委托 A 进出口公司对外签订进口合同，并代为办理进口手续。A 进出口公司与外商订货后，随即委托 B 公司具体办理货物运输事宜，同时委托青岛 C 报关公司办理进口报关手续，下列出现在报关单有关栏目内的单位（　　）是填写错误的。

A. 经营单位：A 进出口公司　　B. 收货单位：某合资企业

C. 件数：1　　D. 申报单位：B 公司

4. 下列关于进出口货物报关单填制要求的表述正确的是（　　）。

A. 同一批货物中贸易方式不同的商品应分单填报

B. 同一批货物中商品编码不同的商品应分项填报

C. 同一批货物中成交计量单位与海关法定计量单位不一致的，应分行填报

D. 同一批货物中征免性质不同的商品应分单填报

5. 在填报报关单"总价"项目时，下列叙述中正确的是（　　）。

A. "一般贸易"货物应按合同上订明的实际价格填报

B. 退运进口的出口货物，应按该货物原出口价格填报

C. 免费赠送的货样、广告品，可以免予填报

D. 来料加工项下的成品出口时，只需填报工缴费

三、判断题

1. 报关单上"商品名称"、"规格型号"栏目，正确的填写内容应有中文商品名称、规

格型号及商品的英文名称和品牌，缺一不可。 （ ）

2. 一份报关单只允许填报一个提运单号，一票货物对应多个提运单时，应分单填报。这种说法是否正确。 （ ）

3. 料件复运出境货物，填报实际最终目的国，加工成品因故退运境内的，填报“中国”，复运出境时填报实际最终目的国。 （ ）

4. 一批精密仪器在长沙机场海关申报出口并转关运输至北京出境，其出口报关单“出口口岸”栏应填“长沙机场”。 （ ）

5. 某“三资”企业按内外销比例加工内销产品而进口的料件，“征免性质”栏填写“全免”。 （ ）

四、实训题

（一）报关单填制

仔细阅读以下资料，然后根据《中华人民共和国海关报关单的填制规范》要求，从选项中选出一个正确答案。

资料一：九江机床有限责任公司（3600915031）接受国外某企业的委托制造出口机床零部件，由国外客户提供原材料铰链（属法定检验检疫和自动进口许可管理商品，法定计量单位为千克）。载运货物的运输工具于2005年7月9日申报进境，九江机床有限责任公司于2005年7月10日持登记手册和相关单证向上海吴淞海关申报进口。

资料二：

<table>
<tr><td colspan="2">Shipper:
AHR TRADING GMBH
LERCHENWEG 100
97522 SAND GERMANY</td><td colspan="2" rowspan="2">COSCO
CONTAINER LINES</td></tr>
<tr><td colspan="2">Consignee
TO ORDER</td></tr>
<tr><td colspan="2">Notify Party
JIUJIANG MACHINE CO., LTD
218 FEGNXIAG ROAD
JIUJIANG, 332000 CHINA</td><td colspan="2">Combined Transpoet
BILL OF LADING</td></tr>
<tr><td colspan="2">Ocean Vessel Voy No.
HONG YE 489E</td><td colspan="2">Port of Loading
Hamburg</td></tr>
<tr><td colspan="2">Port of Discharge
Rotterdam</td><td colspan="2">Place of Delivery
JIUJIANG CHINA</td></tr>
<tr><td>MRAKS
&NUMBER</td><td>Number and kind of packages Designation of goods</td><td>Gross Weight (kgs)</td><td>Net Weight (kgs)</td></tr>
</table>

续表

SMC JIUJIANG C/NO. 1 - 5	HINGE BOLT SAY FIVE WOODEN CASES ONLY TOTAL ONE 40' CONTAINER CY TO CY FREIGH PREPAID OCEN VESSEL：M/V GOLEN GATE BRIDGE V. 10W	5,850	GROSS FOR NET
	CONTAINER TARE SEAL TEXU2263978 3560 22786		

资料三：

AHR TRADING GMBH
LERCHENWEG 100
97522 SAND GERMANY
COMMERCIAL INVOICE

TO：
JIUJIANG MACHINE CO.，LTD
218 FEGNXIAG ROAD
JIUJIANG，332000 CHINA

MARKS & NO	DESCRIPTION OF GOODS	QUANTITY	U/PRICE
SMC JIUJIANG C/NO. 1 - 5	HINGE BOLT Origin：France Packed in one wooden case 6，000PCS PACKED IN 5 WOODEN CASES	30 000 PCS	EUR 0.33/PCS CIF JIUJIANG

AHR TRADING GMBH

中华人民共和国海关进口货物报关单

预录入编号　　　　　　　　　　　　　　　　海关编号

进口口岸	备案号	进口日期	申报日期
经营单位	运输方式	运输工具名称	提运单号
收货单位	贸易方式	征免性质	征税比例
许可证号	起运国（地区）	装货港	境内目的地
批准文号	成交方式	运费	保费	杂费
合同协议号	件数	包装种类	毛重（千克）	净重（千克）
集装箱号	随附单据		用途
标记唛码及备注			

续表

项号 商品编号 商品名称 规格型号 数量及单位 原产国（地区） 单价 总价 币制 征免		
税费征收情况		
录入员 录入单位	兹声明以上申报无讹并承担法律责任	海关审单批注及放行日期 （签章）
报关员		审单 审价
申报单位（签章）	单位地址	征税 统计
邮编 电话	填制日期	查验 放行

1. 备案号栏（　　）。

A. C×××××××××××× B. Z××××××××××××

C. B×××××××××××× D. 不用填

2. 申报日期栏（　　）。

A. 050709 B. 050710

C. 2000709 D. 20050710

3. 运输方式栏（　　）。

A. 5 B. 1

C. 2 D. 航空运输

4. 运输工具名称栏（　　）。

A. M/V GOLEN GATE BRIDGE/10W B. GOLEN GATE BRIDGE/10W

C. HONG YE/489E D. HONG YE/489E

5. 贸易方式（　　）。

A. 2025 B. 0214

C. 0615 D. 2225

6. 征免性质栏（　　）。

A. 789 B. 799

C. 502 D. 503

7. 启运国（地区）栏（　　）。

A. 德国 B. 巴塞罗那

C. 荷兰 D. 意大利

8. 装运港栏（　　）。

A. 汉堡　　B. 巴塞罗那
C. 鹿特丹　　D. 罗斯托克

9. 收货单位栏（　　）。
A. 九江机床有限责任公司（3600915031）　　B. 九江机床有限责任公司 3600915031
C. 九江机床有限责任公司　　D. 3600915031

10. 境内目的地栏（　　）。
A. 九江机床有限责任公司　　B. 九江其他
C. 九江出口加工区　　D. 九江经济技术开发区

11. 成交方式（　　）。
A. 1　　B. 2
C. 3　　D. 4

12. 件数（　　）。
A. 1　　B. 6000
C. 30000　　D. 5

13. 包装种类栏（　　）。
A. 纸箱　　B. 木箱
C. 桶　　D. 包

14. 净重栏（　　）。
A. 6000　　B. 30000
C. 5850　　D. Gross for net

15. “随付单据”栏（　　）。
A. A：××××××××××××××　　B. B：××××××××××××××
C. Z：××××××××××××××　　D. 7：××××××××××××××

16. 集装箱号栏（　　）。
A. TEXU2263978 * 40/（2）　　B. TEXU2263978/40/22786
C. TEXU2263978/40/3560　　D. TEXU2263978/20（2）/3560

17. 原产国（地区）栏（　　）。
A. 303　　B. 304
C. 305　　D. 300

18. “标记唛码及备注栏”的“备注”项（　　）。
A. A：××××××××××××××　　B. B：××××××××××××××
C. 7：××××××××××××××　　D. 此栏为空

19. 数量及单位栏（　　）。
A. 5850 千克
B. 5850 千克　　[第一行]
5 箱　　[第二行]
C. 5850 千克　　[第一行]
6000 件　　[第三行]
D. 5850 千克　　[第一行]

30000 件　　　［第三行］

20. 币种栏（　　）。

A. 300　　　　B. 303

C. 304　　　　D. 305

（二）查找报关单填制错误

背景资料：上海田野工具制造有限公司（3105226441）采用国产原料生产手工工具扳手（法定检验货物，无出口税，法定计量单位为千克），该货物于 2005 年 4 月 24 日申报，于 2005 年 5 月 1 日出口。外汇核销单号为“689403368”。

下列报关单中有 20 个已填栏目（A－T），请根据有关资料指出填制错误的栏目。

中华人民共和国海关出口货物报关单

预录入编号：　　　　　　　　　　海关编号：

(A) 出口口岸 上海海关 2200	备案号	(B) 出口日期	申报日期
经营单位	(C) 运输方式 5	运输工具名称	提运单号
发货单位	(D) 贸易方式 一般贸易	(E) 征免性质 一般征税	(F) 结汇方式 电汇

许可证号	运抵国（地区）	(G) 指运港 香港	(H) 境内货源地 31052

(I) 批准文号 689403368	(J) 成交方式 CPT	(K) 运费 502/4800/3	(L) 保费	杂费
合同协议号	(M) 件数 1400	包装种类	(N) 毛重（公斤） 3200	净重（公斤）

集装箱号	(O) 随附单据	生产厂家

(P) 标记唛码及备注　N/M

项号	商品编码	(Q) 商品名称、规格型号	(R) 数量及单位	(S) 最终目的国（地区）	单价	总价	币制	(T) 征免
01		手工工具（扳手） 8×10MM（MTM）	1080 千克 60000 件	印度				照章征税
02		手工工具（扳手） 10×12MM（MTM）	1760 千克 80000 件					

税费征收情况

录入员　录入单位	兹声明以上申报无讹并承担法律责任	海关审单批注放行日期（签章） 审单　审价
报关员		征税　统计
单位地址　路　号 邮编　电话	填制日期	查验　放行

资料一：发票

SHANGHAI TIANYE TOOLS MANUFACTURE CO., LTD.

GANXIANG TOWN, JINSHAN DISTRICT, SHANGHAI, CHINA

TEL：0086 - 21 - 65756125　　　　INV. NO：TY068

FAX：0086 - 21 - 65756155　　　　DATE：MAR. 17, 2005

COMMERCIAL INVOICE

TO：

PT. HYCO LANGGENG

310 VIRA BOMBAY INDIA

FROM SHANGHAI, CHINA TO BOMBAY, INDIA VIA HONGKONG

B/L：B050588661 (M. A. W. B)

PAY BY T/T

SHIPPING MARK	DESCRIPTION OF GOODS	QTY (PCS)	UNIT PRICE (USD)	AMOUNT (USD)
N/M	TOOLS Double Open End Spanner 8x10MM (MTM) 10x12MM (MTM)	 60 000 80 000	CPT BOMBAY 0.5 0.4	 30 000.00 32 000.00
		TOTAL：140 000		62 000.00

FREIGHT PREPAID　USD 4800

TOTAL AMOUNT：SAY U. S. DOLLARS SIXTY TWO THOUSAND ONLY.

WE HEREBY CERTIFY THAT THE ABOVE MENTIONED GOODS ARE OF CHINESE ORIGIN

SHANGHAI TIANYE TOOLS MANUFACTURE. CO., LTD.

SAN ZHANG

资料二：

SHANGHAI TIANYE TOOLS MANUFACTURE CO., LTD.

GANXIANG TOWN, JINSHAN DISTRICT, SHANGHAI, CHINA

TEL：0086 - 21 - 65756125　　　　INV. NO：TY068

FAX：0086 - 21 - 65756155　　　　DATE：MAR. 17, 2005

PACKING LIST

TO：PT. HYCO LANGGENG

SHIPING MARK：N/M

DESCRIPTION OF GOODS	QTY (PCS)	CTNS	G. W (KGS)	N. W (KGS)	MEAS (CBM)
TOOLS Double Open End Spanner					
8 × 10MM (MTM)	60000	600	1200	1080	12
10 × 12MM (MTM)	80000	800	2000	1760	8
TOTAL：	140000	1400	3200	2840	20

SAY TOTAL PACKING IN ONE THOUSAND FOUR HUNDRED CARTONS

SHANGHAI TIANYE TOOLS MANUFACTURE. CO. , LTD.

SAN ZHANG

第九章 DIJIUZHANG

与报关相关的海关法律制度

学习目标

- □ 了解知识产权海关保护制度、海关统计制度、海关事务担保制度、海关稽查制度的含义、作用、特点和性质
- □ 熟悉海关统计资料的管理，海关统计的权利、义务及法律责任，海关事务担保担保人的资格及担保责任，海关事务担保的实施，海关稽查的对象和方式方法，对企业管理账簿，单证等资料的规范性要求，海关稽查的实施，海关对侵权嫌疑货物的调查处理
- □ 掌握知识产权海关保护的范围、备案，权利人申请扣留侵权嫌疑货物及提供担保，海关统计范围和统计项目，海关事务担保的适用及担保方式

第一节　知识产权海关保护制度

一、知识产权海关保护概述

（一）知识产权海关保护的含义

知识产权，概括地说是指公民、法人或其他组织对其在科学技术和文学艺术等领域内主要基于脑力劳动创造完成的智力成果所依法享有的专有权利，又称“智力成果权”。知识产权海关保护是指海关为促进对外经济贸易和科技文化交往，维护公共利益，对与进出口货物有关并受中华人民共和国法律、行政法规保护的知识产权实施保护的措施。

注意：知识产权具有无形性、专有性、地域性、时间性和可复制性的特点。

（二）知识产权海关保护的范围

WTO 关于《与贸易有关的知识产权协议》将与贸易有关的知识产权的范围确定为：著作权和与著作权有关的权利、商标权、地理标志权、工业品外观设计权、专利权、集中电路

布图设计权、未被披露的信息专有权。

根据《中华人民共和国知识产权海关保护条例》及其他法律、行政法规的规定，我国知识产权海关保护的适用范围为：与进出口货物有关并受中华人民共和国法律、行政法规保护的知识产权，包括商标权、著作权和与著作权有关的权利、专利权、奥林匹克标志专有权、世界博览会标志专有权。

注意： WTO与我国海关保护的知识产权的范围有一定的差异。

二、知识产权海关保护制度的基本内容

（一）知识产权海关保护的备案

1. 知识产权海关保护的备案申请。

（1）知识产权海关保护备案的申请人。知识产权海关保护备案的申请人应为知识产权权利人，知识产权权利人可以委托代理人申请知识产权海关保护备案。

（2）知识产权海关保护备案申请的文件及证据。

①申请书。知识产权权利人向海关总署申请知识产权海关保护备案的，应当向海关总署提交申请书。知识产权权利人应当就其备案的每一项知识产权单独提交一份申请书。知识产权权利人申请国际注册商标备案的，应当就其申请的每一类商品单独提交一份申请书。

提示：

知识产权海关保护备案申请书的内容主要有：①知识产权权利人的名称或姓名、注册地或国籍、通信地址，联系人姓名、电话和传真号码、电子邮箱地址等。②注册商标的名称，核定使用商品的类别和商品名称，商标图形，注册有效期，注册商标的转让、变更、续展情况等；作品的名称，创作完成的时间，作品的类别，作品图片，作品转让、变更情况等；专利权的名称、类型，申请日期，专利权转让、变更情况等。③被许可人的名称、许可使用商品、许可期限等。④知识产权权利人合法行使知识产权的货物的名称、产地、进出境地海关、进出口商、主要特征、价格等。⑤已知的侵犯知识产权货物的制造商、进出口商、进出境地海关、主要特征、价格等。

②随附文件、证据。知识产权权利人向海关总署提交备案申请书，应当随附以下文件、证据：A. 知识产权权利人个人身份证复印件、工商营业执照的复印件或其他注册登记文件的复印件。B. 商标注册、著作、专利权证明或证书。C. 知识产权权利人许可他人使用注册商标、作品或实施专利，签订许可合同的，提供许可合同的复印件；未签订许可合同的，提交有关被许可人、许可范围和许可期间等情况的书面说明。D. 知识产权权利人合法行使知识产权的货物及其包装的照片。E. 已知的侵权货物进出口的证据。知识产权权利人与他人之间的侵权纠纷已经人民法院或者知识产权主管部门处理的，还应当提交有关法律文书的复印件。F. 海关总署认为需要提交的其他文件或者证据。

注意： 知识产权权利人向海关总署提交备案申请书时，随附的文件和证据应当齐全、真实和有效，有关文件和证据为外文的，应当另附中文译本。

（3）知识产权海关保护备案申请的受理。海关总署应当自收到申请人全部申请文件之日起 30 个工作日内做出是否准予备案的决定并书面通知申请人。不予备案的，海关须说明理由。

2. 知识产权海关保护备案的时效。

（1）备案有效期。知识产权海关保护备案自海关总署核准备案之日起生效，有效期为 10 年。自备案生效之日起知识产权的有效期不足 10 年的，备案的有效期以知识产权的有效期为准。

（2）续展备案有效期。在知识产权海关保护备案有效期届满前 6 个月内，知识产权权利人可以向海关总署提出续展备案的书面申请并随附有关文件。海关总署自收到全部续展申请文件之日起 10 个工作日内做出是否准于续展的决定并书面通知知识产权权利人；不予续展的，应说明理由。

续展备案有效期自上一届备案有效期满次日起算，有效期为 10 年。知识产权的有效期自上一届备案有效期满次日起不足 10 年的，续展备案的有效期以知识产权的有效期为准。知识产权海关保护备案有效期届满而不申请续展或者知识产权不再受法律、行政法规保护的，知识产权海关保护备案随即失效。

3. 知识产权海关保护备案的变更。向海关提交的申请书内容发生改变的，知识产权权利人应当自发生改变之日起 30 个工作日内向海关总署提出变更备案的申请并随附有关文件。

4. 知识产权海关保护备案的注销。知识产权在备案有效期届满前不再受法律、行政法规保护或备案的知识产权发生转让的，以及知识产权权利人在备案有效期内放弃备案的，应向海关总署申请注销备案。

5. 知识产权海关保护备案的撤销。海关发现知识产权权利人申请知识产权备案未如实提供有关情况或者文件的，海关总署可以撤销其备案；知识产权备案情况发生改变，但知识产权权利人自发生改变之日起 30 个工作日内未向海关总署办理备案变更或注销手续，给他人合法进出口或者海关依法履行监管职责造成严重影响的，海关总署可以根据有关利害关系人的申请撤销有关备案，也可以主动撤销有关备案。

备案自海关总署做出撤销决定之日起失效。备案被撤销且有关知识产权人属于原申请的知识产权权利人的，该知识产权权利人自备案被撤销之日起在一年内再次向海关总署备案该知识产权的，海关总署可不予受理。

（二）权利人申请扣留侵权嫌疑货物及提供担保

知识产权权利人发现侵权嫌疑货物即将进出口，或者接到海关就实际监管中发现进出口货物涉嫌侵犯在海关总署备案的知识产权而发出的书面通知的，可以向货物进出境地海关提出扣留侵权嫌疑货物的申请，并按规定提供相应的担保。

1. 知识产权权利人发现侵权嫌疑货物的扣留申请（主动保护）。

（1）申请扣留侵权嫌疑货物的文件。知识产权权利人发现侵权嫌疑货物即将进出口并要求海关予以扣留的，应当向货物进出境地海关提交申请书及相关证明文件。有关知识产权已在海关总署备案的，知识产权权利人还应当随附有关知识产权的证明文件及证据。

提示：

知识产权权利人申请扣留侵权嫌疑货物申请书的内容：①知识产权权利人的名称或者姓名、注册地或者国籍等；②知识产权的名称、内容及其相关信息；③侵权嫌疑货物收货人或发货人的名称；④侵权嫌疑货物名称、规格等；⑤侵权嫌疑货物可能进出境的口岸、时间、运输工具等；⑥侵权嫌疑货物涉嫌侵犯备案知识产权的，申请书还应当包括海关备案号。

（2）申请扣留侵权嫌疑货物的证据。权利人或其代理人提出申请时除填具申请书外，还应提供足以证明侵权事实明显存在的证据。知识产权权利人提交的证据，应当能够证明以下事实：①请求海关扣留的货物即将进出口；②在货物上未经许可使用了侵犯其商品专用权的商标标志、作品或者实施了其专利。（3）请求扣留侵权嫌疑货物的担保。

知识产权权利人发现侵权嫌疑货物即将进出口，请求海关扣留侵权嫌疑货物，应当在海关规定的期限内提出申请并向海关提供相当与货物价值的担保。知识产权权利人提出的申请不符合规定或者未按规定提供担保的，海关应驳回其申请并书面通知知识产权权利人。

2. 知识产权权利人接到海关发现侵权嫌疑货物通知的扣留申请。

（1）海关书面通知知识产权权利人（被动保护）。海关对进出口货物实施监管，发现进出口货物涉及在海关总署备案的知识产权且进出口商或者制造商使用有关知识产权的情况未在海关总署备案的，可以要求收、发货人在规定期限内申报货物的知识产权状况和提交相关证明文件。

收、发货人未按照规定申报货物的知识产权和提交相关证明文件，或者海关有理由认为货物涉嫌侵犯在海关总署备案的知识产权的，海关应当终止放行货物并书面通知知识产权权利人。

（2）知识产权权利人的回复及其扣留申请。知识产权权利人接到海关书面通知送达之日起3个工作日内应予以回复：①认为有关货物侵犯其在海关总署备案的知识产权并要求海关予以扣留的，向海关提出扣留侵权嫌疑货物的书面申请；②认为有关货物未侵犯其在海关总署备案的知识产权或者不要求海关扣留的，向海关书面说明理由。

（3）请求扣留货物的担保。知识产权权利人接到海关发现侵权嫌疑货物通知后，认为有关货物侵犯其在海关总署备案的知识产权并提出申请要求海关扣留侵权嫌疑货物的，应当按照以下规定向海关提供担保：①货物价值不足人民币2万元的，提供相当于货物价值的担保；②货物价值为人民币2万至20万元的，提供相当于货物价值50%的担保，但担保金额不得少于人民币2万元；③货物价值超过人民币20万元的，提供人民币10万元的担保。

（4）请求扣留货物的总担保。

①总担保适用范围。知识产权权利人根据规定请求海关扣留涉嫌侵犯商标专用权货物的，可以向海关总署提供总担保。

注意：知识产权海关总担保只适用于商标专用权，不适用于专利权及著作权。

在海关总署备案的商标专用权的知识产权权利人，经海关总署核准可以向海关总署提交银行或者非银行金融机构出具的保函，为其向海关申请商标专用权海关保护措施提供总担保。

自海关总署核准其使用总担保之日至当年 12 月 31 日，知识产权权利人在接到海关发现侵权嫌疑货物通知后，请求海关扣留涉嫌侵权其已在海关总署备案的商标专用权的进出口货物的，无须另行提供担保，但知识产权权利人未按规定支付有关费用或者未按规定承担赔偿责任、海关总署向担保人发出履行担保责任通知的除外。

②总担保的申请及随附材料。知识产权权利人申请使用总担保，应向海关总署提交“知识产权海关保护总担保申请书”并随附已获准在中国大陆境内开展金融业务的银行出具的为知识产权权利人申请总担保承担连带责任的“总担保保函”和知识产权权利人上一年度向海关申请扣留侵权嫌疑货物后发生的仓储处置费的清单。

③总担保的金额。总担保的金额应当相当于知识产权权利人上一年度向海关申请扣留侵权嫌疑货物后发生的仓储、保管和处置等费用之和；知识产权权利人上一年度未向海关申请扣留侵权嫌疑货物或者仓储处置费不足人民币 20 万元的，总担保的担保金额为人民币 20 万元。

④总担保保函的有效期及担保事项发生期间。总担保保函的有效期是指作为担保人的银行承担履行担保责任的期间，即总担保保函签发之日起至第二年 6 月 30 日。

担保事项发生期间是指知识产权权利人在向海关提出采取保护措施申请时无须另行提供担保的期间，即自海关总署核准之日起至当年 12 月 31 日。

（三）海关对侵权嫌疑货物的调查处理

1. 扣留侵权嫌疑货物并制发通知和扣留凭单。知识产权权利人申请扣留侵权嫌疑货物，并提供总担保的，海关应当扣留侵权嫌疑货物，并将扣留侵权嫌疑货物的扣留凭单送达收、发货人。经海关同意，收、发货人可以查看海关扣留的货物。

2. 海关对扣留侵权嫌疑货物的调查。海关扣留侵权嫌疑货物后，应当依法对侵权嫌疑货物及其他有关情况进行调查。收、发货人和知识产权权利人应当对海关调查予以配合，如实提供有关情况和证据。

海关对侵权嫌疑货物进行调查，可以请求有关知识产权主管部门提供咨询意见。

知识产权权利人与收、发货人就海关扣留的侵权嫌疑货物达成协议，向海关提出书面申请并随附相关协议，要求海关解除扣留侵权嫌疑货物的，海关除认为涉嫌构成犯罪外，可以终止调查。

3. 放行被扣留的侵权嫌疑货物。

（1）海关对扣留的侵权嫌疑货物进行调查，不能认定货物是否侵犯有关知识产权的，应当自扣留侵权嫌疑货物之日起 30 个工作日内书面通知知识产权权利人和收、发货人。

海关不能认定货物是否侵犯有关专利权的，收、发货人向海关提供相当与货物价值的担保后，可以请求海关放行货物。海关同意放行货物的，海关应当放行货物并书面通知知识产权权利人。

知识产权权利人就有关专利侵权纠纷向人民法院起诉的，应当在海关放行货物的书面通知送达之日起 30 个工作日内向海关提交人民法院受理案件通知书的复印件。

（2）对海关不能认定有关货物是否侵犯其知识产权的，知识产权权利人可以依法在起诉前向人民法院申请采取责令停止侵权行为或财产保全的措施。

海关自扣留侵权嫌疑货物之日起 50 个工作日内收到人民法院协助扣押有关货物书面通

知的，应当予以协助；未收到人民法院协助扣押通知或者知识产权权利人要求海关放行有关货物的，海关应当放行货物。

4. 没收被扣留的侵权货物。

（1）没收侵权货物并通知知识产权权利人。被扣留的侵权嫌疑货物，海关经调查后认定侵犯知识产权的，予必没收，并应当将侵犯知识产权货物的情况书面通知知识产权权利人。

提示：

侵犯知识产权货物的情况书面通知内容主要有：①侵权货物的名称和数量；②收、发货人名称；③侵权货物申报进出口日期、海关扣留日期和处罚决定生效日期；④侵权货物的起运地和指运地；⑤海关可以提供的其他与侵权货物有关的情况。

进出口货物或者进出境物品经海关调查认定侵犯知识产权，根据规定应当由海关予以没收，但当事人无法查清的，自海关制发有关公告之日起满 3 个月后可由海关予以收缴。

（2）侵权货物没收后的处理。对没收的侵权货物，海关应当按照下列规定处置：①有关货物可以直接用于社会公益事业或者知识产权权利人有收购意愿的，货物转交给有关公益机构用于社会公益事业或有偿转让给知识产权权利人。②有关货物不能转交给有关公益机构用于社会公益事业或有偿转让给知识产权权利人，且侵权特征能够消除的，在消除侵权特征后依法拍卖；但对进口假冒商标货物，除特殊情况外，不能仅清除货物上的商标标识就允许其进入商业渠道。③有关货物不能按照①、②项规定处置的，应当予以销毁。

海关拍卖侵权货物，应当事先征求知识产权权利人的意见。海关销毁侵权货物，知识产权权利人应当提供必要的协助。有关公益机构将海关没收的侵权货物用于社会公益事业以及知识产权权利人接受海关委托销毁侵权货物的，海关应当进行必要的监督。

（四）知识产权权利人应承担的责任

1. 海关协助人民法院扣押侵权嫌疑货物或放行被扣留货物的，知识产权权利人应当支付货物在海关扣留期间的仓储、保管和处置等费用。

2. 海关没收侵权货物的，知识产权权利人应当按照货物在海关扣留后的实际存储时间支付仓储、保管和处置等费用。但海关自没收侵权货物的决定送达收发货人之日起 3 个月内不能完成货物处置，且非因收发货人申请行政复议、提起行政诉讼或者货物处置方面的其他特殊原因导致的，知识产权权利人不需支付 3 个月后的有关费用。

3. 知识产权权利人未支付有关费用的，海关可以从其向海关提供的担保金中予以扣除，或者要求担保人履行有关担保责任。侵权嫌疑货物被认定为侵犯知识产权的，知识产权权利人可以将其支付的有关仓储、保管和处置等费用计入其为制止侵权行为所支付的合理开支。

4. 海关接受知识产权保护备案和采取知识产权保护措施的申请后，因知识产权权利人未提供确切情况而未能发现侵权货物，未能及时采取保护措施或者采取保护措施不力的，由知识产权权利人自行承担责任。

5. 知识产权权利人请求海关扣留侵权嫌疑货物后，海关不能认定被扣留的侵权嫌疑货物侵犯知识产权权利人的知识产权，或者人民法院判定不侵犯知识产权权利人的知识产权的，知识产权权利人应当依法承担赔偿责任。

（五）海关对当事人所提供担保的处理

1. 海关没收侵权货物的，应当在货物处置完毕并结清有关费用后，向知识产权权利人退还担保金或者解除担保人的担保责任。

2. 海关协助人民法院扣押侵权嫌疑货物或根据规定放行被扣留货物的，收、发货人可以就知识产权权利人提供的担保向人民法院申请财产保全。海关自协助人民法院扣押侵权嫌疑货物或放行之日起20个工作日内未收到人民法院就知识产权权利人提供的担保采取财产保全措施的协助执行通知的，海关应当向知识产权权利人退还担保金或者解除担保人的担保责任；收到人民法院协助执行通知的，海关应当协助执行。

3. 海关放行被扣留的涉嫌侵犯专利权的货物后，知识产权权利人向海关提交人民法院受理案件通知书复印件的，海关应当根据人民法院的判决结果处理收、发货人提交的担保金；知识产权权利人未提交人民法院受理案件通知书复印件的，海关应当退还收、发货人提交的担保金。对知识产权权利人向海关提供的担保，收发货人可以向人民法院申请财产保全，海关未收到人民法院对知识产权权利人提供的担保采取财产保全措施的协助执行通知的，应当自处理收发货人提交的担保金之日起20个工作日后，向知识产权权利人退还担保金或者解除担保人的担保责任；收到人民法院协助执行通知的，海关应当协助执行。

第二节　海关统计制度

一、海关统计概述

（一）海关统计的含义

《中华人民共和国海关统计条例》（以下简称《统计条例》）第二条对海关统计做了明确定义，即海关统计是海关依法对进出口货物贸易的统计，是国民经济统计的组成部分。海关统计工作、海关统计资料和海关统计理论是理解“海关统计”含义的三个重要概念。

海关统计工作是指收集、整理、分析我国对外贸易进出口货物原始资料，并形成海关统计资料的工作过程。

海关统计资料是指反映我国对外贸易进出口货物情况的数据和资料。它是国家制定对外贸易政策和检查、监督政策执行情况及进行宏观经济调控的重要依据，也是研究对外贸易发展和国际经济贸易关系的重要资料。

海关统计理论是指我国海关统计在实践中不断总结，逐步形成并不断完善的一整套较为系统的制度、原则和方法，是统计学原理与海关管理理论和海关具体业务的有机结合。

（二）海关统计的特点

我国的海关统计除具有社会经济统计的一般特点外，还具有全面性、可靠性和国际可比性等特点。

1. 全面性。《海关法》明确规定，进口货物的收货人、出口货物的发货人应当向海关如实申报，接受海关监督管理，从而为海关及时收集全面的进出境货物统计资料提供了法律依据和根本保证。

2. 可靠性。海关统计的原始资料是经海关实际监管的进出口货物报关单及有关单证。海关统计是海关监管过程和结果的记录，因此，其可靠性由海关在对外贸易活动中所处的客观地位所决定。

3. 国际可比性。海关统计全面采用国际标准，统计方法与统计口径与各国通行的贸易统计方法一致，因此海关统计数据具有国际可比性。

二、海关统计制度的基本内容

中华人民共和国国务院以国务院令的形式发布实施的《统计条例》，以及中华人民共和国海关总署以海关总署令的形式发布实施的《中华人民共和国海关统计工作管理规定》（以下简称《统计规定》）是关于海关统计的法律规范，它们明确了进口货物统计的性质、任务、组织机构、职责、统计范围、统计项目、海关及当事人权利、义务等，是指导海关统计工作的行政法规和海关规章。其基本内容包括：

（一）海关统计范围

《统计条例》规定，实际进出境并引起境内物资存量增加或减少的货物，列入海关统计；进出境物品超过自用合理数量的，列入海关统计。这表明列入我国海关统计范围的货物必须同时具备两个条件：一是跨越我国经济领土边界的物资商品流动；二是改变我国的物资资源流动存量。

根据联合国关于国际货物贸易统计的原则，我国将进出口货物分为列入海关统计的进出口货物、不列入海关统计的货物和不列入海关统计但实施单项统计的货物三类，如表 9－1 所示。

表 9－1　海关统计的范围

列入海关统计的进出口货物	我国境内法人和其他组织以一般贸易、易货贸易、加工贸易、补偿贸易、寄售代销贸易等方式进出口的货物；保税区和保税仓库进出境货物；租赁期 1 年以上的租赁进出口货物；边境小额贸易货物；国际间或国际组织间无偿援助、赠送的物资等。
不列入海关统计的货物	过境货物、转运货物和通运货物，暂时进出货物；用于国际收支手段的流通中的货币及货币用黄金，租赁期在 1 年以下的租赁货物；由于货物残损、短少、品质不良或者规格不符，而由该进出货物的承运人、发货人或者保险公司免费补偿或者更换的同类货物；退运货物，边民互市贸易进出货物；中国籍船舶在公海捕获的水产品；中国籍船舶或者飞机在境内添装的燃料、物料、食品；中国籍或者外国籍的运输工具在境外添装的燃料、物料、食品，以及放弃的废旧物料等；无商业价值的货样或者广告品；海关特殊监管区域之间、保税监管场所之间，以及海关特殊监管区域和保税监管场所之间转移的货物；其他不列入海关统计的货物。
不列入海关统计但实施单项统计的货物	海关实施单项统计的货物包括免税品；进料与来料加工以产顶进；进料与来料加工转内销货物；加工贸易转内销设备；进料与来料加工深加工结转货物及余料；加工贸易结转设备；退运货物；进料与来料加工复出口料件等。

提示：

实施单项统计的目的及作用：为了更好地发挥海关统计在国民经济核算和海关管理的作用，对于部分不列入海关统计的货物，海关可以根据管理需要对其实施单项统计，尽管其统计数值不列入国家进出口货物贸易统计的总值。

（二）海关统计项目

海关对统计这些项目的定义和统计方法是以相关的海关法规和海关业务制度为基础制定的。进出口货物的统计项目包括：①品名及编码；②数量、价格；③经营单位；④贸易方式；⑤运输方式；⑥进口货物的原产国（地区）、起运国（地区）、境内目的地；⑦出口货物的最终目的国（地区）、运抵国（地区）、境内货源地；⑧进出口日期；⑨关别；⑩海关总署规定的其他统计项目。

注意： 进出口货物的品种、数（重）量、价格、国别（地区）和运输方式是各国对外贸易统计的常规项目。在海关统计中，对这些项目的定义和统计方法是全面采用了联合国建议的国际标准制定的；而经营单位、境内目的地、境内货源地、贸易方式和关别等，则是为满足国家对外贸实施有效的宏观调控和海关对进出口货物实施有效监督管理的需要而设置的项目。

测试 9-1： 海关统计是海关依法对（　　）的统计，是国民经济统计的组成部分。

A. 进出口货物贸易　　B. 进出口技术贸易　　C. 进出口服务贸易　　D. 以上三者

答案：A

（三）海关统计资料的管理

1. 海关统计数据的收集。海关统计数据是从 H2000 通关管理系统报关单数据库中提取的，经海关确认的进出口货物报关单及其他有关单证。进口货物的收货人、出口货物的发货人应当向海关如实申报，接受海关的监督管理，这为海关及时收集全面、准确的进出境货物统计资料提供了法律依据和根本保证。

2. 海关统计数据的审核及报送。海关统计数据的审核是指通过利用计算机的各种检控条件对已转入统计数据库的数据进行的检查，并打印出各种统计数据审核表供统计人员进行复核。

海关统计数据的审核主要是由各直属海关与海关总署综合统计署共同来完成。各直属海关通过电子审核、人工专业化审核、现场接单审核、通关数据综合复核、统计数据最终审核；海关总署综合统计司负责对各直属海关上报数据进行最终复核和检查，重点是对错误信息进行检控。各直属海关的统计部门将审核后的统计数据通过网络传到海关总署。

3. 海关统计资料的编制。海关统计资料的编制是指对所收集的统计数据进行科学的汇总与加工整理，使之系统化、条理化，成为能够反映进出口货物贸易和物品特征的综合统计资料。

4. 海关综合统计资料的发布和提供。海关综合统计资料的发布是指海关总署及各直属海关统计部门对经汇总加工编制的海关统计资料，通过出版发行统计书刊、电子数据交换、新闻媒介等形式，定期向“地方政府通报和向社会各界公开发布”。其中，海关总署应当定期、无偿地向国务院有关部门提供有关综合统计资料；直属海关应当定期、无偿地向所在地省、自治区、直辖市人民政府有关部门提供有关综合统计资料。公众可以通过查阅《海关统计快讯》、《海关统计月刊》、《中国海关统计年鉴》等统计出版物来获取有关信息。

相关链接：

海关综合统计资料的内容主要包括：①各地区进出口总值表；②进出口商品贸易方式总值表；③国别（地区）进出口总值表；④主要商品进出口总值表；⑤进出口贸易方式企业性质总值表；⑥运输方式进出口总值表；⑦反映进出口总体进度的分析报告、进出口监测预警信息等。

（四）海关统计的权利、义务及法律责任

1. 海关统计部门对统计原始资料中的申报内容有疑问的，可以直接向当事人提出查询，核实有关内容，当事人应当及时据实做出答复。

2. 海关统计人员对在统计过程中知悉的国家秘密、商业秘密和海关工作秘密负有保密义务。

3. 海关统计人员有权拒绝、揭发、制止影响海关统计客观性和真实性的人为干扰。

4. 海关统计人员应当遵守《海关法》和《中华人民共和国统计法》的规定，不得自行、参与或者授意篡改海关统计资料，编造虚假数据。

5. 海关统计人员玩忽职守、滥用职权、徇私舞弊的，依法给予处分；构成犯罪的，依法追究刑事责任。

6. 未经海关授权，任何单位或者个人不得擅自销售海关统计资料和海关统计电子数据。

7. 依法应当申报的项目未申报或者申报不实影响海关统计准确性的，除责令当事人予以更正外，需要予以行政处罚的，依照《海关行政处罚实施条例》的规定予以处罚。

第三节　海关事务担保制度

一、海关事务担保概述

（一）海关事务担保的含义

海关事务担保是指与进出境活动有关的自然人、法人或者其他组织（以下统称"当事人"）在向海关申请从事特定的经营业务或者办理特定的海关事务时，向海关提交保证金、保证函等担保，承诺在一定期限内履行其法律义务的法律行为。

（二）海关事务担保的性质

1. 履行性。当事人提供的担保具有在规定期限内由当事人履行其在正常情况下应当履行其承诺义务的性质。

2. 惩罚性。若由于当事人的过错不能履行担保事项所列明的义务，海关将依法对当事人给予惩罚，让其承担一定的法律责任，以达到惩戒和教育的目的。

3. 补偿性。对涉及税款的担保，无论是责令补缴税款，还是将保证金抵作税款，或是通知银行扣缴税款，主要目的是补偿进出口税的税收。

二、海关事务担保制度的基本内容

（一）海关事务担保的适用

《海关法》第六十六条规定，在确定货物的商品归类、估价和提供有效报关单证或者办结其他海关手续前，收发货人要求放行货物的，海关应当在其提供与其依法应当履行的法律义务相适应的担保后放行。法律、行政法规规定可以免除担保的除外。法律、行政法规对履行海关义务的担保另有规定的，从其规定。国家对进出境货物、物品有限制性规定，应当提供许可证件而不能提供的，以及法律、行政法规规定不得担保的其他情形，海关不得办理担保放行。

为了使进出口货物品种、数量相对稳定且业务频繁的企业免于反复办理担保，《中华人民共和国海关事务担保条例》（以下简称《海关事务担保条例》）规定，当事人在一定期限内多次办理同一类海关事务的，可以向海关申请提供总担保；提供总担保后，当事人办理该类海关事务不再单独提供担保。

具体担保的使用分四种方式，详见表 9－2。

表 9－2　　海关事务担保的适用范围

一般适用	当事人申请提前放行货物的担保	①进出口货物的商品归类、完税价格、原产地尚未确定的； ②有效报关单证尚未提供的； ③在纳税期限内税款尚未缴纳的； ④滞报金尚未缴纳的； ⑤其他海关手续尚未办结的。
	当事人申请办理特定海关业务的担保	①运输企业承担来往内地与港澳公路货物运输、承担海关监管货物境内公路运输的； ②货物、物品暂时进出境的； ③货物进境修理和出境加工的； ④租赁货物进口的； ⑤货物和运输工具过境的； ⑥将海关监管货物暂时存放在海关监管区外的； ⑦将海关监管货物向金融机构抵押的； ⑧为保税货物办理有关海关业务的。
	税收保全担保	进出口货物的纳税义务人在规定的纳税期限内有明显的转移、藏匿其应税货物及其他财产迹象的，海关可以责令纳税义务人提供担保；纳税义务人不能提供担保的，海关依法采取税收保全措施。
	免予扣留财产的担保	①有违法嫌疑的货物、物品、运输工具应当或已经被海关依法扣留、封存的，当事人可以向海关提供担保，申请免予或者解除扣留、封存。 ②有违法嫌疑的货物、物品、运输工具无法或不便扣留的，当事人或运输工具负责人应当向海关提供等值的担保；未提供等值担保的，海关可以扣留当事人等值的其他财产。 ③法人、其他组织受到海关处罚，在罚款、违法所得或者依法应当追缴的货物、物品、走私运输工具的等值价款未缴清前，其法定代表人、主要负责人出境的，应当向海关提供担保；未提供担保的，海关可以通知出境管理机关阻止其法定代表人、主要负责人出境（受海关处罚的自然人出境的，适用上述规定）。

续表

其他适用	进口已采取临时反倾销措施、临时反补贴措施的货物应当提供担保的，或者进出口货物收发货人、知识产权权利人申请办理知识产权海关保护相关事务等，依照海关事务担保一般适用的规定办理海关事务担保。
担保的免除	《海关法》的有关条款规定，如其他法律、行政法规根据实践需要规定在特定情形下可以免除担保提前放行货物的，这种“免除担保”的特别规范优先于“凭担保放行”的一般规范。因此，在这种特别规范的适用范围内，因各种原因未办结海关手续的货物，可以免除担保而被收发货人先予提取或装运出境。但同时规定，海关对享受免除担保待遇的进出口企业实行动态管理，当事人不再符合规定条件的，海关应当停止对其适用免除担保。
总担保	（1）ATA 单证册项下暂准出口货物由中国国际商会统一向海关总署提供总担保； （2）经海关同意，知识产权权利人可以向海关提供总担保，总担保金额不得低于人民币 20 万元； （3）由银行对纳税义务人在一定时期内通过网上支付方式申请缴纳的进出口税费提供总担保。

（二）海关事务担保担保人的资格及担保责任

1. 担保人的资格。《海关法》规定：“具有履行海关事务担保能力的法人、其他组织或者公民，可以成为担保人。法律规定不得为担保人的除外。”

注意：海关事务担保的担保责任是对担保人而言的，其履行义务的能力主要表现在应当拥有足以承担担保责任的财产。公民作为担保人还应当具有民事行为能力，无民事行为能力或者限制行为能力的公民即使拥有足以承担担保责任的财产，也不能作为担保人。如其他有关法律对担保人资格已做出限制性规定的，则这种法人、其他组织或公民就不能作为担保人。

2. 担保人的担保责任。《海关法》规定：“担保人应当在担保期限内承担担保责任。担保人履行担保责任的，不免除被担保人应当办理有关海关手续的义务。”

（1）担保责任的含义。担保责任是指由担保人向海关提供担保，承诺当被担保人不履行海关义务时，由其来履行的责任。担保人履行担保责任的，不免除被担保人应当办理有关海关手续的义务。这是对担保责任的规定包括两层含义：一是担保人应当在担保期限内承担担保责任；二是担保人履行担保责任的，不免除被担保人应当办理有关海关手续的义务。

（2）担保的期限。担保期限是指始于担保生效、终于担保消灭的时间阶段。由于履行海关义务都有一定的法律上的时间要求，因此，为履行海关义务所提供的担保也是无限期的，担保人仅在担保期限内承担担保责任，所以确定担保期限对于确定担保责任具有重要的法律意义。

（三）海关事务担保的方式

《海关法》明确规定的海关事务担保方式分为以下四种：

1. 以人民币、可自由兑换的货币提供担保；
2. 以汇票、本票、支票、债券、存单提供担保；
3. 以银行或者非银行金融机构出具的保函提供担保；
4. 以海关依法认可的其他财产、权利提供担保。

（四）海关事务担保的实施

1. 担保资金与保函的使用。

（1）担保资金的分类及适用。海关依法收取的担保资金，根据担保业务性质的不同分为保证金、风险担保金和抵押金三种。

①保证金。保证金适用于下列情形：A. 海关尚未确定商品归类、完税价格、原产地、进口货物物品数量等征税要件的；B. 正在海关办理减免税审批手续的；C. 申请延期缴纳税款的；D. 暂时进出境的；E. 进境修理和出境加工的；F. 因残损、品质不良或者规格不符，纳税义务人申报进口或者出口无代价抵偿货物时，原进口货物尚未退运出境或者尚未放弃交由海关处理的，或者原出口货物尚未退运进境的；G. 对缉私、稽查查获的执行风险较大的追征补征税款情事的；H. 其他按照有关规定应当收取税款保证金的情形。

②风险担保金。风险担保金包括：A. 对实施联网监管的相关加工贸易企业收取的风险担保金；B. 对加工贸易货物备案征收的风险担保金；C. 对同一经营单位申请将剩余料件结转到另一加工厂收取的风险担保金；D. 对从事转关运输的企业收取的风险担保金；E. 对加工区之间往来的货物、物品不能按照转关运输办理的企业收取的风险担保金；F. 对进口货物收货人在申请减免滞纳金期间因故需先行提取货物收取的风险担保金；G. 对租赁进出口货物、物品收取的风险担保金；H. 其他按照有关规定收取的风险担保金。

③抵押金。抵押金包括：A. 对无法或者不便扣留的货物、物品或运输工具收取的等值抵押金；B. 对受海关处罚，在出境前未缴清罚款、违法所得和依法追缴的货物、物品、走私运输工具的等值价款的当事人收取的抵押金；C. 对涉及知识产权保护收取的抵押金；D. 其他按照有关规定收取的抵押金。

（2）保函的使用。除上述需用担保资金申请担保的以外，担保人均可以保函方式申请担保。适用 AA 类、A 类管理的企业按规定允许担保的货物，海关凭企业提交的保函验放，免收保证金。

2. 办理海关事务担保的程序。

（1）担保的申请。凡符合申请担保条件的货物，由当事人向办理有关货物进出口手续的海关申请担保。办理担保，当事人应当提交书面申请以及真实、合法、有效的财产、权利凭证和身份或者资格证明等材料，并按海关审核确定的担保方式提供担保。

背景资料：

海关事务担保方式主要有：

1. 交付担保资金。以担保资金方式申请担保的，应按下列规则交付：①当事人向海关办理资金交付手续应通过银行转账，无法办理银行转账或金额较小的以现金交付；②海关担保资金金额一般应按人民币计算收取，对能开设外汇（钞）账户的币种，可按其本位币收取，退还时按原币种退还。海关业务部门向当事人收取担保资金后应开具“海关保证金、风险担保金、抵押金收据”，并注明担保资金类别。

2. 交付保函。当事人以保函向海关提供担保的，保函应当以海关为受益人，并且载明担保人与被担保人的基本情况，被担保的法律义务、担保金额、担保期限、担保责任，以及需要说明的其他事项。担保人应当在保函上加盖印章，并注明日期。

（2）担保的受理。海关应自收到当事人提交的材料之日起 5 个工作日内对相关财产、权利等进行审核，并决定是否接受担保。当事人申请办理总担保的，海关应当在 10 个工作日内审核并决定是否接受担保。

担保财产、权利不足以抵偿被担保人有关法律义务的，海关应当书面通知被担保人另行提供担保或者履行法律义务。

(3) 担保的变更。被担保人履行法律义务期限届满前，担保人和被担保人因特殊原因要求变更担保内容的，应当向接受担保的海关提交书面申请及有关证明材料。海关应当自收到当事人提交的材料之日起5个工作日内做出是否同意变更的决定，并书面通知当事人；不同意变更的，应当说明理由。

(4) 担保财产、权利的退还。《海关事务担保条例》规定，当事人已经履行有关法律义务、不再从事特定海关业务，或者担保财产、权利被海关采取抵缴措施后仍有剩余的，海关应当书面通知当事人办理担保财产、权利的退还手续。自海关要求办理担保财产、权利退还手续的书面通知送达之日起3个月内，当事人无正当理由未办理退还手续的，海关应当发布公告。自海关公告发布之日起一年内当事人仍未办理退还手续的，海关应当将担保财产、权利依法变卖或者兑付后上缴国库。

(5) 担保的销案。当事人必须于规定的担保期限届满前，凭“海关保证金、风险担保金、抵押金收据”或留存的保函向海关办理销案手续。

3. 担保人、被担保人的法律责任。担保人、被担保人违反《海关事务担保条例》，使用欺骗、隐瞒等手段提供担保的，由海关责令其继续履行法律义务，处5000元以上5万元以下的罚款；情节严重的，可以暂停被担保人从事有关海关业务或撤销其从事有关海关业务的注册登记。

第四节 海关稽查制度

一、海关稽查概述

(一) 海关稽查的含义

海关稽查是海关在规定的期限内依法对被稽查人的会计账簿、会计凭证、报关单证以及其他有关资料和有关进出口货物进行的核查，以监督被稽查人进出口活动的真实性和合法性。

相关链接：

海关稽查的内涵

1. 海关享有依法实施稽查的权力。海关稽查的执法主体是海关本身，而不能为其他机关、组织所代替。《海关法》第四十五条将海关稽查制度以法律形式予以确认，使海关稽查有了法律授权。而《中华人民共和国海关稽查条例》（以下简称《稽查条例》）则是对实施稽查时海关享有的权利、义务等实体性和程序性规范的内容做出的具体规定。

2. 海关稽查具有特定期限。海关稽查必须在法定的期限内，对与进出口有关的企业实施才具有法律效力，才能产生合法的法律效果。

海关实施稽查，采取“事前准入验证”与“后续监控管理”有机结合的方式，即“前验后管”。海关对企业进行全面深入的管理，对申请评为和已评为A类或AA类管理的企业分别进行准入式、监控式稽查，验证企业是否符合海关管理要求，以确保A类或AA类企业的进出口活动不脱离海关监管。在此基础上，对于一般进出口货物，海关的稽查期限是自货物放行之日起3年内；对于保税货物、特定减免税进口货物、在准进出境货物等，海关的稽查期限是海关监管期限及其后的3年内。

3. 海关稽查针对特定的对象。海关稽查的相对人是与进出口活动直接有关的企业、单位。只有与海关在进出口监督管理活动中产生法律关系的当事人，海关才能对其实施稽查。

4. 海关稽查针对特定的内容。海关稽查的内容主要是被稽查人的会计账簿、会计凭证、报关单证，以及其他有关资料（以下统称“账簿、单证等有关资料”）和有关进出口货物。

5. 海关稽查具有特定的目的。海关实施稽查是为了监督被稽查人进出口活动的真实性和合法性，规范企业的进出口行为。

（二）海关稽查的目标

根据海关实施稽查针对的内容和产生的影响，海关稽查的目标可以分为直接目标和最终目标。

1. 直接目标。即海关稽查直接作用于被稽查人（企业、单位），通过对被稽查人的会计资料、报关单证及其他相关资料和进出口货物的稽核，监督被稽查人进出口活动的真实性、合法性，所追求的目标是具体的、有形的、现实的。

2. 最终目标。即通过有计划、分步骤的海关稽查，全面规范企业的进出口行为，提高进出口企业守法自律意识，防范或减少企业违法行为的发生，维护正常的进出口秩序，所追求的目标是整体的、无形的、长远的。

（三）海关稽查的特征

从本质上看，海关稽查是海关监督管理职能的实现方式，也是海关监管制度的主要组成部分。但海关稽查与传统的海关监管相比又有着显著的区别，其特征主要表现在：

1. 将原由海关监管的时间、空间进行了大范围的延伸和拓展。海关监管不仅局限于进出口的实时监控和进出境口岸，而是通过评估验证企业守法状况或贸易安全情况。

2. 将海关监管的主要目标从控制进出口货物转变为控制货物的经营主体——进出口企业，不再人为地将企业与货物割裂开来。

二、海关稽查制度的基本内容

（一）海关稽查的对象

1. 海关稽查的企业、单位（又称“被稽查人”）。海关对下列与进出口活动直接有关的企业、单位实施稽查：（1）从事对外贸易的企业、单位，包括具备进出口业务经营权的专业对外贸易公司、工贸公司和有进出口业务经营权的企业、单位；（2）从事保税加工业务的企业，包括承接来料加工业务的企业、承接进料加工业务的企业等；（3）经营保税物流及仓储业务的企业；(4) 使用或者经营减免税进口货物的企业、单位，包括外商投资企业和使用减免税进口物资的企业、单位；(5) 报关企业，包括专业从事报关服务的企业，经营对外贸易仓储、运输国际运输工具或国际运输工具服务及代理等业务又兼营报关服务的企业；(6) 海关总署规定的从事与进出口活动直接有关的其他企业、单位。

2. 海关稽查的进出口活动。根据《〈中华人民共和国海关稽查条例〉实施办法》(以下简称《〈稽查条例〉实施办法》) 的规定，海关对被稽查人实施稽查所涉及的进出口活动包括：①进出口申报；②进出口关税和其他税费的缴纳；③进出口许可证件的交验；④与进出口货物有关资料的记载、保管；⑤保税货物的进口、使用、储存、加工、销售、运输、展示和复出口；⑥减免税进口货物的使用、管理；⑦转关运输货物的承运、管理；⑧暂准进出境货物的使用、管理；⑨其他进出口活动。

(二) 海关稽查的方式

海关稽查包括常规稽查、专项稽查和验证稽查三种方式，如表 9-3 所示。

表 9-3　海关稽查的方式

稽查方式	稽查目的	稽查对象	稽查方法
常规稽查	以监督企业进出口活动，提高海关后续管理效能为目标	以中小型企业为重点	采取计划选取与随机抽取相结合的方式
专项稽查	以查缉企业各类问题，为税收和防范走私违法活动提供保障为目标	以风险程度较高或政策敏感性较强的企业或行业为重点	采用风险分析、贸易调查等方式对某些企业或某些商品实施的行业式、重点式、通关式稽查。
验证稽查	以验证企业守法状况或贸易安全情况，动态监督企业进出口活动，规范企业内部管理，促进企业守法自律为目标	对申请评为和已评为 A 类或 AA 类管理的企业	采用准入式，监控式稽查

(三) 海关稽查常用方法

海关稽查方法是指海关稽查人员采用审计、稽核、检查等方式和技术手段，对特定的稽查对象进行核查，以核实被稽查人的进出口行为是否合法、规范，有无违反海关法的行为。海关稽查常用的方法有：

1. 查账法。查账法是海关稽查最主要、最基本的方法。海关稽查人员根据会计凭证、会计账簿和财务报表等的内在关系，通过对被稽查人会计资料记录及其所反映的经济业务的稽核、检查，以核查被稽查人的进出口行为是否合法、规范。

提示： 查账法的分类，按照检查会计资料的记账顺序的不同划分，可分为顺查法和逆查法；按照检查会计资料的数量（范围）的大小划分，可分为详查法和抽查法；按照检查会计资料的技术内容划分，可分为核对法和审阅法。

2. 调查法。调查法是指海关稽查人员通过观察、询问、检查、比较等方式，对被稽查人的进出口活动进行全面综合的调查了解，以核实其进出口行为是否真实合法、规范的方法。

3. 盘存法。盘存法是指海关在检查进出口货物使用状况时，通过盘点实物库存等方法，具体查证核实现金、商品、材料、在产品、产成品、固定资产和其他商品的实际结存量的方法。

4. 分析法。分析法是指海关利用现有的各种信息数据系统，充分依靠现代信息技术，对海关监管对象及其进出口活动全面综合统计、汇总，进行定量定性分析、评估，以确定被分析对象进出口活动的风险情况的基本方法。

（四）对企业管理账簿、单证等有关资料的规范性要求

1. 账簿、单证等有关资料的真实性。与进出口活动直接有关的企业、单位所设置和编制的会计账簿、会计凭证、会计报表及其他会计资料，应当真实、准确、完整地记录和反映进出口业务的有关情况。

2. 账簿、单证等有关资料的保管。与进出口活动直接有关的企业、单位应当按照有关法律和行政法规规定的保管期限，保管会计账簿、会计凭证、会计报表和其他会计资料；经海关确认的进出口货物报关单，以及与进出口业务直接有关的其他资料的保管期限按照海关稽查期限确定；与进出口活动直接有关的企业、单位应当按照海关的要求，报送有关进出口货物的购买、储存、加工、使用、损耗和库存的资料。

（五）海关稽查的实施

海关进行稽查时将组成稽查组，其成员不少于2人。海关进行稽查时，海关稽查人员应当向被稽查人出示“中华人民共和国海关稽查证”，同时应当说明双方的权利和义务等有关事项。海关工作人员与被稽查人有直接利害关系的应当回避。

1. 稽查通知。海关实施稽查3日前，应当将“稽查通知书”送达被稽查人的法定代表人或主要负责人，或指定的代表人。在特殊情况下，经直属海关关长或其授权的隶属海关关长批准，海关可以不经事先通知进行稽查，但径行稽查时仍然应制发“稽查通知书”。

2. 稽查实施。稽查实施是指海关依照稽查的程序，采用各种有效的稽查方法，对被稽查人进出口活动的合法性、真实性和规范性进行核查的行政执法活动。

相关链接：

海关实施稽查的主要内容

1. 对被稽查人进行符合性测试。海关稽查人员对被稽查人与进出口活动有关的内部控制制度的健全性、执行度以及可靠性、有效性进行抽样检查和测试，并依据测试情况对内部控制风险的程度进行评价，以确定下一步实质性测试的范围、重点、方法等。

2. 对被稽查人进行实质性测试。海关稽查人员对被稽查人与进出口活动有关的账簿、单证等有关数据记录的真实性、合法性、完整性、准确性进行审核和检查。

3. 查阅和复制被稽查人账簿、单证等有关资料。海关稽查人员复制被稽查人的账簿、单证等有关资料或对计算机文件进行拷贝时，被稽查人代表应当到场，由其按照海关稽查人员的要求，在复制或对计算机文件进行拷贝后，以书面形式注明复制文件的出处、页数、复制时间等，或计算机的放置地点、型号，文件所在的路径、文件名、拷贝时间等，海关稽查人员和被稽查人代表应签名并加盖印章。

4. 异地查阅或者复制账簿、单证等有关资料。被稽查人所在地不具备海关稽查人员查阅或者复制账簿、单证等有关资料的工作条件或因其他原因，在征得被稽查人同意后，由海关稽查人员制发“账簿单证调审单”，可以在异地查阅或者复制。

5. 检查与进出口有关的生产经营和货物情况。海关稽查人员有权依法进入被稽查人的生产经营场所、货物存放场所检查与进出口活动有关的生产经营情况和货物，由海关稽查人员和被稽查人代表双方在检查记录上签字。检查时，被稽查人代表应当到场并配合稽查。

6. 向被稽查人询问与进出口活动有关的情况和问题。稽查时，根据需要，海关稽查人员可以向被稽查人代表和其他有关人员询问与进出口活动有关的情况和问题，并做好询问笔录。询问时，应由两名以上稽查人员进行，结束时，由询问人和记录人分别逐页签名，并由被询问人确认后逐页签名或按指印。

7. 封存被稽查人账簿、单证等资料或者进出口货物。海关稽查时发现被稽查人有可能转移、隐匿、篡改、毁弃账簿和单证等有关资料或进出口货物的，经海关关长批准，海关稽查人员可以依法暂时封存被稽查人的账簿、单证等有关资料或者进出口货物。封存时，被稽查人代表应当到场协助清点，双方确认后，由海关稽查人员对封存标的物加施海关专用封识并制发“封存通知书”及“封存清单”，经双方签名并盖章后，正本交被稽查人，副本由海关留存。对上述单证、资料或进出口货物，稽查组在查明有关情况或者取证后，经海关关长批准，应当及时解除封存，并填写“解除封存通知书”，经双方签名并盖章后，正本交被稽查人，副本由海关留存。

8. 查询被稽查人在商业银行或者其他金融机构的存款账户。海关稽查人员实施稽查时，需要到商业银行、邮政企业或者其他金融机构查询被稽查人的存款账户和汇款时，经海关关长批准，开具“协助查询通知书”交协助查询单位。查询的结果应当由协助查询单位在“协助查询通知书”回执联上填写清楚并盖章确认后交还海关留存。

9. 延伸稽查。海关稽查人员认为需要对与被稽查人有业务关系的企业、单位实施延伸稽查时，应当向被稽查人及有关企业、单位送达“稽查通知书”，适用海关稽查程序。但海关稽查人员仅是对上述企业、单位进行一般性的查询、调取单证和资料，核实有关数据或者核实简单的事实，也可以不送达“稽查通知书”，直接根据《海关法》的规定，依法行使有关权力。

3. 稽查报告与稽查结论。海关稽查组实施稽查后，应当向海关提出稽查报告，稽查报告报送海关前，应当征求被稽查人的意见。被稽查人应当自收到稽查报告之日起7日内，将其书面意见送交海关。

海关应当自收到稽查报告之日起30日内，做出海关稽查结论并送达被稽查人。

（六）海关稽查发现问题的处理

1. 经海关稽查，发现关税或者其他进口环节的税收少征或者漏征的，由海关依照《海关法》和有关税收法律、行政法规的规定向被稽查人补征；因被稽查人违反规定而造成少征或者漏征的，由海关依照《海关法》和有关税收法律、行政法规的规定追征。被稽查人在海关规定的期限内仍未缴纳税款的，海关可以依法采取强制执行措施。

2. 封存的有关进出口货物，经海关稽查排除违法嫌疑的，海关应当立即解除封存；经海关稽查认定违法的，由海关依照《海关法》和《中华人民共和国海关行政处罚实施条例》

（以下简称《海关行政处罚实施条例》）的规定处理。

3. 经海关稽查，认定被稽查人有违反海关监管行为的，由海关依照《海关法》和《海关行政处罚实施条例》的规定处理。

4. 经海关稽查，发现被稽查人有走私行为，构成犯罪的，依法追究刑事责任；尚不构成犯罪的，由海关依照《海关法》和《海关行政处罚实施条例》的规定处理。

5. 海关通过稽查决定补征或者追征的税款、没收的走私货物和违法所得及收缴的罚款，全部上缴国库。

6. 被稽查人同海关发生纳税争议的，依照《海关法》的规定办理。

（七）与海关稽查相关的法律责任

1. 被稽查人的法律责任。

（1）被稽查人有下列行为之一的，海关应当制发“限期改正通知书”交被稽查人，责令其限期改正。逾期不改的，海关处1万元以上3万元以下的罚款；情节严重的，海关取消其报关资格，并对负有直接责任的主管人员和其他直接责任人员处1000元以上5000元以下的罚款：①向海关提供虚假情况或者隐瞒重要事实的；②拒绝、拖延向海关提供账簿、单证等有关资料的；③转移、隐匿、篡改、毁弃账簿和单证等有关资料的。

（2）被稽查人未按照规定设置或者编制账簿、单证等有关资料的，海关应当制发“限期改正通知书”交被稽查人，责令其限期改正。逾期不改的，海关处1万元以上5万元以下的罚款；情节严重的，海关取消其报关资格，并对负有直接责任的主管人员和其他直接责任人员处1000元以上5000元以下的罚款。

2. 被稽查人的法律责任。海关工作人员在稽查中玩忽职守、徇私舞弊、滥用职权或者利用职务上的便利收受、索取被稽查人的财物，构成犯罪的，依法追究刑事责任；不构成犯罪的，由海关依照《中华人民共和国公务员法》、《海关法》和其他有关法律、行政法规予以处理。

课后练习

一、单选题

1. 下列货物不列入海关统计的是（　　）。

A. 一般贸易进出口货物

B. 加工贸易进出口货物

C. 租赁期在一年及以上的租赁进出口货物

D. 无商业价值的进出口货样或者广告品

2. 海关稽查具有特定的期限，即必须在法定的期限内，对与进出口有关的企业实施才具有法律效力，下列有关稽查期限的表述错误的是（　　）。

A. 对于一般进出口货物，海关的稽查期限是自货物放行之日起3年内

B. 对于保税货物，海关的稽查期限是海关监管期限及其后的3年内

C. 对于特定减免税货物，海关的稽查期限是海关监管期限及其后的3年内

D. 对于暂准进口境货物，海关的稽查期限是自货物办结海关手续之日起3年内

3. 知识产权权利人接到海关发现知识产权侵权嫌疑货物的书面通知，请求海关扣留侵权嫌疑货物的，经海关同意提供总担保的，总担保金额不得低于人民币（　　）。

A. 10万元　　B. 15万元

C. 20万元　　D. 50万元

4. 下列情形适用缴纳风险担保金的是（　　）。

A. 申请延期缴纳税款的　　B. 进境修理和出境加工的

C. 加工贸易企业实施联网监管的　　D. 涉及知识产权保护的

5. 请求扣留货物的总担保只限于知识产权权利人在一定时期内因接到海关发现侵权嫌疑货物的通知，根据相关的法律法规规定，多次向海关提出扣留涉嫌侵犯其已在海关总署备案（　　）的进出口货物申请的情事。

A. 商标专用权　　B. 著作权

C. 与著作权有关的权利　　D. 专利权

二、多选题

1. 被稽查人有下列行为之一的，海关责令限期改正，逾期不改的，海关处以1万元以上3万元以下的罚款（　　）。

A. 拒绝、拖延向海关提供账簿、单证有关资料的

B. 未按规定设置或编制账簿、单证有关资料的

C. 向海关提供虚假情况或者隐瞒重要事实的

D. 转移、隐匿、篡改、毁弃账簿、单证等有关资料的

2. 海关事务担保的范围包括（　　）。

A. 海关归类或估价不明确，并因此未能办妥有关进出口手续，收、发货人要求先放行货物的

B. 除法律、行政法规另有规定外，有违法嫌疑，但依法不予以没收的进出口货物，当事人请求先予放行货物的

C. 正在向海关申请办理免税手续，而货物已运抵口岸，亟待提取或装运，收、发货人要求海关缓办进出口纳税手续的

D. 申请扣留或放行有侵犯知识产权嫌疑的进出口货物的

3. 关于海关统计，下列说法正确的是（　　）。

A. 实际进出境并引起境内物质存量增加或者减少的货物，列入海关统计

B. 进出境物品超过自用、合理数量的，列入海关统计

C. 过境、转运和通运货物，列入海关统计

D. 暂时进出口货物，列入海关统计

4. 下列选项中哪些不列入海关统计（　　）。

A. 退运货物　　B. 修理物品

C. 暂时进出口货物　　D. 海关特殊监管之间转移的货物

5. 被海关扣留的涉嫌侵犯知识产权的货物，下列哪些情况海关可放行扣留货物（　　）。

A. 海关根据知识产权权利人申请扣留的侵权嫌疑货物，自扣留之日起20个工作日内未

收到人民法院协助执行通知的

B. 海关依职权扣留的侵权嫌疑货物的，自扣留之日起50个工作日内未收到人民法院协助执行通知的，并且经调查不能认定被扣留的侵权嫌疑货物侵犯知识产权的

C. 涉嫌侵犯专利权货物的收货人或者发货人在向海关提供与货物等值的担保金后，请求海关放行的，但海关在调查期间认定侵犯有关专利权的除外

D. 海关认为收货人或者发货人有充分的证据证明其货物未侵犯知识产权权利人的知识产权的

三、判断题

1. 无商业价值的货样或广告品必须列入海关统计。（　　）

2. 知识产权权利人发现侵权嫌疑货物即将进出口，可以向货物进出境地海关提出扣留侵权嫌疑货物的申请，并按规定提供相应的担保。（　　）

3. 海关接受知识产权保护备案和采取知识产权保护措施的申请后，因知识产权权利人未提供确切的情况而未能发现侵权货物，未能及时采取保护措施或者采取保护措施不力的，由知识产权权利人自行承担责任。（　　）

4. 在特殊情况下，经海关关长批准，海关可以不经事先通知径行稽查，但径行稽查时仍应制发“稽查通知书”。（　　）

5. 国家对进出境货物、物品有限制性规定，应当提供许可证件而不能提供的，海关可以办理担保放行手续。（　　）

四、思考题

1. 进出口企业如何依法保护工艺品的知识产权？

2. 海关事务担保中不得担保的具体情况有哪些？

3. 我国与其他国家制定的海关统计项目有哪些异同？

五、实训题（或案例分析）

2004年10月22日，阿联酋客商史丹利贸易有限公司（以下简称“史丹利公司”）委托佛山市泓信贸易有限公司（以下简称“泓信公司”）生产加工机动车用卤钨灯近14.6万只。根据泓信公司的要求，史丹利公司出示了注册国为阿联酋、注册号码为45875的知识产权持有证明，以及经阿联酋外交部官员签名盖章证实、并经中华人民共和国驻迪拜总领事馆认证的商标证两张，该商标证说明“HENKEL”商标的持有人为史丹利公司。史丹利公司同时还提供了多次委托国内其他企业加工生产同样产品的证明文件。泓信公司审查确认后，依约履行了生产加工合同。

2004年12月20日，泓信公司报关时，广州海关发现该批货物标注的“HENKEL”商标与深圳市恩同实业有限公司（以下简称“恩同公司”）已经在同类产品注册备案、受海关保护的注册商标相似。广州海关立即与恩同公司取得联系，确认这些货物并未经该公司授权生产，而且在产品本体和包装上仿冒了他们的产品。两天后，恩同公司向广州海关提交了采取知识产权保护措施申请书，请求扣留侵权嫌疑货物。因此，广州海关认定泓信公司的货品侵权，并于2005年3月30日对该批货物做没收并处罚款人民币2万元的行政处罚。泓信公

司不服广州海关的处罚，向广州市中级人民法院提起了行政诉讼。

(1) 根据上述内容，你认为谁的要求是正确的，为什么？

(2) 通过此次事件，你学到了什么？

主要参考文献

1. 海关总署报关员资格考试教材编写委员会：《2012 年报关员资格全国统一考试教材》，中国海关出版社 2012 年版。

2. 谢国娥：《海关报关实务》（第五版），华东理工大学出版社 2011 年版。

3. 周劲、缪晨刚：《海关报关实务》，中山大学出版社 2010 年版。

4. 武晋军：《报关实务》，电子工业出版社 2007 年版。

5. 李齐：《现代关税实务》，中国海关出版社 2009 年版。

6. 郑俊田、张红：《海关实务》，对外经济贸易大学出版社 2007 年版。

7. 顾晓滨：《进出口报关业务基础与实务》，复旦大学出版社 2010 年版。

8. 教琳：《报关实务》，对外经济贸易大学出版社 2008 年版。

9. 徐龙伟：《报关实务》，中国财政经济出版社 2010 年版。

10. 王志明、顾建清、陈小愚、陈琳：《报关综合实务》（第二版），东北财经大学出版社 2010 年版。

11. 报关员资格全国统一考试辅导用书编审委员会：《报关员资格全国统一考试同步辅导与强化训练 1000 题》，航空工业出版社，2010 年版。

12. 报关员资格全国统一考试辅导用书编审委员会：《报关员资格标准辅导教程与重点、难点分析》，航空工业出版社，2010 年版。

13. 孙丽萍：《进出口报关实务》，中国商务出版社 2011 年版。

14. 罗一新、贺政国：《国际货运代理实务》，中国财政经济出版社 2010 年版。

15. 海关总署报关员资格考试教材编写委员会：《历年试题标准答案及详解》，中国海关出版社 2012 年版。

16. 杨升：《报关员资格全国统一考试考点精讲》，电子工业出版社 2012 年版。

17. 李洁、王慧：《报关实务》华南理工大学出版社 2011 年版。

18. 贺政国："进口业务中快速计算进口综合税的技巧问题"，《对外经贸实务》2012 年 11 月。

19. 海关总署加工贸易月度数据。

20. 海关总署报关员资格考试网。

21. 新华网 http://news.xinhuanet.com